Volker Grieb / Sabine Todt (Hg.)
Piraterie von der Antike bis zur Gegenwart

## HISTORISCHE MITTEILUNGEN – BEIHEFTE

Im Auftrage der *Ranke-Gesellschaft. Vereinigung für Geschichte im öffentlichen Leben e.V.* herausgegeben von Jürgen Elvert

Wissenschaftlicher Beirat: Winfried Baumgart, Heinz Duchhardt, Michael Epkenhans, Beatrice Heuser, Michael Kißener, Ulrich Lappenküper, Bea Lundt, Christoph Marx, Wolfram Pyta, Wolfgang Schmale, Reinhard Zöllner

Band 81

Volker Grieb / Sabine Todt (Hg.)

# Piraterie von der Antike bis zur Gegenwart

Unter Mitarbeit von Sünje Prühlen

Franz Steiner Verlag

Umschlagabbildung:
[Johann Frisch]: Schau-Platz Barbarischer Sclaverey: Worauff Unter
Beschreibung der 4 vornehmsten Raub-Städte / Als: Algiers, Tunis, Tripoli
und Salee. Derselben Regierung Raubereyen Sitten Gewohnheiten und andere
seltzame Begebenheiten und Zufälle vorgestellet werden, Hamburg 1694, S. 273.

Bibliografische Information der Deutschen Nationalbibliothek:
Die Deutsche Nationalbibliothek verzeichnet diese Publikation in der Deutschen
Nationalbibliografie; detaillierte bibliografische Daten sind im Internet über
<http://dnb.d-nb.de> abrufbar.

Dieses Werk einschließlich aller seiner Teile ist urheberrechtlich geschützt.
Jede Verwertung außerhalb der engen Grenzen des Urheberrechtsgesetzes
ist unzulässig und strafbar.
© Franz Steiner Verlag, Stuttgart 2012
Druck: Laupp & Göbel, Nehren
Gedruckt auf säurefreiem, alterungsbeständigem Papier.
Printed in Germany.
ISBN 978-3-515-10138-7

# INHALTSVERZEICHNIS

Vorwort ...............................................................................................................7

Sabine Todt/Volker Grieb
Piraterie von der Antike bis zur Gegenwart
Eine Einleitung .. ...................................................................................................9

Burkhard Meissner
Kidnapping und Plündern
Piraterie und *failing states* im antiken Griechenland ............................................21

Philip de Souza
Pirates and Politics in the Roman World ...............................................................47

Volker Grieb
Vom *mare nostrum* zum *mare barbaricum*. Piraterie und Herrschaftsetablierung in der mediterranen Welt zwischen Antike und Mittelalter ...............75

Detlef Ellmers
Die Wikinger und ihre Schiffe ...............................................................................93

Stephan Selzer
Seeräuber in Heringstonnen? Gewaltausübung und Gewalterfahrung auf
hansischen Schiffsrouten des Spätmittelalters ....................................................115

Robert Bohn
Die Barbaresken und die deutsche Seefahrt im 17. und 18. Jahrhundert ...........139

Michael Kempe
Die Piratenrunde.
Globalisierte Seeräuberei und transnationale Politik um 1700 ..........................155

Volker Stümke
Ist der militärische Kampf gegen Piraten ethisch legitimiert? ............................181

Belachew Gebrewold
Systematic causes of state collapse and anarchy in Somalia ..............................199

Andreas von Arnauld
Piraterie und Völkerrecht heute ...........................................................................219

Dirk Max Johns
Die gegenwärtige Piraterie aus der Sicht von Handelsschifffahrt
und Reedereien ....................................................................................................235

Lutz Feldt
Das Problem der Piraterie aktuell und weltweit aus militärischer
Perspektive ................................................................................................241

Stefan Bayer
Ökonomische Aspekte der Pirateriebekämpfung ...............................259

Johannes Marbach
Piraterie in Literatur, Oper und Film ..................................................271

Volker Grieb
Staatlichkeit und Internationalität als Charakteristika der Piraterie
von der Antike bis zur Gegenwart .......................................................293

Anlage
Patent, betreffend die Kaperfahrt, für die Herzogthümer Schleswig
und Holstein von 1813 ........................................................................303

Autorenverzeichnis ..............................................................................309

„Am Ende dieses Sommers [im Jahre 431/430 v.Chr.] wurde die Insel Atalante von den Athenern zu einer Festung ausgebaut. Die Insel liegt vor der Küste des Landes der Opuntischen Loker und war bis dahin unbewohnt. Zweck der Operation war zu verhindern, dass Seeräuber von Opus oder dem Rest der Landschaft Lokris aus Plünderungsoperationen gegen die Insel Euboia unternehmen."
(Thukydides, Der Peloponnesische Krieg, II 32,1)

## Vorwort

Dass Lehrende an einer Universität sich untereinander über tagespolitische Entwicklungen austauschen, ist gemeinhin nicht außergewöhnlich. An der Helmut-Schmidt-Universität/Universität der Bundeswehr in Hamburg wie auch an ihrer Schwesteruniversität in München können Entscheidungen der Politik jedoch mitunter ganz direkt die Studierenden selbst betreffen, die als Offiziersanwärterinnen und -anwärter beziehungsweise Offiziere des Heeres, der Luftwaffe oder der Marine im Anschluss an das Studium innerhalb der Bundeswehr im Auslandseinsatz tätig werden. Das Interesse der Studierenden an der Tagespolitik ist daher bereits während des Studiums häufig sehr groß. Politische Entscheidungen und Entwicklungen werden an der Helmut-Schmidt-Universität daher zumeist zwischen allen Beteiligten, Studierenden und Lehrenden, diskutiert. Vor diesem Hintergrund war es für uns eine Selbstverständlichkeit, nach der Entscheidung des Deutschen Bundestages zur Beteiligung an der Operation Atalanta im Dezember 2008 auch über diesen Auslandseinsatz zu diskutieren. Ebenso selbstverständlich schien es uns als Geschichtswissenschaftler, den Studierenden mit einer Vorlesungsreihe zum Thema „Piraterie von der Antike bis zur Gegenwart" umfangreichere Einblicke in die historischen Dimensionen dieses epochenübergreifenden Phänomens zu bieten. Mit einer abschließenden Podiumsdiskussion zu aktuellen Problemen der Piraterie aus militärischer, politischer, ökonomischer und völkerrechtlicher Perspektive sollte zudem ein gegenwartsbezogener Schwerpunkt gesetzt werden. Die Vorlesungsreihe und die Podiumsdiskussion fanden schließlich zwischen März und Juni 2009 statt, wobei der vorliegende Band im Wesentlichen die Veranstaltungsreihenfolge widerspiegelt.

Ohne die Unterstützung zahlreicher Kolleginnen und Kollegen hätte dieses Vorhaben nicht umgesetzt werden können. Zunächst möchten wir den Referenten danken, die sich nicht nur darauf eingelassen haben, innerhalb kurzer Zeit einen Vortrag zu halten, sondern sich auch die Mühe machten, diesen anschließend zu verschriftlichen. Unser Dank gilt weiterhin den zahlreichen Zuhörerinnen und Zuhörern, die auch von *außen* den Weg in die HSU gefunden und intensiv mitdiskutiert haben. Uns Mittelbauangehörigen wurde innerhalb des Hauses für die Veranstaltung von vielen vertrauensvolle Zustimmung signalisiert und monetäre, kreative oder ideelle Unterstützung gewährt. Danken möchten wir in dieser Hinsicht Universitätspräsident a.D. Prof. Dr. Hans-Christoph Zeidler, den Freunden & Förderern der Helmut-Schmidt-Universität, der Fakultät Geistes- und Sozialwissenschaften, dem Leiter des Grafikbüros Michael Bölke, den Mitarbeiterinnen und Mitarbeitern des Medienzentrums und des Sprachenzentrums, hier vor allem Carol Semple und dem Leiter Hans-Hermann Beth, dem früheren Direktor der Bibliothek, Dr. Johannes Marbach und seinen Mitarbeiterinnen und Mitarbeitern, hier insbesondere Sabine Graef, sowie dem Leiter der Pressestelle Dietmar Strey. Ohne das Vertrauen der Ranke-Gesellschaft in dieses Projekt hätte dessen Publikation nicht so reibungslos und kompetent erfolgen können. Für die Aufnahme in die *Ranke-Reihe* danken wir Prof. Dr. Jürgen Elvert und Dr. Jens Ruppenthal. Obwohl die Konzeption des Bandes bereits Ende 2010 abgeschlossen war und die Einzelbeiträge vorlagen, hat die Erstellung des Gesamtmanuskriptes noch einige Monate in Anspruch genommen. Jüngere Literatur konnte nur in Ausnahmen berücksichtigt werden. Für die uns entgegengebrachte Geduld möchten wir uns bei den Autoren sowie bei den Herausgebern der Reihe ausdrücklich bedanken.

Gewidmet ist dieses Buch dem im Mai 2010 verstorbenen Historiker Prof. Dr. Michael Salewski, der nicht nur 16 Jahre der Ranke-Gesellschaft vorstand und sich selbst als Marinehistoriker sah, sondern uns aufgrund seiner Fähigkeit, für sich neue Wege in der Historiographie zu finden, den Kurs zu ändern und diesen umsichtig aber konsequent weiter zu steuern, vorbildhaft erscheint.

*Hamburg, im November 2011*  *Volker Grieb*

*Sünje Prühlen*

*Sabine Todt*

# Einleitung

Sabine Todt/Volker Grieb

Als Mephisto mit „drey gewaltigen Gesellen" auf einem voll beladenen prächtigen Schiff vor Fausts Augen anlandet, ihm von seiner erfolgreichen Seefahrt berichtet, die jedoch nichts weiter als eine brutale Piratenfahrt war, reagiert Faust trotz der vielen erbeuteten Schätze und Schiffe unzufrieden. Er will weiteres Land und hat kein Interesse an der reichen Beute. Mephisto aber berichtet von der Kaperfahrt und resümiert: „Man hat Gewalt, so hat man Recht. Man fragt um's *Was*? Und nicht um's *Wie*? Ich müsste keine Schiffahrt kennen: Krieg, Handel und Piraterie, Dreieinig sind sie, nicht zu trennen."[1]

Auch knapp zwei Jahrhunderte nach dem Entstehen von „Faust II" stellt sich beim Lesen dieser Zeilen Zustimmung ein, denn Goethe gelingt es hier, Vergangenheit, Gegenwart und Zukunft miteinander auf eine Weise zu verbinden, die in ihrer Aussagekraft eine zeitlose Allgemeingültigkeit unterstreicht. Viel stärker wiegt jedoch, dass Goethe seine Piratenhandlung nicht in das Zentrum der Handlung stellt. Sie ist vielmehr am Handlungsrand platziert und betont den unglücklichen Charakter Faust, dem nichts so recht gelingen will. Selbst die Freude am erbeuteten Schatz kann Faust nicht empfinden, vom Feiern keine Rede. Seeraub, Seeräuber und Piraten scheinen nichts Besonderes zu sein, sie gehören zum zeitgenössischen Alltag offenbar ebenso dazu wie Krieg und Handel. Als dramaturgisches Instrument unterstützen sie Mephisto darin, zu einer seiner pointierten Aussagen zu kommen, in denen stets augenzwinkernde Kritik an Gesellschaft, Politik und Alltag mitschwingt. Er zeigt so eine Assoziationskette für den Rezipienten auf, in der Gewalt mit Recht und Handel mit Piraterie verknüpft werden. Seht her, so schwingt in den Zeilen mit, ihr habt das längst als Zustand akzeptiert und unternehmt nichts dagegen! Aber Gewalt auszuüben und dadurch Recht zu bekommen, also eher die Frage nach dem *Was*, weniger aber nach dem *Wie* zu stellen, Handel zu führen und Piraterie zu akzeptieren, will nicht in ein durch aufklärerische Ideen geformtes Weltbild passen. Mal wieder also lässt Goethe Mephisto die Rolle desjenigen spielen, der den Rezipienten mahnt, sich selbst und seine Gesellschaft zu verbessern und den gegenwärtigen Zustand nicht zu akzeptieren.

Goethe schrieb diese Zeilen vermutlich zwischen 1825 und 1831 und damit in einer Zeit, in der der Kampf der europäischen seefahrenden Nationen gegen die *Barbaresken*, also die Piratenstaaten des Maghreb, seinen Höhepunkt erreichte. Offenbar waren die Tributverträge, Lösegeldzahlungen und Konvoifahrten, zudem das Ausspielen der innereuropäischen Konkurrenz im transkontinentalen Handel mit Hilfe der *Barbaresken* – ein System, das Jahrhunderte lang praktiziert wurde – nicht mehr effizient. Schaurige und brutale Geschichten sowie Briefe der

---

1 Johann W. v. Goethe: *Faust II*, 5. Akt, 11184-11188 (veröffentlicht 1832).

von Barbaresken geraubten Seeleute wurden in deren Heimat veröffentlicht (vgl. Abb. 1), um Lösegelder für die versklavten Seeleute sammeln zu können, die mit Hilfe eines gut strukturierten Boten- und Gesandtensystems die *Piratenkönige* erreichten. Ihnen wurde in diesen Publikationen überwiegend Gnadenlosigkeit, „tyrannische Grausamkeit" und Macht zugeschrieben (vgl. Abb. 2), was die Dringlichkeit einer Auslösung der Sklaven nur unterstrich. Nach mehreren internationalen Angriffen zu Beginn des 19. Jahrhunderts schickte Frankreich eine gewaltige Kriegsflotte nach Nordafrika, so dass Algier noch in diesem Jahr kapitulierte, während Tripolis und Tunis unter türkische Herrschaft fielen. Mephistos Worte sind demnach in einer Zeitphase situiert, in der sich Gegenwehr formierte, sie verweisen aber aufgrund der epochenübergreifenden Anlage des Werkes „Faust II" und der Konnotation der Zeilen auf einen zeitlosen Zustand.

*Abb. 1: Schau-Platz Barbarischer Sclaverey. Das Bild zeigt Bestrafungsmaßnahmen gegen christliche Sklaven, die von den Barbaresken durchgeführt werden.*[2]

---

2  Vermutlich diente das Werk dazu, den Freikauf der Sklaven beziehungsweise das Sammeln der Lösegelder zu befördern. Aus: Schau-Platz Barbarischer Sclaverey: Worauff Unter Beschreibung der 4 vornehmsten Raub-Städte / Als: Algiers, Tunis, Tripoli und Salee. Derselben Regierung / Raubereyen / Sitten / Gewohnheiten und andere seltzame Begebenheiten und Zufälle vorgestellet werden: Vornehmlich aber / die überaus grausahme Barbarische Leibes-Straffen / Und das elende kümmerliche Leben / so die gefangene Christen bey den Türcken und Unglaubigen leiden / außstehen und ertragen müssen; Historisch außgeführt und mit […] Kupfern erleutert, Hamburg 1694, Titelblatt.

Gibt man die Stichworte *Krieg, Handel* und *Piraterie* in die heutigen Suchmaschinen des World Wide Web ein, steht bezeichnenderweise nicht der Verweis auf Goethes „Faust" an vorderer Stelle, sondern es erscheinen Links, die zu den Berichten der Nachrichtenmagazine zum Piraterieproblem heute oder zu wissenschaftlichen Beiträgen über Piraterie führen. Mehr noch, wird die Piraterie – wie im vorliegenden Band – in der Konstruktion der *longue durée* betrachtet, lässt sich die Dreieinigkeit Krieg, Handel und Piraterie um ein zweites Kausaldreieck ergänzen: Staatlichkeit, Internationalität und Existenzsicherung. Wie ist das zu verstehen? Trotz aller Verschiedenheit bilden gerade diese beiden miteinander verbundenen Kausaldreiecke Kontinuitätspunkte des Pirateriephänomens in einer epochenübergreifenden Darstellung von der Antike bis zur Gegenwart. Staatlichkeit oder Internationalität sind dabei nicht als fest definierte Begriffe zu sehen, sondern als Bezugspunkte, die einem dialektisch bedingten Wandel unterliegen. Krieg, Handel und Piraterie wie auch Staatlichkeit, Internationalität und Existenzsicherung bilden daher nur insoweit Kontinuitätspunkte, als sich ihre jeweiligen Ausprägungen aufeinander beziehen. Sie verweisen zudem auf unterschiedliche Facetten, die sich wie ein Kaleidoskop mit ihr verbinden lassen: illegitim, innovativ und funktional – hierzu an dieser Stelle einige Gedanken.

Abb. 2: Die Könige von Tunis und Algier mit ihren Machtinsignien Schiffe, Säbel und Kanone.[3]

---

3   Ebd., S. 273; vgl. auch die „Vorrede".

*Illegitim.* Cicero konnte Piraten knapp als „Feinde der Menschheit"[4] definieren und damit einen Innen-Außen-Dualismus konstituieren, nämlich auf der einen Seite die Menschheit, auf der anderen Seite die Feinde. Dies stellt allerdings nur eine äußerst grobe und vereinfachende Perspektive dar, denn, das zeigen vor allem die antiken, mittelalterlichen und frühneuzeitlichen Beispiele, die Piraten hatten ihren Platz innerhalb der jeweiligen Gesellschaft. Sie konnten hier als größtenteils staatlich legitime Kaperer auftreten, ausgestattet mit einem Kaperbrief gegen internationale Konkurrenten, oder als geduldete Freibeuter, die auf eigene Rechnung und durchaus auch mit staatlichem Auftrag auf den Meeren unterwegs waren. Illegitime Piraten waren diese Kaperer und Freibeuter dann nur für die anderen Nationen – der Status legitim oder illegitim war also fließend und konnte bei Kriegsende oder bilateralen Abkommen beziehungsweise neuer politischer Ausgangslage auch schnell wechseln. Das ließ sich auch mit einem schlichten Flaggenwechsel vollziehen, so beispielsweise durch das Aufziehen einer alliierten Flagge im Ernstfall der Bedrohung oder als List. Betrachtet man in dieser Hinsicht die gegenwärtige Piraterie, so steht der sogenannte Pirat heute zwar nicht außerhalb der Garantien der internationalen Menschenrechtsabkommen, aber auch er kann etwa mit dem Überbordwerfen der Waffen seinen Status im Handumdrehen verändern. So wird aus einem illegitimen Piraten ein legitimer Fischer, der mit einem solchen Vorgehen ganze Marineeinheiten ins Leere laufen lassen kann. Die Frage nach der Legitimität ist zwar für die Zeitgenossen in jeder Epoche von erheblicher Bedeutung, ließ und lässt sich jedoch bei den Einsätzen gegen Piraten häufig kaum zweifelsfrei klären. Im Gegenteil ist auffällig, dass gerade diese Frage dazu dienen konnte, die Piraterie für die einzelnen Staatsformen nutzbar zu machen, wenn es für die Durchsetzung strategischer, wirtschaftlicher oder politischer Interessen opportun erschien oder erscheint. Ein Beispiel: Im „Patent, betreffend die Kaperfahrt, für die Herzogthümer Schleswig und Holstein" von 1813 (vgl. Anlage) legte der dänische König Frederik VI. fest, dass die „Kaperfahrt wieder in Wirksamkeit treten" und „auf alle feindlichen Schiffe und Häfen Anwendung finden" solle.[5] Seit 1773 (Vertrag von Zarskoje Selo) gehörten die königlichen, die herzoglichen und die ehemals gemeinschaftlichen Teile Schleswigs und Holsteins nach mehrjährigen Verhandlungen zum dänischen Gesamtstaat, der sich in den folgenden Jahren zu einem zentralistisch geordneten Verwaltungsstaat entwickelte. In den napoleonischen Revolutionskriegen verhielt sich Dänemark vorerst neutral, schlug sogar englische Allianzforderungen aus, was dazu führte, dass die Briten 1801 im Öresund auftauchten und die Dänen zur Kapitulation zwangen. 1807, nach mehreren Tagen des verheerenden Kanonenbeschusses von Kopenhagen durch die Briten, trat Dänemark auf die Seite Napole-

---

4   Cicero, *De officiis* III 107: „communis hostis omnium".
5   Patent, betreffend die Kaperfahrt, für die Herzogthümer Schleswig und Holstein. Patent angaae de Kaperfarten for Hertugdømmerne Slesvig og Holstein. Friederichsberg Schloß, den 27sten August 1813. Kopenhagen 1813, p. 2, in: Landesarchiv Schleswig-Holstein, Abt. 127.3, Nr. 796 III, 617-620, hier [618].

EINLEITUNG                                                                                          13

ons. Das Patent fällt in eine Zeit, in der Dänemark einen neuerlichen Allianzwechsel, nun gegen Napoleon, nicht mehr vollziehen konnte und der Seehandel unter der Kontinentalsperre gegen England litt. Eine russisch-preußisch-schwedische Armee kämpfte im Winter 1813/14 in den Herzogtümern gegen Dänemark, das in wenigen Wochen besiegt wurde. Dänemark stand am Ende des Krieges neben Frankreich als Verlierer da.[6] Piratische Aktivitäten wurden von Frederik VI. offenbar bewusst als staatlich legitimiertes Kriegsinstrument, aber, vor dem Hintergrund des dänischen Staatsbankrotts 1813, wohl auch als profitbringendes Mittel eingesetzt. Gegen Schiffe, so das Patent weiter, die:

> „rechtmäßig unter dänischer Flagge fahren, und welche nachweislich dänischen Eigenthums sind, kann keine Aufbringungssache anhängig gemacht werden. Aber wenn ein Kaperführer, unter besonderen Umständen, sich für befugt halten sollte, ein solches dänisches Schiff oder Fahrzeug wegen gesetzwidrigen Handelns und Benehmens anzuhalten; so soll in dieser Hinsicht nur bei dem Gerichte, welches an dem Orte, wo das angehaltene Schiff eingebracht worden, in See- und Schiffahrtssachen competent ist, Klage erhoben werden können [...]".[7]

Dreierlei wird hier deutlich: Zum einen war die Kaperei ein legitimes Mittel, um (nicht-dänische) Schiffe aufzubringen, zum anderen wurde sie eingesetzt, um Verstöße gegen Gesetze auf See zu verfolgen und war damit ein staatlich legitimiertes Verfolgungsinstrument. Und drittens wird in diesem Patent unterstrichen, dass es die Staaten sind, die festlegen, was als legitim beziehungsweise illegitim zu gelten hatte. Dies bedeutet, dass die Festlegung dazu dienen konnte, obrigkeitliche Legitimität in einer Zeit zu unterstreichen, die aufgrund von kriegerischen Auseinandersetzungen und ungeklärten Herrschaftsverhältnissen die Legitimitätsfrage im Grunde immer wieder aufwarf. Der jeweilige Umgang mit seeräuberischem Handeln war so gesehen ein Kennzeichen für den obrigkeitlichen Legitimitätsanspruch, aber auch für staatliches Funktionieren. Denn was oder wer als legitim beziehungsweise illegitim anzusehen ist, wirft eine durchaus dialektische Perspektive auf: Der Staat oder die Obrigkeit definiert Illegitimität aufgrund seiner wie auch immer errungenen Legitimität, die von den Untertanen dann akzeptiert wird, wenn sie ihr Handeln in diese Richtung beeinflussen lassen. Und selbstverständlich verzichtet Frederik VI. nicht darauf, in diesem Kaperpatent auch die Prisen- und Kautionszahlungen, die auch seinem Staat zugute kommen sollten, genau zu regeln.

*Innovativ.* Piraten konnten bezeichnenderweise den legitimen Handel auf See mit Luxusprodukten ergänzen sowie Handelskontakte knüpfen oder neue Schiffs-

---

6   Vgl. hierzu Robert Bohn: *Geschichte Schleswig-Holsteins*, München 2006, S. 77-79, 85-87; Franklin Kopitzsch: *Schleswig-Holstein im Gesamtstaat 1721-1830: Absolutismus, Aufklärung und Reform*, in: Ulrich Lange (Hg.): Geschichte Schleswig-Holsteins. Von den Anfängen bis zur Gegenwart, Neumünster 1996, S. 281-332.
7   Patent, [619] (Anm. 3).

routen erkunden. Hierbei halfen ihnen vor allem ihr navigatorisches Know-How, geraubtes Kartenmaterial und schiffbauliche Innovationen. Sie boten innovative Konzepte für die Existenzsicherung zahlreicher Bevölkerungsgruppen und im Gegensatz zur ständischen Gesellschaft ein auf relative Freiheit und Gleichheit basierendes Zusammenleben. In dieser Hinsicht ermöglichte die Piraterie epochenübergreifend alternative Lebenskonzepte für die Existenzsicherung. Hierfür floss das Wissen unterschiedlicher nationaler Standards in die Schiffsführung ein, so dass diese immer weiter entwickelt werden konnte, wie beispielsweise die niederländische Schiffsbautechnik oder Schiffsführung. Dabei ist auch hier eine Dialektik der Gewalt zu erkennen, die sich wiederum epochenübergreifend abzeichnet, denn der zunehmende Druck der nationalen Staaten oder der internationalen Staatengemeinschaften erhöhte mitunter auch den Ideenreichtum piratischer Innovationsleistungen. Auch die heutige Piraterie sichert Existenzen, schließt Handelslücken, fördert die Infrastruktur an Land und bewegt gewaltige Summen. Zudem nutzt sie innovativ seit einigen Jahren sogenannte Mutterschiffe, die weit hinter der Zwölf-Seemeilenzone stationiert werden, so dass die Piraten ihren Aktionsradius erheblich vergrößern konnten – innovative Maßnahmen, um einem obrigkeitlichen Zugriff zu entgehen und um mit der Piraterie konkurrenzfähig zu bleiben.

*Funktional.* Die Zuschreibungen als legitime oder illegitime Gruppe ließ die Piraten zugleich häufig für staatliche Initiativen nutzbar machen, indem sie beispielsweise als schnelle Eingreifgruppe in kriegerischen Aktivitäten, aber auch als Begründung für kriegerische beziehungsweise militärische Einsätze eingesetzt wurden. Sie bildeten dadurch ein Instrument, das Missstände aufzeigen kann, denn waren zum Beispiel die frühneuzeitlichen Piraten in den westindischen Kolonien aufgrund ihrer Schmuggeltätigkeiten lange Zeit mehr als geduldet, erfuhren sie – gerade um funktionierende Staatlichkeit sichtbar zu machen – auch konsequente Verfolgung. Ebenso konnten sie etwa in der Antike wie auch in den anderen Epochen für einzelne Herrscher eine willkommene Verstärkung zur Durchsetzung eigener machtpolitischer Interessen darstellen, während ihre Bekämpfung für andere Staaten eine Legitimation des eigenen außenpolitisch-aggressiven Vorgehens bedeutete. Ihre Funktion konnte und kann somit zugleich gesellschaftsbestätigend als auch systemlegitimierend sein. Die Popularität der heutigen Piraterie hat ein weltweites Interesse an Somalia, Jemen und anderen Staaten erheblich gefördert sowie die Diskussion über strukturelle Armut, sogenannte *failed states* und Handlungsmöglichkeiten der Internationalen Gemeinschaft deutlich intensiviert. Zugleich liegt aus historischer Perspektive die Frage nahe, ob sich das gegenwärtige mediale Interesse an diesem Thema auch dann entwickelt hätte, wenn die Überfälle nicht als *Piraterie*, sondern als *Gewaltakte auf See* bezeichnet worden wären. Vermutlich ist mit diesem, mitunter schon fast mythisch überhöhten Begriff *Piraterie* eine für die breit angelegte Rezeption kaum zu unterschätzende präjudizierende Bedeutung erzeugt worden. Piraterie kann so gesehen auch medienökonomisch funktionalisiert werden.

Die in diesem Band vorgelegten Aufsätze greifen die angedeuteten Kontinuitäten und deren Facetten in unterschiedlicher Weise und Perspektiven auf. Sie sind chronologisch gegliedert und somit an den drei großen Epochen Antike, Mittelalter und Neuzeit orientiert. Die Beiträge der im Rahmen der Vorlesungsreihe veranstalteten Podiumsdiskussion zur „Piraterie aktuell und weltweit", in der die gegenwärtige Piraterie aus verschiedenen Perspektiven betrachtet wurde, finden sich in der zweiten Hälfte, womit dieser Band konzeptionell in zwei große Abschnitte, einen historischen und einen aktuellen Teil, gegliedert ist. Um die Epochen abschließend nochmals übergreifend und aus einem anderen Blickwinkel zu beleuchten, schließt der Band mit einem Beitrag zum Thema „Piraterie in Literatur, Oper und Film". Mehrere Aspekte der historischen und heutigen Piraterie mussten insgesamt dennoch unberücksichtigt bleiben, so beispielsweise die Straße von Malakka, die chinesische Piratenführerin Chen, die Mittelmeer-Korsaren sowie die Piraterie zur Zeit von Francis Drake. Andere jedoch, wie die heutige Piraterie vor Somalia, werden hingegen aus mehreren Perspektiven betrachtet. Der Sammelband mag somit einen epochenübergreifenden Einblick in das historische Phänomen der Piraterie darstellen und dessen Komplexität widerspiegeln. Die einzelnen Beiträge sollen im Folgenden kurz vorgestellt werden.

In „Piraterie in der griechischen Antike" rückt *Burkhard Meißner* den komplementären Charakter von Piraterie und Staatlichkeit in den Fokus. Er zieht hierfür zunächst literarische Quellen heran, um dem Wort- und Bedeutungsfeld *Pirat* etymologisch nachzugehen. In der kontextualen Betrachtung ist signifikant, dass sich bei allen Besonderheiten der Piraterie in der antiken Zeit auch Regelhaftigkeiten erkennen lassen: Piraterie ist überall präsent und Teil der antiken Welt, wenn die Konkurrenz der Seemächte untereinander ausgenutzt werden konnte oder wenn die die See kontrollierenden Mächte geschwächt waren. Piraten wurden gerade in diesen Phasen auch von destabilisierten oder aufstrebenden Staaten oder Mächten genutzt und gingen so eine innige Verschränkung mit Politik und Kriegführung ein. Sie waren Teil der Gesellschaft, auch wenn sie in der überlieferten Literatur als Gegenentwurf zur griechischen Gesellschaft konzipiert wurden.

Im zweiten Beitrag zur Antike untersucht *Philip de Souza* mit „Romans and Pirates" die Piraterie unter dem Einfluss Roms. Hierfür nimmt er die Aussagen von Zeitgenossen sowie die der späteren Historiographen quellenkritisch in den Blick und erkennt Zuschreibungen, die eingesetzt wurden, um die Aktivitäten einiger politischer Gruppen zu delegitimieren und stigmatisieren. Die Aufmerksamkeit ließ sich so von eigentlichen Motiven der römischen Kriegsführung ablenken und vor den eigenen Bürgern ein *bellum iustum* propagieren. Zudem konnte an negative Erfahrungen mit der vorangehenden Piraterie im Hellenismus angeknüpft und gemäß dieser Traditionslinie die erfolgreiche Unterdrückung der Piraterie durch Rom ein integraler Bestandteil der *Pax Romana* werden. Piraten wurden als *Outlaws* gekennzeichnet, deren Lebensführung sich nicht in die Gesellschaft integrieren ließ, die jedoch für politisches Handeln funktionalisiert, ideologisiert und machtvoll inszeniert werden konnten.

Im Beitrag von *Volker Grieb* wird der Mittelmeerraum zur Zeit des Vandalenreiches und der frühen arabisch-islamischen Eroberungen betrachtet. Bezeichnenderweise eignen sich die Vandalen ihr nautisches Wissen mit Hilfe ihrer Eroberungszüge an und können dieses, korrespondierend mit innerrömischen Konflikten, erfolgreich gegen Rom unter anderem mit piratischen Aktivitäten einsetzen. Mehrere Stützpunkte wurden im Mittelmeerraum von den Vandalen kontrolliert und die Reichtümer der Beutezüge für die eigene Herrschaftsetablierung genutzt. Das piratische Vorgehen gegen Rom wurde so als kriegerisches und außenpolitisches Instrument eingesetzt. Ein ähnlicher Zusammenhang lässt sich auch mit der Etablierung der arabischen-islamischen Herrschaft in der Nachfolge Mohammeds im Mittelmeerraum beobachten. Piraterie diente in dieser Hinsicht nicht nur zur Machtetablierung, sondern auch zum staatlichen Machterhalt.

*Detlef Ellmers* nimmt in „Die Wikinger und ihre Schiffe" anhand archäologischer, bildlicher und schriftlicher Überlieferung die Innovationen im Schiffbau und Navigation der Wikinger in den Fokus seiner Darstellung. Er macht auf eine Traditionslinie im Schiffbau aufmerksam, die sich auf kleinere Ruderboote bis hin zum vielbesetzten, auf Raubzüge ausgelegten Wikingerboot gründet. Sind die ersten Raubfahrten innerskandinavisch zu verorten, so erreichten die späteren Fahrten unter innovativer Ausnutzung von Segel und Winden andere Länder und Orte, wie beispielsweise Lindisfarne in Nordengland im Jahr 793. Profit, Ehre und Ruhm sowie ein Platz in Walhall konnten sich die Krieger auf den Raubfahrten sichern, ohne Racheakte, wie zum Beispiel noch in den innerskandinavischen Querelen, fürchten zu müssen. Zugleich hebt er die zunehmend zielgerichtete sowie das eigene Land stärkende und schützende Bündelung der Fahrten vor dem Hintergrund einer gefestigten Staatlichkeit hervor.

Im Beitrag „Seeräuber in Heringstonnen? Gewaltausübung und Gewalterfahrung auf hansischen Schiffsrouten des Mittelalters" nimmt *Stephan Selzer* Gewalt und Sicherheit zur See im späten Mittelalter in den Blick und verdeutlicht, dass die Grenze zwischen illegitimer und legitimer Gewalt auf See fließend war. Neben privaten Akteuren, die die Piraterie gewinnbringend nutzen konnten, waren es im Mittelalter auch Staaten, die sie förderten. Obrigkeitliche Strafverfolgungsmaßnahmen gegen Piraten blieben dabei zuweilen inkonsequent, weil die Piraten ein Reservoir an fähigen Kämpfern stellten, das in Friedenszeiten nichts kostete, im Kriegsfall aber zügig rekrutiert werden konnte. Piraten waren als private Unternehmer tätig, die nicht nur ihr Kriegshandwerk als Dienstleistung anboten. Zudem konnten Bürger als Investoren deren Schiffe ausrüsten. Die Unterscheidung zwischen rechtmäßiger Kaperei und illegitimer Piraterie war daher weder für die Zeitgenossen, noch ist sie für Historiker leicht zu treffen. Sie waren nicht unbedingt *Outlaws* oder gehörten einer sozial deklassierten Randgruppe an, sondern konnten im Gegenteil aus der Oberschicht stammen, die sich die Schiffsausrüstung leisten konnte. Legitime und illegitime Gewalt sowie die Sicherheit zur See sind so gesehen als wiederholte Ausformung fortdauernder Möglichkeiten zu verstehen.

*Robert Bohn* eröffnet mit seinem Beitrag „Die Barbaresken und die deutsche Seefahrt im 17. und 18. Jahrhundert" die Frühe Neuzeit und untersucht die 300jährige Geschichte der Piraten im Mittelmeer und deren Verbindungen zu den europäischen Seestädten. Bezeichnenderweise erkennt Bohn, dass Innovationen in der Schiffsbautechnik sowie fehlende Staatlichkeit aufgrund des Machtverlustes des Osmanischen Reiches im Maghreb zu den Machtpositionen der Beys von Algier, Tunis, Tripolis und dem Sultan von Marokko geführt haben. Zudem konnten die *Barbaresken*, wie sie von den Europäern genannt wurden, vor allem deshalb bis in die Nordsee vordringen, weil sich die europäischen seefahrenden Nationen in Konkurrenzkämpfen untereinander verwickelt sahen. Fiel man in deren Hände, bedeutete das den Totalverlust von Schiff, Ladung und Besatzung. Letztere wurden versklavt und gegen Lösegeldzahlungen freigesetzt, woraus sich im europäischen Raum die Sklavenkassen sowie das Seeversicherungswesen entwickelten. Erst die koloniale Expansion Frankreichs konnte die Barbareskenstaaten zerschlagen.

*Michael Kempe* greift in seinem Beitrag „Von der Karibik bis Madagaskar und in den Indischen Ozean. Globale Pirterievernetzung um 1700" die Piraterie im Atlantischen und Indischen Ozean auf. Dort war die Piratenrunde als ökonomisches Netzwerk wirksam, das allerdings nicht parasitär zu deuten ist. Gerade die Long-Distance-Piraterie glich den Markt in gewissermaßen informeller Kooperation innovativ dort aus, wo Lücken bestanden. Zudem ließ sie die globalen Distanzen schrumpfen, brachte so West- und Ostindien am Ende des 17. Jahrhunderts zusammen und konnte im Indischen Ozean Handelsnetzwerke etablieren. Anders als mit den Barbareskenstaaten existierte zwischen den europäischen Handelsgesellschaften und Staaten einerseits und den *Roundsmen* andererseits ein friedliches Nebeneinander von Kaper- und Handelsschiffen. Die Long-Distance-Piraterie ist so gesehen nicht nur die Schattenseite der legalen Handelsschifffahrt, sondern hat die Netzwerkstrukturen des frühneuzeitlichen Fernhandels mitbestimmt und damit die internationale Kommunikation gefördert.

Mit dem Beitrag „Ist der militärische Kampf gegen Piraten ethisch legitimiert?" von *Volker Stümke* wird der zweite Abschnitt des Bandes eröffnet, in dem die heutige Piraterie in den Untersuchungsfokus gerückt wird. Stümke stellt die Frage, ob der militärische Einsatz gegen die Piraten vor Somalia als gerecht zu bewerten ist, und überprüft dies anhand der klassischen Kriterien der Ethik. Interessanterweise erkennt auch Stümke – und hier steht sein Ergebnis in Kontinuität zu den historischen Befunden –, dass die Piraterie vor Somalia dem Zustand des *failed states* dient beziehungsweise dieses Land am Leben erhält, indem die Warlords die somalische Bevölkerung vielseitig unterstützen. Piraterie und Warlords bilden so gesehen ein akzeptierbares Übel für einen großen Teil der somalischen Bevölkerung. Neben militärischen Einsätzen betont Stümke die in erheblichem Maße notwendige Aufbauhilfe, die für eine Festigung des somalischen Staates erforderlich wäre. Es gibt starke Gründe, so Stümke, für einen Einsatz des Militärs, der jedoch nicht einer ökonomischen Rationalität folgen sollte.

*Belachew Gebrewold* führt in „Systematic causes of state collapse and anarchy in Somalia" aus, warum sich der Konflikt in Somalia als gewissermaßen unlösbar darstellt und die zahlreichen Wiederaufbaumaßnahmen bisher kaum Positives bewirkt haben. Dieser Frage geht er anhand von regionalen, nationalen und globalen Faktoren nach und erkennt, dass die Wurzeln des Konfliktes genau in der Verbindung aller drei Faktoren liegen und Somalias Zustand als *failed state* dementsprechend fortbestehen lassen. Gebrewold bezieht hierfür die zahlreichen politischen und militärischen Parteien und Clans (nationale Akteure), das Engagement der afrikanischen Staaten mit ihren wechselnden innerafrikanischen Allianzen (regionale Akteure) und das der USA sowie Russlands und Europas (globale Akteure) in ihrer Historizität mit in seine Analyse ein. Deutlich wird dabei vor allem, dass Piraterie und machtloser Staat in diesem Fall in ihrer Wechselwirkung auf das Engste miteinander verbunden sind, indem das eine das andere bedingt respektive die ökonomische Misere Somalias als Ursache die Wirkung „Piraterie" mit sich bringt. Offensichtlich ist für Gebrewold jedoch auch, dass nur bei einer Kooperation der nationalen, regionalen und globalen Akteure das Ziel erreicht werden kann, einen intakten somalischen Staat zu schaffen, ansonsten aber auch die Piraterie am Horn von Afrika als ungelöstes Problem bestehen bleiben wird.

Mit dem Beitrag von *Andreas von Arnauld* beginnt die Dokumentation der Podiumsdiskussion, in der die aktuelle Piraterie aus völkerrechtlicher, militärischer, handelspolitischer und ökonomischer Perspektive betrachtet wird. Viele Diskussionspunkte beziehen sich daher aufeinander und werden in den einzelnen Beiträgen nochmals kritisch beleuchtet. Beispielhaft sind hierfür etwa eine fehlende Staatlichkeit, die Zwölf-Seemeilenzone, Handlungsmöglichkeiten der Internationalen Staatengemeinschaft und die Effektivität der Marineeinsätze sowie Best Management Practice-Maßnahmen der Reedereien zu nennen. Aus völkerrechtlicher Perspektive sind, so Arnauld, vor allem zwei Problemkreise beim aktuellen Piraterieproblem relevant: zum einen das Recht zum Aufbringen von Piratenschiffen, zum anderen der Umgang mit Piraten während des Einsatzes und nach der Gefangennahme. Hierfür bezieht er sich auf die einschlägigen Artikel im Seerechtsübereinkommen (SRÜ) sowie auf die Charta und die relevanten Resolutionen der Vereinten Nationen. Das SRÜ beinhaltet zwar nicht die Seeräuberei im Küstenmeer, ihm sind aber Pflichten der Küstenstaaten zu entlehnen. Problematisch ist in diesem Zusammenhang die Frage, wie ein *failed state* diese Verpflichtungen erfüllen kann. Arnauld erkennt, dass die Internationale Gemeinschaft Möglichkeiten hat, bei der Pirateriebekämpfung mitzuwirken und unterstreicht hierfür weniger die Verwendung von Militäreinsätzen, sondern vielmehr die Unterstützung gezielter Projekte zur Stärkung der lokalen Strukturen, insbesondere das *community building* als gangbare Voraussetzung für das *state building*.

Dagegen unterstreicht *Dirk Max Johns* aus der Perspektive des Verbandes Deutscher Reeder, welche Bedeutung der militärische Schutz für die Handelsschifffahrt besitzt. Die heutige Bedrohung durch Piraterie habe eine in unserer Zeit neue Qualität bekommen, es gehe nicht mehr nur um den Diebstahl kleiner beweglicher Gegenstände, sondern vor allem um Geiselnahme mit hohen Lösegeldzahlungen. Johns betont zudem die mit den Piratenüberfällen einhergehenden und mitunter erheblichen Folgeschäden, wie beispielsweise die Gefahren für die Mannschaft, deren Betreuung nach einer Befreiung sowie zusätzliche Kosten für die Verhandlung, den Transportausfall oder auch einfach nur verdorbene Ware. Zwar haben die Reedereien selbst an Bord zahlreiche Sicherheitsmaßnahmen eingeführt, praktische Erfolge aber resultieren insbesondere aus der Kombination des geübten Vorgehens an Bord mit der Marinepräsenz vor Ort. Dieses Vorgehen ließe sich durch bewaffnete Marineeinheiten an Bord sowie durch eine Ausweitung des militärischen Schutzschirms optimieren. Jedoch diene dies nicht der Ursachenbekämpfung, und somit sieht auch Johns die Internationale Staatengemeinschaft in der Pflicht, diese an Land mit dem Ziel eines zuverlässigen Staatengebildes voranzutreiben.

Die aktuelle Piraterie aus militärischer Perspektive beleuchtet *Lutz Feldt*. Für die Soldatinnen und Soldaten ergeben sich im Einsatz gleich mehrere Problemfelder, so Feldt. Zum einen wird die internationale Koordination der Einsätze durch die vielen unterschiedlichen nationalen Kompetenzen und Zuständigkeiten sowie unterschiedliche bi- und multinationale Abmachungen erschwert. Zum anderen ist kaum einzuschätzen, gegen wen sich der Einsatz gerade richtet, da mit einem Überbordwerfen der Waffen oder dem Überschreiten der Zwölf-Seemeilenzone eine Statusänderung der vermeintlichen Piraten erfolgen kann. Auch Feldt sieht die Notwendigkeit, die Operationen der Marinen auf See durch politische und wirtschaftliche Initiativen an Land zu flankieren. Hierbei sollte die Internationale Staatengemeinschaft allerdings nicht nur einzelne Staaten, sondern vielmehr die Regionen im Blick haben, da gerade die Beispiele Somalia und Jemen zeigen, wie stark deren Staatlichkeit von Initiativen und Einflussnahmen der umliegenden Staaten abhängig ist.

Die ökonomische Perspektive liefert *Stefan Bayer*, indem er den militärischen Einsatz auf seine volkswirtschaftliche Effizienz hin bewertet. Zwei Kriterien sind dafür von Bedeutung: Einmal die Existenz öffentlicher Güter, also ob die Weltmeere eine vom Staat als Infrastrukturleistung zu erbringende Maßnahme ist; zum anderen das Vorhandensein externer Effekte, also ob Dritte von einer Maßnahme in ihrem eigenen Handeln tangiert werden, ohne dass sie sich davor schützen können. Bayer erkennt in den staatlichen Schutzmaßnahmen eine Verzerrung des Wettbewerbs zugunsten der Transporteure, die sich über eine den Produzenten anzulastende *Piratensteuer* beheben ließe. Mit den Einnahmen könnten nicht nur die Militäreinsätze, sondern zugleich regionale Aufbauprojekte finanziert werden. Allerdings wäre hierzu die Internationale Staatengemeinschaft aufgerufen, denn nationale Alleingänge würden auf dem Weltmarkt kaum nachhaltige Effekte auslösen.

Zum Abschluss des vorliegenden Bandes thematisiert *Johannes Marbach* in seinem Beitrag „Piraterie in Literatur, Oper und Film" epochenübergreifend die Piraten als literarische, musikalische und filmographische Charaktere von der Antike bis heute. Bemerkenswerterweise finden sie in diesen Medien über die Jahrhunderte hinweg zwar unterschiedliche Ausgestaltungen, jedoch werden auch mehrere Kontinuitäten deutlich, die durch wiederkehrende Vorbilder, wie etwa Homers Dichtung oder den Roman „Die Schatzinsel", geprägt sind. Die fiktionalen Darstellungen gleichen häufig einer Flucht ins Abenteuer und versinnbildlichen Träume und utopische Elemente der zeitgenössischen Rezipientengruppen, was mitunter auch zu einer klischeehaften Charakterisierung vom blutrünstigen Menschenschänder bis hin zum unfreiwillig edlen Piraten führen kann, zugleich mit historischen Vorlagen aber nur noch sehr wenig zu tun haben muss. Der literarischen, musikalischen und filmographischen Umsetzung von Piraterie kommt somit bei der Bewertung der zeitgenössischen Rezipientenkreise und seiner Vorlieben eine große Bedeutung zu, wohingegen sie über die historische Piraterie der jeweiligen Zeit nur selten Genaueres auszusagen vermag.

Wie bereits in den früheren Epochen so steht auch heute die effiziente Bekämpfung der Piraterie im Mittelpunkt der Bemühungen von einzelnen oder mehreren Staaten beziehungsweise der Internationalen Staatengemeinschaft. Dieses wird auf vielen Ebenen versucht, so werden beispielsweise Hilfs- und Aufbauprojekte an Land finanziert oder gemeinsame militärische Aktionen auf See koordiniert. Dass jedoch nicht nur die Symptome, sondern auch die Ursachen (zumeist an Land) zu bekämpfen sind, wird kaum jemand verneinen, der die Piraterie wirksam beseitigen möchte. Warum aber wurde oder wird man überhaupt Pirat und akzeptiert die Illegitimität sowie die Gefahr, getötet oder gefangen und verurteilt zu werden? In der historischen Schau lässt sich diese Frage ansatzweise insofern beantworten, als dass es wohl zum einen die Perspektivlosigkeit innerhalb einer Gesellschaft, zum anderen der Profit, aber auch die Existenzsicherung oder die Flucht aus der Armut, des weiteren Aufstiegschancen sowie die Möglichkeit, später innerhalb der Gesellschaft aufgrund des erzielten Reichtums einen höher gestellten Platz einzunehmen, waren, die ein Leben in Gefahr rechtfertigen. Schenkt man den Berichten der Nachrichtenmagazine Glauben, so sind dies zugleich die Gründe, die auch die heutigen Piraten in die Illegitimität treiben und Mephistos Aussage zur Dreieinigkeit von „Krieg, Handel und Piraterie" stützen, ihr zugleich eine irritierende Zeitlosigkeit verleihen. Eine Meinung, die der vorliegende Band aufgrund seines epochenübergreifenden und interdisziplinären Ansatzes her zu bestätigen scheint. Mephistos augenzwinkernde, aber auch mahnende Konnotation, nicht am fehlerhaften Zustand festzuhalten, spiegelt sich in den aktuellen Maßnahmen wider, die Piraterie nicht nur zu bekämpfen, sondern auch die sie hervorbringenden Lebensbedingungen zu ändern. In diesem Bereich stärker wirksam zu werden und auf globale Gerechtigkeit und Gleichberechtigung hinzuarbeiten, wäre daher als Ziel für die Internationale Gemeinschaft auch weiterhin zwingend notwendig. Die folgenden historischen Beispiele und aktuellen Analysen mögen dazu Ideen und Erklärungsansätze bieten.

# KIDNAPPING UND PLÜNDERN

## PIRATERIE UND *FAILING STATES* IM ANTIKEN GRIECHENLAND

BURKHARD MEISSNER

*Piraterie* wird heute grundsätzlich als eine Form des illegitimen räuberischen Vorgehens auf hoher See, d.h. außerhalb der staatlichen Hoheitszonen und mit der Hilfe von Schiffen oder Booten, verstanden (UN-Seerechtskonvention von 1982). Darin liegt eine moderne begriffliche Einschränkung, die für die Antike, also für eine Zeit vor den modernen Seerechtsübereinkommen, nicht ohne weiteres gilt. Dennoch sind antike griechische und moderne Piraten einander in Rolle und Funktion nicht unähnlich: Auch antike Piraten raubten Güter und praktizierten den erpresserischen Menschenraub. Vor allem aber war die Piraterie in der griechischen Antike ebenfalls eine Begleiterscheinung von nicht funktionierender Staatlichkeit. Da viele griechische Staaten der Antike, gemessen an den Maßstäben moderner Staatlichkeit, als durchaus funktionsgestörte Gebilde gelten können, ist an ihnen und der antiken griechischen Piraterie Allgemeingültiges über Staat und Piraterie, Sicherheitswirtschaft und Menschenraub zu erkennen. Inwiefern Piraterie mit dem Handeln der großen Staaten und Mächte verschränkt war oder ihnen entgegenwirkte, von ihm profitierte oder durch jenes Handeln bedroht und kontrolliert wurde, soll im folgenden dargestellt werden. Es wird zunächst das literarische *Piratenbild* beschrieben und im zweiten Teil das Wort- und Bedeutungsfeld des Piraten im Griechischen erläutert. In weiteren Abschnitten werden die Piraterie bei Homer sowie in der klassischen und der hellenistischen Zeit eingehender betrachtet, wobei die Besonderheit der antiken Piraterie ebenso in den Blick kommen soll, wie auch das, was an der antiken Seeräuberei typisch beziehungsweise regelhaft war.

## I. Literarische Piraten

Zu den auffälligsten Gemeinsamkeiten zwischen modernen und antiken Piraten gehört ihre Wahrnehmung und Darstellung als eine *exotische* Bedrohung, d.h. als eine solche, die außerhalb der eigenen Gesellschaft, des eigenen Staates oder der eigenen Region ihren Ursprung hat (ἐξωτικός ≈ draußen, außerhalb), und die zudem eine Ausnahme, nicht einen Normalfall darstellt. Andererseits scheint die Piraterie in der griechischen Welt überall präsent und ein Teil ihrer gewesen zu sein. Dieser Widerspruch in der Haltung gegenüber Piraten und Piraterie im antiken Griechenland legt es nahe, die Exotik, die der Piraterie in der antiken Literatur oft beigelegt wird, als Teil einer distanzierenden Ideologie zu deuten, die, zu Topoi verdichtet, auf verschlungenen Wegen tradiert, wohl auch die Entwicklung von späteren literarischen Piratenbildern beeinflusste.

Regelmäßig nämlich gehören Piraten zum literarischen Inventar griechischer Liebesromane der römischen Kaiserzeit mit ihrem exotischen Tableau an Motiven und Personen: Liebende aus der Oberschicht griechischer Städte werden durch die ganze späthellenistische Lebens- und Vorstellungswelt getrieben, bevor sie am Ende einer paradoxen Verwicklungskette von Ereignissen schließlich doch zusammenkommen. In der Regel treffen sie bei ihren Abenteuern auch auf Piraten und zwar meist auf die sogenannten Bukolen, Sumpfräuber aus dem ägyptischen Nildelta. Gelegentlich jedoch müssen sich die Helden auch selbst der Piraten als Sicherheitsunternehmer bedienen. So beauftragt im Roman „Leukippe und Kleitophon" des Achilleus Tatios einer der Helden, Kallisthenes, den Piraten Zeno damit, die von ihm angebetete Kalligone zu entführen. „Er [scil. Zeno] war körperlich kräftig, ein geborener Pirat: Schnell gelang es ihm, unter den Fischern des Dorfes eine Räubertruppe zusammenzustellen, woraufhin er nach Tyros fuhr."[1] *Räuber* und *Piraten*, synonym gebraucht, sind in den griechischen Liebesromanen in der Regel Menschenräuber, und Entführung ist ihr Geschäft. Dabei werden sie von einem Unternehmer für das Vorhaben zusammengebracht und organisieren sich hierarchisch: Mit dem Schiff des Fischers fahren sie bei Achilleus Tatios zum Einsatz.

Meist jedoch besteht die Funktion der Piraten nicht darin, Liebende zusammenzubringen, sondern sie durch Entführung zu trennen:

> „Während wir an einer Siedlung entlangfuhren, hörten wir plötzlich einen lauten Ausruf. Unser Kapitän rief ‚Boukolen' und wendete das Boot, um in Gegenrichtung zu entkommen. Sofort war der Küstenbereich voller furchterregender Gestalten, alle langaufgeschossen und dunkelhäutig – nicht tiefdunkel wie Inder, sondern so dunkelhäutig wie etwa ein Misch-Äthiopier – barhäuptig, eher korpulent, aber schnellfüßig. Sie brüllten alle in einer fremden Sprache herum. Unser Steuermann sagte: ‚Wir sind erledigt' und stoppte das Schiff. Der Fluss war hier sehr schmal. Vier Banditen enterten das Schiff und nahmen alles mit, einschließlich unseres bisschen Geldes. Sie fesselten uns und brachten uns zu einer Hütte, wo sie uns unter Bewachung zurückließen. Sie sagten, sie würden uns später zu ihrem König bringen; mit diesem Wort bezeichneten sie den Banditenboss".[2]

In den Liebesromanen der Kaiserzeit (1. bis 3. Jahrhundert n.Chr.) erscheinen diese Piraten generell als Entführer, Beutemacher und Räuber, die an den Rändern der Gesellschaft leben (in den Sümpfen des Nildeltas, unter Fischern oder Schwammtauchern) und immer dann in die Erzählung eintreten, wenn deren Handlungslogik ihrer bedarf.[3] An jenen Rändern steht jederzeit eine piratische

---

1   Achilleus Tatios II 17,3.
2   Ebd. III 9.
3   Zu den Figuren des Romans: Kurt Treu: *Der Realitätsgehalt des antiken Romans*, in: Heinrich Kuch (Hg.): Der antike Roman, Berlin 1989, S. 107-125; Renate Johne: *Zur Figurencharakteristik im antiken Roman*, in: ebd., S. 150-177. Übersetzungen: Bryan P. Reardon: *Collected Ancient Greek Novels*, Berkeley/Los Angeles/London 1989. Zur Tradition des To-

Reserve zur Verfügung, um in das Leben der wirtschaftlichen Zentren und ihre Seeverbindungen zu intervenieren. Dass sie Piraten sind, sieht man den Roman-Piraten schon rein äußerlich an: Sie sind groß, stark, sonnengebräunt, und ihr Aussehen verweist sie in die Randregionen der Mittelmeerwelt (Südsudan, Äthiopien). Dieses Bild der Piraten ist in sich einerseits widersprüchlich und andererseits märchenhaft überhöht, denn die Piraten wirken zwar fremd und bedrohlich, gehören aber zu fast jedem Liebesroman dazu.

Piraten sind im Roman aber nicht schlechthin Fremde, denn der Roman kann gelegentlich imaginär sogar die Perspektive von Piraten einnehmen. So beginnt der berühmteste griechische Liebesroman, der des Heliodor (wohl aus dem 3. Jahrhundert n.Chr.), als Piratenroman: Bukolische Sumpfpiraten „mit typischen Räuberwaffen" halten an der Mittelmeerküste nach Beute Ausschau. Der beginnende Sonnenaufgang bildet einen idyllischen Kontrast zu dem Bild, das sich den über den Deich spähenden Übeltätern bietet: ein beutebeladenes Schiff am Strand, Spuren eines Picknicks, überall Blut, Tote – Reste eines Überfalles. In der Nähe eine schöne Frau mit Pfeil und Bogen, die einen Schwerverletzten beweint und versorgt. Sie ist hell, die Räuber sind dunkel: Das Piratenklischee greift auch hier. Der Verletzte und die Schöne werden schließlich von einer zweiten Gruppe von Banditen als Faustpfand mitgenommen[4] und in eine Hütte eingesperrt, so dass die Liebesgeschichte als Erzählung einer Entführung durch Piraten beginnt. „Bukolen führen das Leben von Räubern, und sie sind sehr schwer zu fangen, weil sie sich regelmäßig in ihre Lager, in Höhlen und in die Sümpfe zurückziehen", sagt einer der Protagonisten der Geschichte.[5]

Diese schwer kontrollier- und integrierbare Rinderhirtenbevölkerung in den Sümpfen östlich von Alexandria gab es tatsächlich. Im Jahre 172 n.Chr. veranstaltete sie einen regelrechten Krieg gegen die römische Obrigkeit und hätte fast Alexandria in ihre Hand gebracht.[6] Tatsächlich müssen wir zu gewissen Zeiten an zahlreichen Orten der Mittelmeerwelt mit solch marginalen Räumen rechnen (z.B. Kilikien, Kreta, Illyrien), von denen aus Diebe, Räuber, Erpresser und Menschenräuber ihrem Gewerbe nachgehen konnten. Ähnlich wie in der Moderne wurden aber Piraten zu Helden der romanhaften Literatur in der römischen Kaiserzeit zu einer Zeit, als sie in der Realität weitgehend an die Ränder der Erfahrungswelt und in die Illegalität abgedrängt worden waren. Sie gehörten nur noch als Ausnahme und als exotische Bedrohung zur Lebenswirklichkeit des Mittelmeerraumes, weil die Kontrolle, unter die Rom in der hohen Kaiserzeit die Mittelmeerwelt brachte, die Voraussetzungen schrittweise verschlechterte, unter denen die Piraterie zuvor lange floriert hatte: miteinander konkurrierende Mächte, steile soziale

---

pos von mediterranen Piraten vgl. Peregrine Horden/Nicholas Purcell: *The Corrupting Sea*, Oxford 2000, S. 158-160.
4   Heliodor, *Aithiopika* I 1-7.
5   Heliodor, *Aithiopika* II 24,1.
6   Kurt Sethe: Realencyclopädie der classischen Altertumswissenschaft (RE) III 1,1013 s.v. Boukovloi (1). Einer der Führer des Bukolenaufstandes hieß Isidoros: Arthur Stein: RE IX 2,2062 s.v. *Isidoros* (10).

Gradienten, endemischer Krieg, allgemeine Unsicherheit und schwache, instabile Staaten ohne wirksame Kontrolle über die See und ihre Küsten.

## II. Das Wortfeld *Pirat*

„Ist nicht das Leben der Menschen auf der Erde eine Piratensache und des Menschen tägliches Dasein wie das eines Söldners?" So fragt Hiob in der hellenistischen griechischen Version des Alten Testamentes, der Septuaginta, um das Piratenleben zur Metapher für die menschliche Existenz überhaupt zu erklären. Im hebräischen Text ist hierbei nicht von πειρατήριον, Piratenort oder -sache, die Rede, sondern von צָבָא ־ חֵלֶא (eli-ṣaba) – verzehrendem Kriegführen; wohl aber erscheint der μίσθιος, der Söldner oder Arbeiter, hebräisch שָׂכִיר (sakir). In der lateinischen *Vulgata* tauchen Söldner, *mercenarii*, als Metapher ebenfalls auf; aus der *Piratensache* des griechischen Textes und dem *Rosten und Kämpfen* des Hebräischen wurde hier jedoch die *militia*, der reguläre Militärdienst.[7] Im 5. Jahrhundert n.Chr. kannte aber Bischof Maximus von Turin noch das griechische πειρατήριον mit seiner schillernden Bedeutung und erklärt aus dessen Etymologie den Literalsinn des lateinischen Textes:

> „Der heilige Hiob sagt schließlich: Das Leben der Menschen ist Piratensache; das bedeutet entweder, dass die Menschen in diesem Leben alle Übel erfahren – ,Piratenangelegenheit' kann nämlich ins Lateinische übersetzt werden mit dem Wort ,Erfahrung' –, oder Piratensache bedeutet, dass in diesem Leben der Teufel unter den Menschen wie ein Pirat wütet; ,Piratensache' bezeichnet nämlich den Aufenthaltsort von Piraten".[8]

*Piratensache* als *Piratenort* erscheint als Erklärung etwas pedantisch, deutet jedoch die sprachliche Distanz an, die zwischen dem griechischen Osten und dem lateinischen Westen bestand. Maximus' erste Erläuterung der Stelle erscheint dabei zunächst vielleicht etwas abwegig: Das menschliche Leben wird mit dem der Piraten verglichen, weil es *Erfahrung* ist; Piratendasein bedeutet Erfahrungen machen. Tatsächlich erklärt diese Erläuterung der Hiob-Stelle *Piraterion (Piratensache, Piratenbande, Verfahren wegen Piraterie)* etymologisch korrekt, denn *peirates* ist eine Akteursbezeichnung zum Verb *peiraomai*, welches bedeutet, *einen Versuch machen, etwas probieren, unternehmen, wagen, ein Risiko eingehen*, aber auch *Erfahrung machen* (vgl. *Empirie*: Wagnisbegriff als wissenschaftliches Methodenprinzip): *Piraten* üben also einen Hochrisiko-Erfahrungsberuf aus, sie sind

---

[7] Septuaginta, Hiob 7,1: πότερον οὐχὶ πειρατήριόν ἐστιν ὁ βίος ἀνθρώπου ἐπὶ τῆς γῆς καὶ ὥσπερ μισθίου αὐθημερινοῦ ἡ ζωὴ αὐτοῦ; Vulg.: *militia est vita hominis super terram et sicut dies mercenarii dies eius.*

[8] Maximus Taurinensis: *Collectio sermonum antique*, serm. 72,14 (Migne PL 57, 453b-456b, insbes. 453c-454b (homil. 88)): *Denique sanctus Iob dicit: piraterium est uita hominum; hoc est siue quod homines in hac uita omnia experiantur mala – piraterium enim latine experimentum dici potest –, seu certe piraterium quod in hac uita circa homines diabolus tamquam \*\*pirata\*\* desaeuiat; piraterium enim habitaculum piratorum est.*

Unternehmer – diese Vorstellung liegt dem Hiob-Gleichnis, dem griechischen Begriff *peirates* und den modernen Bezeichnungen *Piraten* und *pirates* zugrunde.

Zudem wird *Pirat*, auch in den Liebesromanen, synonym mit *Räuber* verwendet. *Räuber*, ληστής oder altertümlich ληστήρ, kommt von ληΐς (*Beute*, aber auch einfach *Vieh* oder *Vorrat*). Das davon abgeleitete Verbum ληΐζομαι heißt *Gewinn machen*, aber auch *als Beute wegführen*. Der *lestes* ist also ein gewerbsmäßiger Plünderer, seine Tätigkeit wird aber genau so bezeichnet, wie das Plündern als Teil einer normalen Kriegstaktik, die immer wieder vorkam. Im Unterschied zu *lestes* taucht das jüngere Wort *peirates* dagegen erst in hellenistischer Zeit auf.

Eine Spezialisierung und Ausdifferenzierung, aber auch die sich wandelnden moralischen Bewertungen des Vorgehens, spiegeln sich ebenso in dieser Geschichte des Wortgebrauches wider wie die Tatsache, dass Raub und Seeraub im klassischen und hellenistischen Griechenland als normale Erwerbsformen betrachtet wurden – als Verbrechen hingegen nur unter besonderen Umständen, sofern eine maritime Schutzmacht Raub und Seeraub unterdrückte.

## III. Piraten bei Homer

Bei Homer und in der archaischen Gesellschaft gab es nur *leïstai* (ληϊσταί / ληϊστοί / ληϊστῆρες / ληΐστορες)[9]:

„Nun ist es wohl passender zu fragen und von den Fremden zu erfahren, wer sie sind, nachdem sie ja beköstigt worden sind. Oh Fremde, wer seid Ihr? Woher kommt Ihr auf den nassen Wegen der Gewässer? Seid Ihr geschäftlich unterwegs, oder fahrt Ihr zufällig hin und her, so wie es Seeräuber zu tun pflegen, die herumfahren, dabei ihr Leben riskieren und Unglück über andere bringen?"[10]

Diese Frage in Homers Odyssee ist eine wiederkehrende Formel. Weil jeder Fremde Händler oder Seeräuber sein kann, unterscheiden sie sich weder nach ihrem Aussehen, noch nach ihrer Sprache, nach ihrem Schiff, ihrer Bewaffnung oder ihrer Ladung, sondern nur nach ihrer nicht sichtbaren jeweiligen Intention. Der eine hat einen Geschäftsplan, der andere fährt Suchkurse, um jenem aufzulauern. Seeräuber sind nicht die ganz anderen, denn jeder Beliebige könnte Seeräuber sein, so dass zwischen Händler und Seeräuber ein Rollenwechsel möglich ist. Während der Pirat in der romanhaften Literatur äußerlich sofort erkennbar ist, unterscheidet in der Welt Homers nichts Äußeres zwischen Händlern und Piraten.

Diese Form der Piraterie als etwas *Normales* blieb in der späteren Deutung Homers und damit in der griechischen kollektiven Selbstdeutung präsent als eine mögliche, aber überwundene Wurzel persönlichen Reichtums und als Ausgangs-

---

9   Vgl. Homer, *Ilias* IX 406; ders., *Odyssee* III 73; IX 254; XV 427.
10  Homer, *Odyssee* III 69-74. Der Schluss der Passage erscheint auch in IX 252-255.

basis für die individuelle und gesellschaftliche Entwicklung sowie die Bildung von Hierarchien und Organisationsstrukturen. Bei Thukydides heißt es:

> „Nachdem die früheren Griechen und diejenigen Nichtgriechen, die an der Festlandsküste oder auf den Inseln wohnten, damit begonnen hatten, häufiger zu Schiff miteinander Kontakt aufzunehmen, wandten sie sich der Piraterie zu, und dabei wurden sie von ihren jeweiligen Eliten angeführt, die die Sache um des Gewinnes willen und für den Lebensunterhalt ärmerer Schichten betrieben; daraus, dass sie unbefestigte Städte und dörfliche Siedlungen überfielen und diese ausplünderten, zogen sie den größten Teil ihres Lebensunterhaltes; dieser Beruf war noch nicht stigmatisiert, sondern verschaffte im Gegenteil nicht geringes Ansehen".[11]

Die Tätigkeit des Seeräubers stellt bei Homer tatsächlich eine Alternative zu der des Ackerbauern oder Handwerkers dar, und zwar eine solche, die erhebliches Mobilitätspotential besitzt. Odysseus beispielsweise gibt sich seinem Sauhirten Eumaios gegenüber unerkannt als ein arbeitsscheuer Aufsteiger. Er will glaubwürdig wirken und erzählt daher eine scheinbar ganz gewöhnliche Aufsteigergeschichte, nämlich die Geschichte eines Seeräubers.

> „So ein tapferer Kerl war ich im Krieg. Einer regelmäßigen Arbeit nachzugehen aber war nicht mein Ding, und für Hauswirtschaft, wo es darum geht, Kinder großzuziehen, hatte ich kein Händchen. Was ich dagegen immer liebte, waren Ruderboote, Krieg und Gewalt, blank polierte Speere und gefiederte Pfeile: schreckenerregende Dinge, die andere mit Grauen erfüllen. Diese Sachen waren mir aber vertraut geworden, denke ich, weil ein Gott sie mir ins Herz gelegt hatte. Jeder liebt halt einen anderen Beruf. Bevor nämlich die Söhne der Achäer ihren Fuß auf trojanische Erde gesetzt haben, hatte ich neun Mal Krieger mit schnellen Schiffen gegen fremde Gegner geführt, und es war immer reiche Beute in meine Hand gefallen. Ich nahm davon, was mir gefiel, und später erhielt ich vieles zusätzlich durch das Los, und so wurde mein Haushalt schnell sehr reich, und ich wurde in Kreta prominent und gefürchtet."[12]

Aus Kreta stammend, der Oberschicht angehörend, ein Aufsteiger und Kriegsunternehmer mit reicher Beute als Seeräuber - darin liegt das Klischee der insularen beziehungsweise marginalen Existenz mit hoher Risikoprämie. In einer Region ohne ausgeprägte Territorialität und Staatlichkeit bietet Seeraub die Möglichkeit zu persönlichem Aufstieg, und zugleich ermöglichen die Gewinne aus dem Seeraub die Herausbildung größerer wirtschaftlich-sozialer Einheiten.

Kennzeichnend für diesen Seeraub sind zum einen kleine Ruderboote, die von kleinräumigen versteckten Küstenplätzen aus operieren, zum anderen klare, aber flache Hierarchien der Räuber, unter denen der Anführer einen ersten Beutezugriff genießt. Im Allgemeinen aber besteht das Prinzip der Gleichrangigkeit bei der Beuteverlosung. Der (See-)Räuber des homerischen Typs übt einen Teilzeit-

---

11 Thukydides I 5,1.
12 Homer, *Odyssee* XIV 222-234.

beruf aus, den grundsätzlich jeder ergreifen kann, und wer ihn gut macht, steigt auf und kann dann gegebenenfalls in Ithaka am Strand mit dem Sauhirten plaudern. Große soziale Gradienten lassen sich durch diese Piraterie jedoch kaum überwinden. Wohl deshalb ist sie nicht grundsätzlich illegitim, wenn es auch als ausgemachte Tatsache feststeht, dass Räuber nach dem Erfolg eines Raubzuges von der Furcht vor Entdeckung beseelt sind,[13] so dass letztlich der Weg des Seeraubs doch als „verderblich" gilt.[14]

In eine solche vergleichsweise wenig differenzierte Gesellschaft hinein rief Hesiod, der dichtende Bauer aus Askra in Boiotien, in seinen „Werken und Tagen" die dichterische Warnung an seinen Bruder vor den Gefahren des Seehandels. Selbst für den binnenländischen boiotischen Kleinbauern stellte dieser einerseits eine jederzeit mögliche hochriskante Teilzeitbeschäftigung dar, durch die er andererseits aber so wenig der Armut Griechenlands entkommen konnte wie durch den Seeraub. Hesiod setzt voraus, dass ein Bauer auch im boiotischen Hinterland ein Boot besitzen und zur See fahren kann, dieses jedoch nur dann tun sollte, wenn nicht Stürme, Wind und Regen die Seefahrt zu einer unkalkulierbaren Gefahr machen.[15] Nur Spätsommer und Frühling seien brauchbare Jahreszeiten für den hochriskanten Seehandel.[16] Seehandel und Seeraub erscheinen hier aber als kaum unterscheidbare Teile eines gemeinsamen Risikozusammenhangs, in dem die Gefahren von Wind, Wetter und Wasser mindestens so groß und präsent sind wie die Seeräubergefahr – eine nur gering differenzierte Welt.

Diese griechische Welt war im Vergleich zu den Territorialreichen des Orients ein marginaler Raum mit wenig staatlicher Ordnung, in dem der Beruf des Seeräubers hohe Risiken barg, jedoch auch größere Gewinne abwerfen konnte als die Landwirtschaft. Seeraub und Seehandel erscheinen in dieser Hinsicht gar nicht so verschieden, denn die hohen Risiken teilte der Beruf des Seeräubers mit dem des Seehändlers. Doch was ihn von diesem unterschied, waren die Opportunitätskosten des Piraten, denn der Händler hat einen Plan, während der Pirat „zufällig hin und her fahren", also auf der Lauer liegen oder Suchkurse steuern muss. Betrachtet man Homers Dichtung im Zusammenhang, dann lauerten Piraten und Privatkrieger überall auf Beute. Zum Kriegsbild der Griechen in dieser Zeit gehörte der private Beutekrieg, und was die Ilias besingt, ist ein solcher privater Beutekrieg. Zwar werden Privatkrieg und Raub in der frühen griechischen Dichtung als eine Bedrohung wahrgenommen, als grundsätzlich illegitim und geächtet gelten sie jedoch nicht – und als Bedrohung erscheinen sie ubiquitär. Staaten und maritime Ordnungsmächte, die die Piraterie bekämpften oder unterdrückten, spielen in dieser Welt kaum eine Rolle.

---

13 Homer, *Odyssee* XIV 85-89.
14 Ebd. XVII 425f.
15 Hesiod, *Erga* 633-640.
16 Ebd. 687-694.

## IV. Klassische Piraten

Eine grundsätzliche Wertunterscheidung zwischen illegitimem Beutekrieg und legitimem Staatenkrieg (unabhängig von der großen Bedeutung, die der private Krieg auch in klassischer Zeit behielt, wie das Beispiel von Xenophon und dem Kyrosheer zeigt) finden wir nun aber in der Literatur der klassischen Zeit Griechenlands. Wenn Herodot etwa versucht, die Lebensordnung (νόμος) der im Nordosten wohnenden Thraker durch Kontrast zu dem in Griechenland Üblichen zu verdeutlichen, dann betont er, dass es bei den Thrakern als besonders ehrenwert gelte, vom Plündern zu leben.[17] Herodot setzt dabei voraus, dass in Griechenland im Zeitalter des athenisch-spartanischen Dualismus privates Beuteunternehmertum mit Ablehnung zu rechnen hatte und allgemein als illegitim galt, zu der Zeit also, in der der Attische Seebund die Ägäis beherrschte und in der die großen griechischen Metropolen von Lebensmittelim- und Gewerbeexporten über See abhängig waren.

Gleichwohl war Seeraub eine Realität, die zu Macht, Ansehen und Reichtum führen konnte, insbesondere wenn sich Piraten in einer ökonomischen Nische einrichteten. Herodot liefert dafür das Beispiel des Dionysios aus der Seefahrerstadt Phokaia an der kleinasiatischen Küste nördlich von Smyrna. Nachdem dieser Dionysios die Griechen erfolglos in der Seeschlacht von Lade im Ionischen Aufstand 495 v.Chr. kommandiert und dabei drei Schiffe der persischen Flotte gekapert hatte, kehrte er nicht in seine Heimat zurück, sondern führte in der Levante einen Kaperkrieg gegen phönizische Schiffe. Dort verschaffte er sich Kapital, um sich auf Sizilien als Seeräuber zu etablieren, wo er allerdings nicht die Griechen, sondern die Karthager und Etrusker ausplünderte.[18] Dionysios nutzte also seine Erfahrung, Fähigkeiten und errungene Mittel, um im Westen weiteren Reichtum und Macht hinzuzugewinnen. Bis in die 50er Jahre des Jahrhunderts bot sich dort dem Seekrieger und seinem Anhang ein umfangreiches Betätigungsfeld in den Konflikten und Konfrontationen zwischen den Stadttyranneis der sizilischen Griechenstädte und den Karthagern und Etruskern. Seeraub stellte unter den Umständen entwickelterer Staatlichkeit und weitgehender Kontrolle der See- und Handelswege eine verbreitete, aber nicht unbedingt allgemein akzeptierte Erwerbsform dar, die in der Regel unter ganz bestimmten Ausnahmebedingungen florierte, nämlich an der Peripherie und unter Kriegsbedingungen, im Schatten der größeren Mächte also.

Als normal und alltäglich betrachteten die Zeitgenossen die Piraterie in der klassischen Zeit vor allem im Modus fiktiver Rückblicke auf eine überwunden geglaubte Vergangenheit. Thukydides, der Geschichtsschreiber des Peloponnesischen Krieges, entwarf eine solche Perspektive entwicklungsgeschichtlich und als Bild einander ablösender Seeherrschaftssysteme (Thalassokratien).[19] Das Beutemachen stellte danach eine notwendige frühere Stufe der Zivilisationsentwicklung

---

17 Herodot V 6: τὸ ζώειν ἀπὸ πολέμου καὶ ληιστύος κάλλιστον.
18 Herodot VI 17.
19 Thalassokratien bei Thukydides VII 48,2; VIII 41,1; 63,1.

dar: Seeraub lieferte Überschüsse, Überschüsse erlaubten Organisationsentwicklung, Organisationsentwicklung eine raffinierte Kultur.[20] Entwickeln konnte sich das arme, marginale beziehungsweise periphere Griechenland nach dieser Zivilisationstheorie nur durch die Kultivierung einer parasitären Erwerbsform, nämlich des Seeraubs. Griechen wurden zu Griechen als Seeräuber, die Überschüsse aus dem Handel zentralerer Regionen abschöpften, und Thalassokratien, Seeherrschaftssysteme wie das athenische des 5. Jahrhunderts v.Chr., unterbanden dieser thukydideischen Theorie zufolge den Seeraub nicht aus höheren, sondern aus rein egoistischen Motiven. Über den mythischen König Minos von Kreta schreibt Thukydides, er habe die Piraterie auf dem Meer soweit möglich beseitigt, um seine eigenen Einkünfte zu maximieren.[21] Wo See- und Territorialherrschaften sich nicht selbst als Monopolpiraten (und das heißt zugleich auch Monopolhändler) durchsetzten, herrschte also allgemeine Piraterie. Piraterie und staatlich kontrollierte Seeherrschaft bildeten demnach ein dynamisches Gleichgewicht, und zwischen Seeraub als Lebensform und der Bekämpfung des Seeraubs bestanden ebenso fließende Übergänge wie zwischen Raub zu Land, Seeraub und privater Kriegführung.[22] Ein Bekämpfen des Seeraubs war gleichbedeutend mit der Durchsetzung einer Seeherrschaft, wobei Seeraubbekämpfung, Handel, Herrschaft und Stadtentwicklung Konstituenten einer zivilisatorischen Entwicklung darstellten. Zugleich scheint in dieser Gedankenfigur des Thukydides die Herrschaftsideologie von Athens delisch-attischem Seebund auf, wonach Athens Seeherrschaft und die Unterdrückung konkurrierender Mächte in der Ägäis gut ist, denn sie lässt dem Seeraub keinen Platz, führt zu florierendem Handel und zu zivilisatorischem Fortschritt.[23] Ebenso hatte Thukydides zufolge die Thalassokratie der Kypselidentyrannis im Korinth des 7. Jahrhunderts v.Chr.[24] die dortige wirtschaftliche Entwicklung begünstigt.

Richtig an Thukydides' Beobachtung ist, dass gerade während des Peloponnesischen Krieges und der großräumigen Auseinandersetzung zwischen Athen und Sparta sowie der Erschütterung, die diese für Griechenland bedeutete, sich der Raum für Piraten und Piraterie merklich verbreitete. Über das Ende des ersten Sommers im Peloponnesischen Krieg (431 v.Chr.) schreibt Thukydides:

> „Am Ende dieses Sommers wurde die Insel Atalante von den Athenern zu einer Festung ausgebaut; diese Insel liegt vor der Küste des Landes der Opuntischen Lokrer und war bis dahin unbewohnt. Zweck der Operation war zu

---

20 Vgl. Thukydides' Darstellung der Entwicklung der Kolonie Zankle: Besiedelt von Seeräubern, wird die Stadt später von euböischen Nachsiedlern bevölkert und entwickelt sich kontinuierlich, Thukydides VI 4,5. Nikias blickt auf die Expeditionsstreitkräfte des Gylippos als auf solche herab, die in Quantität und Ausrüstung eher Seeräubern als regulären Truppen ähneln: VI 104,3.
21 Thukydides I 4.
22 Vgl. Yvon Garlan: *Signification historique de la piraterie grecque*, in: DIALOGUES D'HISTOIRE ANCIENNE 4 (1978), S. 1-16.
23 Vgl. Thukydides I 7-13 über Städte, Handel und Seeraub.
24 Thukydides I 13,5.

verhindern, dass Seeräuber von Opus oder dem Rest der Landschaft Lokris aus Plünderungsoperationen gegen die Insel Euboia unternehmen".[25]

Von schwer kontrollierbaren Regionen aus gingen demnach Piraten ihrem Plünderungsgewerbe nach, wobei Konflikte zwischen den großen Mächten die Voraussetzungen dafür verbesserten und umgekehrt aber auch besondere Anstrengungen zur Festigung der Kontrolle über die Seeverkehrswege erforderten. So erhielten sechs athenische Schiffe zwei Jahre später den Auftrag, vor dem kleinasiatischen Karien und Lykien gegen peloponnesische Privatkaperer vorzugehen.[26] Ebenfalls besetzten die Athener 427 v.Chr. die Insel Minoa vor der Einfahrt in den Hafen der Stadt Megara, um megarische Seeoperationen und die Ausfahrt privater Seeräuber zu verhindern.[27]

Der Krieg der großen Mächte schaffte privatem Kriegs- und Kaperunternehmertum nicht nur durch Kontrollverlust, sondern vor allem deshalb Betätigungschancen,[28] weil die Gegner auch private Unternehmer, Kaperer und Räuber für ihre kriegerischen Zwecke mobilisierten. So gab der spartanische Kommandeur Lysander im Winter 405/404 v.Chr., nachdem er Lampsakos besetzt, den Hellespont blockiert und Athen von Handel und Lebensmittelnachschub abgeschnitten hatte, dem Seeräuberhauptmann Theopomp von Milet den Auftrag, diesen Erfolg nach Sparta zu melden,[29] denn Spartas Seemacht war auf persisches Geld und auf die mit seiner Hilfe angeheuerten Seekrieger und Piraten angewiesen.

Die Kriegsparteien unterdrückten also nicht um ihrer selbst willen Privatkrieg und Piraterie, sondern allenfalls um ihrer Interessen willen, wenn sie sich ihrer nicht – wie in diesem Krieg – bedienten. Athen beispielsweise verlangte von seinen Bundesgenossen, Piraten keinen Hafen und keinen Raum zu geben, doch waren damit in erster Linie nur gegen Athens Handelsinteressen operierende Piraten gemeint. Mytilene auf Lesbos musste sich im Jahre 427/426 v.Chr. verpflichten, Athen zu helfen, Piraten keine Basis zu bieten, selbst keine Kaperei zu betreiben, nicht zusammen mit den Feinden gegen die Athener zu Felde zu ziehen oder dem gegnerischen Heer Hilfe zu leisten.[30] 424/423 v.Chr. erscheint dieselbe Bestimmung im Abkommen Athens mit der peloponnesischen Hafenstadt Halieis an der Südspitze der Argolis. Diese Stadt sollte den Athenern ihren Hafen zur Verfügung stellen, nicht jedoch den Feinden oder gegen Athen operierenden Piraten Hilfe leisten dürfen.[31] Das Muster[32] ist überdeutlich: Piraten wurden gegebenenfalls als

---

25  Thukydides II 32,1.
26  Thukydides II 69,1-2.
27  Thukydides III 51,2-3.
28  Vgl. Thukydides IV 9,1.
29  Xenophon, *Hellenika* II 1,30. Dazu vgl. Bruno Bleckmann: *Athens Weg in die Niederlage. Die letzten Jahre des Peloponnesischen Krieges*, Stuttgart/Leipzig 1998, S. 593f.
30  Inscriptiones Graecae (IG) I³ n. 67, bes. Zeile 7-11.
31  IG I³ n. 75.
32  Vgl. Philip de Souza: *Piracy in the Greco-Roman World*, Cambridge 1999, S. 32; Henry A. Ormerod: *Piracy in the Ancient World*, Baltimore 1924 (ND 1997) passim; Garlan: Piraterie grecque (Anm. 22); Erich Ziebarth: *Die Geschichte der Piraten im alten Griechenland*, Hamburg 1929 (ND Bremen 2010).

Kriegsunternehmer mobilisiert oder nutzten geschickt die Chancen und Lücken, die die Konflikte der Mächte boten, und zugleich operierten sie von kaum kontrollierbaren Winkeln der griechischen Welt aus. Die Piraterie als solche wurde dabei nicht von allen gemeinsam bekämpft, denn die Piraten und die Feinde hatten nur eines gemeinsam, sie waren die anderen. Unter Ausnützung einer Konkurrenz zwischen den Seemächten oder aber wenn die die See kontrollierenden Mächte geschwächt waren, konnte die Piraterie entsprechend florieren.

## V. Spätklassik und Hellenismus

Dass die größeren Mächte in der Regel um partikularer Interessen willen und unvollkommen ihre Kontrolle zur See ausübten, blieb in spätklassischer und hellenistischer Zeit zunächst ähnlich, denn Beute- beziehungsweise Kaperkrieg sowie Menschenraub waren weiterhin Hauptbetätigungsfeld der Piraten. Was sich verschob, waren aber die geographischen Schwerpunkte und die Intensität der Bedrohung. Kreta blieb, Kilikien, die ägäische Inselwelt und Illyrien wurden Schwerpunktgebiete der Piraterie, und immer dann, wenn die Konflikte der großen monarchischen Mächte sich intensivierten, oder wenn deren Möglichkeiten zur Kontrolle der Seewege anderweitig begrenzt wurden, blühte die Piraterie auf.

Wenn dagegen größere beziehungsweise mittlere Mächte wie Makedonien unter Philipp II. oder Alexander oder später das hellenistische Rhodos im eigenen Interesse Seeherrschaft durchsetzten, drängten sie, nicht zuletzt auch zur Akzeptanzbeschaffung für ihre Herrschaft, die Piraterie zurück. Die Bundesakte des Korinthischen Bundes, den Philipp mit den Griechen nach der Schlacht von Chaironeia begründete, enthielt als κοινὴ εἰρήνη (*allgemeiner Friede*) die Zusicherung, dass alle Teilnehmer dieser Friedensregelung das Meer befahren dürfen und es niemandem gestattet sein soll, andere am Befahren des Meeres zu hindern oder fremde Schiffe aufzubringen. Verstöße gegen das Recht der Bundesmitglieder zum freien Befahren der Meere legitimierten den Krieg aller Bundesmitglieder gegen die dafür Verantwortlichen.[33] Für die Mitglieder des Korinthischen Bundes war also die Schaffung eines Systems der Freiheit und Sicherheit in der Ägäis, einschließlich des Schutzes vor Seeraub und Kaperei, vorgesehen. Auch diese vertragliche Delegitimierung der Piraterie nahm ihren Ausgang zunächst von den Interessen der Schutzmacht selbst, denn Philipp hatte das gegen ihn gerichtete Bündnis der Griechen bei Chaironeia 338 v.Chr. besiegt und zwang es 337 v.Chr. in eine neue, unter seiner Führung stehende Organisation. Um dieser die nötige Legitimität zu geben, gab er ihr die Aufgabe, eine gemeingriechische Friedensordnung zu sichern und einen Krieg gegen das Achaemenidenreich zu führen, der

---

33 (Ps.-)Demosthenes, *Orationes* XVII (Περὶ τῶν πρὸς Ἀλέξανδρος συντηκῶν) 19: ἔστι γὰρ δήπου ἐν ταῖς συνθήκαις τὴν θάλατταν πλεῖν τοὺς μετέχοντας τῆς εἰρήνης, καὶ μηδένα κωλύειν αὐτοὺς μηδὲ κατάγειν πλοῖον μηδενὸς τούτων· ἐὰν δέ τις παρὰ ταῦτα ποιῇ, πολέμιον εἶναι πᾶσι τοῖς τῆς εἰρήνης μετέχουσιν. Vgl. Diodor XVI 89; Justin IX 5. Dazu Hatto H. Schmitt: *Die Staatsverträge des Altertums* III, München 1969, Nr. 403; Martin Jehne: *Koine Eirene*, Stuttgart 1994, S. 167.

dessen Angriffe auf Griechenland und seine Heiligtümer mehr als 140 Jahre früher rächen sollte.

Die nach Chaironeia eingerichtete Ordnung war zwar deutlich durch die Interessen der Führungs- und Schutzmacht bestimmt, jedoch brachte sie zugleich neue Momente der Universalisierung mit sich, die in der allgemeinen Friedenspflicht und im Prinzip der Freiheit des Handels zur See lagen – beide waren deutlich auch gegen Kaperei und Piraterie gerichtet. Auch wenn die Interessen der Führungs- und Schutzmacht die nach Chaironeia eingerichtete Institutionenordnung bestimmten, so lag in der Allgemeinheit des Friedens und im Prinzip der Freiheit des Handels zur See von Kaperei und Piraterie ein neues Moment der Universalisierung. Zu den Piraten, Kaperern und Freiheitsbeschränkern zur See, die nach den Regeln des Bundes von den Mitgliedern zu bekämpfen waren, können also nicht ohne weiteres alle Nichtmitglieder oder Gegner des Bundes gezählt werden, denn dieser Bund sollte möglichst viele griechische Staaten umfassen und enthielt wahrscheinlich eine Klausel, die den Beitritt weiterer Mitglieder vorsah.[34] Unter diesen Umständen konnte mit der Pateriebekämpfung keine exklusive Kampfansage an die Gegner gemeint sein. Vielmehr wurde diese Bekämpfung zum Rechtsprinzip eines freien Seezugangs, weil auf lange Sicht nicht allein die Kaperei bestimmter und konkreter Gegner verboten und unterdrückt wurde, sondern vielmehr die Piraterie im allgemeinen Sinn. Obwohl letztlich makedonische Herrschaftsinteressen und Bedürfnisse die Prinzipien des Korinthischen Bundes über die Sicherheit zur See bestimmten und damit andere, das östliche Mittelmeer befahrende Mächte verdrängt und so der Herrschaft der Makedonen zusätzliche ideologische Akzeptanz verschafft werden sollte, machte dieser Vertrag deutlicher als zuvor die Piraterie zu einer grundsätzlich illegitimen und allgemein zu bekämpfenden Angelegenheit.

Nach der Ermordung von Philipp II. 336 v.Chr. verzichtete Alexander für lange Zeit auf eine aktive Kriegführung in der Ägäis. Nach seinem Tod 323 v.Chr. boten der zeitweise Zerfall der makedonischen Ordnungsmacht und die Diadochenkriege dann wieder einen guten Nährboden für das Florieren der Piraterie.

Ein instruktives Beispiel für die Rolle der Piraten als Mobilisierungsreserve in den Kriegen der großen Mächte in der Epoche nach dem Tode Alexanders stellt die Belagerung von Rhodos durch Demetrios Poliorketes 305/304 v.Chr. dar. Demetrios wollte Rhodos zwingen, auf seiner Seite gegen Ptolemaios, Rhodos' Handelspartner, in den Krieg zu ziehen, was ihm aber misslang. Gegen den Seefahrerstaat mobilisierte Demetrios daraufhin eigene Truppen und Söldner, aber auch das Personal und Material privater Kriegsunternehmer, wie es Diodor schildert, der in seiner Darstellung rhodische Lokalüberlieferungen mit der Diadochengeschichte des Hieronymos von Kardia verbindet:

„Er [scil. Demetrios] besaß 200 große Kriegsschiffe verschiedenster Klassen und mehr als 170 Kampfunterstützungsschiffe. Mit diesen wurden knapp 40.000 Soldaten transportiert zusammen mit den Reitern und den mit Deme-

---

34 Jehne: Koine Eirene (Anm. 33), S. 156; Vgl. (Ps.-)Demosthenes, *Orationes* XVII 30.

trios verbündeten Piraten. Vorhanden war darüber hinaus eine große Menge an Geschossen und Material für eine Belagerung. Außerdem begleiteten ihn fast 1000 Schiffe im Privateigentum von Unternehmern und Händlern. Weil nämlich das Staatsgebiet der Rhodier seit vielen Jahren ungeplündert geblieben war, war aus allen Richtungen eine Menge von Menschen zusammengekommen, die ihren eigenen Vorteil aus dem kriegsbedingten Unglück anderer zu ziehen pflegten."[35]

Diodor beziehungsweise seine Quelle beschreibt sodann die *show of force*-Operation des Demetrios. Sie bestand aus einer Flottenparade mit Landung auf der Insel, angeführt von Kriegsschiffen mit Torsionsgeschützen, dann Truppen- und Pferdetransportern „und am Ende die Schiffe der Piraten und die der Händler und Unternehmer".[36] Unmittelbar nach Landung und Lagerbau beauftragte Demetrios „die Fähigsten unter den Piraten und den anderen damit, die Insel zu Land und zur See zu plündern".[37] Es ging um Material und Lebensmittel, aber auch um Menschenraub und Lösegelderpressung, so dass eines der ersten operativen Ziele der Rhodier darin bestand, den Entführungsaktionen der Piraten entgegenzutreten und selbst möglichst viele Gegner einzufangen. Zudem wird aus der Angabe deutlich, dass das Geschäft, auf welches die Piraten sich am besten verstanden, Menschenraub und Lösegelderpressung war.

„Sie schickten drei ihrer schnellsten Schiffe gegen die Feinde und gegen die diese begleitenden Unternehmer aus. Indem diese Schiffe immer wieder überraschend irgendwo auftauchten, versenkten sie zahlreiche Schiffe von Geschäftsleuten, die widerrechtlich das Land zum eigenen Profit plündern wollten; nicht wenige zogen sie auf den Strand und brannten sie nieder. Von den Gefangenen brachten sie diejenigen, die ein Lösegeld einbringen konnten, nach Rhodos, denn die Rhodier hatten mit Demetrios ein Abkommen geschlossen, nach dem jede Seite der anderen für einen Freien 1000 Drachmen, für einen Sklaven 500 Drachmen Lösegeld zahlen sollte."[38]

Demetrios gelang es im Verlauf der nächsten zwei Jahre weder, Rhodos zu blockieren, noch die Stadt mittels schwerem Belagerungsgerät wirksam zu entfestigen, während die Rhodier andererseits Notmauern bauten und von ihren auswärtigen Verbündeten, namentlich Ptolemaios, massive Unterstützung erhielten. Zugleich aber bekämpften sie erfolgreich die Piraten der Gegenseite und konnten dadurch die Seewege für ihren eigenen Nachschub frei- und die Kontrolle über die Festlandsbesitzungen der Insel aufrechterhalten:

„Sie sandten zugleich einige ihrer schnellsten Schiffe aus und machten Amyntas zum Befehlshaber der Abteilung. Dieser segelte aufs Festland zum dortigen rhodischen Besitz und griff überraschend einige der Piraten an, die von

---

35  Diodor XX 82,4-5.
36  Ebd. XX 83,1.
37  Ebd. XX 83,3. Vgl. Burkhard Meißner: *Die Kultur des Krieges,* in: Gregor Weber (Hg.): Kulturgeschichte des Hellenismus, Stuttgart 2007, S. 202-223, 208.
38  Diodor XX 84,5-6.

Demetrios ausgesandt worden waren. Diese besaßen drei offene Boote und galten als die kampfkräftigsten unter den Alliierten des Demetrios. In einer kurzen Seeschlacht überwältigten die Rhodier die gegnerischen Schiffe und brachten diese mit deren Besatzungen in ihre Gewalt; zu diesen gehörte auch Timokles, der Piratenhauptmann. Sie griffen auch mehrere Transportschiffe an und kaperten einige der leichteren Schiffe, die mit Getreide beladen waren; diese und die offenen Boote der Piraten entführten sie des Nachts nach Rhodos, ohne dass die Feinde dies bemerkt hätten."[39]

Piraten spielten in diesem Krieg somit die Rolle einer Mobilisierungsreserve. Sie arbeiteten zugleich als private Kriegs-, Beute- oder Transportunternehmer, denn der Menschenraub stellte die wesentliche Basis ihrer Kriegsfinanzierung dar – hierfür waren die Piraten Experten. Sie konzentrierten ihr privates Kapital von weit her auf den Kriegsschauplatz und vergrößerten dadurch die ohnehin bereits enorme Fähigkeit des Monarchen, seine eigenen Ressourcen gegen einen Gegner zu fokussieren. Die Piraten waren hierarchisch organisiert mit Unternehmern, Subunternehmern und Mitarbeitern, und sie bedrohten ein Gemeinwesen weiträumig mittels psychischem Druck (Furcht), Zerstörungen, Plünderungen, Entführungen und Kaperei. Die uns durch Diodor überlieferte Darstellung setzt zudem voraus, dass es für Demetrios weder lange dauerte, noch besonderer Anstrengung bedurfte, um eine solche große Privatarmee aus Seeräubern und -händlern zu mobilisieren.

Diese Privatisierung von Kriegsanstrengungen und -risiken stellte nun aber keine Ausnahme dar. Im Jahre 276 v.Chr. eroberte Antigonos Gonatas die Stadt Kassandreia auf der Chalkidike nach zehnmonatiger erfolgloser Belagerung. Dazu bediente er sich des *Archipiraten* (d.h. des Piratenhauptmannes) Ameinias, den er dazu brachte, zum Schein einen Vertrag mit dem Stadttyrannen zu schließen, um dann die Stadt in einem Kommandounternehmen in seine Hand zu bringen, wie Polyainos in seinen „Strategemata" berichtet.[40]

Zwischen dem 4. und 1. Jahrhundert v.Chr. lässt sich im östlichen Mittelmeerraum genau diese Rolle der Piraten häufiger beobachten: Sie entführten Menschen, erpressten Geld, nutzten die Erosion der Ordnungsmächte und die Schwächung der kleinen Einzelstaaten und Gemeinden in den Auseinandersetzungen der Großen – die auch dadurch zunehmenden instabilen Verhältnisse boten ihnen selbst zugleich hervorragende Betätigungsfelder. Die ionische Gemeinde Teos stellt für diese Aktivität der Piraten ein gutes, wohl in das 3. Jahrhundert v.Chr. zu datierendes Beispiel dar. In dieser Zeit überfielen Piraten die Stadt, besetzten wichtige Schlüsselstellungen, nahmen eine Reihe von Einwohnern als Geiseln und zwangen dadurch die Bürger der Gemeinde zu einer Zwangsanleihe. Um diese aufbringen und das Lösegeld bezahlen zu können, musste jeder private Besitz an

---

39 Ebd. XX 97,5-6.
40 Polyainos, *Strategemata* IV 6,18.

Edelmetall – Münzen, Schmuck, Geräte – abgeliefert werden.[41] Ein weiteres, wahrscheinlich extremes Beispiel aus etwa derselben Zeit bietet die Insel Thera. Nachdem kretische Seeräuber auf der Insel Geiseln genommen und diese mehr als drei Jahre gefangen gehalten hatten, wurden sie schließlich freigesetzt und unter ihresgleichen angesiedelt, denn die Geiseln waren nicht ausgelöst worden und hatten sich inzwischen in die Gemeinschaft der Seeräuber integriert.[42] Von dieser Art privatkriegerischer Erpressung wurden zumeist kleine und von See aus zu bedrohende Gemeinden regelmäßig heimgesucht, wenn nicht die Macht größerer Staaten oder Bündnisse in der Ägäis eine Schutzwirkung dagegen entfaltete.

In den Städten und Gemeinden versuchten zumeist einzelne reichere, überregional vernetzte und militärisch erfahrene Bürger, aber auch von den größeren Mächten oder von interessierten Staaten wie Rhodos entsandte Kommandeure, den militärischen Schutz vor sowie die Abwehr von Piraten sicherzustellen. Auch für die Aufbringung etwa des Lösegeldes, um Gefangene aus der Hand der Räuber und Piraten freizukaufen, fühlten sie sich oft zuständig. Ein markantes Beispiel für diese Art der Wohltätigkeit ist das des athenischen Bürgers Herakleitos aus der Mitte des 3. Jahrhunderts v.Chr. Er war Offizier im Dienste des Antigonos Gonatas und nach dem Ende des Chremonideischen Krieges (267-261 v.Chr.) Befehlshaber der makedonischen Besatzung in Piräus. Um 250 v.Chr. veröffentlichte er inschriftlich ein Geschichtswerk, das Antigonos' Sieg über die Kelten bei Lysimacheia 277 v.Chr. verherrlichte und so zugleich auch die Herrschaft der Antigoniden in seiner Heimatstadt als Herrschaft der „Retter der Griechen" pries, weil diese über einen Gemeinfeind der Griechen, die Kelten, gesiegt hätten. Von den athenischen Wehrsiedlern auf der Insel Salamis erhielt Herakleitos darüber hinaus eine Ehrung, weil er Ende der 250er Jahre im Krieg gegen Antigonos' illoyalen Statthalter von Korinth, Alexander, Salamis gegen Piratenangriffe von See verteidigt hatte. Außerdem habe er durch seinen persönlichen Einsatz einen der Siedler (Kleruchen), der von den Piraten entführt worden sei, befreit und die Piraten bestraft.[43] Auch in diesem Fall erweisen sich die Piraten als militärische Mobilisierungsreserve in einem der zahlreichen lokal begrenzten hellenistischen Kriege: Sie handelten im Einvernehmen mit einer der Kriegsparteien, hier nämlich mit Alexander, dem Sohn des Krateros, der sich von Antigonos losgesagt hatte, woraufhin ihn Antigonos bekriegte und nunmehr die für Alexander agierenden Piraten ihrerseits die mit Antigonos verbündeten Athener auf Salamis angriffen.

---

41 Silvia Bussi: *Attacco di pirati a Teos ellenistica*, in: STUDI ELLENISTICI XII (1999), S. 159-171; Reinhold Merkelbach: *Der Überfall der Piraten auf Teos*, in: EPIGRAPHICA ANATOLICA XXXII (2000), S. 101-114.

42 IG XII 3 n. 328. Dazu Sheila L. Ager: *Thera and the Pirates: An ancient case of the Stockholm syndrome*, in: THE ANCIENT HISTORY BULLETIN XII (1998), S. 83-95. Vgl. auch IG XII 3 Suppl. 1291.

43 IG II² n. 1225 ≈ Sylloge³ n. 454, Zeile 12-21 (vgl. Supplementum Epigraphicum Graecum 19 n. 118). Vgl. Burkhard Meißner: *Historiker zwischen Polis und Königshof*, Göttingen 1992, S. 346-348; Angelos Chaniotis: *Historie und Historiker in den griechischen Inschriften*, Wiesbaden 1988, S. 301.

Regelmäßig betreiben die Piraten in hellenistischer Zeit Sach- und vor allem Menschenraub. Ihr Geschäft bestand darin, Personen zu fangen, um diese gegebenenfalls gegen Lösegeld freizulassen oder als Sklaven zu verkaufen. Oft handelten sie dabei in einer asymmetrischen Konstellation, denn sie nutzten die sich ihnen bietenden marginalen taktischen Vorteile, konnten jedoch mit großen und regulären Kontingenten vertrieben oder ihrer Beute beraubt werden. Ihr Geschäft konnte also gerade dann blühen, wenn die größeren Mächte in heftige Auseinandersetzungen verwickelt waren, dadurch vermehrt privater Gewaltressourcen bedurften und in diesem Zusammenhang häufig auch ihre Kontrollaufwendungen zur See einschränkten.

Diese innige Verschränkung von Politik und Kriegführung mit der griechischen Piraterie lässt sich am Beispiel des sogenannten griechischen Bundesgenossenkrieges besonders gut demonstrieren. Dieser brach 220 v.Chr. aus, als die Aitoler den Aufbau eines Bündnissystems durch die Messenier auf der Peloponnes als Offensive wahrnahmen und ihrerseits die Halbinsel zu plündern begannen. Aitolische Piraten entführten ein makedonisches Schiff (*katágein*) und verkauften ihre Beute. Mit dem erlösten Geld liehen sie sich weitere Schiffe, um mit diesen weiträumig im Westen Griechenlands zu operieren.[44] Auf der Peloponnes besetzten sie die Festung Klarion, um dort für ihre Beute einen Verkaufsmarkt einzurichten.[45] Achaier und Makedonen konnten die Aitoler zwar wieder von der Halbinsel verdrängen, mussten aber für deren Abzug bezahlen und erlitten dabei noch *en passant* gegen die Aitoler eine Niederlage.[46] Dieses Ereignis bildete den Auftakt zu einem dreijährigen Krieg um die Freiheit der Peloponnes von den Angriffen aitolischer See- und Landräuber. Es war ein Krieg, in dem Philipp V. von Makedonien begann, zur See zu rüsten, und in dem sich einige illyrische Dynasten und Großräuber (wie Skerdilaidas) zeitweise mit den aitolischen Piraten verbündeten und neue Einnahmequellen erschlossen: Gekennzeichnet war dieses Vorgehen durch die Kontrolle und Bedrohung der Küsten um Patras herum, die Drohung mit Überraschungsangriffen (*prosbolai*), die Erpressung ganzer Kykladeninseln und das Einziehen von Schutzgeldern[47] über die üblichen Plünderungen, den Menschenraub und die normalen Lösegelderpressungen hinaus.[48] Philipp V. wandte schließlich selbst diese Taktiken auch gegen die Verbündeten seiner Gegner an, indem er Stützpunkte zerstörte und Plünderungen, Entführungen sowie die Erpressung von Geld vornahm.[49] Noch lange nach dem Krieg griff der Monarch zu diesen Methoden: Im Jahre 201 v.Chr. rüstete der Makedonenkönig den aitoli-

---

44 Polybios IV 6,1-2.
45 Ebd. IV 6,3-4.
46 Ebd. IV 6,4-6; IV 9-12.
47 Ebd. IV 13-19. Aitoler: Joseph B. Scholten: *The Politics of Plunder: Aitolians and their koinon in the early Hellenistic era 279-217 B.C.*, Berkeley 2000; John D. Grainger: *The League of the Aitolians*, Leiden 1999.
48 Polybios V 94,7-9; 95,10-12; 100,7-12.
49 Ebd. V 13,8-9; 17. Zur Ereignisfolge: Wesley E. Thompson: *Philip V's Peloponnesian Campaigns in the Social War*, in: RHEINISCHES MUSEUM FÜR PHILOLOGIE CXXXII (1989), S. 141-148.

schen Piraten Dikaiarchos für Operationen gegen Rhodos und die Kykladen mit 20 Schiffen aus,[50] denn für seinen Seekrieg bedurfte Philipp V. der Piraten. Im zweiten Punischen Krieg jedoch beendeten zwar Roms anfängliche Misserfolge und der Frieden von Naupaktos 217[51] zunächst die aitolische Räuberei in Mittelgriechenland, aber auch dieses einstweilige Abebben der Plünderungszüge zeigt, wie sehr die Piraterie in der griechischen Welt eine Funktion der Politik beziehungsweise der Antagonismen innerhalb der vielfältig verschachtelten kleinen und mittleren Staaten war. Sie war es auch deshalb, weil die ärmeren Randregionen der griechischen Welt (etwa Kreta, Illyrien, Kilikien) immer über ausreichende Personalressourcen verfügten, und weil es überall in dieser Welt genügend Kapital gab, diese Reservearmee für Raubzüge zu mobilisieren.

Piraten, die Konflikte nutzten, Menschen entführten und Überfälle auf Städte und deren Umland unternahmen, waren daher in der hellenistischen Welt weit verbreitet. Ebenso üblich waren Ehreninschriften, mit denen Gemeinden anerkannten, wenn Einzelpersonen, Gruppen oder Herrscher ihnen geholfen und die Piratengefahr gebannt hatten.

So ehrte Athen beispielsweise Mitte des 4. Jahrhunderts v.Chr. den Kleomis von Methymna auf Lesbos, wahrscheinlich den auch bei anderer Gelegenheit weithin gelobten Alleinherrscher der Stadt, weil er mehrere Athener aus Piratenhand freigekauft hatte.[52] Mitte des 3. Jahrhunderts v.Chr. leistete ein Athener finanzielle Sonderbeiträge, um für mehrere von Piraten gefangene Einwohner je 20 Drachmen Lösegeld aufzubringen und sicherzustellen, dass die Bürger nicht versklavt und die Sklaven nicht getötet werden würden. Er fing schließlich die Piraten, verhörte sie und konnte dadurch auch ihrer innerstädtischen Informanten habhaft werden.[53] Und im 2. Jahrhundert v.Chr. ehrte die athenische Kleruchie von Imbros einen Informanten, der als Mitwisser einen derartigen Piratenangriff verriet.[54] Athen wurde zwischen dem 4. und dem 2. Jahrhundert v.Chr. von Piraten mehrfach angegriffen, und gerade diese Beispiele machen deutlich, dass die Piraten unter den Athenern zeitweise so etwas wie eine *Fünfte Kolonne* besaßen. In dieser Hinsicht ist Athen zugleich keine Ausnahme, denn die kleineren Territorien und Staaten wurden noch häufiger Opfer von Piratenangriffen als das vergleichsweise große Attika.

Im 3. Jahrhundert v.Chr. entführten eines Nachts Piraten von dem Kykladeneiland Amorgos mehr als 30 Einwohner: Bürger, Sklaven, Frauen und Männer. Zu ihrer Befreiung wurde ein Truppenkontingent unter Führung von Sokleidas ausge-

---

50  Diodor XXVIII 1,1; Polybios XVIII 54,8-12.
51  Polybios V 101-103.
52  IG II/III² 1 n. 284 ≈ Sylloge³ n. 263. Kleomenes/Kleomis wird gelobt für sein Vorgehen gegen die Prostitution: Theopomp (Fragmente der griechischen Historiker) 115 F 227 = Athenaios X 60 442F-443A. Kleomis als Vorbild des guten Tyrannen, der nicht Bürger tötet und bedrängt, sondern ihnen Sicherheit bietet: Isokrates *Epistulae* VII 8-9 (an den Tyrannen Timotheos von Herakleia, nach 446 v.Chr.).
53  Supplementum Epigraphicum Graecum (SEG) 24 n. 154 fr. a (vor 336 v.Chr.).
54  IG XII 8 n. 53+54.

schickt. Nachdem zwei der Entführten aber Sokleidas überzeugten, eine gewaltlose Lösung zu versuchen, kaufte dieser die Bürger und eine Mehrzahl der Sklaven frei, wobei sich die beiden Opfer selbst bis zur abschließenden Regelung der Sache noch als Geiseln zur Verfügung stellten.[55] In einem anderen Fall am Beginn des 2. Jahrhunderts v.Chr. kaufte Semos, ein Bürger von Delos, nach einem Piratenangriff einige Frauen von den Piraten frei. Es stellte sich heraus, dass sie Angehörige der Oberschicht und Funktionsträgerinnen des Kultes waren. Da Semos auch noch deren Kinder freikaufte, wurde er schließlich öffentlich geehrt.[56] Semos selbst gehörte zur Führungsschicht der Insel, seine Familie stellte an der Wende vom 3. zum 2. Jahrhundert v.Chr. zahlreiche Politiker sowie Kultfunktionäre und vielleicht auch den gleichnamigen berühmten Lokalgeschichtsschreiber von Delos.[57]

Ebenso trat Rhodos für den Schutz der kleinen Inselgemeinde mit dem überregional bedeutenden Apollonheiligtum ein. Weil Delos Anfang des 2. Jahrhunderts v.Chr. mehrfach durch Piraten bedroht wurde, sandten die Rhodier eine Flotte unter Epikrates zusammen mit athenischen und inselgriechischen Kontingenten aus. Hierbei wurde proklamiert und durchgesetzt, dass kein Kaperer oder Pirat Delos zukünftig als Stützpunkt nutzen durfte.[58] An diesem Beispiel wird zugleich Rhodos' Rolle als Vormacht zur See und als Vorkämpferin gegen Piraten deutlich. Der Stadtstaat unterstrich seine regionale Führungsmacht in der Ägäis, indem er die Illegitimität der Piraterie nicht nur proklamierte, sondern tatsächlich gegen Piraten vorging und sie bekämpfte.[59] Zu den rhodischen Normen für den Umgang mit den Risiken des Seehandels, die später den Kern des römischen Seehandelsrechtes bildeten,[60] gehörten auch Regeln für das gemeinschaftliche Tragen der Folgelasten eines Piratenüberfalles. Wenn Piraten Lösegeld für ein ganzes Schiff verlangten, hatten der Besitzer der Ladung, die Passagiere und alle zahlungskräftigen Besatzungsmitglieder gemeinsam die Kosten aufzubringen. Einzelne geraubte Teile der Ladung dagegen waren allein durch ihren Besitzer auszulösen.[61] Das rhodische Recht behandelte die Piraterie als eine besondere Gefahr zur See,

---

55 IG XII 7 n. 386 (Amorgos, 3. Jahrhundert v.Chr.).
56 SEG 3 n. 666 Frgmt. a ≈ IG XI 4 n. 1054 A.
57 Fragmente der griechischen Historiker (FGrHist) 396.
58 IG XI 4 n. 751.
59 Vgl. Clemens Koehn: *Krieg – Diplomatie – Ideologie. Zur Außenpolitik hellenistischer Mittelstaaten*, Stuttgart 2007, S. 155-168; Hans-Ulrich Wiemer: *Krieg, Handel und Piraterie: Untersuchungen zur Geschichte des hellenistischen Rhodos*, Berlin 2002; ders.: *Rhodische Traditionen in der hellenistischen Historiographie*, Frankfurt/M. 2001.
60 Iustinian, Digesta XIV 2 (*De Lege Rodia de Iactu*).
61 Ebd. XIV 2,2,3-4: *Si nauis a piratis redempta sit, Seruius Ofilius Labeo omnes conferre debere aiunt: quod uero praedones abstulerint, eum perdere cuius fuerint, nec conferendum ei, qui suas merces redemerit.* Das Prinzip des gemeinschaftlichen Tragens des Piraterierisikos wurde von den Juristen Servius Sulpicius Rufus, Aulus Ofilius und Marcus Antistius Labeo in der Zeit um und nach Cicero literarisch artikuliert, entspricht jedoch dem Prinzip, das auch dem Umgang der Stadt Teos mit dem Piratenangriff zugrunde liegt. Vgl. auch Dietmar Schanbacher: *Zur Rezeption und Entwicklung des rhodischen Seewurfrechtes in Rom*, in: Bernd-Rüdiger Kern/Elmar Wadle/Klaus-Peter Schroeder/Christian Katzenmeier (Hg.): HUMANIORA: Medizin – Recht – Geschichte, Berlin/Heidelberg 2006, S. 257-273, 265.

und das Prinzip, das den rhodischen Normen zugrunde liegt, nämlich das der solidarischen Teilung der gemeinschaftlich eingegangenen Risiken, entsprach einer in hellenistischer Zeit zu beobachtenden Praxis, wonach auf See die Höhe des Beitrags zu den gemeinsamen Kosten eines Unglücks nach dem Verhältnis des verlorenen beziehungsweise geretteten Besitzes an Ladung bestimmt wurde. Im angeführten Beispiel des von Piraten besetzten Teos dürfte die Kostenbelastung im Verhältnis zum geretteten Besitz, im Wesentlichen also zum Gesamtbesitz, bestimmt worden sein. Fälle und Regeln wie diese belegen die Alltäglichkeit des Piraterierisikos – ähnlich anderen Formen der Seenot – in hellenistischer Zeit. Eine pseudodemosthenische Rede zeigt, dass bereits die Transportverträge spätklassischer Zeit gleichartige Regelungen für Fälle der Seenot beziehungsweise des gemeinschaftlich beschlossenen Überbordwerfens (ἐκβολή) und der Lösegeldzahlung an Feinde, also Kaperer oder Piraten, trafen.[62]

Im 2. Jahrhundert v.Chr. häuften sich in der Ägäis offensichtlich Piraten-*raids* und die Verschleppung von Menschen, was nicht zuletzt auch durch die römische Politik und Kriegführung begünstigt wurde. Nach der Mitte des 2. Jahrhunderts v.Chr., also nach der römischen Zerstörung von Karthago und Korinth, führten nämlich der steigende Wohlstand in Rom und die Nachfrage nach Sklaven dazu, dass sich Delos, seit 166 v.Chr. zollfreier Hafen, zum Hauptmarkt für einen Sklavenhandel entwickelte, der vor allem von Piraten aus dem im zerfallenden Seleukidenreich gelegenen Kilikien beliefert wurde. „Mach' ein Geschäft, laufe in den Hafen ein, entlade Deine Ware - alles wird gekauft",[63] so lautete die sprichwörtliche Parole dieses mit hohen Umsätzen operierenden Sklavenhandels. Einen kleinen lokalen Einblick dieses überregionalen Sklavenhandels bietet etwa ein Beispiel vom Ende des 2. Jahrhunderts v.Chr., wobei die Männer der Sporadeninsel Astypalaia vor der kleinasiatischen Küste einige Menschen befreiten, die Piraten aus dem Artemisheiligtum der Insel entführt hatten. Sie bekämpften, besiegten und bestraften die Piraten und sorgten zugleich für die Ausbildung der Waisen unter den Opfern des Übergriffes.[64]

Seeraub und Kaperei spielten auch eine Rolle in den langen und häufigen Auseinandersetzungen zwischen den hellenistischen Kleinstaaten auf der Insel Kreta und gelegentlich auch in den vertraglichen Regelungen, die diese Konflikte beendeten beziehungsweise begrenzten. Die nordostkretischen Gemeinden Lato und Olus befanden sich im zweitletzten Jahrzehnt des 2. Jahrhunderts v.Chr. miteinander in einem heftigen Streit, der schließlich durch die Vermittlung der Gemeinde Knossos und eine Stellungnahme Roms beigelegt wurde. Neben Grenz- und Gebietsstreitigkeiten hatten die Knossier dabei auch über ein kleines vierrudriges Schiff samt Ladung und dem an Bord befindlichen Geld sowie der Besat-

---

62  (Ps.-)Demosthenes, *Orationes* XXXV (*Contra Lacritum*) 9-14, bes. 11.
63  Strabon XIV 5,2.
64  IG XII 3 mit Supplement 171/1286.

zung aus zwei Freien und einem Sklaven zu entscheiden, die im Zuge der Auseinandersetzungen offenbar gekapert und in die Sklaverei verkauft worden waren.[65]

Wegnahme, Kaperei und Menschenraub waren in hellenistischer Zeit weit verbreitete Formen der Auseinandersetzung, die auch in den Randregionen der griechischen Welt stattfanden und nicht nur an den Küsten; Piraten konnten auch weit im Landesinneren operieren, wie in Alipheira in Arkadien, wo sie sich vor 273 v.Chr. festgesetzt und lange während Rechtsauseinandersetzungen verursacht zu haben scheinen.[66]

An der Nordküste des Schwarzen Meeres, an der Dnjeprmündung, ehrte die Stadt Olbia in frühhellenistischer Zeit einen Unbekannten für die Vertreibung räuberischer Piraten[67] und auch eine weitere Stadt in der Region wurde von Piraten bedrängt.[68] Um 200 v.Chr. gelang es in der Gemeinde Istros südlich der Donaumündung einem ihrer Bürger mit einer Abteilung Bogenschützen, den Angriffen thrakischer Piraten auf die Ernte der Stadt entgegenzutreten. Er konnte sogar eine Gruppe Skythen unter ihrem Anführer Zoltes dazu bringen, sich gegen eine Geldzahlung zurückzuziehen und die von Piraten in ihrem Auftrag geraubten Güter wieder herauszugeben.[69] Piraten wirkten also in dieser Zeit nicht nur in der Ägäis, sondern auch im Schwarzen Meer, in Kleinasien und in Illyrien, eben überall wo Griechen siedelten, konnten sie in hellenistischer Zeit auftauchen und trugen dabei in vielen Fällen zugleich griechische Namen.

Nachdem Rom bereits am Ende des 3. Jahrhunderts v.Chr. durch sein militärisches Eingreifen in der Adria die Kaperei der Illyrerkönigin Teuta unterband,[70]

---

65 Angelos Chaniotis: *Die Verträge zwischen kretischen Poleis in der hellenistischen Zeit*, Stuttgart 1996, S. 318-332; 327f.
66 SEG 25 n. 447 ≈ Prozessrechtliche Inschriften aus Arkadien [IPArk] n. 24 (Alipheira, 273 v.Chr.).
67 Juri G. Vinogradov: Политическая история Олбийского полиса, Moskau 1989, 165 ≈ Inscriptiones antiquae orae septentrionalis Ponti Euxini Graecae et Latinae (IosPE) I n. 325 (Olbia, Ende 4. Jahrhundert v.Chr.).
68 IosPE I² n. 672 ≈ SEG 3 n. 606 ≈ Numizmatika i epigrafika [NE] III n. 36 (Neapolis Scythica, wohl 2. Jahrhundert v.Chr.).
69 Inscriptiones Scythiae Minoris II,1 n. 15 ≈ SEG 24 n. 1095 (Istros, ca. 200 v.Chr.).
70 Karl-Ernst Petzold: *Rom und Illyrien. Ein Beitrag zur römischen Außenpolitik im 3. Jahrhundert*, in: HISTORIA XX (1971), S. 199-223. Vgl. Hartel Pohl: *Die römische Politik und die Piraterie im östlichen Mittelmeer vom 3. bis 1. Jh. v.Chr.*, Berlin/New York 1993; Lionel Casson: *Piracy*, in: Michael Grant/Rachel Kitzinger (Hg.): Civilizations of the Ancient Mediterranean. Greece and Rome II, New York 1988, S. 837-844; Simon C. Bakhuizen: *The Tyrrhenian Pirates: Prolegomena to the Study of the Tyrrhenian Sea*, in: Tony Hackens (Hg.): Navies and Commerce of the Greeks, the Carthaginians and the Etruscans in the Tyrrhenian Sea, PACT 20, Strasbourg 1988, S. 25-31; Karl-Wilhelm Welwei: *Piraterie und Sklavenhandel in der frühen römischen Republik*, in: Heinz Bellen/Heinz Heinen (Hg.): Fünfzig Jahre Forschungen zur antiken Sklaverei an der Mainzer Akademie 1950-2000. Miscellanea zum Jubiläum, Stuttgart 2001, S. 73-81; Stefano Tramonti: *La pirateria ligure e sardo-corsa nel Tirreno nel II sec. a.C.*, in: ATENE E ROMA 40 (1995), S. 197-212; Harry J. Dell: *The Origin and Nature of Illyrian Piracy*, in: HISTORY 16 (1967), S. 344-358; Michael H. Crawford: *Republican Denarii in Romania: The suppression of piracy and the slave-trade*, in: JOURNAL OF RO-

machte es sich der römische Senat an der Wende vom 2. zum 1. Jahrhundert v.Chr. verstärkt zur Aufgabe, gegen die Piraterie vorzugehen. Aus Delphi und aus dem kleinasiatischen Knidos besitzen wir Abschriften eines Gesetzes, das die Organisation der Ägäisprovinzen, die Kompetenzen der Militärkommandeure, die Beilegung von Streitfällen bezüglich Abgaben und Kontributionen sowie die räumliche Abgrenzung der Stationierungs- und Einsatzgebiete regelte.[71] Diesem Organisationsgesetz gab Rom einen genauen Zweck, nämlich den, dass „die Bürger Roms und die Mitglieder des Latinerbundes sowie diejenigen Völker, die zu Rom in einem Freundschaftsverhältnis stehen, in Sicherheit zur See fahren können und ihr Recht erhalten".[72] Dieses Prinzip wurde als unmittelbar geltender Grundsatz für die Verwaltung der Provinzen Makedonien, Lykaonien, Pamphylien, Asia und für die neu eingerichtete Provinz Kilikien aufgestellt. Ähnlich wie im 5. Jahrhundert das die Ägäis beherrschende Athen bekämpft Rom den Seeraub zunächst weniger um der Sicherheit auf See an sich willen, sondern im Interesse der eigenen Sicherheit und der seiner Bundesgenossen.

Auf der Grundlage der neuen Vorschrift sollten Briefe an die mit Rom verbündeten Monarchen in Zypern, Ägypten, Kyrene und im Vorderen Orient geschrieben werden, die sie dazu verpflichteten, sicherzustellen, dass zum einen kein *peirates* ein Gebiet ihres Territoriums zu seiner Basis macht, zum anderen keiner ihrer Funktionsträger Piraten Unterstützung leistet und drittens sie statt dessen den Römern soweit möglich als *synergoi*, als Unterstützer bei der Sicherstellung der *hapanton soteria*, der Sicherheit für alle, zur Verfügung stehen.[73] Ähnlich den von Athen im 5. Jahrhundert durchgesetzten Bestimmungen sollte das römische Prinzip der Verkehrssicherheit für Rom und seine Verbündeten (in einem allerdings größeren Rahmen) gelten und vor allem allgemein bekannt gemacht werden. Die Römer gaben Abschriften ihres Gesetzes und des dieses betreffenden Schriftverkehrs an die Gemeinde Rhodos weiter, den handelspolitisch besonders betroffenen Staat.[74] Den Rhodiern wurde garantiert, in dieser Angelegenheit immer *extra ordinem* im Senat vorsprechen zu können,[75] und vor allem sollte der Statthalter der Provinz Asia dafür sorgen, dass alle Städte und Gemeinden das Gesetz und jenen Schriftverkehr für alle lesbar veröffentlichen.[76] Dasselbe geschah auch im Apollonheiligtum von Delphi, einem besonders wichtigen panhellenischen Heiligtum. Obwohl also Roms Interesse am Kampf gegen die Piraterie zunächst ein ähnlich partikulares war wie das Interesse Athens im 5. Jahrhundert v.Chr., lag in der Publizität der Sicherheitsverheißung und in der Verpflichtung der internationalen Akteure zur Kooperation mit der Ordnungsmacht

MAN STUDIES 67 (1977), 117-124; Franz Becker: *Der Seeraub im Mittelmeer in den ersten zwei Jahrhunderten nach Alexander des Grossen Tode*, Diss. Greifswald 1922.
71 Fouilles de Delphes III 4 n. 37 (Delphi, 101 v.Chr.) B ≈ SEG 1 n. 161 [Übersetzung: Robert K. Sherk: *Rome and the Greek East to the Death of Augustus*, Cambridge 1984, S. 55-66]; Inschriften von Knidos I (Inschriften griechischer Städte aus Kleinasien Bd. 41), n. 31.
72 Abschrift Knidos (Anm. 71), II 5-11.
73 Abschrift von Delphi (Anm. 71), B Zeile 8-14.
74 Ebd. Zeile 8-14.
75 Ebd. Zeile 14-20.
76 Ebd. Zeile 20ff.

ein neues Moment der Universalisierung des Kampfes gegen Piraterie. Roms Regelungen knüpften ausdrücklich an die Interessen an, die der Handelsstaat der Rhodier an einer Bekämpfung der Piraterie hatte.

Dauerhafter Erfolg war dieser Bekämpfung aber nicht beschieden, denn bis in die 60er Jahre v.Chr. florierte der Seeraub vielmehr weiter, nicht zuletzt aufgrund der Konfrontationen Roms, seiner Amtsträger und seiner Heere mit Mithradates VI. von Pontos. Ein Indiz für diese erneute Blüte der Piraterie im 1. Jahrhundert v.Chr. besteht in der Ehrung des Römers Lucius Aufidius Bassus durch die Kykladeninsel Tenos für das Wohlwollen, das er und seine Familie der Insel gegenüber gezeigt hatten, insbesondere dadurch, dass sein Vater aus guter Absicht und mit großen Geldsummen der Insel geholfen habe, nachdem im 1. Jahrhundert „der allgemeine Krieg [scil. der dritte Mithradatische Krieg] ausgebrochen war und permanente Pirateneinfälle auf der Insel stattfanden".[77] Für das Jahr 69 v.Chr. schreibt der Chronograph Phlegon von Tralleis aus hadrianischer Zeit (117-138 n.Chr.): „Und nachdem der Pirat Athenodoros Delos komplett versklavt hatte, zerstörte er die Holzbilder der genannten Götter. Gaius Triarius, der die Trümmer der Stadt inspizierte, ließ eine Mauer um Delos errichten."[78]

Piraten und Menschenraub stehen auch in dieser Zeit in einem kausalen Zusammenhang mit Krieg und Sklavenhandel, da es wiederum um Lösegeld oder Massenversklavung ging. Entgegen den vorangehenden Entwicklungen und Bemühungen zur Eindämmung der Piraterie begünstigten Roms Kriege mit Mithradates den Seeraub und die Piraterie in der Ägäis allerdings wieder. Pompeius' Kampagne zur Bekämpfung der Piraten und zu ihrer Ansiedlung schien dann zunächst einmal den Piraten selbst eine akzeptable Perspektive zu eröffnen und dem Ägäishandel eine gefahrlosere Blüte zu versprechen – auch wenn man annehmen muss, dass die Erfolge von Pompeius' Piratenkrieg propagandistisch übertrieben wurden und nicht erwarten darf, dass diese der Piraterie im Mittelmeer wirklich ein Ende gesetzt haben.[79]

Die Menschen mussten unterdessen sehen, wie sie mit der in Kriegszeiten steigenden Piratengefahr fertig wurden. In Inschriften lesen wir gelegentlich von der erfolgreichen Abwehr von Piraten, von Freilassungen und Bestrafungen, weniger dagegen von den namenlosen Opfern der Angriffe und insgesamt kaum von den Piraten selbst. Kult und Religion boten Hilfe angesichts der Bedrohung: Damon aus Askalon beispielsweise stiftete in Delos eine Weihinschrift für Zeus, Astarte und Aphrodite, weil er aus der Hand von Piraten frei gekommen war. Nicht sicher ist, ob dieses und die folgenden zwei Beispiele noch der hellenistischen oder schon der Kaiserzeit angehörten:

„Dem glückverheißenden Zeus, der Astarte von Palästina und der himmlischen Aphrodite, den die Gebete der Menschen erhörenden Göttern, weiht

---

77 IG XII 5 n. 860.
78 Phlegon Tralleis, in: Fragmente der griechischen Historiker, 257 F 12 (13). Vgl. Livius, *Periochae* 98.
79 Vgl. Clemens Koehn, *Pompey's Command against the Pirates in 67 BC: a Reconfiguration*, in: Мнемон 9 (2010), S. 193-206 sowie allgemein de Souza: Piracy (Anm. 32), S. 149-178.

Damon, Sohn des Demetrios, von Askalon, dies in Erfüllung eines Gelübdes, weil er aus der Hand von Piraten errettet wurde. Es ist sakralrechtlich verboten, Ziegen, Schweine oder weibliche Rinder hierher zu verbringen".[80]

Anderen ging es schlechter, wie den Eltern, die auf Amorgos ein Kenotaph für ihren dreißigjährigen Sohn errichten mussten, der in der Hand von Räubern umgekommen war:

„Hier erblickst Du
ein leeres Grab.
Unbestattet habe ich dies geschrieben.
Beim Spazieren im Feld wurde von Räubers Hand ich durchbohrt.
Mein Name ist Dionysis, Sohn bin ich von Zosimos und Leaine.
Den Tod mit 30 bewein', wer innig gewahr seiner wird."[81]

## VI. Zusammenfassung

Topoi, Ideologie und Rechtssprache machten in einzelnen Formen der antiken Literatur aus den Piraten einen Gegenentwurf zur griechischen Gesellschaft: Piraten sind demnach kräftige, dunkelhäutige und in der Ferne lebende Personen, die man an ihrer Ausrüstung erkennt, und die schicksalhaft in das Leben der Menschen einbrechen. Tatsächlich trugen ihre Hauptleute, von Skythen und anderen Nichtgriechen abgesehen, oft griechische Namen, schlugen überall in der griechischen Welt zu, und gegebenenfalls musste man sie mitten aus dem mutterländischen Mittelgriechenland vertreiben. Piraten gehörten also zur griechischen Welt dazu, sie sind selbst vielfach Griechen. Sie kämpften, zerstörten und raubten, vor allem aber entführten sie Menschen. Dafür gab es eine etablierte, teilweise durch Konventionen und Verträge geregelte und regelbare Ökonomie der Lösegelderpressung, aber auch den Sklavenmarkt zur Aufnahme von menschlicher Beute und Handelsgut.

Menschenraub und Lösegelderpressung gewannen funktionalen Sinn besonders im Krieg, daher florierte die Piraterie als Begleiterscheinung gemeingriechischer bewaffneter Auseinandersetzungen, wenn sie nicht durch Herrschafts- und Handelsinteressen unterdrückt und niedergehalten wurde. So versuchten Athen, Rhodos und später Rom in unterschiedlichem Maße und auf verschiedene Weise, die Piraterie in der Ägäis zu kontrollieren und zu bekämpfen. Viele der griechischen Staaten verhielten sich der Piraterie gegenüber allerdings wie *failed states* in der Gegenwart.

Die steilen sozialen Hierarchien in den griechischen Gesellschaften zwischen denen, die Geld und Besitz mobilisieren konnten, und denen, deren Arbeitskraft beziehungsweise Kampf- und Risikobereitschaft mobilisiert werden konnte, bildeten zugleich einen Nährboden der Piraterie: Gewinn war sie für die einen, Teil

---

80  Inscriptions de Délos 5 n. 2305.
81  IG XII 7 n. *3. Die Inschrift ist geographisch und zeitlich allerdings nicht sicher einzuordnen.

einer Lebensform für die anderen. Dagegen standen die vielen kleinen griechischen Bürgergemeinden, die trotz der großen sozialen Unterschiede zum Zusammenhalt, egalisierenden Ausgleich, zu solidarischem Tragen von Risiken und Bedrohungen gewillt und gezwungen waren. Wenn deren Einwohner entführt wurden, standen die Bürgergemeinde sowie die Wohlhabenden in der Pflicht, Geld und persönlichen Einsatz für die Freiheit ihrer Mitbürger zu investieren. So legte die Piraterie durch Entführung, Menschenraub und Lösegelderpressung gewissermaßen das Messer an die Achillesferse griechischer Stadtgemeinden, die einen gewissen Ausgleich der existentiellen Risiken zwischen den *Strata* ihrer Gesellschaften sichern mussten, dies aber in der Praxis kaum konnten. Mit steter Zahlungsbereitschaft der Bürger durften die Piraten daher ebenso rechnen, wie heute mit der Bereitschaft moderner westlicher Gesellschaften, die Opportunitätskosten terroristischer Bedrohungen in Form hoher Ölrechnungen, der Kosten für Sicherheitsmaßnahmen oder militärischer Operationen im Ausland zu bezahlen. Für die kleinen Gemeinden und ihre Bürger waren die mit der Piratenbedrohung verbundenen Lasten zugleich ein Motiv, sich unter den Schutz größerer Mächte oder wirksamer Bündnisse zu begeben. Weil ihnen die griechische Welt ökonomische und juristische Nischen bot, gehörten die Piraten zu dieser Welt dazu, und so wie der Kalte Krieg des 20. Jahrhunderts ungezählte *Befreiungsbewegungen* gebar, so ging der Antagonismus der griechischen Staaten immer wieder mit der Nachfrage nach den Leistungen der Freibeuter und Kaperer einher und sicherte somit zugleich deren Existenz als Seeräuber. Auch in der römischen Zeit nach Pompeius blieben sie ein Teil der antiken Welt, wenngleich sich auch die Piratenbedrohung deutlicher an die Ränder dieser Welt verlagerte und zunehmend als eine fremde oder überholte Angelegenheit wahrgenommen wurde. Als exotisches und zugleich doch wieder in den zentralen Regionen der antiken Mittelmeerwelt auftretendes Phänomen blieb die Piraterie in der eingangs behandelten literarischen Form der kaiserzeitlichen Liebesromane dennoch präsent.

Ein Gewalt- oder Kriegsmonopol von Akteuren staatlichen oder staatsähnlichen Charakters ist einerseits charakteristisch für das Binnen-, andererseits für das Außenverhältnis. Die großen Mächte (Athen im 5. Jahrhundert v.Chr., zeitweise Makedonien, Rom) versuchten dieses gegenüber kleinen Akteuren durchzusetzen, was für sie zusätzliche Kontrollaufwendungen und den Verzicht auf Mobilisierungschancen bedeutete. Andererseits sahen die Großen im Außenverhältnis zu ihresgleichen in der Regel nicht von der Möglichkeit der Mobilisierung zusätzlichen Kapitals und zusätzlicher Personalressourcen ab und verzichteten somit auch nicht auf Ressourcen von privaten Kriegsunternehmern und Piraten. Es gab Regionen, in denen Staaten die Piraterie auf Dauer nicht oder zeitweise nicht unterdrücken wollten beziehungsweise konnten (Kreta, Illyrien, Aitolien, Kilikien). Mit der Entstehung von Vertragssystemen, die auch zu einem nachträglichen Beitreten einluden *(koine eirene),* sowie mit der Entstehung gemeingriechischer Bündnissysteme (Korinthischer Bund) war eine Entwicklung verknüpft, die aus den Piraten nicht mehr nur die Gegner einer Partei, sondern potentiell aller Staaten machte, die an einem solchen Bündnis teilzunehmen sich aufgerufen fühlen konnten.

Dies machte aus der Freiheit der Meere ein Rechts- und unter Roms Herrschaft schließlich ein Verwaltungsprinzip.

Piraten waren zugleich Sicherheits- wie Unsicherheitsunternehmer. Rechtliche, politische und technische Unterscheidungen zwischen Kaper- beziehungsweise Freibeuterei einerseits und Privatseeraub andererseits entwickelten sich nur ansatzweise. Späteren Zeiten hinterließ die Literatur der Griechen sowohl den realistischen Blick auf die unternehmerische Ökonomie des Seeraubs als auch die romanhafte Seeräuberromantik, die Terminologie des Piraten und Ansätze zu einer Einhegung seines Wirkens durch Rechtsprinzipien.

Die großen Mächte und Bündnisse der klassischen Zeit wie der Delisch-Attische Seebund unterdrückten Piraterie als Teil ihres Versuches, den Seezugang zu wirtschaftlichen Ressourcen zu monopolisieren. Die universellen gemeingriechischen Friedensordnungen des 4. Jahrhunderts v.Chr. brachten mit der Möglichkeit weiterer Bündnisbeitritte ein Moment der Nichtexklusivität und der Universalität, das mit den Vertragsreglungen des Korinthischen Bundes unter Philipp II. aus dem freien Seezugang und der Begrenzung des Seeraubes ein Recht aller machte. Seit dem 2. Jahrhundert v.Chr. etablierte Rom die Bekämpfung des Seeraubes als öffentliche Angelegenheit der Provinzverwaltung und der Beziehung zu den Bundesgenossen der Römer, und in der römischen Kaiserzeit machte die römische Herrschaft das Vorgehen gegen die Piraterie schließlich zu einer Sache quasi-polizeilicher Ordnung im Mittelmeer und in den angrenzenden Territorien.

# PIRATES AND POLITICS IN THE ROMAN WORLD

PHILIP DE SOUZA

At the most basic level piracy can be defined as any form of armed robbery involving the use of ships. This use of ships differentiates the *modus operandi* of pirates and the potential impact of piracy from mere banditry. Pirates can operate over longer distances and the actual or perceived danger of piracy can have a widespread affect on maritime trade and coastal security. We are all familiar, from books, films and news media with the terms "pirate" and "piracy". The images and concepts that they bring to mind are part of contemporary life and popular culture. It is rarely noted, however, that few individuals or groups in history have ever deliberately chosen to describe themselves as pirates. This chapter explores how in Classical Antiquity the label "pirate" was frequently applied to a group by their political enemies in order to delegitimise them and their activities (labelled "piracy") in the eyes of third parties and at the same time present those who were applying the labels to them in a positive light. The application of the label "pirates" to certain maritime communities was more often than not a deliberate misrepresentation or distortion of the nature of those communities. It was intended to demonise them in contemporary eyes in order to justify imperialist aggression against them. Typically, those applying the label "pirates" wanted to disguise or divert attention away from the real motivations for their military operations, which were far less worthy than the suppression of piracy. Thus, while ancient historical sources make frequent mention of "pirates" and the problem of "piracy", we should not assume that the instances referred to were simply examples of armed robbery by men in ships whose status is unequivocally that of outlaws or criminals. In order to appreciate the fundamental significance of this point, it is necessary to review the history of piracy and pirates as concepts and to consider the origins, evolution and deployment of the vocabulary of piracy in Antiquity.[1]

## I. Early Greek warfare and the raid mentality

The earliest example of a word that can be translated as "pirate" comes from the Homeric poems, written c. 750-700 BC. On two occasions in the *Odyssey* men arriving in ships are addressed thus:

---

1   In what follows I necessarily limit myself to a Classical, European historical perspective. For a much more detailed history of the ancient concept of piracy see Philip de Souza: *Piracy in the Graeco-Roman World*, Cambridge 1999. For a wider-ranging philological analysis of ancient words for piracy and related vocabulary see the first section of the chapter by Burkhard Meißner in this volume.

> "O strangers, who are you? From where have you come along the sea lanes? Are you travelling for trade, or are you just roaming about like pirates (*leisteres*), who risk body and soul bringing harm to other people?"[2]

While they are obviously not straightforward historical accounts of actual events, it is generally agreed that the Homeric poems reflect quite closely Greek society and culture of the early archaic period (c. 800-650 BC).[3] The characteristic activities of those who are designated by the term *leisteres* in the *Odyssey* are commensurate with those which confer honour and power on the warrior-aristocrats (*basilees*) who are the leaders of the Achaians in the two main poems. These *basilees* are exponents of armed plundering, both on land and in ships, and this seems to be the principal means by which they achieve their status and wealth.[4] The nature and functions of maritime raids are neatly encapsulated in a passage from the fourteenth book of the *Odyssey*, spoken by the returning Ithacan *basileus* while he is pretending to be a Cretan aristocrat:

> "Farming I never cared for, nor life at home, nor fathering fair children. I revelled in long ships with oars; I loved polished lances, arrows in the skirmish, the shapes of doom that others shake to see. Carnage suited me; heaven put those things in me somehow. Each to his own pleasure! Before we young Achaians shipped for Troy I led men on nine cruises in ships to raid strange coasts, and had great luck, taking rich spoils on the spot, and even more in the division. So my house grew prosperous, my standing therefore high among the Cretans."[5]

Later on, in the seventeenth book, the disguised Odysseus continues the tale of his Cretan alter-ego, the son of Kastor:

> "But Zeus the son of Kronos brought me down. No telling why he would have it, but he made me go to Egypt with a company of pirates (*leisteres*) – a long sail to the South – for my undoing. Up the broad Nile and into the riverbank I brought my dipping squadron. There, indeed, I told the men to stand guard at the ships; I sent patrols out – out to rising ground; but reckless greed carried my crews away to plunder the Egyptian farms; they bore off wives and children, killed what men they found."[6]

It is significant that the disastrous outcome of this piratical venture is directly attributed to the will of Zeus. It is apparent here and elsewhere in the Homeric poems, and from other poetry of the Archaic and Classical periods, that the will of Zeus is an expression of justice.[7] In other words, the pirates have received the just

---

2   Homer, *Odyssey* III 71-74; IX 252-255; see also the *Homeric Hymn to Apollo* 452-5.
3   Robin Osborne: Greece in the Making 1200-479, London 1996; Jonathan M. Hall: A History of the Archaic Greek World ca. 1200-479 BCE, Oxford 2007.
4   See Hans van Wees: *Status Warriors: War, Violence and Society in Homer and History*, Amsterdam 1992; de Souza: Piracy (n. 1), p. 17-24.
5   Homer, *Odyssey* XIV 222-234.
6   Ibid. XVII 424-433.
7   E.g. Hesiod, *Works and Days* 248-62; see Hall: Archaic Greek World (n. 3), p. 131-133.

rewards for their reckless greed and murderous plundering expedition among the Egyptian farms. Thus Odysseus the heroic warrior raider is subtly, but tellingly, distinguished from the greedy, murderous company of pirates with whom he has temporarily associated himself. He carefully avoids identifying himself as a pirate (*leister*) and ascribes his lapse in judgement to a failure to secure divine favour. When maritime raiding is carried out appropriately, which implies that the participants give due deference to the will of Zeus and the limits of prudence, it brings wealth and status to the *basileus* who leads the raids. But when it is not carried out appropriately, which implies that the participants are failing to heed the will of Zeus, it brings misfortune and death. Pirates and piracy are, therefore, ambiguous terms that certainly do not imply unconditional approval, but nor do they imply absolute condemnation.

Vincent Gabrielsen has recently argued that the kind of raiding and plundering, by land as well as by sea, that the poems describe was the basic form of warfare in the ancient Mediterranean world from about 750 BC, and that it continued to be, even when political communities became larger and more clearly defined, and the concept of warfare for territorial gain emerged.[8] Gabrielsen has characterised this approach to warfare as the "raid mentality", a widespread assumption of the right to practise violent acquisition of persons, property and, as states grew more powerful, to appropriate territory and the revenues derived from it. Raids could have multiple functions, including forcing the enemy to divert forces to the defence of vulnerable coastal areas, inflicting military, economic and psychological damage, obtaining vital funds and materials for the raiders and boosting their morale.[9] The principal narrative histories that are the main sources for the warfare of the ancient Greek and Roman world are dominated by major set-piece battles and sieges. Yet these narratives also recount hundreds of examples of maritime raids, showing the extent to which naval forces were deployed by those states that could command the necessary resources and manpower. Such raiding was not just a maritime phenomenon, but what characterised it, and highlights the considerable overlap between normal warfare and piracy, as broadly defined above, was the mobility that ships provided, making them far harder to defend against, especially if the targets were unprepared, or the territory to be protected was extensive.[10]

Gradually, during the Classical and Hellenistic periods of Greek history (c. 500-30 BC), a category emerged of formally declared, or "legitimate" warfare, which was war between political entities whose leaders justified the conflict with reference to injuries or slights suffered at the hands of their opponents. This category of war was distinct from informal raiding, which could not be so clearly justified, and so might be more easily or appropriately labelled as "piracy", cha-

---

8   Vincent Gabrielsen: *Economic activity, maritime trade and piracy in the Hellenistic Aegean*, in: REVUE DES ÉTUDES ANCIENNES 103 (2001), p. 219-240. Gabrielsen's particular focus is the Aegean in the Hellenistic period, but his arguments have a Mediterranean-wide application and are valid for all periods of ancient history, and beyond.
9   See Philip de Souza: *Raids on the coast of Attica*, in: Nicholas Sekunda (Ed.): Ergasteria: Works Presented to John Ellis Jones on his 80th Birthday, Gdansk 2010, p. 82-93.
10  E.g. Thucydides IV 53-57; VI 62; Livy XXII 31; XXV 31; XXIX 3-4.

racterised as "illegitimate" and strongly condemned. The distinction between these categories is first articulated in Classical literature by Thucydides, in his synopsis of the development of large fleets and their usage in conflicts of increasing size amongst the Greeks and their neighbours prior to the Peloponnesian War (431-404 BC).[11] The development of this distinction between legitimate warfare and illegitimate raiding and piracy was, however, a gradual and uneven process, and, as long as most states routinely used raiding tactics in warfare, often by sea, the difference between piracy and warfare remained largely a matter of subjective attribution. The limits of each category were determined by the needs of those who were employing them. What one side might describe as warfare, the other might choose to label as piracy.[12]

Gabrielsen also argues that raiding and piracy were less destructive to maritime trade and the maritime economy than might appear to be the case at first glance.[13] However, the actual or perceived danger of maritime raids was a significant threat to the security of coastal communities and could inhibit maritime trade and damage the prosperity of those who depended on it. This threat of piracy, whether or not it was openly manifest, could in turn be used to as a justification for the use of violence to suppress those held to be responsible.[14] For modern historians it is very difficult to determine whether acts of piracy by one side, and the suppression of piracy by another were the declared, or even undeclared but significant, reasons for military campaigns *at the time*. While ancient historical accounts that modern historians use as evidence may appear to be straightforward, factual narratives, in many cases they were written long after the events they recount. They may have been heavily influenced by a later world view, contemporary with the composition of the narrative. In particular, many Greek and Latin histories and biographies written in the first century BC, or later, reflect a moralising political ideology propounded by certain powerful states, above all the Romans, which challenges or denies the legitimacy of those who are operating according to the precepts of the raid mentality. Historical accounts written in this political milieu present the suppression of piracy as a political imperative and imply that it is an acceptable justification for aggressive, imperialistic warfare.[15]

---

11 Thucydides I 1-19.
12 de Souza: Piracy (n. 1), p. 11-12, 26-36, 80-82.
13 Gabrielsen: Hellenistic Aegean (n. 8), p. 220-223.
14 Examples from Classical Greek history include the Athenian conquest of Skyros in 478 BC (Plutarch, *Cimon* 8; Thucydides I 98) and the, probably fictional, "Congress Decree" of c. 448 BC, attributed to Pericles (Plutarch, *Pericles* 17). For discussion of further cases see section IV of Meißner's chapter.
15 The evolution of this ideology is outlined in the penultimate section of this chapter. For a more detailed version see Philip de Souza: *Rome's Contribution to the Development of Piracy*, in: Robert L. Hohlfelder (Ed.): The Maritime World of Ancient Rome. Memoirs of the American Academy in Rome Supplement No. 6, Ann Arbor 2008, p. 71-96.

## II. Pirates and politics in the Classical and Hellenistic Greek world

In the mid fourth century BC, when the Athenians and King Philip II of Macedon were competing for dominance in the Aegean region, we can observe one side using accusations of practising piracy or supporting pirates to delegitimize the maritime military activities of its opponents whilst simultaneously legitimizing and justifying its own countermeasures. An example of this type of accusation can be read in this letter of complaint from Philip II to the Athenians about the operations of an Athenian ally:

> "He (sc. Kallias of Euboia) captured and sold as slaves all those sailing to Macedonia, treating them as enemies. And you decreed him a vote of thanks! So I find it hard to imagine how things could be worse if you were actually to declare war on me. For when we clearly had our differences you also used to send out pirates (*leistas*) and makes slaves of those sailing to us, you helped my enemies and harmed my territory."[16]

In this ambiguous political environment, with no clear distinctions between what was legitimate warfare and what was condemnable "piracy", the idea of strong military action to suppress piracy evolved as a tool of diplomacy, to be deployed in order to gain political advantage at the expense of one's regional rivals. Both the Athenians and the Macedonian king claimed that their aggressive maritime operations were justified by the need to protect coastal communities and traders from "pirates". A speech delivered by the Athenian politician Hegesippos in 343 BC shows that the real issue was the exercise of power and the maintenance of prestige among fickle allies:

> "Regarding pirates, Philip says that you and he are duty-bound to co-operate in guarding against evil-doers at sea, but what he is really after is to be established at sea by your agreeing that without Philip, you do not have the strength to mount guard at sea, and, furthermore, by giving him free reign to go sailing from island to island, stopping off on the pretext of guarding against pirates, corrupting the exiled islanders and taking them away from you."[17]

The reality of how the Athenians themselves used the pretext of protection against piracy, and the threat of maritime raids by their own fleets, to finance their military efforts is articulated by the leading statesman and orator Demosthenes in a speech addressed to the democratic citizen assembly in 340 BC:

> "All your generals who have ever sailed from here (or, if not, may I suffer any penalty) take money from the Chians and Erythraians, from whomsoever, I say, they possibly can among the peoples living in Asia. Those who have only one or two ships exact less than those who have a more powerful fleet. The

---

16 (Ps.-)Demosthenes XII 5; c. 340 BC. For similar accusations against the mercenary leader Charidemos see Demosthenes, *Against Aristocrates* 148-149; 166-167.
17 (Ps.-)Demosthenes VII 14-15.

providers do not give their large or small contributions for nothing (they are not so crazy) but on the understanding that they will not be harmed when they leave harbour, nor plundered, or that their ships will be escorted, that is the sort of thing expected. They speak of favours being granted and that is what they call their gifts."[18]

Needing to reassure the merchants on whose maritime commerce they so heavily depended, the Athenians passed a decree in the 340s BC which instructed their generals and their allies to take action against those who injured ship owners or traders travelling by sea. The only known case of this so-called decree of Moirokles being acted upon, however, was a ten-talent fine imposed upon the relatively weak island community of the Melians for harbouring pirates.[19] In this fashion the Athenians demonstrated their apparent readiness to punish those whom they identified as pirates, or the supporters of pirates, without the risk of significant military retaliation.[20]

In the Hellenistic period (c. 330-30 BC) the most enthusiastic advocates of the duty of a leading Greek maritime state to suppress piracy were the Rhodians, who expertly presented themselves in the guise of altruistic guarantors of maritime security, acting not merely in their own interests, but for the benefit of all those who wished to be able to sail safely and without hindrance in pursuit of legitimate commercial gain. The reputation of Rhodes was summed up by the first century BC historian Diodorus Siculus in the introductory remarks to his account of the siege of Rhodes by Demetrius Poliorcetes in 305 BC:

"Indeed she had attained such a position of power that she took up the war against the pirates herself, on behalf of the Greeks, and cleared the sea of their evil infestation."[21]

A mid third century inscription from the island of Delos provides contemporary evidence of how this naval protectorate was articulated. It records honours for Rhodian naval commanders, three trierarchs and a navarch, who are described as having been "appointed by the people of the Rhodians for the protection of the islands and the safety of the Greeks".[22]

Like the Classical Athenians and Philip II of Macedon, the Rhodians claimed that this role gave them the right to make war on anyone they deemed to be acting contrary to their interests and those of the wider seafaring community. In 220 BC the Rhodians headed a group of Greek states in a war to force the Byzantines to

---

18　Demosthenes, *On the Chersonese* 24-25.
19　(Ps.-)Demosthenes, *Against Theocrines* 58; 53; 56.
20　For more details see Meißner's chapter and de Souza: Piracy (n. 1), p. 34-42.
21　Diodorus XX 81,3. See also Strabo, *Geography* XIV 2,5, written c. AD 20. Both writers were probably drawing upon the works of Rhodian historians, on which see Hans-Ulrich Wiemer: *Krieg, Handel und Piraterie. Untersuchungen zur Geschichte des hellenistischen Rhodos*, Berlin 2002, S. 117-130.
22　*Inscriptiones Graecae* XI 4 no. 596; Félix Durrbach: *Choix d'inscriptions de Délos*, Paris 1921, no. 39.

stop imposing tolls on all vessels exporting from the Black Sea.[23] The following year, in response to a piratical expedition against the Cyclades and cities on the Greek mainland by the Illyrians Skerdilaidas and Demetrios of Pharos, they sent a small fleet to Illyria.[24] According to Polybius these events occurred about the same time as the despatch of a squadron of Rhodian ships commanded by Polemokles to Crete to assist the Knossians against Lyttos. That particular expedition, aimed at furthering Rhodian influence on Crete and in the Aegean generally, led to the involvement of Philip V of Macedon and escalated into a regional power struggle known as the First Cretan War. It consisted largely of a series of maritime raids and counter-raids, mainly against the islands and coastal cities of the Aegean. One of the principal fleets was furnished by Philip V, but commanded by Dikaiarchos the Aetolian. Diodorus labels Dikaiarchos' raids, which seem to have targeted places under the protection of the Rhodians, as "piracy", but he is probably drawing on the same pro-Rhodian sources that lay behind his praise of the Rhodians for their stance against pirates.[25] The course of the war is impossible to establish in any detail, but an inscription recording a treaty concluded around 200 BC between Rhodes and Hierapytna, one of the major cities of Eastern Crete, and others recording treaties between Rhodes and the smaller cities of Olous and Chersonisos, indicate the extent of Rhodian gains.[26] The Cretan cities acknowledged the political influence of the Rhodians and agreed to render extensive military assistance to the Rhodians, including use of their naval facilities by Rhodian fleets. Certain clauses of the treaty with Hierapytna make reference to war against pirates:

> "And if pirates (*leistai*) establish bases in Crete and the Rhodians wage war at sea against the pirates or those who provide shelter or assistance to them, the Hierapytnians shall take part in the operations by land and sea with all possible strength and at their own expense. The pirates (*leistai*) who are captured shall be handed over to the Rhodians together with their ships, while each of the allies shall take half of the rest [sc. of the booty] [...] And if during a campaign which the Hierapytnians are waging with the Rhodians to destroy a pirate base (*leisterion*), any of those who provided shelter or assistance to the pirates wage war on the Hierapytnians because of this campaign, the Rhodians shall come to the help of the Hierapytnians with all

---

23 Polybius IV 47-53; Vincent Gabrielsen: *The Naval Aristocracy of Hellenistic Rhodes*, Aarhus 1997, p. 44-46; Wiemer: Krieg, Handel und Piraterie (n. 21), p. 102-104.
24 Polybius IV 16,6-8; 19.7-9.
25 Diodorus XXVIII 54,1; similar polemic in Polybius XVIII 54. For a detailed account of the conflict see Wiemer: Krieg, Handel und Piraterie (n. 21), p. 144-206.
26 Hatto H. Schmitt: Die Staatsverträge des Altertums, Band 3: Die Verträge der griechisch-römischen Welt von 338 bis 200 v.Chr., Berlin 1969, nos. 551-551; Angelos Chaniotis: Vier kretische Staatsverträge, in: CHIRON 21 (1991), p. 258-260.

possible strength, and anyone who acts in this way shall be an enemy of the Rhodians."[27]

There is an obvious subtext to these sections of the treaty. It will be the Rhodians who decide whether a war being waged at sea is indeed a war against "pirates" who have managed to "establish bases in Crete." It is not hard to envisage that if any state should raise an objection to the Rhodians' claim that their current enemies are "pirates", then they themselves would be accused of providing "shelter or assistance to the pirates" and therefore become legitimate enemies of the Rhodians and their treaty-bound allies. Later in the same treaty the Rhodians also agree to help their allies in the event that anyone attempts to overthrow their democratic polity, or tries to "deprive them of their legitimate revenues from the sea." Here again it is left to the Rhodians to determine what constitutes legitimate revenues.

Most modern scholars have been content to take the Rhodians and their advocates at their word, but close analysis of the political rhetoric and the actual operation of Rhodian sea power reveals that, beneath the façade of Rhodian sea power being deployed to protect trade and guarantee maritime security, lay a policy of maritime imperialism which resembles that of fifth century Athens, albeit on a smaller scale. The Rhodians lacked the resources to impose their will as directly as the Athenians had done, swiftly transforming their Delian League allies into subjects. Instead the Rhodians built up a network of alliances, similar to those with the Cretan cities, using an organisation of Aegean polities called the Nesiotic League, leadership of which they assumed in the first half of the second century BC. While this Rhodian maritime hegemony must have benefited the coastal communities of the Aegean and south-eastern Asia Minor to some extent, it is clear that the suppression of piracy furnished a convenient justification for making war in order to further Rhodian commercial and political interests.[28] The increasing prominence of Rome in the second century BC changed the balance of power in the Eastern Mediterranean. As allies of the Romans against Antiochos III, the Rhodians were rewarded with increased power over places on the Anatolian mainland and substantial trading privileges. Controlling these possessions proved difficult, however, and an ill-timed attempt to arbitrate between Rome and the Macedonian king Perseus in 168 BC resulted in the withdrawal of Roman favour. Several of the Rhodians' mainland possessions seceded, Rhodes' maritime trading partners became less co-operative, and Rhodian revenues went into a decline that was hastened by the declaration of Delos as a free port in 166 BC.[29]

---

27 Schmitt: Staatsverträge (n. 26), no. 551 line 51-58; 80-82; a translation in Michel M. Austin: *The Hellenistic World from Alexander to the Roman Conquest: A selection of ancient sources in translation*, Cambridge ²2006, p. 213-216.
28 See Gabrielsen: Hellenistic Aegean (n. 8) and Gabrielsen: Naval Aristocracy (n. 23), chapter 2.
29 Gabrielsen: Naval Aristocracy (n. 23), p. 46-66; Nicholas K. Rauh: *Merchants, Sailors and Pirates in the Roman World*, Stroud 2003, p. 73-75.

## III. Romans and pirates

Maritime raiding was a prevalent mode of warfare during the period of the expansion of the Roman Republic and the creation of a Roman overseas empire (c. 340-30 BC). By the end of the fourth century BC the Romans strove to protect their territory from seaborne raids with strategically located, coastal colonies of citizens.[30] A few centuries later the Roman historical tradition could present such measures as the imposition of a Roman citizen colony on the Latin city of Antium in 338 BC as part of a wider policy of suppressing piracy, but there is no reason to believe that the raid mentality was not part and parcel of Rome's militaristic culture.[31] The Romans certainly mounted raids of their own using small fleets organized by officials called *duoviri navales*.[32] In 282 BC a Roman raiding expedition around the southern coast of Italy resulted in a war with the city of Tarentum, which provided an opportunity for the Hellenistic monarch Pyrrhus of Epirus to campaign in Italy against the Romans.[33] The Romans were not decisively defeated by Pyrrhus and after his departure in 275 BC they continued their conquest of Southern Italy, gradually gaining control over the Greek cities and their fleets. However, when the First Punic War with Carthage began in 264 BC over control of Sicily, the Romans still lacked the resources to mount large-scale naval expeditions. In contrast, the Carthaginians' ability to raid the coastlines of Sicily and Italy forced the Romans, in the words of Polybius, to "take to the sea" in 261 BC.[34] The Romans swiftly built fleets and used them extensively in this war, forcing the Carthaginians to withdraw altogether from Sicily. In further conflicts against the Carthaginians and other Mediterranean maritime powers the Romans adopted the same raiding and ravaging tactics as their enemies, when it suited their own strategic or tactical aims.[35]

It is important to note that Roman society and culture was highly militarised. The authority of the Roman Republic's ruling senatorial aristocracy depended to a great extent on the prestige they gained from successful prosecution of wars against foreign peoples.[36] Traditionally, however, Roman imperial expansion has

---

30  E.g. Livy VII 25-6; VIII 26, written in the last quarter of the first century BC.
31  Livy VIII 14; Dionysius of Halicarnassus *Roman Antiquities* VII 37,3; IX 56,5; Strabo *Geography* V 3,5.
32  Literally "two men in charge of warships." See Livy IX 30,3-4; 38,2-4.
33  Appian *Samnite Wars* 7-11; Livy *Periochae* 12-14; Cassius Dio, fragments 39-40.
34  Polybius I 20,5-9.
35  For a summary of Roman naval developments see Philip de Souza: *War at Sea*, in: J. Brian Campbell/Lawrence Tritle (Eds.): The Oxford Companion to War in the Classical World, Oxford/New York 2011; for a more detailed account of the period up to 167 BC see Christa Steinby: *The Roman Republican Navy. From the sixth century to 167 BC*, Helsinki 2007.
36  See John E. Lendon: *War and Society in the Hellenistic World and the Roman Republic*, in: Philip Sabin/Hans van Wees/Michael Whitby (Eds.): The Cambridge History of Greek and Roman Warfare. Volume I: Greece, the Hellenistic world and the rise of Rome, Cambridge 2007, p. 508-516; William V. Harris: *War and Imperialism in republican Rome 327-70 BC*, Oxford 1979, 9-53; Donald Ch. Earl: *The Moral and Political Tradition of Rome*, London 1967, p. 20-35.

been portrayed by scholars in terms of reluctant responses to the requests of allies, but recent research has stressed the manner in which Rome's competitive political system and militarised culture encouraged the conquest of new territory under the leadership of the senatorial elite. This interpretation of Roman foreign relations sees the Romans as essentially an aggressive, acquisitive people whose political leaders eagerly went to war to maintain their position.[37] Given the arduous and uncertain nature of such wars, however, the Roman people, and the Latin, Italian and other allies on whom they relied for much of their manpower, had to be persuaded to co-operate with the military ambitions of the senatorial aristocracy. All wars had to be justified on several levels, religious, moral and practical. On the practical level, the Roman aristocracy and their allied counterparts both played on insecurities and fears and exploited the desires and ambitions of their citizens. In moral terms the emphasis was placed upon the defence of allies against aggressive and rapacious enemies. Decisions to go to war were made in Rome by the assembled citizens on the recommendation of the Senate. The campaigns were inaugurated with elaborate procedures, including diplomatic and religious rituals presided over by a college of priests called *fetiales* to ensure that, in the eyes of Jupiter at least, the Romans, and by extension their allies, were fighting a "just war" (*bellum iustum*).[38] Modern scholarship has demonstrated that these justifications often were specious, the almost continual prosecution of wars of aggression and expansion serving the collective and individual interests of both leaders and followers.[39] Nevertheless, they were important in ensuring that the resources of the Roman Republic could be mobilised for war. The suppression of piracy was a key element of the ideology according to which all of Rome's external wars were justifiable ones, undertaken with the purpose of defending allies or answering aggression (whether actual or potential) by Rome's enemies.

There are several instances of Roman campaigns of conquest in the third, second and first centuries BC being justified in the ancient sources as responses to piracy by their enemies. The very first occasion on which Roman forces crossed the Adriatic Sea and projected Roman military power against people on the Greek mainland was the First Illyrian War of 229 BC. This expedition appears to have been aimed at securing access to the region for Italian traders and asserting military dominance in an area that was of considerable strategic significance. The ancient sources indicate that Rome was responding to requests from certain Greek cities and tribes in the region, who were alarmed by the large-scale raids of the

---

37  Harris: War and Imperialism (n. 36); John North: *The Development of Roman Imperialism*, in: JOURNAL OF ROMAN STUDIES 71 (1981), p. 1-9; John Rich: *Fear, greed and glory: the causes of Roman war-making in the middle Republic*, in: John Rich/Graham Shipley (Eds.): War and Society in the Roman World, London 1993, p. 38-68.
38  See Richard A. Billows: *International Relations in the Hellenistic World and the Roman Republic*, in: Sabin/Wees/Whitby (Eds.): Greece (n. 36), p. 313-318.
39  See Harris: War and Imperialism (n. 36), p. 166-175; Rich: Causes of Roman war-making (n. 37), p. 61; Tim Cornell: *The end of Roman imperial expansion*, in: John Rich/Graham Shipley (Eds.): War and Society in the Roman World, London 1993, 141-142.

Illyrians, under the leadership of ambitious, aggressive rulers.[40] The historian Polybius, who presents a hostile view of the Illyrians, claims that the Romans were acting altruistically to protect the Greek traders and coastal cities from the piratical Illyrians, just as the Rhodians were said to have protected traders in the third century BC.[41] It is of considerable significance that Polybius' narrative distinguishes the Illyrians from other ethnic groups in the region and refers to them as, "the common enemies of all peoples."[42]

Early in the second century BC, after several years of hard fighting, the Romans subdued the Ligurians, forcing numerous tribal groups to surrender themselves completely to Roman power (*deditio in fidem populi Romani*). Many of those who actively resisted were enslaved and thousands more were deported to other areas of Italy. The Romans also made a point of depriving them of their warships. Although the ancient sources present this as the suppression of Ligurian piracy, partly in response to the complaints of the Romans' long-standing allies in the Greek city of Massilia, these actions were probably aimed at curtailing the manpower and military reach of regional rivals.[43] Both aspects are present in Plutarch's description of the Ligurians, in his biography of the victorious Roman commander, Lucius Aemilius Paullus:

> "The Ligurians were a warlike and courageous people who were having their military skills honed by the Romans, whose neighbours they were. [...] At this time they were committing acts of piracy with their ships, plundering and devastating commerce as far as the Pillars of Heracles. Aemilius' advance was met by an army of 40,000, five times his own 8,000 men, but he engaged them in battle, forced them back and penned them up in their own strongholds [...] The Ligurians trusted Aemilius and surrendered both their ships and their

---

40   Appian, *Illyrian Wars* 7. For a general outline see Robert M. Errington: *Rome and Greece to 205 BC*, in: Alan E. Astin/Frank W. Walbank/Martin W. Frederiksen/Robert M. Ogilvie (Eds.): The Cambridge Ancient History. Volume VIII: Rome and the Mediterranean to 133 BC, Cambridge 1989, p. 85-94. For a detailed discussion and analysis, emphasizing the precedents for future campaigns see Hartel Pohl: *Die römische Politik und die Piraterie im östlichen Mittelmeer vom 3. bis zum 1. Jh. v.Chr.*, Berlin 1993, p. 58-94. I have offered a more sceptical analysis of Roman aims in de Souza: Piracy (n. 1), p. 76-80.
41   Polybius II 8-12. On the ways in which the Romans developed, promoted and exploited the image of themselves as friends and benefactors among the Hellenistic Greeks see Andrew Erskine: *The Romans as Common Benefactors*, in: HISTORIA 43 (1994), p. 70-87; Billows: International Relations (n. 38), p. 318-24.
42   Polybius II 12,6. Later sources record similar accusations made against the Illyrians ten years later, and they continued in the first half of the second century BC (Appian, *Illyrian Wars* 8; Eutropius, *Brief History* 3,7; Livy XLII 26.2).
43   The main sources are Plutarch, *Aemilius Paullus* 6; Livy XL 18; 26,8; 28,4-7; 34,8-12; XLI 11-14; 18,1-3; 18,9-13; XLII 1-4; 7-9; 21-22. A similar attempt to neutralise a maritime rival, although in this case on a much larger scale, can be seen in certain clauses of the treaty that concluded Rome's war with Antiochus III in 188 BC. The king's fleet was limited to ten warships and confined to Syrian waters (Livy XXXVIII 38). On the efficacy of the Syrian fleet see Philip de Souza: *Beyond the headland: locating the enemy in ancient naval warfare*, in: Jean Andreau/Catherine Virlouvet (Eds.): L'information et la mer dans le monde antique, Rome 2002, p. 69-92.

settlements to him. He restored the settlements to them unharmed, but confiscated all of their ships, leaving them with no vessel larger than three oars on each side."[44]

The imperialistic nature of Roman aims in this region are evident from the highly aggressive nature of the Roman campaigns of 181 to 171 BC, their accompanying mass deportations and the confiscation of highly desirable tracts of land for settlement by colonists from areas to the South.[45]

At the same time as the Ligurian campaigns were launched, accusations of piracy were lodged with the Roman Senate against the people of Istria by the cities of Brundisium and Tarentum, resulting in a campaign of conquest lasting from 181 to 177 BC, which yielded considerable booty.[46] The importance of these accusations becomes clear when they are considered in the light of a proposal made in 183 BC to launch an attack on the Istrians by the consul Marcus Claudius Marcellus, which was rejected by the Senate.[47] The Romans had been consolidating control of the neighbouring territory of Venetia and the principal focus was the establishment of a major colony at the strategic location of Aquileia.[48] The appeal by allies for Roman protection against "pirates" seems to have provided sufficient justification for the Senate to proceed with the authorization of a major campaign against a people whose relations with Romans had been peaceful for some 40 years. The historian Livy's account of the subjugation of Istria emphasises the huge value of the silver coinage displayed by the victorious Roman commander in his triumphal procession, but Livy also comments that the portion of the spoils allocated to Rome's allies was only half that of the Roman citizens, causing a great deal of resentment.[49]

An explanation for the insistence in Roman sources that what are obviously aggressive, imperialist military operations were undertaken to protect the interests of allies and peaceful traders lies in the fact that the Romans had no standing army and, in addition to citizen levies, depended heavily on the willingness of their Italian and Greek allies to participate in their military campaigns, which often lasted for many years. In the Late Republican period, when the resources of Roman Italy were largely directed towards Spain and the Western Mediterranean, the burden in the Eastern Mediterranean fell very heavily on allies from recently conquered provinces and neighbouring territories. Local elites and monarchs were encouraged to provide a substantial part of the necessary manpower and money. This burden often proved hard to sustain, especially in the face of military setbacks and

---

44  Plutarch, *Aemilius Paullus* 6.
45  See William V. Harris: *Roman Expansion in the West*, in Alan E. Astin/Frank W. Walbank/Martin W. Frederiksen/Robert M. Ogilvie (Eds.): The Cambridge Ancient History. Volume III: Rome and the Mediterranean to 133 BC, Cambridge 1989, p. 115-118.
46  Livy XL 18; 42; XLI 11; 13.
47  Ibid. XXXIX 55,4.
48  Ibid. XXXIX 55,5-6.
49  Ibid. XLI 13; see also Harris: Roman Expansion (n. 45), p. 116, n. 43.

limited direct benefits as Roman imperialism encountered determined resistance.[50] The Romans deliberately stoked the fears of those communities whose men, money and other resources were so vital to them in order to obtain their support. For example, Mithridates VI, king of Pontus, who emerged as a major opponent of Roman expansion in the Eastern Mediterranean in the first quarter of the first century BC, was presented to Rome's allies as a barbaric, destructive tyrant, intent on overthrowing the social and political stability of the civilised Greek world. He was also the subject of vague accusations of supporting and allying with "pirates".[51]

The campaign in southern Asia Minor undertaken by Marcus Antonius the Orator in 102 BC is a good example of the sort of aggressive, imperialist military operation that could be presented as anti-piratical endeavours by the Romans. Antonius led a naval force against the maritime communities who occupied parts of the southern coastline of Anatolia. No extended account of his military operations survives, but what can be deduced from the brief reports and notices in various ancient sources indicates that they were not on a large scale, which is hardly surprising given the scale of Roman military commitments elsewhere and the political situation in Italy at this time.[52] It appears that he assembled a naval force, mainly drawn from Rome's Eastern Mediterranean allies, including the cities of Rhodes and Byzantion. From his base at Side in Pamphylia he conducted a series of maritime raids against towns and cities on the southern coastline of Asia Minor.[53] He withdrew from the area after a year, but celebrated a triumph back in Rome in 99 BC. In the aftermath of Antonius' expedition a law of the Roman people, known to modern scholars as the *lex de provinciis praetoriis* of 100 BC, designated Cilicia as a praetorian province, making it a location for further Roman campaigns.[54]

A key clause of this decree invites all polities in the region to align themselves with the Romans against their declared enemies. Those who do not will be deemed as pirates or the supporters of pirates by the Romans, implying that ag-

---

50 On Roman manpower problems see Peter A. Brunt: Italian Manpower 225 BC-AD 14, Oxford 1971, chs. 23-25; Andrew Lintott: *The Roman Empire and its problems in the late second century*, in: John A. Crook/Andrew Lintott/Elizabeth Rawson (Eds.): The Cambridge Ancient History vol. I, Cambridge ²1994, p. 36-39; John Serrati: *Warfare and the State in the Hellenistic World and the Roman Republic*, in: Sabin,/van Wees/Whitby (Eds.): Greece (n. 36), p. 494-497.
51 Appian *Mithridatic Wars* 46-48; see also de Souza: Piracy (n. 1), p. 116-121, 125-128; Brian C. McGing: *The Foreign Policy of Mithridates VI Eupator, King of Pontus*, Leiden 1986; Robert M. Kallet-Marx: *Hegemony to Empire. The Development of roman Foreign Policy in the East from 146 to 62 BC*, Berkeley/Los Angeles/Oxford 1995, p. 239-273.
52 See Brunt: Italian Manpower (n. 50), p. 426-434; Klaus Bringmann: *A History of the Roman Republic*, Cambridge 2007, p. 167-176.
53 See de Souza: Piracy (n. 1), p. 102-106 for details. For a more traditional interpretation, see Pohl: Politik und Piraterie (n. 40), p. 208-216.
54 The name Cilicia refers in this case to the general area of southern Anatolia, without precise boundaries. Roman provinces were not always clearly defined in territorial terms.

gressive action will be taken against them by the Romans and their friends and allies:

> "The senior consul is to send letters to the peoples and states to whom he may think fit, to say that the Roman people will have care, that the citizens of Rome and the allies and the Latins, and those of the foreign nations who are in a relationship of friendship with the Roman people may sail in safety, and that on account of this matter and according to this statute they have made Cilicia a praetorian province [...] he is to send letters to the effect that it is also right for them to see that no pirate (*peirates*) use as a base of operations their kingdom or land or territories and that no officials or garrison commanders whom they shall appoint harbour the pirates (*peiratas*) and to see that, insofar as it shall be possible, the Roman people have them as contributors to the safety of all [...]."[55]

Through this statute the Romans justify taking military action against those whom they have identified, or will identify as pirates. The announcement that they have established Cilicia as a praetorian province, which means a sphere of action for a magistrate of praetorian or pro-praetorian rank, makes clear their intention to conduct further military campaigns. The appointed praetor would, like Marcus Antonius the Orator, have had naval and military forces under his command. Thus the Romans justified an aggressive, imperialist move by presenting it as part of a general policy to eradicating piracy from the region in the interests of peaceful maritime commerce. In doing so they presented the political entities of the region with a stark choice, either to align themselves with the Romans or to be treated "pirates", or the supporters of pirates. However, while the intention seems to have been to subdue the independent city-states and minor principalities that flourished along the Southern shores of Anatolia, in practice little was achieved in the next few decades, in part because of the limited availability of military forces, and in part because of political and military challenges that arose elsewhere.[56]

The Rhodians seem to have played a prominent role in this Roman initiative. Their contribution to the campaign of Marcus Antonius the Orator has already been noted and the text of the decree mentions that Rhodian ambassadors are granted a special hearing in the senate and to be given their own copies of the letters urging the kings in the Eastern Mediterranean to deny harbours to pirates.[57] It is possible that the Romans borrowed the idea of requiring others to deny bases to those whom they designated as pirates directly from the Rhodian treaties with the Cretan cities, or similar documents. The Romans were deliberately assuming the

---

55 *Lex de provinciis praetoriis* Knidos III, lines 28-37; Delphi B 10-12. Full text, translation and commentary in Michael H. Crawford: *Roman Statutes*, London 1996, p. 231-270.
56 See de Souza: Piracy (n. 1), p. 144-124; Kallet-Marx: Hegemony to Empire (n. 51), p. 232-260. The Greek historian Cassius Dio summarized Roman attempts to overcome their maritime opponents prior to 67 BC as follows: "Nothing was achieved, except that the allies had to suffer even greater hardship as a result of these attempts, until their situation became quite desperate." (Cassius Dio, *Roman History* XXXVI 23,2).
57 *Lex de provinciis praetoriis* Delphi B, lines 12-20.

guise of protectors of maritime trade and guarantors of security that the Rhodians had adopted in the late third and early second centuries BC.

## IV. Pompey and the pirates

It is in this context that we should consider the most celebrated of Roman campaigns against pirates – the "pirate war" of 67 BC, in which the Roman general and statesman Gnaeus Pompeius Magnus (Pompey the Great) supposedly cleared the Mediterranean of the pirate menace in a mere three months. The starting point for this campaign was a law of the Roman popular assembly, proposed in 67 BC by the tribune Aulus Gabinius, which conferred on Pompey a commission to clear the seas of pirates. Pompey's command gave him substantial resources of men, money and ships, as well as exceptional powers over Roman forces, allies and even other senatorial magistrates. In order to convince the Roman citizen body to do this, his advocates emphasised the threat to the city of Rome's food supply, as well as the general vulnerability of trade and Roman and allied territory to maritime enemies. In his biography of Pompey, written over 150 years later, Plutarch summarises the situation thus:

> "Their power was felt in all parts of the Mediterranean, so that it was impossible to sail anywhere and all trade was brought to a halt. It was this which really made the Romans sit up and take notice. With their markets short of food and a great famine looming, they commissioned Pompey to clear the pirates from the seas."[58]

After assuming his new command Pompey secured the seas around Italy and then moved into the Eastern Mediterranean, invading and conquering the areas of Pamphylia and Cilicia that still resisted Roman domination.[59] The whole campaign was over in less than 60 days. According to Plutarch's account, when Pompey received the surrender of their so-called "pirate leaders" he seized 90 warships and took over 20,000 prisoners, but the only specific mention of fighting in the ancient sources is a sea battle and brief siege of Korakesion in Cilicia.[60] Some ancient narratives even claim that, because Pompey's military reputation was so impressive, there was no need to spill any blood at all.[61] The secret to this unprecedented success seems to have lain in a remarkable willingness to come to terms with Rome's enemies in the region. Pompey, wary of the demands a campaign of pitched battles and sieges would make on Roman and allied resources, yet needing decisive victories to further his political ambitions, offered a general amnesty and 'resettlement' in return for immediate surrender.[62] So attractive did his terms

---

58  Plutarch, *Pompey* 25,1.
59  On the details of the campaign see de Souza: Piracy (n. 1), p. 167-178.
60  Plutarch, *Pompey* 28,1; Velleius Paterculus, *Roman History* II 32.
61  Appian, Mithridatic Wars 95-6; Florus, Epitome of Roman History III 6,13-15.
62  The areas chosen for this "resettlement" were essentially the same as those which the defeated "pirates" already occupied. A major city of Cilicia, Soli, was re-founded under the name Pompeiopolis; see de Souza: Piracy (n. 1), p. 175-178.

prove that even some of the cities and communities in Crete, who were under attack from another Roman commander, Quintus Caecilius Metellus, tried to surrender to Pompey.[63]

Pompey's magnanimous treatment of the Cilicians and Pamphylians is remarkably similar to the settlement reached between Rome and the Ligurian tribes in the early second century BC.[64] In both cases the long-term political goal is control of the region, especially the coastal areas, which involves the elimination of any capacity to mount maritime raids against any Roman or allied territory. The defeated enemies of Rome are labelled as "pirates", and are stripped of the ships that might be considered the essential attributes of pirates. However, their continued occupation of their homelands, or in some cases their so-called resettlement in coastal areas indicates that, far from being treated as the common enemies of all mankind they are being welcomed into the embrace of the Roman Empire.

Modern scholars have often remarked upon the exceptional degree of clemency shown by Pompey to the defeated pirates, but they have based this on the assumption of a far stronger juridical basis for decisions regarding the treatment of defeated enemies, whether they were held to be pirates or not, than was actually the case. The Romans of the Republican period did not recognise any form of international law. They were aware of, and to some extent observed what might be loosely termed customary practices, which they labelled *ius gentium* (rights of peoples).[65] There were no fully articulated "rules of war", however, only vague and flexible ethical standards by which the conduct of commanders *might* be judged, but only if they were brought to trial back in Rome.[66] That could only happen for reasons of political rivalry or expediency. By projecting backwards the somewhat more developed legal concepts of the later imperial period, when Roman law could reasonably be considered to apply across the entire Mediterranean, modern scholars have created an anachronistic dilemma – should the pirates have been classified as criminals, or as legitimate enemies?[67]

The regional political significance of Pompey's extraordinary command of 67 BC against the pirates needs to be emphasised to counter the persistent tendency in modern scholarship to see it as an inevitable, grand maritime security measure designed to rid the Mediterranean of piracy once and for all.[68] The opportunity to

---

63 Cassius Dio, *Roman History* XXXVI 19; Appian, *Sicilian Wars* 6,2.
64 Livy XL 18; 26,8; 28,4; XLII 1-5 and Plutarch, *Aemilius Paullus* 6, quoted above.
65 See Herbert Wagner: Studien zur allgemeinen Rechtslehre des Gaius, Zutphen 1978, 5-29.
66 The term *ius belli*, or "rights of war" is rarely even used by ancient sources; see Wagner: Rechtslehre des Gaius (n. 65), p. 23-5, 91-2.
67 See the texts cited and discussed in Anna Tarwacka: *Romans and Pirates: Legal Perspective*, Warsaw 2009, p. 56-71. See also Karl-Heinz Ziegler: *Pirata communis hostis omnium*, in: Manfred Harder (Ed.): De iustitia et iure. Festgabe für Ulrich von Lübtow zum 80. Geburtstag, Berlin 1980, p. 93-103; Stefano Tramonti: *Hostes communes omnium: la pirateria e la fine della repubblica Romana 145-33 a.c.*, Ferrara 1994, 81-83.
68 E.g. Henry A. Ormerod: *Piracy in the Ancient World*, Liverpool 1924 (reprinted Baltimore 1997), p. 232-247; Pohl: Politik und Piraterie (n. 40), p. 208-282. Pohl, p. 278, introduces his brief discussion of Pompey's command thus: "Im Jahre 67 beschritt Rom endlich den unvermeidlichen und einzig gangbaren Weg zu einer großangelegten Lösung des Piraterieproblems

further Roman imperial objectives and his own political ambitions are, however, reasonable explanations for the decision to focus on conquering the South-Eastern Anatolian coastal areas of Cilicia and Pamphylia, which were for the most part controlled or fought over by local dynasts and small city-states, who lacked the resources and the ambitions of the larger kingdoms and ethnic federations.[69] Pompey could build upon the achievements of earlier Roman commanders in this region since 100 BC. His campaign was the culmination of a major drive by the Romans to take control of almost the entire Eastern Mediterranean.[70] It was also a milestone for Pompey's political career, as he rose to a position of political dominance at Rome. Few scholars would argue that Pompey's command was intended merely as a stepping stone to the big prize of the war against Mithridates, but there are good indications that a replacement for Lucius Licinius Lucullus was both suggested and manoeuvred for at least a year before the tribune Gabinius proposed his law creating an extraordinary command to combat piracy in early 67 BC.[71] In 66 BC another extraordinary decree, proposed by the tribune Gaius Manilius gave Pompey that coveted command and enabled him to obtain the final victory against one of Rome's most determined enemies.[72] It should be noted that none of this is meant to imply that there were not more mundane pirates operating in the Mediterranean in this period. They were armed robbers with ships who owed no particular political allegiance and whose actions were motivated only by thoughts of immediate material gain. Their existence is demonstrated by occasional references to pirates in inscribed decrees of maritime communities.[73]

The interpretation argued for here has been challenged in an article by Manuel Tröster that explores the rationale behind Rome's policies towards "the pirates"

---

im gesamten Mittelmeerraum". Tramonti: Hostes communes omnium (n. 67), p. 85, is more circumspect, observing: "Quella pompeiana fu tra tutte le operazioni antipiratiche quella che ebbe più attestati di definitività."

69   For analyses and discussions of the political map of the Eastern Mediterranean in this period see Adrian N. Sherwin-While: *Roman Foreign Policy in the East*, London 1984; Kallett-Marx: Hegemony to Empire (n. 51); Avi Avidov: *Were the Cilicians a nation of pirates?*, in: MEDITERRANEAN HISTORICAL REVIEW 10 (1997), p. 5-55; de Souza: Piracy (n. 1); Rauh: Merchants, Sailors and Pirates (n. 29).
70   See Kallett-Marx: Hegemony to Empire (n. 51), p. 223-234.
71   The evidence and main arguments are reviewed by Briggs Twyman: *The Metelli, Pompeius and Prosopography*, in: Hildegard Temporini (Ed.): Aufstieg und Niedergang der römischen Welt: Geschichte und Kultur Roms im Spiegel der neueren Forschung, Bd I.1 (Berlin 1972), p. 862-73 and Richard S. Williams: *The appointment of Glabrio (cos. 67) to the Eastern command*, in: PHOENIX 38 (1984), p. 221-234. A proposed Pompeian "masterplan", succinctly laid out by Erich S. Gruen: *The Last Generation of the roman Republic*, Berkeley 1974, p. 131, can be refuted on the basis that Pompeius had neither the foresight nor the influence to bring it off, as argued by Richard S. Williams.
72   See Kallett-Marx: Hegemony to Empire (n. 51), p. 320-334 for analysis and discussion.
73   E.g. *Inscriptiones Graecae* XII 3, no. 171 an inscription from Ephesos describing a pirate attack on Astypalaia; Cicero, *Against Verres* II 5,60-108 on pirates operating around Sicily in the 70s BC; the capture and ransom of Julius Caesar in 74 BC, Suetonius, *The Divine Julius* 4; Plutarch, *Caesar* 2; the killing by "pirates" of Atyanas, an Olympic boxer around 60 BC, Cicero, *In defence of Flaccus* 31.

from "a broader perspective on the provision of public goods in international relations."[74] That broader perspective is informed by contemporary debates about terrorism, piracy, hegemony and international relations.[75] One of its fundamental flaws involves the assumption that, while Rome was a "state" that was becoming a "hegemon", the pirate "phenomenon – like present-day terrorism – was transnational, in the sense that it transcended state borders and intrastate hierarchies".[76] Here Tröster imposes an anachronistic distinction between a state authority and a non-state "menace of the sea", whose exponents "prospered where effective state authority was lacking".[77] The assumptions that lie behind the phrase "effective state authority" are that an aggressive imperial power like Rome, or a large Hellenistic kingdom, or a larger city state like Rhodes, was an effective state authority, whereas the local rulers, small ethnic confederations and autonomous city-states of South Western Anatolia, Cilicia and Pamphylia were not. Thus he equates the capacity to mount large-scale military actions with "effectiveness" regardless of the (real) purpose of such actions. He then repeats an old argument that because Pompey "did not treat the pirates as mere criminals," but accepted their surrender and (re)settlement in various coastal towns and cities, he "acted as an enlightened statesman and far-sighted administrator".[78] Tröster seems oblivious to the literary sophistication of the ancient historical sources, and their complex relationship to (lost) original sources and contemporary cultural agendas. Nor does he appreciate that Pompey's acts are unremarkable when viewed in terms of the norms of negotiations and agreements between local authorities and aggressive invaders to end hostilities in ancient warfare, especially when the leader of the invaders is a proconsul of the Roman Republic who is anxious to end his campaign swiftly and move on to a more prestigious one against an enemy with greater military forces.[79]

---

74 Manuel Tröster: Roman Hegemony and Non-State Violence: A Fresh Look at Pompey's Campaign Against the Pirates, in: GREECE & ROME 56 (2009), p. 16.
75 "[...] the present enquiry starts from the assumption that the pirates were felt to threaten the Romans' sphere of power as a force defying the rules of interstate relations." Tröster: Non-State Violence (n. 74), p. 18.
76 Tröster: Non-State Violence (n. 74), p. 19-21.
77 Quotations from Tröster: Non-State Violence (n. 74), p. 21.
78 Tröster: Non-State Violence (n. 74), p. 25.
79 On the general topic see Philip de Souza/John France (Eds.): *War and Peace in Ancient and Medieval History*, Cambridge 2008, chs. 2-5. Despite Tröster's attempt to revive the view that Pompey deserves credit for implementing a clever strategy for "establishing a lasting order throughout Asia Minor and the Near East", I stand by my largely negative assessment of his campaign of 67 BC presented at length in de Souza: Piracy (n. 1), p. 149-178; see also de Souza: Rome's Contribution (n. 15), p. 81-85. Tröster fails to understand that the ancient sources' use of the terms pirates/piracy (in their Greek and Latin equivalents) is not simply descriptive, but pejorative. The same is true of Raimund Schulz: *Zwischen Kooperation und Konfrontation. Die römische Weltreichsbildung und die Piraterie*, in: KLIO 82 (2000), p. 426-440; Tramonti: Hostes (n. 67); Pohl: Politik und Piraterie (n. 40); Erich Ziebarth: *Beiträge zur Geschichte des Seeraubs und Seehandels im alten Griechenland*, Hamburg 1929, and Ormerod: Piracy (n. 68). This oversight is itself a remarkable testimony to the persistence of the Roman "redefinition" of pirates that I have outlined below; for a more detailed exposition see

The fluid, highly subjective nature of the designation of those enemies against whom Rome's wars were conducted in this period is clearly indicated in Cicero's speech to the popular assembly in support of the Manilian Law of 66 BC. In arguing the case for Pompey to be given command in the war against Mithridates of Pontus, Cicero deliberately minimises his use of the term "pirate" when describing Pompey's most recent campaign. Instead he refers to it as "the maritime war", implying that it was of similar magnitude and status to the great wars against Carthage, Macedon and other states and kingdoms.[80] He also refers to the pirates as *hostes*, the Latin term for an enemy in a formally declared war.[81] He does this to put Pompey on a similar level in the minds of his audience to the great commanders from Rome's past, but in doing so he highlights the crucial point that the right to characterise Pompey's campaign as "a conventional war against a regular enemy rather than a policing operation against outlaws," was one that the Romans assumed without reference to anyone else and manipulated as they pleased.[82]

## V. Evolving ancient historical perspectives on piracy

The transformation of the Pamphylians and Cilicians from opponents of Roman imperialism into "pirates" owes a great deal to the rhetoric of men like Marcus Tullius Cicero, who, in a speech supporting the transfer of command in the war against Mithridates to Pompey, delivered in 66 BC, skilfully conjures up, in vague but evocative terms, the spectre of pirates "ruling the seas" to the detriment of Rome and her allies:

> "What province did you keep free from pirates in those years? What revenue of yours was safe? Which allies did you defend? Whom did you protect with

---

de Souza: Rome's Contribution (n. 15).Tarwacka: Romans (n. 67) is a notable exception to the tendency to ignore the development of pirate/piracy as pejorative labels.

80  Bellum maritimum – Cicero, On the Manilian Law 28; 44; 58.
81  Cicero, *On the Manilian Law* 46; see also 33 where a "pirate" fleet is referred to as *classem hostium*.
82  See also Ziegler: Pirata (n. 67), p. 96-97. In attempting dismiss this argument, Tröster naively assumes that Roman use of the term "pirate" indicates that those labelled as such "did resort to means that their enemies *genuinely* perceived to be at variance with *the practice of conventional warfare*." Tröster: Non-State Violence (n. 74), p. 17; emphasis added. Thus he exhibits two common faults among those attempting to bring a contemporary international relations perspective to the analysis of ancient history. Firstly, his conceptualisation of "conventional warfare" is an anachronistic one, which fails to appreciate the range of activities and aims that were typical of the warfare of this period. Secondly, the idea that ancient official decrees, political speeches, narrative histories and biographies simply tell us what ancient leaders "genuinely" felt is a hopelessly naïve one. Such naivety is all the more remarkable given the obvious disparity between public utterances and real agendas that are a characteristic of international relations in the 21st century. We should not assume that the Romans were any less duplicitous in their dealings with foreigners, whether enemies or allies, than modern states are.

your fleets? How many islands do you think were deserted, and how many allied cities were abandoned in fear or captured by the pirates?"[83]

Cicero offers the Roman people a vision of a recent past in which they have conspicuously failed in their obligation to protect not only themselves, but their friends and allies as well:

"We, who used to guarantee not just the safety of Italy, but were able, through the prestige of our imperial power, to preserve unharmed all our far-flung allies [...] were the same ones who were then not only kept out of our provinces, away from the coasts of Italy and our harbours, but were even driven off the Appian Way!"[84]

He then makes the most of the contrast provided by what he claims was the result Pompey's almost miraculous victory in his campaign of the previous year:

"All pirates wherever they were suffered capture and death, or handed themselves over to this singularly powerful commander. Even the Cretans, when they sent emissaries to him in Pamphylia to plead their case, learned that there was hope for their surrender, and were ordered to give hostages."[85]

Cicero effectively leaves his audience with the impression that the seas were overrun with piratical fleets, and that it was only the divinely inspired genius of Pompey the Great that saved them from utter ruin. He thus demonstrates how the prestige of an apparently successful campaign to suppress piracy could be used to further a Roman political career. It is clear that Pompey did not, as Cicero claimed, rid the Mediterranean of pirates, but he did enable the Romans to claim that they had done so, for the benefit of their citizens, friends and allies, whilst incorporating more territory into their rapidly expanding empire through his annexation of Cilicia and Pamphylia.

A further example of a Roman provincial commander exploiting the suppression of piracy to justify acts of imperialism comes from the career of Gabinius, the politician who as tribune proposed Pompey's extraordinary command in 67 BC. Gabinius, as proconsul of Syria from 58 to 55 BC, restored King Ptolemy XII Auletes to the throne of Egypt, leaving his province with an army in order to drive out the usurper Archelaus. In a speech in defence of Gaius Rabirius Postumus Cicero tells us how Gabinius defended his actions:

"Gabinius said that he had done it for the sake of the Republic, since he was worried about the fleet of Archelaus, because he thought he might fill the seas with pirates."[86]

Few of Gabinius' fellow senators would have believed this excuse, especially as they knew how much money Ptolemy had been offering various politicians to induce them to aid his return, but it would have been a useful way of convincing

---

83   Cicero, On the Manilian Law 32.
84   Ibid. 55.
85   Ibid. 35.
86   Cicero, In defence of Rabirius Postumus 20.

allies and subjects that there was something more than imperialistic greed behind the proconsul's expedition. Ten years later accusations of banditry and piracy were still being levelled by Roman politicians against their Egyptian opponents. Towards the end of the third book of his account of the Civil War, Julius Caesar describes the army arrayed against him at Alexandria under the command of Achillas in highly derogatory terms. He dismisses its contingent of Roman soldiers from among those brought to Egypt by Gabinius in 55 BC as no longer deserving of the Roman name, and he labels the troops from Syria and Cilicia as an assortment of pirates and bandits.[87]

In his *De Re Publica*, written in the late 50s BC, Cicero deploys the accusation of piratical practices by Rome's enemies in an historical context:

> "For, indeed, among the barbarians there were in former times none who were seafarers, except the Etruscans and the Phoenicians, the one on account of trade, the other for the sake of piracy."[88]

He does this in order to highlight the immoral tendencies of coastal cities and the superiority of Rome's location: inland, but on a navigable river for access to the coast. In his famous work *On Duties*, composed in 44 BC, Cicero argues that there is an obligation to keep one's sworn word even to enemies, because warfare is governed by legal principles and good intentions should not be set aside when dealing with foes. To illustrate the point that the validity of a sworn oath is dependent on one's intention to keep it, he offers an instructive counter-example:

> "If, for example, you do not hand over to pirates the amount agreed upon as the price for your life, this is not perjury, not even if you have sworn an oath and do not do so, for a pirate is not included in the category of lawful enemies, but he is the enemy of all mankind."[89]

Here Cicero expands on the label "pirate", defining the pirate as the enemy of all mankind, presenting piracy as an all-pervading maritime evil, outside the laws and conventions of civilised peoples. It follows from this that any form of military action taken against those designated as pirates is not merely appropriate in legal terms, but necessary in both political and moral terms. The moral and sociopolitical dynamic at work here is the denial of equal status, transforming those labelled as pirates into primitive, uncivilised, barbarians who are much lower in status than legitimate, wartime enemies and to whom no social or moral obligations need be felt.

The concept of a moral and political imperative to defeat pirates is also found in other first century BC writers. Cornelius Nepos presents the Athenian leader Themistocles as a suppressor of pirates in the early 5$^{th}$ century BC.[90] His contemporary Diodorus Siculus lauded the Rhodians and several other Hellenistic city-

---

87   Caesar, *Civil Wars* III 110.
88   Cicero, *On the Republic* II 9.
89   Cicero, *On Duties* III 107. The phrasing echoes, perhaps deliberately, a passage from Polybius' account of the first Illyrian war; see above (n. 42).
90   Nepos, *Themistocles* 2,3.

states and monarchs for their actions against pirates.[91] By the late first century BC, when Livy was writing his monumental history of Rome, the peoples of the eastern Adriatic coastline – namely the Illyrians, Liburnians and Istrians – could be described as largely savages, well known for practicing piracy.[92]

Given the political and intellectual history of the image of the virtuous leader who suppresses piracy, it was perhaps inevitable that Gaius Julius Caesar Octavianus, the future emperor Augustus, applied the tactic of labelling a political opponent as a pirate to such good effect in his conflict with Pompey's younger son Sextus Pompeius in the 40s and 30s BC.[93] Having eliminated his other rivals and become master of the Roman Empire, he then incorporated the image of the suppressor of piracy into his vision of a new political order for the Roman world. It is articulated concisely in his *Res Gestae*, which functioned as a posthumous manifesto for the Julio-Claudian dynasty:

> "I made the sea peaceful and freed it of pirates. In that war I captured about 30,000 slaves who had escaped from their masters and taken up arms against the republic, and I handed them over to their masters for punishment."[94]

Thus the suppression of piracy, here skilfully coupled with the threat posed by runaway slaves, became an integral aspect of the imperial *Pax Romana*.

The historian and geographer Strabo, describing the Roman Empire around AD 20, illustrates how quickly the theme was picked up. Strabo credits the Romans with introducing prosperity and good government where poverty and piracy were rife. He claims that the conquest of Crete and Cilicia ended piracy everywhere.[95] After extolling the favourable winds and sea conditions between Spain and Italy he says:

> "On top of that there is the current state of peace, for piracy has been suppressed, so that those sailing [*between Spain and Italy*] are beginning to relax."[96]

In short, Strabo's *Geography* depicts a Roman *imperium* whose inhabitants have entered into a partnership with the ruling power, either willingly or through conquest. Beyond its boundaries are only the lands inhabited by unfortunate peoples who have rejected or avoided Roman domination, and they are barbarians, bandits and pirates.[97] The *Pax Romana*, as the political stability backed up by military forces that Augustus and his successors commanded is often called, made it pos-

---

91 Diodorus XVI 5,3; XX 25; XX 82,3; see above (n. 21 and n. 25).
92 Livy X 2,4. Similarly Josephus, *Antiquities of the Jews* XIV 43, based on the first century BC *Universal History* of Nicolaus of Damascus features accusations of piracy amongst political rivals; see Avidov: Cilicians (n. 69), p. 30-31.
93 For detailed analysis of the relevant sources see de Souza: Piracy (n. 1), p. 185-195.
94 Augustus, *Res Gestae* 25,1.
95 Strabo, *Geography* X 4,9.
96 Strabo, *Geography* III 2,5; elsewhere in this work Strabo associates piracy with historical societies that, unlike the Roman Empire, suffered from poverty, the absence of strong rule and lack of good moral examples (I 3,2; 5,1-2; VI 2,2; VII 3,7; VII 4,2).
97 Strabo, *Geography* XVII 3,25.

sible for the Roman emperors to realise the policy inherent in the claims articulated in the *lex de provinciis praetoriis* in 100 BC. The conquest and control of territory that Rome had achieved meant that there was nowhere left for her maritime enemies to base themselves for their raids, whether they were ordinary pirates, or political enemies whom the Romans found it convenient to label as pirates.

Historians who wrote after the establishment of the *Pax Romana* not only accepted the model of Rome as the suppressor of piracy and guarantor of maritime security, they also projected it back into their accounts of Rome's past, enthusiastically portraying the Romans' maritime enemies as pirates. For example, in the second century AD Appian of Alexandria, whose *Roman History* was organised according to the various enemies the Romans defeated, emphasizes this theme at several points.[98] Appian makes the indiscriminate piracy of the Illyrian tribes the cause of the First and Second Illyrian Wars of 229 BC and 222 BC.[99] He distinguishes between Roman naval blockades and piratical plundering of merchant ships by the Carthaginians in his account of the Punic Wars.[100] He states that suppression of piracy was the justification for Roman attacks on Crete in 72 BC and in 69 BC, and he accuses Mithridates of both practicing and promoting piracy, incorporating Pompey's campaign of 67 BC against pirates within his account of the Mithridatic Wars, strengthening the claim, which we have seen goes all the way back to the early first century BC, that Rome's wars of conquest in the Eastern Mediterranean were largely fought against pirates.[101]

Accounts of Rome's Republican wars were written by men who were contemporary with the events and in some cases played significant roles in them. These were the basic source material from which the likes of Appian synthesised their narratives, but they are mostly lost to us now.[102] Nevertheless, in the way that Appian describes the Cilician pirates we may be able to detect the tension between these earlier versions and his narrative:

> "Holding the name of pirates in no esteem, from this time onwards they called their gains 'profits of war'. They kept craftsmen in chains to work on their never-ending projects supplying them with wood, copper and iron. Puffed up by the fruits of their success, yet being not at all inclined to give up piratical

---

98 While it is clear that Appian is dependent upon his sources for information about incidents that are presented as the suppression of piracy, it was his choice to include and emphasise this aspect. On Appian's distinctive historical viewpoint and the extent to which he selected, arranged and elaborated on his material see Bernhard Goldmann: *Einheitlichkeit und Eigenständigkeit der Historia Romana des Appian*, Hildesheim 1988.
99 Appian, *Illyrian Wars* 3; 7; 8.
100 E.g. Appian, *Punic Wars* 25 – Carthaginian "pirate ships" plundering merchants in response to Roman naval blockades in 203 BC; *Punic Wars* 86 – Rome's declaration of war against Carthage in 149 BC justified as punishment for Carthaginian piracy.
101 Appian, *Sicily and the Islands* 6; *Mithridatic Wars* 62; 63; 91-96. The military operations of Mithridates' general Archelaus in the 80s BC are described as "more like piracy than warfare". See Appian, *Mithridatic Wars* 45.
102 See Christopher B. R. Pelling, in: Simon Hornblower/Antony Spawforth (Eds.): The Oxford Classical Dictionary (Oxford ³1996), s.v. *Historiography, Roman*, for a brief sketch and further bibliography.

ways, they envisaged themselves as kings, tyrants and generals, thinking that if they banded together they would be invincible."[103]

Here Appian seems to have encountered some difficulties in trying to make his source material on the Cilicians fit the "Romans suppressing pirates" model, so he was forced to present the subjects of his narrative, local Cilician dynasts, as "pirates" who would be kings.[104] Appian, of course, presents the founder of the Principate as a suppressor of pirates both in his account of the Sicilian War against Sextus Pompey and of the campaigns Octavian led against the Liburnians and the Ionian islanders in 35 BC.[105]

A strong impression of what the labels "pirate" and "piracy" implied for the intellectuals of the Roman Principate can be gained from references to pirates and piracy in the rhetorical exercises called *Controversiae* composed by the Elder Seneca in the first century AD. Here pirates are agents who create legal and moral problems on which the speakers can exercise their skills at devising persuasive arguments. It is precisely because they live outside the conventions of law-abiding civilised society that pirates are such a useful device. They are the very embodiment of greed, lust, violence and impiety.[106] By the end of the first century AD the Greek and Latin vocabulary for pirates (*leistai, peiratai, latrones* or *praedones maritimos, piratae*) had come to signify much the same as it does today, with pirates having the attributes of romantic, but scary outlaws. Hence, by the time Plutarch came to write about them in the early second century AD, the Cilicians had been transformed into despicable, pirates of the type familiar to audiences of Hollywood films, or readers of romantic fiction. He offers a brief characterisation along these lines in his *Life of Sertorius*:

> "His [*Sertorius'*] allies, the Cilician pirates, had no desire for peace or leisure; their interest was all in spoils and riches."[107]

In his *Life of Pompey* he develops the theme in a much more elaborate fashion:

> "[...] but what was most offensive of all about them was their hateful arrogance – their gilded sails, purple coverings, silver oars – the general image that they projected of delighting in their way of life and taking pride in their malicious acts. Roman power was ridiculed by their flute-playing, cithara-plucking and drunken debauchery, by their captures of prominent Roman magistrates and their demands for ransom from captive cities."[108]

Similarly colourful, but extremely violent and rapacious pirates, who exist on the margins of civilization, regularly menace the heroes and heroines of the Greek

---

103 Appian, Mithridatic Wars 92.
104 A similar issue can be traced in Cassius Dio's description of "pirates" of Cilicia – Cassius Dio, *Roman History* XXXVI 20-23. See Avidov: Cilicians (n. 69), p. 44-5 on the possible relationship between these passages and the lost *Histories* of Poseidonios.
105 Appian, Civil Wars 5; Illyrian Wars 16.
106 Seneca, *Controversiae* 1,2; 1,6; 1,7; 3,3; 7,1; 7,4.
107 Plutarch, *Sertorius* 9.
108 Plutarch, *Pompey* 24.

and Latin novels of the early Roman Empire. The most famous of these, the incomplete *Satyrica*, opens with the ironic statement that "pirates in chains standing on a beach" are a sight that young students no longer have the chance to witness.[109] Yet pirates are a key feature of the novels of Chariton, Xenophon of Ephesos, Achilles Tatius, Longus and Heliodoros.[110] At the same time a criminal law perspective was being formulated in the writings of the growing body of Roman juridical specialists. These pioneers of the demarcation of state-sanctioned legitimacy and illegitimacy asserted that "pirates" were not legitimate, political enemies of the Roman people, but were outlaws, whose way of life and lack of political allegiance placed them beyond the conventions of law and civilised society.[111] This perspective has played an important role in the evolution of the modern concept of the pirate.

## VI. Conclusions

What the examples discussed above show is that although the extant narrative sources frequently present the forces of the Roman Republic as engaged in campaigns to suppress piracy, those campaigns were an integral part of Rome's imperialist expansion and were no different from other wars against local or regional rivals. Analysis of these narratives and the few sources contemporary with the events shows a deliberate alignment of Roman imperialism with its Hellenic predecessors. The Romans are adapting and expanding on a tried and trusted political and historiographical theme, first articulated by the Athenians and Philip II in the fourth century BC, and adopted by the Rhodians in the late third and early second centuries BC, as well by as other Hellenistic powers. The declared, or supposed, altruistic aim of suppressing piracy for the benefit of maritime communities and traders, whether Roman, Italian, or Greek, or simply for the common good, was a convenient political justification that served to disguise, or even to replace, the real purpose of Roman military actions in the middle and late Republican period.

Towards the end of the first century BC and during the High Roman Empire an understanding of what was meant by the terms pirate/piracy gained widespread acceptance among what can be loosely described as the Graeco-Roman intellectual elite. According to this consensus view, discernable from surviving examples of political, historical, legal and moral literature, piracy was an evil afflicting civilised peoples. Consequently pirates were perceived as apolitical outlaws whom the dominant powers, in this case the Romans and those friends and allies who shared their political and moral values, should suppress for the good of all mankind. This conceptualisation of pirates and piracy is so familiar to modern readers that its origins and evolution are all too easily ignored.

---

109 Petronius, *Satyrica* 1.
110 See section 1 of Meißner's chapter in this volume and de Souza: Piracy (n. 1), p. 214-218.
111 For a perceptive analysis and discussion see Tarwacka: Romans and Pirates (n. 67).

Modern international relations are based on the assumption that the entire world is, or should be, made up of legitimate nation-states. Those states claim a monopoly on the use of force, but only for legitimate political and social ends. They recognise the rights of other states to deploy their military forces for legitimate ends, in accordance with "the rules of war". In this world, organised violence perpetrated by anyone other than the recognised military forces of a legitimate state must be some form of piracy, or banditry, or terrorism. The perpetrators can be classified as criminals and outlaws, because they lack the political legitimacy that comes from being part of a nation-state.

In retrospect we can see that the Romans were beginning to establish the kind of monopoly on the legitimate uses of violence that is an essential element of the modern nation state. We can argue that Rome of the late Republican and Imperial periods has a reasonable claim to be categorised as an "emerging state", albeit one that had not developed full statehood in the modern sense. In doing so, however, we run the risk of imposing inappropriate modern categories on the ancient world without taking account of the complexity and diversity of ancient political structures, and the nature of the written sources on which we base our interpretations. Roman territorial expansion was achieved through the conquest of rival political entities, mainly hereditary kingdoms and semi-autonomous city-states. It is tempting to characterise them as failing, or failed emerging states, citing their inability to control pirates operating from their own territory as evidence of this failure. We might, as a consequence of this characterisation view Rome as the most fully developed state in the ancient Mediterranean, whose policy of the suppression of piracy within its expanding territorial empire is a mark of developing statehood.

However, although many of the ancient historical accounts and documents that refer to piracy do so terms that are similar to those used by modern politicians and political theorists, it is anachronistic and incorrect to assume that they are operating with our modern, clear-cut distinction between armed robbery carried out by "stateless" outlaws or criminals on the one hand, and legitimate state forces on the other. Plundering, kidnapping and enslavement by maritime raiding parties were part and parcel of ancient warfare between political communities. The distinction between war and piracy depended largely on the particular perspectives of perpetrators and victims. We have seen that the Athenians and Rhodians had promoted an image of themselves as guarantors of maritime security, and used this idea to justify carrying out maritime raids against anyone they deemed to be acting contrary to their interests and by extension the interests of the wider seafaring community whom they claimed to be protecting. In a similar fashion the Romans evolved a strategy of labelling many of their maritime enemies as pirates, or the supporters of piracy. In this way they asserted the legitimacy of Roman use of military force against them, whilst simultaneously denying legitimacy to their opponents. But this labelling was done by highly biased partisan politicians and historical writers whose rhetorical strategies involved the use of the pejorative terms pirate/piracy. The concept of Rome as the suppressor of piracy was a key element of an increasingly powerful ideology according to which all of Rome's external wars were justifiable ones, undertaken with the purpose of defending allies or answering aggression (whether actual or potential) by Rome's enemies.

It cannot be doubted that, in the long run, the conquest, pacification and political unification of the Mediterranean and adjacent regions by the Romans brought great benefits to seafarers and coastal dwellers. For several centuries the waters of the Mediterranean were largely free of the pirate vessels and marauding warships whose attacks on the coastal communities and traders of the Mediterranean had been a familiar feature of the maritime world since the Homeric era. As long as the *Pax Romana* lasted, the Mediterranean was a remarkably safe maritime environment.[112] However, we should not take at face value the impression that this was achieved simply by the benign efforts of a quasi-modern nation-state acting as some kind of maritime policeman. It is important to examine what lies behind the rhetoric of Roman politicians and the historical narratives that have memorialised their activities in order to understand how the opponents of Rome have been demonized and how aggressive Roman imperialism has been justified through manipulation and exploitation of the evolving image of piracy in the Roman world.

---

112 For a survey see de Souza: Piracy (n. 1), p. 195-240.

# Vom Mare Nostrum zum Mare Barbaricum

## Piraterie und Herrschaftsetablierung in der mediterranen Welt zwischen Antike und Mittelalter

Volker Grieb

Das Römische Reich der Kaiserzeit besaß in den ersten beiden Jahrhunderten seines Bestehens ein festes Staatsgefüge, das mit seinen Provinzen das gesamte Mittelmeer umschloss und einen umfangreichen Wirtschaftsraum etablieren ließ, dessen Verkehrswege zu einem wesentlichen Teil über das Meer führten und ebenso selbstverständlich etwa die nordafrikanische Küste mit der italischen Halbinsel oder die Iberische Halbinsel mit der Levante verbanden. Große Metropolen wie Alexandria, Ephesos und Karthago sowie zahlreiche kleinere Städte dieser Zeit prosperierten an den Küsten des Mittelmeeres, das gleichsam zu einem römischen Binnenmeer geworden war und als *mare internum* oder aus römischer Perspektive eben als *mare nostrum* bezeichnet wurde.[1] Der entscheidende Faktor für die langfristige Befriedung dieses Raumes und dessen wirtschaftliche Blüte lag neben der Beherrschung der angrenzenden Gebiete vor allem in der dauerhaften Stationierung einer Flotte, die für eine weitreichende Sicherheit gegenüber Piraterie und Seeraub, wie sie in den vorangehenden Jahrhunderten immer wieder verbreitet waren,[2] sorgte.[3] Bereits am Beginn der Kaiserzeit richteten die Römer unter Augustus an unterschiedlichen Küstenorten im gesamten Mittelmeergebiet kleinere und größere Marinestandorte ein, deren Schiffsverbände in ihren jeweiligen Gebieten agierten.[4] Wenngleich Piraterie und Seeraub für die ersten zwei Jahrhunderte der Kaiserzeit nach Aussage der uns überlieferten Quellen ein häufiges

---

[1] Zur lateinischen Benennung des Mittelmeeres mit mare internum und mare nostrum (nostrum mare) siehe Viktor Burr: *Nostrum Mare. Ursprung und Geschichte der Namen des Mittelmeeres und seiner Teilmeere im Altertum*, Stuttgart 1932, S. 117-134 (mit den Quellenverweisen).

[2] Vgl. zum Problem der Piraterie in der vorangehenden Zeit die Beiträge von Burkhard Meißner und Philip de Souza in diesem Band sowie allgemein Philip de Souza: *Piracy in the Graeco-Roman World*, Cambridge ²2002.

[3] Siehe dazu Michel Reddé: *Mare nostrum. Les infrastructures, le dispositif et l'histoire de la marine militaire sous l'Empire romain*, Rom 1986. Weiterhin etwa Chester G. Starr: *The Roman Imperial Navy 31 B.C.-A.D. 324*, Cambridge 1960; Dietmar Kienast: *Untersuchungen zu den Kriegsflotten der römischen Kaiserzeit*, Bonn 1966; Hans D. L. Viereck: *Die römische Flotte. Classis Romana*, Herford 1975.

[4] Zur römischen Flotte unter Augustus siehe Dietmar Kienast: *Augustus. Prinzeps und Monarch*, Darmstadt ²1992, S. 320-332; Reddé: Mare nostrum (Anm. 3), S. 472-502. Zu den Flottenstützpunkten in der Kaiserzeit siehe ebd., S. 145-252; Viereck: Classis Romana (Anm. 3), S. 249-258. Zu den Flotten allgemein in der Antike siehe Lionel Casson: *Ships and Seamanship in the Ancient World*, Princeton 1971 (²1986).

Thema in der römischen Literatur sind, spielten sie auf dem Mittelmeer selbst in dieser Zeit keine bedeutende Rolle.[5]

Im 3. Jahrhundert n.Chr. sollte sich die Situation zwar noch nicht grundlegend ändern, jedoch kam das Römische Reich seit dieser Zeit insbesondere an seinen Nord- und Ostgrenzen verstärkt unter äußeren Druck, wobei schließlich auch einzelne Stammesverbände und Völkerschaften in das Gebiet des Imperiums eindrangen und dessen Stabilität nach und nach schwächten. Aus römischer Perspektive handelte es sich bei diesen von außerhalb kommenden Gruppen jenseits ihrer gruppenspezifischen Benennung grundsätzlich um *Barbaren*. Dieser Begriff wurde von den Römern toposartig gebraucht und diente zur Kennzeichnung des Gegensatzes von einer römisch-zivilisierten Welt innerhalb des *Imperium Romanum* und einer nichtrömischen-unzivilisierten Welt außerhalb dessen Grenzen.[6] Zu ersten umfangreichen Raubzügen solcher Barbaren zur See kam es im östlichen Mittelmeer in einer kurzen Phase zwischen 253 und 269 n.Chr. Goten und Heruler drangen vom Schwarzen Meer und vom Balkan kommend in die Propontis und die Ägäis vor und plünderten zahlreiche Küstenorte in dieser Region, darunter Byzanz und Ephesos. Einer dieser Züge brachte sie sogar bis nach Zypern.[7]

Wenngleich diese Vorstöße zur See in der Mitte des 3. Jahrhunderts zunächst eine Ausnahme blieben, kennzeichnen sie dennoch eine zu dieser Zeit bereits bestehende Schwäche der römischen maritimen Dominanz im Inneren des Reiches.[8] Sie zeigen, dass es nunmehr möglich war, auch von außerhalb kommend gegen die reichen Städte und Küstenstriche des Mittelmeeres vorzugehen, sofern ein Zugang zum *mare internum* erreicht werden konnte. Im 5. Jahrhundert, als der Westen des Römischen Reiches wesentlich erheblicheren Bedrohungen ausgesetzt war und Völkerschaften und Stammesverbände wie die Goten, Franken oder Vandalen sich auch dauerhaft innerhalb der Reichsgrenzen befanden, endete dann eine lange Phase der weitgehenden Ruhe auf dem Mittelmeer. Das *Imperium Romanum*, nach Theodosius I. 395 n.Chr. in einen westlichen und einen östlichen Herrschaftsbereich aufgeteilt, sah sich nun in zahlreichen Regionen seines *mare nostrum* wieder umfangreichen piratischen Unternehmungen und Plünderungsfahrten gegenüber, die wie bereits kurz nach der Mitte des 3. Jahrhunderts von ursprünglich außerhalb der Reichsgrenzen kommenden Gruppen durchgeführt

---

5   Vgl. dazu De Souza: Piracy (Anm. 2), S. 195-214. Zu den Piraten in der römischen Literatur ebd., S. 214-218.
6   Zum Begriff des Barbaren siehe Sven Rugullis: *Die Barbaren in den spätrömischen Gesetzen. Eine Untersuchung des Terminus barbarus*, Frankfurt/M. 1992. Zur Situation im 3. Jahrhundert n.Chr. Reddé: Mare nostrum (Anm. 3), S. 605-623.
7   Vgl. dazu Starr: Imperial Navy (Anm. 3), S. 194-197; De Souza: Piracy (Anm. 2), S. 220-223 (mit der Auflistung der Quellen). Da zugleich auch Vorstöße zu Land erfolgten, gingen die piratischen Unternehmungen einher mit kriegerischen Auseinandersetzungen an Land.
8   Vgl. Reddé: Mare nostrum (Anm. 3), S. 623-646. Kienast: Kriegsflotten (Anm. 3), S. 124-154. Im späten 3. und frühen 4. Jahrhundert ist es außerdem zu mehreren Übergriffen und Plünderungsfahrten gegen die nordwestlichen Küsten des römischen Reiches gekommen, die von Franken und Sachsen unternommen wurden. Siehe dazu John Haywood: *Dark Age Naval Power. A re-assessment of Frankish and Anglo-Saxon seafaring activity*, London 1991, S. 34-50; De Souza: Piracy (Anm. 2), S. 225-229.

wurden. Im Folgenden sollten diese Übergriffe jedoch nicht nur vereinzelte Raubzüge ausmachen. Mit den Vandalen im 5. und den Arabern ab dem 7. Jahrhundert konnten sich wenigstens zwei neue maritime Mächte an den Küsten des Mittelmeeres etablieren, die Roms Herrschaft durch ihre Übergriffe zur See erheblich schwächten.[9] Sie setzten Piraterie systematisch und umfangreich als Mittel der Kriegsführung ein, wodurch sie ihre eigenen, sich ausprägenden Staatsgebilde festigten und einen Machtanspruch gegenüber Rom durchzusetzen vermochten. Auf dieses Vorgehen der Vandalen und der Araber soll im Folgenden näher eingegangen werden.

## I. Zu den Piraterieunternehmungen der Vandalen

Im Mai des Jahres 429 n.Chr. setzten die Vandalen unter Geiserich von *Iulia Traducta* an der Südküste der Iberischen Halbinsel nach Mauretanien über[10] und eroberten in den folgenden Jahren die römischen Provinzen im Westen der nordafrikanischen Küste. Zehn Jahre nach ihrer Überfahrt über die Meerenge von Gibraltar – das Volk umfasste in dieser Zeit wohl etwa 50.000-80.000 Personen[11] – erlangten sie mit der Einnahme von Karthago im Oktober 439 n.Chr. auch die Kontrolle über die größte und reichste Stadt in dieser Region, die zukünftig das Zentrum ihres Herrschaftsbereiches ausmachen und Ausgangspunkt für ihre zahlreichen maritimen Unternehmungen im Mittelmeergebiet werden sollte. Wenngleich die Vandalen aufgrund ihrer Plünderungsfahrten, Piraterieunternehmungen und Flottenoperationen der nächsten knapp 40 Jahre bis 476 n.Chr. den Zeitgenossen als das Seefahrervolk schlechthin galten,[12] ist zu berücksichtigen, dass sie erst wenige Jahre vor ihrer Überfahrt nach Mauretanien mit der Seefahrt intensiver in Kontakt kamen. Aus dem Gebiet der oberen Theiß kommend überschritten sie den Rhein wohl 406 oder 407 n.Chr. und drangen daraufhin in Gallien ein, von wo aus sie Ende 409 n.Chr. die Pyränen überquerten und sich in den folgenden Jahren auf der Iberischen Halbinsel aufhielten.[13] Als erfahrenes Seefahrervolk können die Vandalen bis dahin also kaum bezeichnet werden. Erst ihr Aufenthalt

---

9   Vgl. zu den Auseinandersetzungen und Veränderungen im Mittelmeerraum zwischen Antike und Mittelalter die entsprechenden Abschnitte in der umfangreichen, hinsichtlich einzelner Aspekte häufig übergreifenden Studie von Peregrine Horden/Nicholas Purcell: *The corrupting sea. A study in Mediterranean history*, Oxford 2000, passim.
10  Gregor von Tours, *Historia Francorum* II 2. Die genaue Lokalisierung von *Iulia Traducta* ist unsicher. Es könnte sich um die heutigen Orte Tarifa oder Algeciras handeln; hierzu Guido M. Berndt: *Konflikt und Anpassung. Studien zu Migration und Ethnogenese der Vandalen*, Husum 2007, S. 120. Siehe allgemein zur Geschichte der Mittelmeerwelt in dieser Zeit Averil Cameron: *The Mediterranean World in Late Antiquity, AD 395-600*, London 1993.
11  Andy Merrills/Richard Miles: *The Vandals*, Oxford 2010, S. 52-54.
12  Helmut Castritius: *Die Vandalen. Etappen einer Spurensuche*, Stuttgart 2007, S. 124.
13  Siehe dazu Guido M. Berndt: Konflikt und Anpassung (Anm. 10), S. 85-103. Siehe weiterhin auch Guido M. Berndt: *Gallia – Hispania – Africa. Zu den Migrationen der Vandalen auf ihrem Weg nach Nordafrika*, in: Guido M. Berndt/Roland Steinacher (Hg.): Das Reich der Vandalen und seine (Vor-)Geschichten, Wien 2008, S. 131-147.

auf der Iberischen Halbinsel und die militärischen Auseinandersetzungen mit den Römern, bei denen sie in den 420er Jahren Hafenstädte und römische Flottenstützpunkte wie Carthago Nova (Cartagena) oder Hispalis (Sevilla) eroberten,[14] brachten sie in den Besitz von römischen Schiffen. Des Weiteren erlangten sie Wissen über den mediterranen Schiffbau und vor allem die nautische Erfahrung von römischen Seeleuten.[15] Dass die Vandalen diesen erbeuteten *Schatz* zu nutzen wussten und den für eine Herrschaftsetablierung im Mittelmeerraum dieser Zeit überaus wichtigen Machtfaktor des nautischen Know-how für sich auszubauen gewillt waren, zeigt ihr Vorgehen noch vor der Überfahrt nach Nordafrika. So sind die ersten vandalischen Plünderungsfahrten, die sie gegen die Balearen unternahmen, für eben diese Zeit überliefert. Zudem führten sie solche Fahrten wohl bereits von der Iberischen Halbinsel gegen die nordafrikanische Küste durch.[16] Innerhalb kürzester Zeit erlangten die Vandalen also die für eine Beherrschung des Meeres notwendigen Voraussetzungen und Fähigkeiten, die ihnen auf dem *mare nostrum* der Römer zugleich erheblich umfangreichere und ungeschützte Reichtümer in entfernteren Küstenregionen zugänglich machen sollten. Für Rom, dessen Herrschaft im Mittelmeerraum zu einem wesentlichen Teil auf der Dominanz zur See beruhte, bedeutete das Vorgehen der Vandalen eine neue Qualität der Gefahr und möglicherweise sogar eine existentielle Bedrohung durch die Barbaren. Am besten spiegelt dies ein Gesetzt wider, welches zu der Zeit erlassen wurde, als die Vandalen auf die römischen Flottenstandorte an der iberischen Küste überzugreifen drohten, und wonach diejenigen Reichsbewohner mit dem Tode bestraft werden sollten, die Kenntnisse der römischen Schiffsbaukunst an Barbaren vermittelten.[17] Die römische Politik beruhte demnach letztlich auf der Einsicht, dass eine barbarische Beherrschung von Teilen des Mittelmeeres auch die eigene Dominanz und damit ihr *mare nostrum* ganz erheblich gefährden würde. Genau an diesem Punkt sollten die Vandalen unter Geiserich nach ihrer Eroberung der nordafrikanischen Küste und Karthagos zur Etablierung ihres eigenen Reiches ansetzen. Sie bedienten sich dabei über Jahre hinweg der bereits gegenüber den Balearen angewandten Methode der Plünderungsfahrten und des Überfalls auf Küstenregionen, wobei sie dieses Vorgehen, zumal weiterhin unter ihrem König Geiserich, erheblich professionalisiert haben dürften. Die Anzahl der Übergriffe legt diese Folgerung nahe, denn sie übertrifft bei weitem das, was das

---

14 Ludwig Schmidt: *Geschichte der Wandalen*, München ²1942, S. 26f.; Berndt: Konflikt und Anpassung (Anm. 10), S. 112-119.
15 Dazu Castritius: Vandalen (Anm. 12), S. 72. Vgl. allgemein zu den Flotten in dieser Zeit Frederick M. Hocker: *Late Roman, Byzantine, and Islamic Galleys and Fleets*, in: Robert Gardiner/John Morrison (Hg.): The Age of the Galley. Mediterranean Oared Vessels since pre-classical Times, London 1995, 86-100; Casson: Ships and Seamanship (Anm. 4), S. 141-154.
16 Hydatius, Chronik 86: Vandali Baliaricas insulas depraedantur. Isidor von Sevilla, Historia Vandalorum 74: Primus autem in Spanias Gundericus (...) Balearicas Tarraconensis provinciae insulas depraedatur. Dazu Christian Courtois: *Les Vandales et l'Afrique*, Paris 1955, S. 185f.
17 Codex Theodosianus IX 40,24 (= Codex Iustinianus IX 47,25). Vgl. dazu Rugullis: Die Barbaren (Anm. 6), S. 120.

Römische Reich und seine Bewohner in den vorangehenden Jahrhunderten der Kaiserzeit – vielleicht mit der Ausnahme der eingangs angeführten Gotenzüge im Bereich der Ägäis in der Mitte des 3. Jahrhunderts – auf dem Mittelmeer und an dessen Küsten erfahren hatten.[18]

In Nordafrika angekommen beherrschen die Vandalen recht bald umfangreiche Gebiete, und das römische Militär konnte dem Vordringen der Vandalen in dieser Region letztlich keine entscheidende Gegenwehr leisten.[19] Begünstig wurde die Etablierung und Ausdehnung der vandalischen Herrschaft in den nordafrikanischen Provinzen durch innerrömische Auseinandersetzungen, die Roms dortige Macht geschwächt hatten, wenngleich diese Region wirtschaftlich weiterhin prosperierte.[20] Ein Vertragsabschluss mit den Römern sicherte den Vandalen alsbald auch eine rechtliche Stellung in der dortigen Region zu, und ihnen wurde zudem ein Teil Afrikas zur dauerhaften Niederlassung überlassen.[21] Für die Vandalen bestand jedoch zugleich die Gefahr, dass Rom in einer Phase der militärischen Stärke gegen sie vorgehen würde, zumal das von ihnen dominierte Gebiet eine der Kornkammern Roms sowie auch anderweitig wirtschaftlich sehr bedeutsam war. Ihre Herrschaft sicherten sich die Neuankömmlinge in der Region schließlich dadurch, dass sie trotz ihrer verhältnismäßig geringen Volkszahl die entscheidenden Positionen besetzen konnten[22] und so die staatliche Organisation unter ihre Kontrolle brachten.[23] Mit der Einnahme von Karthago im Jahre 439 n.Chr.[24] erlangten sie nicht zuletzt einen hervorragenden strategischen Ausgangspunkt für zukünftige Operationen zur See. Die Metropole verfügte aufgrund ihrer Rolle als Handelsknotenpunkt und der von dieser Stadt ausgehenden zahlreichen Handelsverbindungen ins gesamte Mittelmeer, insbesondere aber zur italischen Halbinsel und nach Rom, über eine sehr gute maritime Infrastruktur, die nunmehr von Geiserich und seinen Mitstreitern genutzt werden konnte.[25]

---

18 Zu den Plünderungen der Goten im Ägäisbereich in der Mitte des 3. Jahrhunderts vgl. Starr: Imperial Navy (Anm. 3), S. 194-197; Reddé: Mare nostrum (Anm. 3), S. 605-623.
19 Vgl. Castritius: Vandalen (Anm. 12), S. 82-94; Berndt: Konflikt und Anpassung (Anm. 10), S. 128-134.
20 Berndt: Konflikt und Anpassung (Anm. 10), S. 124-126; Schmidt: Wandalen (Anm. 14), S. 41-59.
21 Castritius: Vandalen (Anm. 12), S. 90f.; Merrills/Miles: Vandals (Anm. 11), S. 54f.
22 Die Zahl der Vandalen dürfte in Nordafrika insgesamt etwa 80.000 umfasst haben, während die Gesamtbevölkerung der dortigen römischen Provinzen auf zweieinhalb bis drei Millionen Menschen geschätzt wird; dazu Berndt: Konflikt und Anpassung (Anm. 10), S. 120-123. Philipp von Rummel: *Where have all the Vandals gone? Migration, Ansiedlung und Identität der Vandalen im Spiegel archäologischer Quellen aus Nordafrika*, in: Guido M. Berndt/Roland Steinacher (Hg.): Das Reich der Vandalen und seine (Vor-)Geschichten, Wien 2008, S. 151-182.
23 Berndt: Konflikt und Anpassung (Anm. 10), S. 245-253; Castritius: Vandalen (Anm. 12), S. 96-103. Zur Herrschaft der Vandalen siehe Merrills/Miles: Vandals (Anm. 11), S. 109-140.
24 Dazu Courtois: Les Vandales (Anm. 16), S. 171f.
25 Vgl. Winfried Elliger: Karthago, Stuttgart/Berlin/Köln 1990; Berndt: Konflikt und Anpassung (Anm. 10), S. 135f. Siehe zur Marine der Vandalen Courtois: Les Vandales (Anm. 16), S. 205-209; Reddé: Mare nostrum (Anm. 3), S. 647-650; Castritius: Vandalen (Anm. 12), S. 124.

In der Folgezeit begannen die Vandalen in größerem Umfang mit Plünderungsfahrten im westlichen Mittelmeer und setzten so ihre auf der Iberischen Halbinsel erlangten nautischen Kenntnisse und Erfahrungen zielgerichtet ein. Dass sie bereits kurz vor 439 n.Chr. von Nordafrika aus die Küste Siziliens plündernd und raubend heimsuchten, ist wahrscheinlich, wenngleich die Quellen in diesem Falle nicht ausdrücklich ihren Namen nennen. Für das Jahr 437 und 438 n.Chr. berichtet der Chronist Prosper Tiro von verschiedenen barbarischen Piratenunternehmungen gegen Sizilien,[26] die dem Vorgehen nach dem entsprechen, was die Vandalen auch nach 439 n.Chr. gegen diese Insel unternahmen. Bereits im Jahre 440 n.Chr. folgten dann von See aus weitere Plünderungen und Brandschatzungen auf Sizilien, Sardinien und an den Küsten der südlichen italischen Halbinsel.[27] Umfang und Wirkung der Übergriffe werden daran ersichtlich, dass Kaiser Valentinian III. Rom und Neapel befestigen ließ und außerordentliche Steuern eintrieb, um der Bedrohung durch zusätzliche militärische Maßnahmen entgegentreten zu können.[28] Nicht zuletzt dürften es die geographisch zumeist unvorhersehbaren vandalischen Übergriffe gewesen sein, die auch eine Notstandsverfügung des Kaisers bewirkten, wonach sich die Bürger zum Schutze des Römischen Reiches sowie ihres eigenen Besitzes selbst bewaffnen sollten.[29] Mit den Übergriffen der Vandalen war schließlich das eingetreten, was Rom noch durch die Gesetzgebung hinsichtlich der Weitergabe von Schiffsbaukenntnissen zu verhindern versucht hatte – die Barbaren hatten sich dieses Machtinstrumentes bemächtigt und es erfolgreich gegen das Römische Reich und zugleich in dessen zentralem Bereich eingesetzt.

Die Plünderungszüge Geiserichs auf Sizilien waren die ersten umfangreicheren Gewaltakte von See aus gegen die Insel seit der 2. Hälfte des 1. Jahrhunderts v.Chr., als diese kurzzeitig von Sextus Pompeius besetzt gewesen war, also die ersten seit mehr als viereinhalb Jahrhunderten,[30] weshalb die Küstenorte dort wie auch anderswo am Mittelmeer zumeist völlig unvorbereitet auf solche Übergriffe waren. Das Plündern der Vandalen traf wohl zunächst die Westküste ausgehend von Lilybaeum, führte sie aber auch bis nach Palermo, das sie belagerten. Wenngleich die Stadt sich der Einnahme widersetzen konnte und somit eine gewisse Schwäche der Vandalen bei der Belagerung von Städten offenbarte, wird insgesamt deutlich, dass die Strategie der Vandalen gerade darin lag, von See aus Plünderungen durchzuführen und so auf das Moment der Überraschung und der Unberechenbarkeit zu bauen. Dass sie einer direkten militärischen Konfrontation aus dem Weg gingen, zeigt etwa ihr Rückzug, als eine aus Ostrom herbeigerufene

---

26 Prosper Tiro, *Epitoma Chronicorum*, 1330; 1332; dazu Schmidt: Wandalen (Anm. 14), S. 64. Anders Castritius: Vandalen (Anm. 12), S. 93.
27 Vgl. Schmidt: Wandalen (Anm. 14), S. 69.
28 Berndt: Konflikt und Anpassung (Anm. 10), S. 189f.
29 Dazu ebd., S. 90 mit Anm. 95.
30 Siehe dazu Roger J.A. Wilson: *Sicily under the Roman empire. The archaeology of a Roman province 36 BC-AD 535*, Warminster 1990, S. 330. Ein mögliches Vorgehen gegen die Insel durch Alarich und die Goten wurde 410 n.Chr. dadurch verhindert, dass deren Flotte auf dem Weg zum Übersetzen nach Afrika in Unteritalien Schiffbruch erlitt.

große Flotte auf Sizilien landete und die Insel kurzfristig gegen diese Übergriffe sichern konnte,[31] dann aber aufgrund der Bedrohung von Hunnen und Persern im Osten wieder abgezogen werden musste.[32] Ein weiteres Vorgehen der Vandalen gegen Sizilien und die italische Halbinsel konnte der weströmische Kaiser Valentinian III. schließlich erst dadurch unterbinden, dass er einen Vertrag mit Geiserich schloss, dessen genauer Inhalt zwar unsicher ist, aber mit großer Wahrscheinlichkeit die Stellung der Vandalen in Nordafrika sowie Geiserichs außenpolitische Macht gestärkt hatte. Ob er sogar als souveräner Machthaber über ein zuvor römisches Gebiet beziehungsweise sein Reich als *regnum* anerkannt wurde, lässt sich anhand der überlieferten Quellen nicht endgültig beantworten.[33]

Für die folgenden Jahre sind dann zunächst auch keine vandalischen Raubzüge gegen die italische Halbinsel oder die Inseln im zentralen und westlichen Mittelmeer belegt. Einzig von einem Plünderungszug jenseits der Säulen des Herakles gegen die Küste von Nordwestspanien berichten die Quellen für das Jahr 445 n.Chr., bei dem auch zahlreiche Familien als Geiseln genommen wurden.[34] Es ist daher insgesamt naheliegend, die Plünderungszüge Geiserichs und der Vandalen gegen die Küsten im Mittelmeer als ein außenpolitisches Mittel zu verstehen, das mit den vertraglichen Regelungen von 442 n.Chr. vorerst keiner weiteren Anwendung bedurfte. Geiserich konnte mit dieser Zurückhaltung als König zugleich seine Zuverlässigkeit als Vertragspartner gegenüber dem römischen Kaiser demonstrieren. Seine vorangehenden Plünderungen hatten im Gegensatz dazu den Gegner nicht nur unter militärischen Druck und in Angst und in Schrecken versetzt, sondern den Vandalen mit der leichten Beute auch finanzielle Vorteile gebracht, die sie neben dem wirtschaftlichen Reichtum des von ihnen beherrschten nordafrikanischen Gebietes zusätzlich nutzen konnten, etwa für kostspielige weitere Ausrüstung von Schiffen und Operationen zur See. Aus der Perspektive der Vandalen bot ein solches Vorgehen also letztlich die Möglichkeit, die eigene Position in Nordafrika und ihr junges staatliches Gemeinwesen zu stärken,[35] sich außenpolitisch als neuer Machtfaktor im Mittelmeer zu etablieren und eine entsprechende Anerkennung gegenüber anderen Mächten zu erlangen. Aus römischer Perspektive stellte ihr Vorgehen zur See hingegen unkontrollierbare und zumeist auch unvorhersehbare Akte der Plünderung und Piraterie gegen römische Gebiete und ihre Einwohner dar, die der Kaiser aufgrund der eigenen militärischen Schwäche allerdings außer Stande war, adäquat einzuschränken, sie aber gleichsam mit ver-

---

31 Schmidt: Wandalen (Anm. 14), S. 70f.
32 Ebd.
33 Berndt: Konflikt und Anpassung (Anm. 10), S. 191f. (mit den Quellenangaben).
34 Hydatius, *Chronik* 131. Vgl. Hans-Joachim Diesner: *Das Vandalenreich. Aufstieg und Ursprung*, Stuttgart 1966, S. 62. Wenngleich in der Quelle die Vandalen angeführt sind, muss unklar bleiben, ob die Übergriffe tatsächlich von ihnen durchgeführt wurden, so dass möglicherweise eine Verwechslung vorliegt; vgl. dazu Castritius: Vandalen (Anm. 12), S. 112; De Souza: Piracy (Anm. 2), S. 229-231.
35 Zum staatlichen Gemeinwesen siehe etwa Berndt: Konflikt und Anpassung (Anm. 10), S. 245-254; Castritius: Vandalen (Anm. 12), S. 96-103; Courtois: Les Vandales (Anm. 16), S. 215-260.

traglichen Regelungen und machtpolitischen Zugeständnissen temporär unterbinden konnte.

Nach dem Tode Valentinians III. im Jahre 455 n.Chr. wurden die getroffenen Vereinbarungen von den Vandalen dann sogleich als gegenstandslos erachtet,[36] und es kam in den folgenden, etwas mehr als 20 Jahren bis zu den Vertragsregelungen zwischen Geiserich und dem oströmischen Kaiser Zeno im Jahre 476 n.Chr. wiederum zu erheblichen Plünderungszügen und Piraterieunternehmungen, nunmehr sogar im gesamten Mittelmeer.

Den Anfang machte im Juni 455 n.Chr. die Plünderung Roms, wo die Vandalen mit ihren Kontingenten und einem schnellen Vorgehen auf keine nennenswerte Gegenwehr trafen, die Tibermetropole 14 Tage systematisch ausraubten und erhebliche Reichtümer sowie Geiseln in ihren Herrschaftsbereich nach Karthago brachten.[37] Christian Courtois hat dieses Vorgehen als „magnifique enterprise de piraterie" bezeichnet.[38] Des Weiteren waren die unterschiedlichsten Regionen des Mittelmeerraumes in der Folgezeit Ziel der vandalischen Plünderungsfahrten. Prokop berichtet für die Zeit nach dem Tode Valentinians III., dass die Vandalen jedes Jahr zu Beginn der Seefahrtssaison im Frühling zu den Küsten Siziliens und der italischen Halbinsel sowie auch in östlichere Bereiche des Mittelmeeres fuhren, um Plünderungen und Verschleppungen durchzuführen:

> „[...] und seit Valentinian tot war, machte nun Geiserich jedes Jahr mit Frühlingsanfang Streifzüge nach Sizilien und Italien, auf denen er alles vor sich her verwüstete, viele Städte ganz zerstörte, ihre Einwohner in die Sklaverei führte; als das Land aber nichts mehr zu rauben und zu plündern bot, wandte er sich gegen das Ostreich und brandschatzte Illyrien, die Peloponnes, fast ganz Griechenland und die benachbarten Inseln. Dann landete er wiederum auf Sizilien und Italien und plünderte die Küsten, soweit sein Arm reichte."[39]

In einem direkten Aufeinandertreffen mit dem römischen Heermeister Flavius Ricimer und seiner Flotte unterlag allerdings ein Geschwader der Vandalen in einem Seegefecht bei Korsika und bei Agrigent im Jahre 456 n.Chr. Zieht man in Betracht, dass die Vandalen bei ihren Seeunternehmungen einer direkten kriegerischen Konfrontation in den allermeisten Fällen aus dem Wege zu gehen schienen,[40] kann diese Niederlage durchaus als Beleg einer strukturellen Schwäche der

---

36 Berndt: Konflikt und Anpassung (Anm. 10), S. 193f.; Castritius: Vandalen (Anm. 12), S. 104f.
37 Prokop, *Vandalenkrieg* I 5,1-4. Diesner: Vandalenreich (Anm. 34), S. 64; Merrills/Miles: Vandals (Anm. 11), S. 116f.
38 Courtois: Les Vandals (Anm. 16), S. 238.
39 Prokop, *Vandalenkrieg* I 5,18-24. Wenngleich Prokop in seiner Darstellung aus der Sicht der Betroffenen den Umfang der Unternehmung sicherlich etwas übertreibt, dürfte daran dennoch treffend das grundsätzliche Vorgehen der Vandalen abzulesen sein; vgl. zu Prokops Darstellung der Vandalen Alessandra Rodolfi: *Procopius and the Vandals. How the Byzantine propaganda constructs and changes African Identity*, in: Guido M. Berndt/Roland Steinacher (Hg.): Das Reich der Vandalen und seine (Vor-)Geschichten, Wien 2008, S. 233-242.
40 Vgl. dazu Castritius: Vandalen (Anm. 11), S. 124.

vandalischen Kriegsflotte in Bezug auf direkte Auseinandersetzungen mit dem Gegner gesehen werden. Allerdings führten beide Niederlagen nicht dazu, dass die Vandalen Korsika als Operationsbasis für ihre Unternehmungen im Mittelmeer aufgaben, sondern sie nutzen diese ebenso weiter, wie sie auch Sardinien und die Balearen nutzten.[41] Obgleich auch Sizilien einen Stützpunkt der Vandalen darstellte und zeitweise in deren *Besitz* war,[42] hatte weiterhin die gesamte Insel, insbesondere ihre Küstensiedlungen unter den andauernden Übergriffen zu leiden. Dies nicht zuletzt deshalb, weil sie als Getreidelieferant für Rom immer noch von Bedeutung war und so ein lohnendes Ziel der Vandalen sowohl als Druckmittel in den Auseinandersetzungen als auch zur eigenen Bereicherung darstellte.[43]

Einer ernsten kriegerischen Bedrohung sahen sich die Vandalen im Jahre 468 n.Chr. gegenüber, als eine verbündete Flotte von Ost- und Westrom gegen das Vandalenreich in Afrika vorging, um deren dortige Herrschaft zu beenden.[44] Auslöser hierfür waren die andauernden Raubfahrten unter Geiserich, die – wie Prokop berichtet – schließlich auch Ostrom betrafen,[45] indem die Küsten von Illyrien, der Peloponnes und des übrigen Griechenlandes betroffen waren, wo die Vandalen Ortschaften zerstörten und bei Raubzügen erhebliche Beute machten.[46] In der kriegerischen Auseinandersetzung von 468 n.Chr. triumphierte dann allerdings zunächst wieder die römische Flotte mit Siegen bei Sardinien und Sizilien. Als sich Geiserich schließlich mit seiner Flotte zu einem entscheidenden Aufeinandertreffen bei Kap Bon stellte, zögerte er zunächst wohl geschickt die Schlacht heraus und fügte dann mit rasch ausgerüsteten Feuerschiffen den Römern eine erhebliche Niederlage bei.[47] Dieses Aufeinandertreffen verweist mit den anfänglichen

---

41 Siehe zu den Operationsbasen im Mittelmeer nach 455 n.Chr. etwa Frank M. Clover: *A Game of Bluff. The Fate of Sicily after AD 476*, in: HISTORIA 48 (1999), S. 236. Wilson: Sicily (Anm. 30), S. 331.

42 Vgl. hierzu Clover: Game of Bluff (Anm. 41), S. 240.

43 Die Vandalenübergriffe auf Sizilien bewirkten nicht nur, dass einzelne Ortschaften erheblich betroffen waren, sondern haben in der Folgezeit insgesamt zu einem Niedergang geführt. Vgl. dazu Wilson: Sicily (Anm. 30), S. 331-336, insbesondere auch zum archäologischen Befund mehrerer Brand- und Zerstörungsschichten des 5. Jahrhunderts n.Chr.; siehe weiterhin Francesco Giunta: *Genserico e la Sicilia*, Palermo 1958; Lellia C. Ruggini: *La Sicilia e la fine del mondo antico (IV-VI secolo)*, in: Emilo Gabba/Georges Vallet (Hg.): La Sicilia antica, Bd. II.2. La Sicilia Romana, Neapel 1980, S. 483-524.

44 Berndt: Konflikt und Anpassung (Anm. 10), S. 199f. Merrills/Miles: Vandals (Anm. 11), S. 121f.

45 Vgl. zur Situation Schmidt: Wandalen (Anm. 14), S. 87-90.

46 Inwieweit die in diesem Zusammenhang von Prokop, *de bello Vandalico* I 22 vorgebrachten Anschuldigungen, die Vandalen hätten aus Rache für einen eigenen Verlust zahlreiche angesehene Einwohner gefangen nehmen und diese auf See zerhackt ins Meer werfen lassen, glaubwürdig sind, muss unklar bleiben. Zu den Ägäisinseln in dieser Zeit vgl. Elisabeth Malamut: *Les îles de la mer Égée entre l'Antiquité et Byzance*, in: REVUE DES ÉTUDES ANCIENNES 103 (2001), S. 25-48. Zur Piraterie im östlichen Mittelmeerraum vgl. den knappen Überblick bei Hélène Ahrweiler: *Course et piraterie dans la Méditerranée orientale aux IVème-XVème siècles (empire byzantin)*, in: Course et piraterie. XV$^e$ Colloque international d'histoire maritime, Bd. 1, Paris 1975, S. 7-29.

47 Vgl. dazu Courtois: Les Vandales (Anm. 16), S. 201-204; Schmidt: Wandalen (Anm. 14), S. 89-91. Bereits im Jahre 460 konnten die Vandalen eine in Cartagena liegende weströmische

Niederlagen und dem nachfolgenden militärischen Geschick Geiserichs wiederum darauf, dass die Vandalen weniger über eine Flotte für den dauerhaften Kriegseinsatz zum Schutz des eigenen Reiches verfügten, als vielmehr darauf bedacht waren, durch aggressives, schwer vorhersehbares und wenig zu kontrollierendes Vorgehen gegen feindliche Küsten ihre Gegner erheblich einzuschüchtern und auf deren Gebiet ohne größeren Widerstand Reichtümer zu erbeuten. Dies spricht zugleich nicht dagegen, dass die Vandalen mit Geiserich auch einen besonders fähigen militärischen Führer besaßen, der sich in entscheidenden kriegerischen Auseinandersetzungen zu bewähren vermochte.

In der Folge der Seeschlacht von Kap Bon nahmen die Vandalen ihre Plünderungen wieder auf, bis Geiserich im Jahre 476 n.Chr. mit dem oströmischen Kaiser Zeno, der auch im Namen von Westrom verhandelte, einen Friedensvertrag schloss, der einerseits unbefristet gelten sollte und somit nicht an einen Machthaber gebunden war, und andererseits mit sehr hoher Wahrscheinlichkeit auch die Herrschaft der Vandalen über ihre Gebiete endgültig bestätigte. Jedenfalls wurde dieser Vertrag bis in Iustinians Zeit eingehalten, und die Flottenunternehmungen der Vandalen, wie sie seit den ersten Plünderungszügen gegen die Balearen und später von Nordafrika aus für Küstenbewohner des Mittelmeeres über eine Generation hinweg gewissermaßen zur Regel wurden, gehörten ab 476 n.Chr. der Vergangenheit an. Ebenso wie bereits 442 n.Chr. hielten sich die Vandalen an die von ihrem König getroffenen Abmachungen, und mit der Dauerhaftigkeit des Vertrages hatte schließlich auch das Reich der Vandalen bis zur Zeit Iustinians einen weitgehend ungefährdeten Bestand, was aus der Perspektive eines sich staatlich etablierenden Volkes in der von politischen Umbrüchen und militärischen Auseinandersetzungen dominierten Zeit der Spätantike durchaus als Erfolg zu werten ist. Erst großangelegte Eroberungszüge unter Iustinian beendeten das Vandalenreich. In den Jahren 533 und 534 n.Chr. konnte Iustinias Heerführer Belisar die Vandalen in Nordafrika entscheidend schlagen,[48] wobei deren Herrschaft aufgrund innerer Auseinandersetzungen und Machtstreitigkeiten zu dieser Zeit bereits nicht unerheblich geschwächt war.[49] Die eroberten Gebiete wurden in den Herrschaftsbereich von Konstantinopel eingegliedert.

Der Einsatz von piratischem Vorgehen mit Plünderungen und Menschenraub als außenpolitisches wie auch kriegerisches Mittel ist von den Vandalen bei der Etablierung ihres Reiches umfangreich eingesetzt worden und machte einen wesentlichen Bestandteil ihrer maritimen Kriegsführung aus.[50] Charakteristisch ist dabei insbesondere, dass eine direkte kriegerische Konfrontation mit dem Gegner zumeist vermieden wurde, weshalb letztlich eine bewusste Wahl dieses Vorgehens und eine genauere Analyse der gegnerischen wie auch eigenen Möglichkei-

---

Flotte, die gegen ihr Reich vorgehen sollte, weitgehend zerstören, ohne dabei in eine direkte kriegerische Auseinandersetzung zu geraten.

48 Castritius: Vandalen (Anm. 12), S. 159-162; Schmidt: Wandalen (Anm. 14), S. 122-147.
49 Courtois: Les Vandales (Anm. 16), S. 353-359.
50 Vgl. Courtois: Les Vandales (Anm. 16), S. 212-214; De Souza: Piracy (Anm. 2), S. 232; Penny Mac George: *Late Roman Warlords*, Oxford 2002 (Appendix: Naval Power in the Fifth Century).

ten auf See als naheliegend angenommen werden muss. In diese Richtung deuten zudem die umgehende Aneignung und der zielgerichtete Einsatz von nautischem Know-how bereits zur Zeit ihres Aufenthaltes auf der Iberischen Halbinsel. Reichtümer haben die Vandalen bei ihren Plünderungen in erheblichem Umfang erbeutet, auch besaßen sie mit ihrem Herrschaftsgebiet immer ein sicheres Rückzugsgebiet im Anschluss an ihre Unternehmungen. Sie schwächten mit diesem Vorgehen das Römische Reich wirtschaftlich sowie strategisch und konnten zugleich die eigene Macht ausbauen. Dass die Vandalen gerade in einer Zeit aggressiv zur See agierten, in der Rom eine strukturelle militärische Schwäche gegenüber maritimen Operationen aufwies, mag ein Zufall der Geschichte sein. Indem die Vandalen diese Situation unter Geiserich scheinbar genau erkannten und mittels zahloser Piraterieunternehmungen und Plünderungsfahrten diese Schwäche trefflich auszunutzen in der Lage waren, zeigt sich zugleich das militärische Geschick und die Weitsicht ihrer Anführer, die dieses Vorgehen strategisch exzellent zu ihren Zwecken der Herrschaftsetablierung in Nordafrika einzusetzen wussten.

## II. Zu den Piraterieunternehmungen der Araber zwischen 632 und 750 n.Chr.

Im 6. Jahrhundert n.Chr. erreichte der oströmische Kaiser Iustinian (527-565 n.Chr.) eine abermalige Ausdehnung des römischen Herrschaftsbereiches auf nahezu das gesamte Mittelmeer. Einzig größere Abschnitte der iberischen Mittelmeerküste befanden sich unter westgotischer und ein kleiner Abschnitt östlich der Rhône-Mündung unter fränkischer Kontrolle. Das unter Iustinian ausgebaute römische Flottenwesen konnte in dieser Zeit wieder das Seehandelsnetz im Mittelmeer sichern und Unternehmungen anderer Mächte in diesem Gebiet effektiv unterbinden, so dass abermals von einer römischen Seeherrschaft für das Mittelmeer gesprochen werden kann.[51] Bis in die 1. Hälfte des 7. Jahrhunderts sollte diese maritime Dominanz andauern, wenngleich das Byzantinische Reich, so die gängige Bezeichnung des fortbestehenden oströmischen Herrschaftsbereiches für die nachfolgend behandelte Zeit, zu Land in mehreren Regionen unter äußerem militärischen Druck stand.[52]

---

51  Vgl. dazu Hélène Ahrweiler: *Byzance et la mer. La marine de guerre, la poitique et les institutions maritimes de Byzance au VII$^e$-XV$^e$ siècles*, Paris 1966, S. 7-14. Casson: Ships and Seamanship (Anm. 4), S. 148-154; John H. Pryor/Elizabeth M. Jeffreys: *The Age of the Dromon. The Byzantine Navy ca. 500-1204*, Leiden/Boston 2006, S. 7-19.
52  Vgl. zum byzantinischen Reich im 6.-8. Jahrhundert etwa Georg Ostrogorsky: *Geschichte des byzantinischen Staates (Handbuch der Altertumswissenschaften XII 1,2)*, München ²1963; Mark Whittow: *The Making of Byzantium, 600-1025*, Berkeley 1996; John Haldon: *Byzantium in the Seventh Century*, Cambridge ²1997; Guy Halsall: *The Barbarian invasions*, in: Paul Fouracre (Hg.): The New Cambridge Medieval History, Volume 1, c. 500-c. 700, Cambridge 2005, S. 35-55.

Zu ganz erheblichen machtpolitischen Veränderungen, die weiterhin auch die folgenden Jahrhunderte im Mittelmeerraum bestimmen sollten, kam es mit den Expansionsbestrebungen der Araber und der Etablierung eines islamischen Großreiches in der Nachfolge Mohammeds, also nach 632 n.Chr. Bereits unter dem Religionsgründer selbst konnten wesentliche Bereiche der arabischen Halbinsel erobert werden. Den ersten vier Kalifen gelang bis 656 n.Chr. im Gebiet des Mittelmeeres die Einnahme der syrischen Küste, Zyperns sowie der nordafrikanischen Küste bis zur Großen Syrte (Tripolitanien),[53] womit die Araber schnell zu einem wesentlichen Machtfaktor im Mittelmeer aufstiegen. Bis zum Beginn des 8. Jahrhunderts wurde auch die westliche nordafrikanische Küste erobert, wo Karthago im Jahre 698 n.Chr. eingenommen und von wo aus schließlich auch die Herrschaftsausdehnung bis auf die Iberische Halbinsel erreicht wurde.[54] In wenigen Jahrzehnten ist somit die gesamte südliche Mittelmeerküste unter arabisch-islamische Herrschaft gekommen, was im Folgenden zahlreiche kriegerische Auseinandersetzungen insbesondere mit dem byzantinischen Reich nach sich ziehen sollte und Piraterieunternehmungen und Raubfahrten zur See wieder in erheblichem Ausmaß für zahlreiche Küstenabschnitte des Mittelmeeres zur Regel werden ließ.

Bereits wenige Jahre nach der Eroberung Syriens und Ägyptens begannen die Araber mit eigenen Flottenverbänden, die sie in den Küstenorten dieser Regionen

---

53 Zur Ausdehnung der islamischen Herrschaft bis 656 n.Chr. siehe den Überblick bei Walter E. Kaegi: *Byzantium and the Early Islamic Conquests*, Cambridge 1992; Hugh Kennedy: *The Prophet and the Age of the Caliphates. The Islamic Near East from the Sixth to the Eleventh Century*, Harlow ²2004, S. 50-74; siehe weiterhin: Averil Cameron: *The eastern provinces in the seventh century AD: Hellenism and the emergence of Islam*, in: S. Said (Hg.): Hellenismes: quelques jalons pour une histoire de l'identité grecque, Strasbourg 1991, 287-313. Zu den diesbezüglichen griechischen Quellen siehe Demetrius Constantelos: *The Moslem Conquests of the Near East as Revealed in the Greek Sources of the Seventh and Eighth Centuries*, in: BYZANTION 42 (1972), S. 325-357. Siehe weiterhin Patricia Crone: *The Early Islamic World*, in: Kurt Raaflaub/Nathan Rosenstein (Hg.): War and Society in the Ancient and Medieval Worlds. Asia, The Mediterranean, Europe, and Mesoamerica, Cambridge/London 1999, S. 309-318; Walter E. Kaegi: *Confronting Islam: emperors versus caliphs (641-c. 850)*, in: Jonathan Shepard (Hg.): The Cambridge History of the Byzantine Empire, c. 500-1492, Cambridge 2008, S. 365-394 (insbesondere S. 365-386 für die hier betrachtete Zeit bis ca. 750); Chase F. Robinson: *The rise of Islam, 600-705*, in: Chase F. Robinson (Hg.): The New Cambridge History of Islam. Vol I: The Formation of the Islamic World. Sixth to Eleventh Centruies, Cambridge 2010, S. 193-225.

54 Zur Eroberung von Karthago siehe Pryor/Jeffreys: Byzantine Navy (Anm. 51), S. 27f.; weiterhin Kennedy: Age of the Caliphates (Anm. 53), S. 75-102; zur Eroberung der Iberischen Halbinsel siehe Roger Collins: *The Arab Conquest of Spain 710-797*, Oxford ²1994; Eduardo Manzano Moreno: *The Iberian Peninsula and North Africa*, in Robinson: Islamic World (Anm. 53), S. 581-595; Stephen Humphreys: *Syria*, in Robinson: Islamic World (Anm. 53), S. 506-527. Vgl. weiterhin zu den frühen arabischen Eroberungen, insbesondere mit dem Vorgehen zu Land Peter Purton: *A history of the early medieval siege c. 450-1220*, Woodbridge 2009, S. 37-64. Zur Kriegsführung und deren Einfluss auf Staat und Gesellschaft in der byzantinischen Welt siehe John F. Haldon: *Warfare, state and society in the Byzantine world*, 565-1204, London 1999.

ausrüsteten und unterhielten, auf dem Mittelmeer zu operieren.[55] Sie haben mit der Übernahme von römisch-byzantinischen Flottenstützpunkten nicht unwesentlich von der römischen Schiffsbaukunst und dem nautischen Wissen in den eroberten Küstenregionen profitiert. 649 n.Chr. wurde zunächst Zypern geplündert.[56] 652 n.Chr. fuhr eine größere Flotte gegen Sizilien, wo die zahlreichen Siedlungen der Insel ebenfalls geplündert und Beute sowie Gefangene zurück nach Syrien gebracht wurden.[57]

In der hier betrachteten Zeit, also bis zur Mitte des 8. Jahrhunderts sollten derartige Unternehmungen üblich bleiben und die direkten kriegerischen Auseinandersetzungen mit dem Gegner zur See in ihrer Zahl übertreffen. Zu letzteren kam es beispielsweise im Jahre 655 n.Chr. bei einem Vorstoß der Araber gegen Konstantinopel, als sie mit der Flotte Ostroms zusammentrafen und trotz Unterzahl aufgrund eines taktischen Manövers die byzantinische Flotte besiegen und damit ihren ersten großen Seesieg erreichen konnten.[58] In einem großangelegten Angriff auf Konstantinopel waren die Araber in den Jahren 674-678 n.Chr. allerdings weniger erfolgreich, was wesentlich an einer neuen Waffe der byzantinischen Flotte, dem sogenannten „Griechischen Feuer" lag, einem brennbaren Gemisch, das gegnerische Schiffe in Brand setzen konnte und durch Wasser nicht zu löschen war.[59] Neben diesen und weiteren direkten kriegerischen Konfrontationen zwischen byzantinischen und arabischen Flotteneinheiten bleiben jedoch die zahlreichen Übergriffe gegen gegnerische Besitztümer und Küstenregionen charakteristisch für diese Zeit. Da die Flotten der Araber sich auf mehrere Häfen der nordafrikanischen und syrischen Küste verteilten,[60] waren sie für Byzanz kaum zu kontrollieren und konnten weitestgehend ungehindert immer wieder gegen gegnerische Regionen ausfahren. Bei dem ersten Vorgehen gegen Konstantinopel wurde beispielsweise Kreta im Jahre 655 n.Chr. überfallen. Ebenfalls sind für diese Zeit

---

55 Pryor/Jeffreys: Byzantine Navy (Anm. 51), S. 24f. (mit Quellen). Xavier de Planhol: *L'Islam et la mer. La mosquée et le matelot (VII$^e$-XX$^e$ siècle)*, Paris 2000, S. 23-15. Zum maritimen Ausgreifen der Araber auf den persischen Golf und den Indischen Ozean in dieser Zeit vgl. ebd. S. 22f.
56 Pryor/Jeffreys: Byzantine Navy (Anm. 51), S. 25. Vgl. allgemein zur Piraterie im östlichen Mittelmeerraum dieser Zeit Ahrweiler: Course et piraterie (Anm. 46), S. 7-29. De Planhol: L'Islam et la mer (Anm. 55), S. 25.
57 Ekkehard Eickhoff: *Seekrieg und Seepolitik zwischen Islam und Abendland. Das Mittelmeer unter byzantinischer und arabischer Hegemonie (650-1040)*, Berlin 1966, S. 16.
58 Eickhoff: Seekrieg (Anm. 57), S. 18; Pryor/Jeffreys: Byzantine Navy (Anm. 51), S. 25 (jeweils mit Quellen).
59 Zum „Griechischen Feuer" siehe Pryor/Jeffreys: Byzantine Navy (Anm. 51), S. 607-631. Vgl. weiterhin Ilkka Syvänne: *The Age of Hippotoxotai. Art of War in Roman Military Revival and Disaster (491-636)*, Tampere 2004, S. 79-81. 314-328.
60 Zur Organisation und Aufteilung der arabischen Flotte siehe Aly Mohamed Fahmy: *Muslim Naval Organisation in the Eastern Mediterranean from the Seventh to the Tenth Century A.D.*, Kairo $^2$1966, S. 23-74, 87-93. Zu den Schiffen siehe Hocker: Galleys and Fleets (Anm. 15), S. 86-100; John H. Pryor: *From Dromôn to Galea. Mediterranean bireme galleys AD 500-1300*, in: Robert Gardiner/John Morrison (Hg.): The Age of the Galley. Mediterranean Oared Vessels since pre-classical Times, London 1995, S. 101-116.

Raubzüge gegen die kleinasiatische Küste überliefert,[61] wo die Araber unter anderem die Städte Ephesos und Halikarnassos heimsuchten, und auf Rhodos erbeuteten sie etwa den bekannten Koloss, um das Metall gewinnbringend zu verkaufen.[62] Auch das zweite große Unternehmen gegen Konstantinopel in den 670er Jahren, zugleich der erste direkte Angriff auf die Stadt, ging mit Plünderungen und Verwüstungen von Küstensiedlungen in dieser Region einher.[63] Um die Jahrhundertwende zum 8. Jahrhundert sind es dann wiederum Beutezüge gegen einzelne Städte des zwischenzeitlich verschonten Sizilien, die nunmehr von der gegenüberliegenden Küste von Tunis erfolgreich unternommen wurden.[64] Die von dort ebenfalls leicht zu erreichende Mittelmeerinsel Sardinien war in dieser Zeit ein weiteres Ziel der arabisch-islamischen Vorstöße, und auch die Balearen wurden von ihnen nicht verschont. In allen Fällen sind es die Reichtümer der Küstenregionen und Inseln, die sie erbeuteten und auf den Schiffen in die Heimat brachten. Bei den Geiseln, die nach Aussage der Quellen bei diesen Unternehmungen ebenfalls genommen wurden, dürfte es sich sehr wahrscheinlich um Angehörige einflussreicher Familien dieser Gegenden gehandelt haben.[65]

Eine grundsätzliche Veränderung im militärischen Kräfteverhältnis zur See und einhergehend damit auch hinsichtlich der piratischen Unternehmungen brachte der zweite große Angriff auf Konstantinopel in den Jahren 717-718 n.Chr., der mit einer verheerenden Niederlage der Araber zur See endete[66] und größere kriegerische Flottenoperationen ausgehend von den östlichen arabischen Mittelmeergebieten in den nächsten Jahrzehnten unmöglich zu machen schien. Das Problem von Piratenzügen und Plünderungsfahrten bestand allerdings für die Inseln des westlichen Mittelmeeres weiterhin – nunmehr zwar in kleinerem Umfang, aber dennoch zahlreich. Der Ausgangspunkt hierfür war die Region um Tunis. Bereits für das Jahr 720 n.Chr. sind wieder erste dieser Unternehmungen überliefert, die dann in den 740er Jahren auch an Ausmaß noch zunehmen sollten. Immer wieder wurden Sardinien und Sizilien von arabischen Übergriffen von See her heimge-

---

61 Pryor/Jeffreys: Byzantine Navy (Anm. 51), S. 25. Vgl. allgemein zu den Arabern in Kleinasien in der Zeit von 641-750 n.Chr. E.W. Brooks: *The Arabs in Asia Minor (641-750), from Arabic sources*, in: JOURNAL OF HELLENIC STUDIES 18 (1898), S. 182-208.
62 Siehe hierzu Eickhoff: Seekrieg (Anm. 57), S. 22. Einige dieser Unternehmungen sollen nach Constantinus Porphyrogenitus, De administrando imperio 88 (Moravcsik-Jenkis), mit bis zu 1.200 Schiffen durchgeführt worden sein. Der Metallschatz des Kolosses wurde an einen jüdischen Geschäftsmann aus Edessa verkauft. Vgl. zu diesen Auseinandersetzungen Ostrogorsky: Byzantinischer Staat (Anm. 52), S. 91-137.
63 Eickhoff: Seekrieg (Anm. 57), S. 22f.; Pryor/Jeffreys: Byzantine Navy (Anm. 51), S. 26f.
64 Eickhoff: Seekrieg (Anm. 57), S. 28f.; Pryor/Jeffreys: Byzantine Navy (Anm. 51), S. 28. Mit der Einnahme von Karthago wurde in Tunis ein Flottenstützpunkt errichtet, wofür Bauherren aus Alexandria dort angesiedelt wurden; siehe dazu De Planhol: L'Islam et la mer (Anm. 55), S. 32.
65 Eickhoff: Seekrieg (Anm. 57), S. 30 mit Anm. 57.
66 Pryor/Jeffreys: Byzantine Navy (Anm. 51), S. 31f. Vgl. allgemein zur maritimen Kriegsführung im östlichen Mittelmeer dieser Zeit Vassilios Christides: *Naval warfare in the Eastern Mediterranean (6th-14th centuries): an Arabic translation of Leo VI's Naumachica*, in: GRAECO-ARABICA 3 (1984), S. 137-148.

sucht und erbeutete Reichtümer sowie Gefangene nach Nordafrika gebracht.[67] Die geringere Bedrohung aus dem Osten des arabischen Mittelmeers bot den byzantinischen Flotteneinheiten nunmehr allerdings die Möglichkeit, verstärkt gegen diese Raubzüge im Westen vorzugehen – nicht selten mit Erfolg.[68] Und für die Zeit nach 752 n.Chr. konnte durch einen Waffenstillstand erreicht werden, dass derartige Übergriffe dann für einige Jahrzehnte ausblieben und erst ab dem 9. Jahrhundert wieder fortgesetzt wurden.[69]

Insgesamt begann also mit der Etablierung der arabisch-islamischen Herrschaft an den Küsten des Mittelmeeres kurz vor der Mitte des 7. Jahrhunderts vor allem für die Bewohner der großen Inseln sowie der Küstenregionen im Bereich der Ägäis eine Zeit, in der die Gefahr von Seeraub, Plünderung und Piraterie zum Lebensalltag wurde. Das islamische Reich nutzte dieses Vorgehen als ein wesentliches Mittel bei seinen Expansionsbestrebungen im Mittelmeergebiet. Die angeführten Beispiele der Unternehmungen sind herrschaftlich sanktionierte und damit legitimierte Kriegsunternehmungen, die von Angehörigen der Führungsschichten befehligt wurden und zum Ziel hatten, eine große Beute sowie eine weitere Ausdehnung des eigenen Herrschaftsbereiches zu erreichen. Eroberte Küstengebiete wurden schnell als Ausgangspunkte für neue Plünderungsflotten genutzt. Zu den bereits angeführten Gebieten wäre in diesem Sinne auch die Mittelmeerküste der Iberischen Halbinsel hinzuzurechnen, von wo aus arabische Flotten die Balearen und die südfranzösische Küste heimsuchten.[70] Eine staatliche Instrumentalisierung dieses Vorgehens hatte dabei, wie schon bei den Vandalen, den nicht unerheblichen Zweck, gegnerische Regionen wirtschaftlich zu schwächen und politisch zu destabilisieren.[71] Gerade hinsichtlich der finanziell kostspieligen Flottenunternehmungen veränderten die erbeuteten Reichtümer das Mächteverhältnis im Verhältnis zum Gegner, in diesem Fall Byzanz, zu eigenen Gunsten. Innerhalb des Reiches führte beides zu einer Stärkung der Herrschaft und der etablierten Machtstrukturen. Für die Nachfolger Mohammeds und ihr Bestreben, das islamische Herrschaftsgebiet weiter auszuweiten, waren solche Plünderungsfahrten und Pira-

---

67 Eickhoff: Seekrieg (Anm. 57), S. 30-36.
68 Zu arabischen Unternehmungen dieser Zeit Kennedy: Age of the Caliphates (Anm. 53), S. 103-122; Ahrweiler: Byzance (Anm. 51), S. 35-37. Zu den Schutzmaßnahmen durch die byzantinische Flotte Eickhoff: Seekrieg (Anm. 57), S. 36-39.
69 Eickhoff: Seekrieg (Anm. 57), S. 39f., 43-64; Vassilios Christides: *The raids of the Moslems of Crete in the Aegean Sea: piracy and conquest*, in: BYZANTION 51 (1981), S. 76-111.
70 Dazu Pryor/Jeffreys: Byzantine Navy (Anm. 51), S. 30; vgl. Collins: Conquest of Spain (Anm. 54); Phillippe Sénac: *Provence et piraterie sarrasine*, Paris 1982. Zum Bild des Islam aus der mittelalterlichen europäischen Sicht siehe John Victor Tolan: *Saracens. Islam in the medieval European imagination*, New York 2002. Zur Seefahrt der Araber jenseits der Säulen des Herakles vgl. Christophe Picard: *L'océan Atlantique musulman. De la conquête arabe à l'époque almohade. Navigation et mise en valeur des côtes d'al-Andalus et du Maghreb occidental (Portugal-Espagne-Maroc)*, Paris 1997.
71 Zu den Auswirkunen der arabisch-islamischen Piraterie- und Kriegsunternehmungen auf den Handel im Mittelmeerraum siehe Horden/Purcell: The corrupting sea (Anm. 9), S. 153-160 (insbesondere mit einer Diskussion der von Henri Pirenne vorgebrachten Sichtweise dieser Übergangszeit und der in der Forschung daran anschließenden Untersuchungen).

terieunternehmungen gegen die zu erobernden Gebiete ein durchaus naheliegendes und aus eigener Perspektive zugleich legitimes Mittel zum Zweck.

## III. Schlussbemerkung

Die spätantike Welt des Mittelmeerraumes ist geprägt durch zahlreiche Völkerschaften und Stammesgruppen, die auf römisches Gebiet vordrangen und somit aus römischer Perspektive auch immer stärker das *mare nostrum* als dessen zentralen Bereich gefährdeten. Entsprechen die zunächst schwachen oder auch rudimentären *staatlichen* Strukturen dieser sich regional etablierenden Gruppen aus heutiger Sicht eher denen sogenannter *failing state*s, so handelt es sich im Einzelnen doch zumeist um die Anfänge einer dauerhaften Macht- und Herrschaftsetablierung. Die Vandalen konnten sich etwa drei Generationen in Nordafrika mit ihrem Reich behaupten, die Araber sogar eine weitaus längere Herrschaft über das gesamte Nordafrika errichten, und auch die Westgoten auf der Iberischen Halbinsel, die Franken in Gallien oder die Langobarden in Oberitalien wären in dieser Hinsicht als Beispiele für Völkerschaften zu nennen, die sich im Bereich des Mittelmeerraumes gegen das *Imperium Romanum* durchzusetzen vermochten.[72] Aus historischer Perspektive handelt es sich bei diesen Staatsgebilden also eher um unterschiedlich erfolgreiche *emerging states*, die sich mit den ihnen zur Verfügung stehenden militärischen und kriegerischen Möglichkeiten ein erobertes Territorium sicherten. Die Beispiele der Vandalen und der Araber zeigen in dieser Hinsicht, wie erfolgreich ein maritimes Vorgehen sein konnte, wenn man mit Piraterieunternehmungen und Plünderungszügen gegen den Gegner vorging. Die erbeuteten Reichtümer stärkten einerseits die eigenen machtpolitischen Möglichkeiten und engten andererseits zugleich den wirtschaftlichen und finanziellen Spielraum des Gegners ein.[73] Eine direkte kriegerische Konfrontation konnte dabei häufig vermieden werden, wenn man sie nicht – wie die Araber gegen Konstantinopel – direkt anstrebte. Das von den Vandalen und Arabern eingesetzte Mittel der Piraterie und des Seeraubes trug in beiden Fällen nicht unerheblich zur Durchsetzung ihrer außenpolitischen Interessen bei, sei es zur weiteren Etablierung des bestehenden Reichsgebietes und aufstrebenden Staatsgebildes, sei es für weitere expansive Bestrebungen. Die von den Römern in der Kaiserzeit im Mittelmeer über längere Zeit beseitigte Piraterie fand also mit dem Vorgehen der Vandalen und Araber wieder dauerhaft Einzug im vormaligen *mare nostrum*. Es waren demnach die von außerhalb der Grenzen des *Imperium Romanum* kommenden *Barbaren*, die nun immer größere Bereiche der Küsten dieses Meeres

---

72 Vgl. zu den einzelnen Gruppen die entsprechenden Abschnitte in Paul Fouracre (Hg.): *The New Cambridge Medieval History, Vol. I, c. 500-700*, Cambridge 2005.
73 Es handelt sich hierbei um ein Vorgehen, das die Römer selbst in ähnlicher Weise bei der Expansion ihres Reiches in der Zeit der Republik anwendeten. So schreibt der griechische Historiker Polybios (Historien IX 10), dass sie in der Auseinandersetzung mit Karthago Reichtümer aus dem eroberten Syrakus nach Rom schafften, um die gegnerischen Ressourcen zu schwächen.

beherrschten und es, so müsste man aus römischer Perspektive urteilen, nach und nach zu einem *mare barbaricum* machten.[74] Bestrebungen, Piraterie und Gewaltanwendungen auf und von See waren hierbei dann auch nur insofern illegitim, wenn sie nicht den eigenen herrschaftlich-staatlichen oder anders ausgedrückt den ‚barbarischen' Zweck erfüllten. Die von den Römern in der Kaiserzeit sowohl in gesellschaftlicher als auch staatsrechtlicher Hinsicht formulierte und verfolgte Illegitimität eines solchen Vorgehens auf See[75] wurde also letztlich mit dem Rückgang ihrer maritimen Dominanz von der historischen Realität der vandalischen und arabisch-islamischen Unternehmungen überholt und im *mare mediterraneum* gewissermaßen bis zu ihrer abermaligen Etablierung im Laufe der Neuzeit über Jahrhunderte hinweg außer Kraft gesetzt.

---

74  In der Spätantike kam die Bezeichnung „mare nostrum" außer Gebrauch. Stattdessen wurden nun überwiegend die Begriffe „mare magnum" und „mare mediterraneum" verwendet; siehe dazu Burr: Nostrum Mare (Anm. 1), S. 131-134 (mit den Quellenverweisen). Ein wesentlicher Grund für die veränderte Begrifflichkeit dürfte freilich darin zu sehen sein, dass das Mittelmeer nicht mehr länger ein römisches Meer war. Die Bezeichnung „mare mediterraneum" war zudem mit allen politischen und wirtschaftlichen Veränderungen der Folgezeit vereinbar und hat sich schließlich bis in die Gegenwart durchgesetzt.
75  Zur Rolle der Piraten in der römischen Gesellschaft der Kaiserzeit siehe De Souza: Piracy (Anm. 2), S. 179-224; zu deren Rolle im römischen Staatsrecht Anna Tarwacka: *Romans and Pirates: Legal Perspective,* Warsaw 2009.

# DIE WIKINGER UND IHRE SCHIFFE

DETLEF ELLMERS

Im Jahr 1880 wurde bei Gokstad an der Westküste des Oslofjordes das erste nahezu vollständig erhaltene Kriegsschiff der Wikinger ausgegraben und für die Nachwelt konserviert (Abb. 1). Nur zwei Jahre später erschien die für damalige Zeit mustergültige Dokumentation des umfangreichen Fundkomplexes.[1] Danach konnte das Schiff in voller Größe nachgebaut werden und segelte 1893 mit einer norwegischen Mannschaft über den Atlantik zur Weltausstellung, die 400 Jahre nach Columbus' Rückkehr von seiner Entdeckung Amerikas in New York und Chicago stattfand. Eine Welle der Begeisterung machte das ca. 1000 Jahre alte, elegant geformte, über 24 m lange Gokstad-Schiff zum Inbegriff wagemutiger Seefahrten. Nicht nur in Norwegen, auch in Deutschland[2] war man plötzlich stolz auf die kühnen Altvorderen, die in offenen Booten erstmals den Atlantik bezwungen hatten. Überall wurde die Geschichte der Wikingerzüge erforscht.[3] Der Wikinger, der mit seinem Schiff friedliche Küstensiedlungen plötzlich überfiel und ausraubte, wurde als halb bewundertes, halb verurteiltes Klischee ins populäre Geschichtsbild übernommen.[4]

Diese spezifische Form der Seeräuberei, die 793 mit dem Wikingerüberfall auf das nordenglische Kloster Lindisfarne begann und Kontinentaleuropa während der gesamten Wikingerzeit heimsuchte, kennen wir vor allem aus der Sicht der Opfer, weil diese über ihre schrecklichen Erlebnisse in großer Zahl schriftlich berichtet haben. Hier soll statt dessen versucht werden, Aufschluss über die Sicht der Täter zu gewinnen, die sich zwar selber darüber nicht schriftlich äußern konnten, aber bildliche Darstellungen (Abb. 3, 4, 6, 8) und archäologisch erschließbare Spuren im Boden hinterließen (Abb. 1, 2, 5a-c) sowie eine ausgeprägte mündliche Tradition pflegten, die im 13. Jahrhundert auf Island in der besonderen Erzählform der Sagas schriftlich festgehalten wurde.

---

1 Nicolay Nicolaysen: *Langskibet fra Gokstad ved Sandefjord*, Christiania 1882.
2 Z.B. wählten die deutschen Schiffbauingenieure, als sie sich 1899 zur „Schiffbautechnischen Gesellschaft" zusammenschlossen, das Wikingerschiff zum Vereinsemblem, obwohl sie gerade mit den Vier-Schornstein-Dampfern die schnellsten Schiffe der Welt konstruiert hatten.
3 Walther Vogel: *Die Normannen und das Fränkische Reich bis zur Gründung der Normandie*, Heidelberg 1906.
4 Einen guten Überblick bietet Horst Zettel: *Das Bild der Normannen und der Normanneneinfälle in westfränkischen, ostfränkischen und angelsächsischen Quellen des 8.-11. Jahrhunderts*, München 1977.

## I. Die Überfälle vor der Wikingerzeit aus der Perspektive der Täter

Wichtigste archäologische Zeugnisse sind die inzwischen zahlreich ausgegrabenen Kriegsschiffe der Wikinger, weil sie wie das Gokstad-Schiff detaillierten Aufschluss darüber geben, für welche Art von Einsätzen sie entwickelt und dann gemäß dem einmal gefundenen Schema in sehr großer Zahl in ganz Skandinavien gebaut wurden. Am besten lassen sich aber ihre Eigenschaften und die sozialgeschichtlichen Voraussetzungen ihrer Einsätze verstehen, wenn man ihre Vorläufer genauer betrachtet. Dabei wird methodisch so vorgegangen, dass sich bildliche, archäologische und schriftliche Überlieferung wechselseitig erhellen. Die dafür herangezogenen Belege werfen auf die Verhältnisse zwar nur einzelne Schlaglichter, die zudem noch ohne verbindende Zwischenglieder über sehr lange Zeiträume streuen. Aber ihre Aussagen sind trotz der unterschiedlichen Medien über alle Zeiten hinweg so gleichartig, dass die hier vorgetragene Verallgemeinerung dadurch ausreichend begründet ist.

Den wichtigsten Aufschluss über die Sicht der Täter gibt das bereits 1862/63 ausgegrabene große Mooropfer von Nydam (nordöstlich von Flensburg) aus der Mitte des 4. Jahrhunderts.[5] Gefunden wurde zwischen besonders zahlreichen Waffen und anderen Objekten ein weitgehend erhaltenes, ca. 24 m langes Ruderboot (Abb. 2). Es war in skandinavischer Klinkertechnik[6] aus dünnen, aber breiten Eichenplanken so leicht gebaut, dass es mit voller Besatzung und Ausrüstung nur 50 cm Tiefgang hatte. Vorder- und Achtersteven setzen die Linie des flachen waagerechten Kiels in elegant aufsteigenden Kurven fort, so dass das Boot auf jedem Sand- oder Kiesstrand durch bloßes Auflaufen landen konnte, also nicht auf spezifische Hafeneinrichtungen angewiesen war. In dem maximal 3,3 m breiten Boot (Verhältnis Länge : Breite = 7,2 : 1) bilden 15 Ruderbänke den oberen Abschluss der Spanten. Darauf saßen mit dem Rücken zur Fahrtrichtung an jeder Bordwand 15 Ruderer und konnten je mit einem in Keipen auf der Oberkante des Dollbords geführten Riemen das schlanke, leichte Boot sehr schnell fortbewegen. Achtern führte der Steuermann mit dem an Steuerbord (daher der Name) angebrachten Seitenruder alle nötigen Manöver durch und musste deshalb auch den Rudertakt angeben. Mit dem Ausguckmann im Bugraum ergibt das eine minimale Besatzung von 32 Mann.[7]

Je nach Einsatz konnte das Boot noch weitere Personen aufnehmen. Bei Nutzung als Reiseboot ließ sich der Eigner allein oder mit weiteren Mitreisenden fahren. Proviant, Gepäck und eventuell auch gewisse Mengen von wenig Raum beanspruchenden Handelswaren konnten mittschiffs unter den Ruderbänken verstaut

---

5   Conrad Engelhardt: *Nydam Mosefund*, Kjöbenhavn 1865. Michael Müller-Wille: *Opferkulte der Germanen und Slawen*, Stuttgart 1999, S. 49-58, mit weiterer Literatur.

6   Zur Entwicklung der Schiffbautechnik siehe Detlev Ellmers: *Vor- und frühgeschichtlicher Boots- und Schiffbau in Europa nördlich der Alpen*, in: Herbert Jankuhn (Hg.): Das Handwerk in vor- und frühgeschichtlicher Zeit, Teil 2 (Abhandlungen der Akademie der Wissenschaften in Göttingen, Phil.-hist. Klasse 3. Folge, 123), Göttingen 1983, S. 471-534, 518-534.

7   Detlev Ellmers: *Crew structure on board Scandinavian vessels*, in: Olaf Olsen (Hg.): Shipshape, Essays for Ole Crumlin-Pedersen, Roskilde 1995, S. 231-240.

werden. Bei kriegerischen Einsätzen war es von entscheidendem Vorteil, dass die Krieger selber ruderten, so dass für Nicht-Krieger kein zusätzlicher Platz benötigt wurde. Auf den längeren Bänken konnten sogar noch zusätzliche Krieger zwischen den Ruderern sitzen. Die militärische Führung hatte ihren Platz im Heckraum. Wenn die Besatzung gut eingeübt war, verband dieser Bootstyp die Eigenschaften eines Schnellruderers mit denen eines Landungsbootes. Er konnte jederzeit an jedem beliebigen Küstenort landen und dessen Bewohner plötzlich mit überlegener Kriegerzahl überfallen, wo erforderlich mit der Besatzung mehrerer Boote. Gegen eine solche Übermacht war Gegenwehr nicht rasch zu organisieren. Die Küstensiedlungen waren den Überfällen ziemlich hilflos preisgegeben. Bevor sie überhaupt eine ausreichende Gegenmacht sammeln konnten, waren die Angreifer mit Beute beladen auf ihre Schiffe zurückgekehrt und von der Bildfläche verschwunden.

Einziges Handicap für die Angreifer war die Notwendigkeit, in Sichtweite zur Küste navigieren zu müssen, so dass die Ruderboote während des Anmarsches von bestimmten Küstenpunkten aus beobachtet werden konnten. Auch war die Reichweite der Unternehmungen auf die Strecken begrenzt, die gut trainierte Ruderer zurücklegen konnten. Bei einzulegenden Erholungspausen war die Gefahr vorzeitiger Entdeckung besonders groß. Deshalb war Vorwarnung und das Sammeln von Gegenwehr vor allem durch Reiter, die ja viel schneller sind als Ruderboote, bis zu einem gewissen Maße möglich und war sicher in geeigneter Weise organisiert, auch wenn wir darüber keine schriftlichen Zeugnisse haben. Aber wir haben in dem genannten Mooropfer von Nydam ein beredtes archäologisches Zeugnis für erfolgreiche Gegenwehr. In dem damals noch nicht zu einem See geschlossenen Gewässer hatten nämlich die siegreichen Verteidiger ihre gesamte Kriegsbeute einschließlich mindestens eines zurückgelassenen Bootes der geschlagenen Angreifer versenkt. Nach den Zeugnissen antiker Autoren[8] ist davon auszugehen, dass diese Verteidiger vor dem Kampf den Beistand der Götter mit dem Gelübde erbeten hatten, ihnen nach dem Sieg die gesamte Beute einschließlich der Gefangenen darzubringen. Sie erfüllten das Gelübde nach germanischer Sitte durch Versenken der Beute in als heilig geltenden kleinen Seen oder Mooren. Die Gefangenen dagegen wurden an Bäumen aufgehängt – entsprechend fehlen in den betreffenden Opferfunden menschliche Gebeine. Vom 4. Jahrhundert vor bis zum 5./6. Jahrhundert n.Chr. belegen zahlreiche solcher Waffenopfer die

---

8 Orosius, V 16, 1-7, schildert den Sieg der Kimbern und Teutonen über die Römer bei Arausio 105 v.Chr.: „Die Feinde, die beide Lager erstürmt und riesige Beute gemacht hatten, vernichteten zufolge eines unbekannten und ungewöhnlichen Schwurs alles, was in ihre Hände gefallen war: Die Gewänder (der Gefallenen) wurden zerrissen und in den Kot getreten, das Gold und Silber in den Strom geworfen, die Panzer der Männer zerhauen, der Schmuck der Pferde vernichtet, die Pferde selbst in den Strudeln des Stromes ertränkt, die Menschen mit Stricken um den Hals an den Bäumen aufgehängt, so dass der Sieger keinerlei Beute behielt, der Besiegte kein Erbarmen erfuhr." Tacitus, Annalen XIII 58, bemerkt zu einer innergermanischen Auseinandersetzung zwischen Hermunduren und Chatten für das Jahr 58 n.Chr.: „Dieser Krieg war nur für die Hermunduren glücklich, wurde aber für die Chatten umso verderblicher, weil beide für den Fall des Sieges die Gegner dem Mars und Merkur geweiht hatten. Durch dieses Gelübde verfällt alles Lebendige, Ross und Mann, dem Tode."

erfolgreiche Abwehr von Angriffen, von denen die meisten zwischen reinen Landstreitkräften stattgefunden hatten, aber einige auch geschlagene Bootsmannschaften bezeugen. So sind allein in Nydam drei Boote zu unterschiedlichen Zeiten mit zugehörigen Waffen geopfert worden. Von diesen enthielt das oben beschriebene große Boot Gewandspangen (sog. Fibeln), die anzeigen, dass den Siegern auch entsprechend viele Angreifer tot oder lebendig in die Hände gefallen waren, deren Kleidung mit den Waffen im See versenkt worden war, deren Körper aber auf andere Weise geopfert wurden.[9]

Wer war, so haben wir zu fragen, in der Lage, ein Ruderboot wie das große von Nydam bauen zu lassen sowie für Reisen oder Beutezüge auszurüsten und mit wenigstens 32 Mann zu besetzen? Auf diese in der schiffsarchäologischen Literatur bisher nicht gestellte Frage geben antike Autoren seit ca. 50 v.Chr. eine eindeutige und überraschend einfache Antwort. In der agrarischen, hierarchisch gestaffelten Gesellschaftsordnung der Germanen gaben Großbauern den Ton an, die sich durch kriegerische Unternehmungen einen Namen machten und dafür eine Gefolgschaft von Kriegern um sich versammelten. Wenn ein junger Germane in öffentlicher Versammlung für waffenfähig erklärt war, wurde er in die Gefolgschaft älterer, erfahrener Krieger eingereiht. Dort erhielt er Ausbildung und Training im Umgang mit den Waffen und ihren taktischen Einsätzen, wenn die Gefolgschaft für Unternehmungen auf dem Wasser eingesetzt werden sollte, dazu auch Unterweisung für Rudereinsätze und Landemanöver. Die Krieger schlossen sich dem Gefolgsherrn freiwillig an und wurden von ihm ausgerüstet und bewirtet. Da es noch keine Geldwirtschaft gab, erhielten sie zur Verwunderung der antiken Autoren keinen Sold, sondern genossen ihren Anteil am Ansehen ihres Gefolgsherrn. „Wer durch zahlreiches und mannhaftes Gefolge hervorsticht, hat beim eigenen Volk und bei Nachbarn Namen und Ruhm", schreibt der römische Historiker Tacitus und stellt fest, dass „man eine große Gefolgschaft nur in Krieg und Beutezug zusammenhalten kann", zumal derjenige großen Zulauf hat, der viele solcher Züge unternimmt, weil die jungen Krieger „leichter in Gefahr berühmt werden" können als etwa durch Landwirtschaft. Diese Beutezüge waren außerhalb des eigenen Landes durchzuführen, d. h. gegen die nächsten oder übernächsten Nachbarn.[10]

---

9   Müller-Wille: Opferkulte (Anm. 5).
10  Caesar, Bell. Gall. VI 23, 6, über die Germanen: „Raubzügen außerhalb der Grenzen eines jeden Landes haftet nichts Entehrendes an; man rühmt sie vielmehr als ein Mittel, die jungen Leute zu üben und ihrem Nichtstun zu wehren." Tacitus, Germania 13-14: Wenn junge Germanen öffentlich für waffenfähig erklärt wurden, „werden sie eingereiht in die Schar der anderen Gefolgsmänner, die schon älter und längst erprobt sind, und keiner braucht zu erröten, Gefolgsmann zu sein. [...] Solch ein ständig großes Gefolge auserlesener junger Männer verleiht Würde und Macht, ist im Frieden eine Ehre und im Krieg eine Wehr. Wer durch zahlreiches und mannhaftes Gefolge hervorsticht, hat beim eigenen Volk und bei Nachbarn Namen und Ruhm. [...] Wenn ihr eigener Stamm in langer Friedensruhe erlahmt, ziehen aus eigenem Antrieb die meisten edlen Jünglinge zu anderen Stämmen, die gerade irgendeinen Krieg führen – weil das tatenlose Leben dem Volk zuwider ist und sie leichter in Gefahr berühmt werden und man eine große Gefolgschaft nur in Krieg und Beutezug zusammenhalten kann; fordern sie doch von der Freigebigkeit ihres Führers Streitross und Speer zum siegreichen bluti-

Aus der ältesten erhaltenen Schriftquelle für germanische Beutezüge über See geht hervor, dass Franken und Sachsen 285/86 n.Chr. die Gewässer um den Ärmelkanal unsicher machten. Dem zum Küstenschutz eingesetzten römischen Feldherrn Carausius gelang es zwar, zahlreiche „Barbaren" gefangen zu nehmen, wenn sie mit ihren Schiffen voll Beute zurückfuhren, versäumte es aber, der geplünderten Provinzialbevölkerung die Beute unversehrt wieder zurückzugeben, so dass er in Verdacht geriet, die Piraten absichtlich herbeizulocken, um sich selber zu bereichern.[11] Diese Raubzüge über See mündeten schließlich im 5. Jahrhundert ein in die angelsächsische Landnahme in Britannien, von wo für die Folgezeit die ersten Selbstzeugnisse derer überliefert sind, die weiterhin Beutezüge unternahmen. So berichtet die Vita des 714 verstorbenen St. Guthlac, dass dieser Adlige in seiner Jugend eine Gefolgschaft von „Gefährten der verschiedensten Rassen" um sich versammelte, sich an seinen Feinden rächte und neun Jahre lang plündernd durch weite Teile des Landes zog.[12] Ein archäologischer Beleg für einen Gefolgsherrn, der Beutezüge per Schiff unternahm, ist der in dessen Grab in Sibertswold, Kent, gefundene silberne Schwertknauf aus der Zeit um 700 in Form eines Schiffes mit zwei Tierkopfsteven (Abb. 3). Der Schiffstyp, den die Angelsachsen „ceol" nannten und der auch in dem königlichen Bootsgrab von Sutton Hoo gefunden wurde, ist eine direkte Weiterentwicklung des großen Ruderboots von Nydam. Die Gefolgschaft für Einsätze auf dem „ceol" hatte für die Angelsachsen einen so hohen Stellenwert, dass sie sich sogar in zahlreichen Personennamen spiegelte, z. B. in Ceolbald (= kühner Kielkrieger), Ceolhere (= Kielherr), Ceolward (= Kielschützer) oder Ceolwin (= Kielfreund).[13] Es ist davon auszugehen, dass die Gefolgschaft ihren Herrn auch dann begleitete, wenn er das Ruderboot zu friedlichen Reisen einsetzte, zumindest wenn diese der Repräsentation dienten. Zwar ist darüber in Schriftquellen nichts zu finden, aber Ehre und Ruhm konnten eben am besten durch das Auftreten mit einer ansehnlichen Gefolgschaft vor Augen geführt werden.

Die auf so unterschiedliche Art belegten Raubzüge mit den von bewaffneten Gefolgsleuten geruderten schnellen Ruderbooten richteten sich gegen die an Küsten oder Flussunterläufen gelegenen Siedlungen. Zwar lässt sich nicht ausschließen, dass die Rudermannschaften auch Schiffe kaperten, aber die sowieso spärlichen Nachrichten antiker Autoren geben über eine solche Form germanischer Piraterie keine Auskunft und archäologisch ist der Überfall auf Schiffe nicht nach-

---

gen Kampf; denn Gelage und reichliche, wenn auch einfache Bewirtung tritt an die Stelle des Soldes."
11 Eutrop, IX, 21, berichtet, Carausius „hatte die Befriedung des Meeres zugewiesen erhalten, das die Franken und Sachsen unsicher machten. Als er häufig zahlreiche Barbaren gefangen, aber weder den Provinzialen die Beute unversehrt zurückgegeben noch dem Kaiser geschickt hatte, erregte er den Verdacht, die Barbaren absichtlich herbeizulocken, damit er sie, wenn sie mit Beute zurückfuhren, abfinge und sich selbst bei der Gelegenheit bereicherte."
12 James Campell: *Die Sozialordnung der Angelsachsen nach den Schriftquellen*, in: Claus Ahrens (Hg.): Sachsen und Angelsachsen, Hamburg 1978, S. 455-462, 456.
13 Detlev Ellmers: *Die Schiffe der Angelsachsen*, in: Claus Ahrens (Hg.): Sachsen und Angelsachsen, Hamburg 1978, S. 495-518, 503-505. Zum Schiffstyp „ceol" vgl. Kathrin Trier: *Altenglische Terminologie für Schiffe und Schiffsteil*, Oxford 2002, S. 38-40.

zuweisen. Das Ausrauben von Siedlungen durch plötzlich anlandende Schiffsmannschaften ist demnach als eine spezifische Form germanischen Seeraubs einzuordnen, bei der die Piraten Raubgut und Gefangene auf ihre Kriegsfahrzeuge verluden, mit denen sie sich durch rasches Wegrudern möglicher Verfolgung entzogen. Da aber die meisten Waffenopfer keine Boote enthielten und auch die Schriftquellen öfter Raubzüge über Land erwähnen, ist davon auszugehen, dass Beutezüge über See *nur* eine Sonderform der Raubüberfälle war, die wohl vorrangig über Land durchgeführt wurden. In beiden Fällen mussten die Angreifer allerdings gewärtig sein, dass ihrer eigenen Siedlung, von der aus sie den Beutezug gestartet hatten, durch Racheakte der Beraubten ein gleiches Schicksal drohte. Die Gefahr einer Eskalation war deshalb sehr groß, so dass die Grenze zwischen dem Raubzug einzelner Gefolgsherren und regulärem Krieg mit größerem Aufgebot sehr fließend war, wie schon die antiken Autoren schreiben. In Skandinavien lässt sich diese Form des Seeraubs archäologisch wenigstens bis ins 4. Jahrhundert v.Chr. zurückverfolgen.[14]

## II. Die Auswirkung schiffbaulicher Innovationen auf die Raubzüge

Im Prinzip liefen die Raubzüge der Wikinger immer noch nach dem gleichen Muster ab, nur gewannen sie durch die inzwischen erfolgten Verbesserungen der Schiffe und der Navigation eine in europäischen Gewässern unbegrenzte Reichweite, so dass diese Form des Seeraubs sich durch ganz neue Dimensionen und eine vorher nicht gekannte Durchschlagskraft sehr markant von den relativ kleinräumigen Beutezügen vor der Wikingerzeit abhebt. Bahnbrechend verbessert wurden die schnellen Ruderboote durch ihre Umgestaltung zu Segelfahrzeugen unter Beibehaltung der vollen Rudereinrichtung, denn in den entscheidenden Momenten der Überfälle wollte man auf das schnelle Rudern keinesfalls verzichten. Deshalb führten die Angreifer ihre Landemanöver mit niedergelegtem Mast durch (Abb. 4), damit sie sich sofort durch unbehindertes Rudern wieder zurückziehen konnten, falls es für sie selbst gefährlich werden sollte. Die umstrittene Frage, wann und wo germanische Schiffe erstmals gesegelt wurden, d. h. ob es neben den geruderten Kriegsschiffen bereits besegelte Handelsschiffe gab, braucht hier nicht diskutiert zu werden. Für das Pirateriethema genügt die Feststellung, dass in Skandinavien erstmals im 7. Jahrhundert auf Bildsteinen der Ostseeinsel Gotland die Darstellung der älteren geruderten Reiseboote durch die von besegelten Reisebooten abgelöst wurde. Ob damals schon alle sich aus der Übertragung von Segeln auf Ruderboote ergebenden Probleme zufrieden stellend gelöst waren, ist den sehr schematischen Zeichnungen nicht zu entnehmen.

Mit einem Länge-Breite-Verhältnis von 7:1 waren nämlich die frühen Ruderboote so schlank und hatten für den effektiven Einsatz der Riemen einen so gerin-

---

14 Müller-Wille: Opferkulte (Anm. 5), das Mooropfer von Hjortspring, Dänemark. Die auf skandinavischen Felszeichnungen der Bronzezeit zahlreich dargestellten Schiffe mit Bewaffneten an Bord lassen sehr wahrscheinlich bereits für die Bronzezeit auf diese Form des Seeraubs schließen.

gen Freibord, dass sie unmöglich Segel tragen konnten. Die besegelten Handelsschiffe der Wikingerzeit waren viel breiter (Länge : Breite um 3 : 1) und segelten entsprechend langsam. Bei den besegelten Kriegsschiffen der frühen Wikingerzeit hatte man im Länge-Breite-Verhältnis den Kompromiss bei 4,5 : 1 bis 5 : 1 gefunden, der noch eine ausreichend hohe Geschwindigkeit zuließ. Dafür musste aber die Bordwand so hoch gezogen werden, wie es für scharfes Segeln nötig war. Das erreichte man mit Rojepforten in der Bordwand, die sich einige Plankengänge unterhalb des Dollbords befinden und durch die die Riemen vom Schiffsinnern aus gesteckt werden konnten (Abb. 5a). Wenn man die Riemen nicht brauchte, zog man sie ein und verschloss die Rojepforten durch einfache Klappen (Abb. 5c), so dass sich das Schiff gefahrlos auf die Seite legen konnte. Der flache Kiel der Ruderboote wurde durch einen tiefer reichenden ersetzt, so dass dem Segel ein effektiver Lateralplan entgegenwirkte, und der Querschnitt wurde so gestaltet, dass das Schiff über ein ausreichendes aufrichtendes Moment verfügte, um seitlichen Winddruck auszugleichen (Abb. 5a). Trotzdem blieb der Tiefgang so gering, dass auch das besegelte Kriegsschiff weiterhin an jedem flachen Strand durch Auflaufen landen konnte. Schließlich wurde die Masthalterung sogar so umgebaut, dass der Mast während der Fahrt umgelegt werden konnte, so dass der Schwerpunkt beim Rudern tief lag und dem Wind kein Hebel geboten wurde, das Schiff zu krängen (vgl. Abb. 4). Nur mit all diesen Verbesserungen zusammen konnte der für Raubzüge vorgesehene Schiffstyp Segel tragen, ohne seine sonstigen, für Raubzüge erforderlichen Eigenschaften einzubüßen.

Ein anschauliches Muster eines Reise- und Kriegsschiffes mit all diesen Verbesserungen bildet das eingangs genannte, 23,2 m lange Gokstad-Schiff (Abb. 1), das außer seiner Segeleinrichtung an jeder Bordwand Rojepforten für 16 Riemen hatte, deren jeder von einem Ruderer bedient wurde (Abb. 5a). Oben auf jeder Bordwand waren aber 32 Schilde aufgereiht; demnach waren für jeden Riemen zwei Mann vorgesehen, die sich gegenseitig ablösen konnten. Dies ist ein wichtiger archäologischer Hinweis auf ein Zweiwachensystem, wie es für längere Fahrten übers offene Meer unentbehrlich war. Aus der schriftlichen Überlieferung wissen wir, dass die beiden für einen Riemen eingeteilten Männer eine gemeinsame Seekiste hatten, die ihnen wahrscheinlich beim Rudern auch als Sitz diente (Abb. 5b). Sie teilten sich sogar einen Fellschlafsack, der zum Übernachten auf dem offenen Deck unentbehrlich war. Da während des Segelns nicht gerudert wurde, waren für die Bedienung des Segels allemal genügend Hände an Bord. Zusammen mit Steuermann und Ausguck bestand die Besatzung also aus mindestens 66 Mann. Wenn diese beiden Posten doppelt besetzt waren und der Steuermann nicht gleichzeitig auch der militärische Leiter des Einsatzes war, ist von rund 70 Mann auszugehen. Für die in der schriftlichen Überlieferung gelegentlich genannte Besatzung von 80 Mann ist mit einem nur wenig größeren Schiff zu rechnen.

Der Segelantrieb hatte den großen Vorteil, das mühsame Rudern für die Marschfahrt zum Ziel und zurück überflüssig zu machen, so dass die Mannschaft dort ausgeruht ankam, ohne auf die übrigen, für den Ernstfall entscheidenden Eigenschaften des Schiffes verzichten zu müssen. Da es weiterhin an jedem flachen

Strand landen konnte, bestimmte die Besatzung stets selbst, wo sie an Land gehen wollte. Sie konnte unabhängig vom Wind weiterhin mit der durch das Rudern ermöglichten hohen Geschwindigkeit auf das Ziel zufahren, um einen denkbaren großen Überraschungseffekt zu erzielen (vgl. Abb. 4) und sich auf gleiche Weise und mit hoher Manövrierfähigkeit nach dem Überfall wieder aus dem Staub zu machen, insbesondere wenn sich wider Erwarten eine zu große Gegenwehr gesammelt hatte. Gesegelt wurde mit einem einzigen, ausreichend großen Rahsegel aus festem Wollstoff, das die Wikinger „langskipssegl" nannten (Abb. 6a-b). Auch wenn wir trotz aller Versuchsfahrten mit nachgebauten Wikingerschiffen keineswegs wissen, welche genaue Form es hatte, wodurch es sich von den Segeln anderer Schiffe unterschied und mit welcher Entwicklung wir zu rechnen haben,[15] gibt es über seine Auswirkung keine Zweifel: Mit ihm war man nicht mehr auf die durch das Rudern bedingte geringe Reichweite der älteren Ruderboote beschränkt, sondern konnte die Raubzüge viel weiter ausdehnen, zunächst noch wegen der Navigation entlang der Küsten nur innerhalb Skandinaviens.

## III. Die Auswirkung der innovativen Hochseenavigation auf die Raubzüge

Im späten 8. Jahrhundert gelang es den Skandinaviern aber, sich mit einer neuen Navigationsmethode von der Küste zu lösen und ohne Kompass die offene See gezielt zu überqueren. Wie das Segeln selbst beruhte auch die neue Hochseenavigation auf der Nutzung des Windes.[16] Die Wikinger segelten für solche Fahrten los, wenn sie abschätzen konnten, dass der Wind in den nächsten Tagen beständig aus einer Richtung wehen würde. Für diesen guten Fahrwind hatten sie die spezielle Bezeichnung „byrr", für die andere Sprachen keine Entsprechung haben – ein deutlicher Hinweis darauf, dass die Nutzung dieses Windes als Richtungsanzeiger eine eigenständige Leistung der skandinavischen Seefahrer war. Die Methode wurde zunächst in kleinen Meeren entwickelt, denn die „haben nur wenige schwierige Passagen, und die Seeleute können es zu beinahe allen Zeiten wagen, sie zu besegeln, denn da ist für die Leute, die sich auf das Wetter verstehen, nur wenig zu beachten, nämlich ein Fahrwind für ein oder zwei Tage."[17] Für die Hochseefahrt beispielsweise nach Island war man aber auf einen beständig aus gleicher Richtung wehenden Fahrwind von fünf oder mehr Tagen angewiesen. Wichtigstes Navigationsgerät war deshalb der „veðrviti" (= Windweiser), eine häufig sehr sorgfältig aus Metallblech gearbeitete Windfahne oben auf dem Mast (vgl. Abb. 6a), gelegentlich auch auf dem Vordersteven.[18]

---

15 Zum Forschungsstand vgl. Detlev Ellmers: *Segeleinrichtung*, in: Reallexikon der Germanischen Altertumskunde, Bd. 28, Berlin 2005, S. 84-102.
16 Uwe Schnall: *Navigation der Wikinger*, Oldenburg/Hamburg 1975, S. 167-180.
17 In Anlehnung an den altnordischen Königsspiegel von ca. 1250, Kap. 22. Deutsche Übersetzung: Rudolf Meissner: *Der Königsspiegel*, Halle 1944.
18 Vgl. dazu auch Ellmers: Segeleinrichtung (Anm. 15), S. 92.

Mit dieser im wahrsten Sinn des Wortes windigen Navigation, die den Steuermann vor schier unlösbare Probleme stellte, wenn der Wind wider Erwarten doch drehte, vollbrachten die Wikinger ganz erstaunliche navigatorische Leistungen. Einer der besten Steuermänner war Thorarin der Starke, dem nachgerühmt wird: „Er ist lange zur See gefahren und war so fahrtglücklich, dass er immer den Hafen traf, den er wollte."[19] Demnach waren im Normalfall nach Überquerung einer offenen Seestrecke längere Such- oder Kurskorrekturfahrten entlang der erreichten Küste nötig, bis der Zielort gefunden war. Wer vor Einführung dieser Methode etwa von Norwegen nach England segeln wollte, musste der norwegischen und jütischen Westküste in Sichtweite folgen und erreichte schließlich entlang der südlichen Nordseeküste die Britischen Inseln an der Küste von Kent oder Eastanglia. Deshalb kamen alle fremden Einflüsse, die Überfälle der Angelsachsen ebenso wie der friedliche Fernhandel oder die christliche Mission von Süden her nach England. 793 galt diese Jahrtausende alte Regel plötzlich nicht mehr: Wikinger aus Norwegen waren erstmals von Norden über See gekommen und hatten das Kloster Lindisfarne an Englands Nordostecke überfallen. Die Männer aus dem Norden (= Normannen) waren mit ihrer Windnavigation von Westnorwegen zu den Shetlandinseln hinüber gesegelt und dann von einer Insel zur anderen „gehüpft", so dass Schottland, Irland und die englische Nordostküste ungeschützt und ungewarnt vor ihnen lagen.

Das Ergebnis dieses für die Normannen überaus erfolgreichen ersten Überfalls auf eine Küstensiedlung außerhalb ihres bisherigen skandinavischen Aktionsraumes kann nur mit einem Dammbruch verglichen werden. Abgesehen von den ihnen vertrauten Gefahren der Seefahrt erwies sich dieser erste Überfall jenseits des Meeres für die Normannen als völlig risikolos. Sie tauchten plötzlich von See her auf, so dass für die Überfallenen keine Vorwarnung möglich war, selbst wenn es ein Warnsystem gegeben hätte. Bevor sich überhaupt eine Gegenwehr sammeln konnte, waren die Angreifer mit ihren Schiffen längst wieder verschwunden. Nicht einmal Racheakte der Überfallenen hatten sie zu befürchten, da diese gar nicht über Schiffe zur Fahrt in die Heimat der Angreifer verfügten. Kein Wunder also, dass der erste so erfolgreiche wie risikolose Überfall in Norwegen sofort Schule machte und sich auch schnell in ganz Skandinavien herumsprach. Welch eine Verlockung für junge Krieger, die bisher in innerskandinavischen Querelen versuchen mussten, sich einen Namen zu machen und bei ihren Überfällen organisierte Gegenwehr und Racheakte der Überfallenen mit einkalkulieren mussten! Jetzt brauchten sie nichts weiter zu tun, als auf einem geeigneten Schiff mit genügend großer Mannschaft Segel zu setzen und konnten sich aussuchen, an welchen Küsten Europas sie ungefährdet Beute machen wollten.

Auch bei den Wikingern weiteten sich die Raubzüge oft zu größeren Kriegszügen aus, die nicht mehr als Piraterie bezeichnet werden können, die aber in vielen Regionen der Britischen Inseln, in der Normandie und auf Sizilien zu Landnahmen führten. Viele Wikingertrupps waren sich ihrer Überlegenheit auf ihren

---

19 Deutsche Übersetzung aus der Kormáks Saga, Kap. 15: Schnall: Navigation (Anm. 16), S. 175.

Schiffen sogar so sicher, dass sie für ihre Überfälle die europäischen Flüsse weit aufwärts fuhren. Wenn man in eine Karte einträgt, wohin sie allein im 9. Jahrhundert auf den Flüssen des Frankenreichs gelangten, wird das erschreckende Ausmaß ihrer Unternehmungen deutlich: Zwischen Rhein und Pyrenäen ist kaum eine Region verschont geblieben (Abb. 7).[20] Dabei gab es einen stufenlosen Übergang von den Überfällen einzelner Gefolgsherren zu Kriegszügen mit kleinerem oder größerem Aufgebot, so dass die genaue Abgrenzung der Piraterie von den Kriegszügen nicht leicht zu bestimmen ist. Die folgende Darstellung konzentriert sich deshalb auf die kleinste Form der von See aus durchgeführten Überfälle, die als sozusagen private Raubfahrten einzelner Anführer in jedem Fall von den Überfallenen als Piratenakte angesehen wurden.

## IV. Die Sicht der Täter im Spiegel der Sagas

Dass die Männer aus dem Norden diese Überfälle ganz anders beurteilten, ist in vielen isländischen Sagas überliefert. Exemplarisch ist die Beschreibung der Lebensumstände eines Wikingers, der auf einer Orkney-Insel Land genommen hatte:[21] „So pflegte Svein zu leben: Den Winter über verbrachte er zu Hause in Gairsay, wo er um die achtzig Leute auf seine Kosten unterhielt. Seine Trinkhalle war so groß, dass nichts auf den Orkneys damit zu vergleichen war." Der Stellenwert der Trinkhalle nicht nur für Svein, sondern allgemein für die Gesellschaftsordnung der Wikinger, ist nicht hoch genug zu veranschlagen. In ihr kam die Gefolgschaft zusammen, um beim gemeinsamen Essen und vor allem beim Trinken die Geselligkeit zu pflegen und zugleich dem großen Ansehen ihres Gefolgsherrn sichtbaren Ausdruck zu geben. Wir kennen die Trinkhalle aus verschiedenen Siedlungsgrabungen, darunter als aussagefähigstes Beispiel die Trinkhalle der Inselsiedlung Helgö im Mälarsee, Schweden.[22] Dort belegen zahlreiche Glasscherben von Trinkgefäßen aus dem Rheinland die darin mit der Gefolgschaft gefeierten Gelage. Außerdem weisen aber die Krümme eines irischen Bischofstabes und eine bronzene Buddhafigur zwei mit der Gefolgschaft unternommene Wikingerzüge nach, von denen einer nach Westen bis Irland geführt hatte, der andere über die russischen Ströme bis zu den Buddhisten im Bereich des Kaspischen Meeres. Trinkhallen waren aber auch tief in der heidnischen Religion verankert. Die Wikinger hatten die Vorstellung, dass Odin die im Kampf gefallenen Krieger zu sich holte, um sie in seine Gefolgschaft aufzunehmen, die sich tagsüber im Waffengebrauch übte und abends in Walhall, Odins großer Trinkhalle, bewirtet wurde. Gotländische Bildsteine zeigen, wie Odin den mit einem Schiff neu ankommenden Krieger auf seinem eigenen achtbeinigen Ross vom Lande-

---

20 Torsten Capelle: *Karolingische Landratten und normannische Seefahrer,* in: DEUTSCHES SCHIFFAHRTSARCHIV 25 (2002), S. 57-62.
21 Orkneyinga saga, Kap. 105, zitiert nach: Eberhard Kaiser: *Grenzenlose Gier nach Beute,* in: Ulrich Löber (Hg.): Die Wikinger, Koblenz 1998, S. 95-104, 98.
22 Wilhelm Holmqvist/Karl-Erik Granath: *Helgö den gåtfulla ön,* Uddevalla 1969, S. 63-85.

platz abholen und ihm vor Walhall von einer Walküre einen Willkommenstrunk reichen lässt (Abb. 8).[23]

Über die wirtschaftlichen Voraussetzungen für die ständige Bewirtung einer großen Gefolgschaft in den irdischen Trinkhallen erfahren wir aufschlussreiche Details aus dem weiteren Text der zitierten Saga: „Swein hatte im Frühjahr immer viel Arbeit und ließ überaus viel Getreide aussäen und legte selbst tüchtig mit Hand an. Wenn aber diese Arbeit beendet war, fuhr er jedes Frühjahr aus, um auf den Hebriden und Irland zu plündern; das nannte er seinen Frühjahrswiking. Dann kam er nach dem Mittsommer nach Hause, wo er blieb, bis die Getreidefelder abgeerntet und das Getreide eingefahren war. Danach zog er erneut auf Heerfahrt und kam nicht eher zurück, als bis ein Monat des Winters vorüber war. Das nannte er seinen Herbstwiking." Der zitierte Text ist auch insofern exemplarisch für die Wikingerüberfälle, als er eine ihrer wichtigen Voraussetzungen nennt: Die für solche Unternehmungen ausreichend große Gefolgschaft konnte nur halten, wer über genügend großen Landbesitz verfügte, um ihr zumindest den Grundbestand an Nahrungsmitteln bieten zu können. Was durch Beutezüge hinzukam, konnte diese Basis keineswegs ersetzen, machte aber einen gehobenen Lebensstil möglich.

Obwohl der Text weder ein Schiff erwähnt noch die Teilnahme der Gefolgschaft an den Wikingerfahrten, ergibt sich aus dem Zusammenhang, dass Raubzüge von den Orkneys zu den Hebriden und nach Irland nur mit einem Kriegsschiff durchzuführen waren, auf dem die Gefolgschaft eine Kriegerschar bildete, die bei Hin- und Rückfahrt zugleich auch als Schiffsmannschaft tätig war. Für etwa achtzig Mann war Sweins Schiff nur wenig größer als das von Gokstad. Die für Raubfahrten eines auf eigene Rechnung agierenden Haudegens relativ große Kriegerzahl war eine gute Voraussetzung für den Erfolg solcher Unternehmungen und zwischen den Ausfahrten zugleich ein Schutz vor Racheakten der Beraubten. Andererseits waren die Beutezüge aber auch erforderlich, um die große Gefolgschaft unterhalten und zusammenhalten zu können. Schließlich bestätigt der kurze Text, was etwa tausend Jahre zuvor bereits Caesar bei den Germanen seiner Zeit beobachtet hatte, dass nämlich die Raubzüge nur außerhalb des eigenen Landes durchgeführt wurden.

## V. „Wikingerzug" und „Kauffahrt"

Es gab auch Gefolgschaftsherren, die ihren größeren Aufwand durch Handelsfahrten aufzubringen suchten. Eine aufschlussreiche Episode erzählt die Olafssaga von zwei sehr unterschiedlichen norwegischen Schiffen, die gemeinsam nach Norden ins Weiße Meer segelten, um im Bjarmaland Pelze zu erwerben. Thorir führte ein Langschiff mit achtzig Mann Besatzung. Seine Partner waren die Brü-

---

23 Detlev Ellmers: *Schiffsdarstellungen auf skandinavischen Grabsteinen*, in: Helmut Roth (Hg.): Zum Problem der Deutung frühmittelalterlicher Bildinhalte, Sigmaringen 1986, S. 341-372, 352-362.

der Karli und Gunnstein in einem kleineren Reiseschiff mit insgesamt nur 25 Mann, so dass sie befürchteten, bei der anteiligen Aufteilung des Gewinns übervorteilt zu werden. „Die Männer, die reichlich zahlen konnten, erwarben auf einem Handelsplatz Waren in Fülle." Bis zu diesem Zeitpunkt traten die Reisenden wie Händler auf und hielten den Marktfrieden ein, berieten sich dann aber, „ob sie bereit seien, an Land zu gehen und Beute zu machen." Die Mannschaft war begierig, den Zug zu wagen, „wenn Beute in Aussicht war." Da wies ausgerechnet Thorir, der Anführer der großen, also am ehesten überlegenen Gefolgschaft auf das Risiko eines Raubzuges hin, bei dem doch Menschenleben aufs Spiel gesetzt würden.[24] Wir erfahren also, dass Männer aus der gesellschaftlichen Oberschicht auch mit ihren Kriegsschiffen voller gut bewaffneter Gefolgsleute Handelsfahrten unternahmen, die dafür üblichen Usancen einhielten und gut bezahlten.[25] Für sie war allerdings die Versuchung groß, vom friedlichen Handel auf Raub überzugehen, wenn sie absehen konnten, dass auf dem aufgesuchten Handelsplatz wenig Gegenwehr zu befürchten war. Auf solche Weise suchten die Wikinger z. B. nach dem Tode Karls des Großen und dem Erlahmen der von ihm organisierten Gegenwehr in immer neuen Überfällen den karolingischen Handelsplatz Dorestad im Rheinmündungsgebiet heim.

Ganz anders sind die regulären Berufskaufleute zu beurteilen, die in Skandinavien spätestens seit der frühen Wikingerzeit in den zahlreich ausgegrabenen Handelsplätzen ansässig waren, um von dort mit ihren durch die Schiffsarchäologie bekannten breiten und hochbordigen Handelsschiffen zum Warenaustausch in fremde Länder zu segeln. Diese reinen Segelfahrzeuge mit wenigen Hilfsriemen für schwierige Manöver brauchten nur eine sehr kleine Besatzung,[26] die größten allenfalls zehn Mann, die kleineren noch weniger.[27] Ein Interesse an einer größeren Mannschaft hatten diese Kaufleute nicht, denn sie mussten sie ja von ihrem Handelsgewinn ernähren und entlohnen, weil ihnen der für den Unterhalt einer großen Gefolgschaft nötige Grundbesitz fehlte. Deshalb kamen sie nicht in Versuchung, Raubüberfälle auch nur in Erwägung zu ziehen. Sie waren im Gegenteil überall, wohin sie kamen, auf friedliche Verhältnisse angewiesen, die es ihnen ermöglichten, ihre Waren den Marktbesuchern anzubieten. Jede Gewaltanwendung vertrieb ihre Kunden und setzte sie der Gefahr aus, ihre Lebensgrundlage einzubüßen – und zwar sowohl ihr Schiff als wichtigstes Betriebsmittel als auch ihre wertvollen Waren, die ihnen den zum Lebensunterhalt erforderlichen Handelsgewinn einbringen sollten. Diese nüchternen Überlegungen zur Interessenlage

---

24 Olafs saga ins helga, Kap. 133, zitiert nach Kaiser: Grenzenlose Gier (Anm. 21), S. 101.
25 In diesem Punkt muss ich meine früheren Angaben korrigieren, dass die Skandinavier schon bei der Planung der Reise entscheiden mussten, ob sie (mit dem Handelsschiff) zur Handelsfahrt, oder (mit dem Kriegsschiff) zur Raubfahrt aufbrechen wollten. So noch Detlev Ellmers: *Die Wikingerschiffe und ihre Mannschaften*, in: Ulrich Löber (Hg.): Die Wikinger, Koblenz 1998, S. 74-85.
26 Ellmers: Wikingerschiffe (Anm. 25), S. 80-83.
27 Selbst die großen Hansekoggen kamen um 1400 noch mit elf Mann Besatzung aus. Gabriele Hoffmann/Uwe Schnall (Hg.): *Die Kogge. Sternstunde der deutschen Schiffsarchäologie*, Hamburg 2003, S. 172.

der Berufskaufleute zwingen zu einer bisher noch nicht angewandten Differenzierung bei der Beurteilung der Überfälle auf Handelsplätze durch Wikinger.

Besonders die Leser, die wissen, dass der karolingische und ottonische Adel keine Handelsfahrten per Schiff unternahm, müssen für Skandinavien zur Kenntnis nehmen, dass Angehörige der Oberschicht wenigstens zeitweise, zumeist in jungen Jahren, sich mit Schiffen auf Handelsreisen begaben. Kennzeichnend dafür ist, wie der Sohn eines Königsmannes im altnordischen Königsspiegel seinem Vater seinen Plan für eine Handelsfahrt begründet: „Weil ich nun im beweglichsten Alter bin, so habe ich Lust, zwischen den Ländern hin und her zu fahren, denn ich getraue mich nicht, das Hofgefolge aufzusuchen, ehe ich zuvor die Sitten anderer Männer gesehen habe."[28] Während der Wikingerzeit konnte die von Angehörigen dieser grundbesitzenden Oberschicht unternommene Handelsfahrt leicht in einen Beutezug umschlagen, wenn sie dafür auf ihrem großen Reiseschiff mit großer Gefolgschaft unterwegs waren, wie dem dieser Schicht zugehörigen Norweger Björn nachgerühmt wird: „Er war ein großer Seefahrer, mal auf Wikingerzug, mal auf Kauffahrt."[29] In der Forschung wird bis heute aus solchen Quellenangaben geschlossen, dass in der Wikingerzeit eine Trennung zwischen Händler und Räuber noch nicht bestanden habe.[30] Nichts ist falscher als das! Die Verlockung, vom Handel zum Raub überzugehen, gehörte vielmehr zum Verhalten einer spezifischen Gesellschaftsschicht, die sehr wohl darauf bedacht war, auf den Märkten auch die Regeln des friedlichen Handels strikt einzuhalten, die es aber gleichwohl mit ihrem Ehrenkodex vereinbaren konnte, außerhalb ihres Landes Raubzüge durchzuführen.

Die Berufskaufleute waren der Gefahr einer Beraubung aber nicht nur an den Handelsplätzen ausgesetzt, sondern auch auf See. Zwar ist nur ganz selten überliefert, dass die Wikinger auch Handelsschiffe überfielen, denn die betroffenen Händler hinterließen ja keine schriftlichen Nachrichten. Aber zwei oder drei Schiffsüberfälle sind doch überliefert. Weil der Hamburger Bischof Ansgar 830 auf einem Handelsschiff eine Missionsreise von Haithabu zu dem schwedischen Handelsplatz Birka (bei Stockholm) unternahm und dabei selber unter einem Piratenakt zu leiden hatte, wurde dieser in seiner Vita festgehalten. Dieser Überfall scheint kein singulärer Einzelfall gewesen zu sein. Die Kaufleute müssen mit der Gefahr des Seeraubs gerechnet haben, denn sie hatten sich bereits bei Fahrtantritt zu einer kleinen Flotte von mehreren Schiffen zusammengeschlossen, um sich gemeinsam besser gegen die Seeräuber wehren zu können: „Als sie etwa die halbe Strecke zurückgelegt hatten, stießen sie mit Piraten zusammen. Die Händler, die mit ihnen fuhren, verteidigten sich mannhaft und anfangs auch erfolgreich. Beim zweiten Angriff jedoch wurden sie von den Piraten völlig besiegt und überwunden, so dass sie ihnen die Schiffe und all ihre mitgeführte Habe überlassen mussten. Kaum konnten sie selbst entrinnen und sich an Land retten. Auch die königlichen Geschenke, die sie überbringen sollten, und all ihr Eigentum gingen dabei

---

28 Meissner: Königsspiegel (Anm. 17), Kap. 3.
29 Egils saga Skallagrimssonar, Kap. 32, zitiert nach Kaiser: Grenzenlose Gier (Anm. 21), S. 100.
30 So ebd., S. 98.

verloren bis auf Kleinigkeiten, die sie zufällig beim Sprung ins Wasser bei sich hatten und mitnahmen. Unter anderem büßten sie durch jene Räuber etwa vierzig Bücher ein, die für den Gottesdienst zusammengebracht worden waren. Nun legten sie den sehr weiten Weg unter großen Schwierigkeiten zu Fuß zurück."[31] Mit den Büchern konnten die Seeräuber natürlich wenig anfangen: Sie rissen nur die silbernen Buchschließen ab und ließen sie zu Gewandspangen umarbeiten, die Archäologen unserer Zeit als Beigaben in schwedischen Frauengräbern wiederfanden.

Aus der Sicht der Täter sind Überfälle auf Handelsschiffe in den Sagas nur dann überliefert, wenn sie in den größeren Zusammenhängen der Sagastoffe eine Rolle spielten. Eines der ganz wenigen Beispiele findet sich in der Olafssaga. Als König Olaf Tryggwason (995-1000) Norwegen gewaltsam christianisierte, entzogen sich ihm viele Norweger durch die Flucht. Jarl Eirik Hakonson wurde vom Schwedenkönig aufgenommen, der ihm große Einkünfte verlieh, „so dass der Jarl und seine Mannschaft guten Unterhalt im Lande hatten." Als ihm viel Volk aus Norwegen zuströmte, „entschloss sich der Jarl, Schiffe auszurüsten und auf Heerfahrt zu ziehen, um für sich und seine Mannschaft Beute zu gewinnen. Er nahm zuerst Kurs auf Gotland und lag dort lange den Sommer über. Er lauerte Kauffahrern auf, die nach dem Lande segelten, oder Wikingern. Mitunter ging er auch an Land und heerte weit die Küste entlang."[32]

Trotz des großen Zeitunterschiedes stimmen beide Berichte darin überein, dass die Wikinger an viel befahrenen Handelsrouten Handelsschiffen auflauerten, nämlich im 9. Jahrhundert an der Strecke Haithabu – Birka, die wegen der küstennahen Navigation in Sichtweite zum Land verlief, so dass sich die Überfallenen durch den Sprung ins Wasser an Land retten konnten. Um 1000 war Gotland die Drehscheibe des Ostseehandels, gehörte aber nicht zum schwedischen Königreich, weshalb es für einen Gastfreund des schwedischen Königs kein Rechtsbruch war, dort Handelsschiffe und Küstensiedlungen zu überfallen. Immerhin überfiel er auch die Kriegsschiffe anderer Wikinger, um ihnen das erbeutete Gut abzunehmen. Trotz der spärlichen Überlieferung ist davon auszugehen, dass die Wikinger Handelsschiffe ebenso häufig überfielen wie die Handelsplätze, zumal sie auf See noch weniger als an Land von einer Gegenwehr überrascht werden konnten.

Immerhin schafften es energische Könige, eine erfolgreiche Abwehr zu organisieren. So berichtet eine Saga von dem irischen König Myrkjartan, der dafür unter anderem auch auf einem seiner Schiffe den Isländer Olaf mit seiner Mannschaft in seinen Dienst nahm: „Der König kam wenig zur Ruhe, denn fortwährend gab es damals feindliche Einfälle in den Westländern. Der König schlug den Winter über Wikinger und Räuber von seinen Küsten zurück. Olaf mit seiner Mannschaft war auf dem Königsschiffe und mit dieser Mannschaft war nicht gut anzu-

---

31 Rimberti vita Anskarii, Kap. 10, in: Werner Trillmich (Hg.): *Quellen des 9. und 11. Jahrhunderts zur Geschichte der hamburgischen Kirche und des Reiches*, Darmstadt 1961 (Ausgewählte Quellen zur deutschen Geschichte des Mittelalters, 11), S. 40f.
32 Olafs saga ins helga, zitiert nach Felix Genzmer: *Germanische Seefahrt und Seegeltung*, München 1944, S. 228.

binden, wenn man ihr feindlich gegenüberstand."[33] Auch Karl der Große „richtete eine Flotte her zum Krieg gegen die Normannen, indem er Schiffe bauen ließ an den Flüssen in Gallien und Germanien, die in die nördliche See fließen. Wegen der ständigen normannischen Raubzüge an der gallischen und germanischen Küste legte er an geeigneten Plätzen in allen Häfen und in den Flussmündungen kleine Flotten und Wachposten an. Auf diese Weise hinderte er den Feind daran, an Land zu gehen."[34] Ebenso war Alfred der Große in England mit einer eigenen Abwehrflotte gegen die normannischen Übergriffe erfolgreich. Wer die Raubzüge der Wikinger wirksam abwehren wollte, brauchte dafür offensichtlich eigene Schiffe. Noch wichtiger scheint jedoch der eiserne Wille der Herrscher gewesen zu sein, denn nach dem Tode der genannten Könige erlahmte die Abwehr wieder und die Wikinger plünderten nun erst recht in den vorher geschützten Ländern, wie die Karte (Abb. 7) anschaulich zeigt. Andere Herrscher siedelten skandinavische Heerführer mit ihren Schiffen an besonders gefährdeten Küsten mit der Aufgabe an, diese vor Angriffen ihrer Landsleute zu schützen. Das bot wenigstens dem jeweiligen relativ kleinen Küstenstrich Schutz. Aber aufs Ganze gesehen, blieben alle genannten und auch weitere Maßnahmen, wie Lösegeldzahlungen, räumlich und zeitlich begrenzt, ohne die Flut eindämmen zu können.

Die entscheidenden Änderungen geschahen in Skandinavien, wo es um 872 König Harald Schönhaar gelang, ganz Norwegen unter seine Herrschaft zu bringen. Infolgedessen konnte ein Norweger nun nicht mehr zum Raubzug in eine norwegische Nachbarprovinz segeln, denn es war ja unehrenhaft, im eigenen Land zu plündern. Wer es trotzdem tat oder wer von einem anderen Land aus in Norwegen einfiel, musste mit Gegenmaßnahmen des Königs rechnen, der dafür auch die Kriegsschiffe der Magnaten seines Reiches aufbot. Auch Dänemark und Schweden wurden unter starken Königen zusammengefasst, denen es wie in Norwegen gelang, das Potenzial der lokalen Größen mit ihren stark bemannten Kriegsschiffen so weit für ihre politischen Ziele zu erwärmen, dass sie sogar große, nach außen gerichtete Flottenunternehmungen durchführen konnten. Eine der größten war gegen England gerichtet und führte dazu, dass der Dänenkönig Knut der Große 1016 zugleich auch englischer König wurde.

## VI. Schlussbemerkung

Für das Pirateriethema ist es nicht erforderlich, das Auf und Ab der Königsherrschaften oder gar die einzelnen Unternehmungen darzustellen. Entscheidend ist als Ergebnis eine gefestigtere Staatlichkeit, so dass es gelang, die Kräfte, die sich in einer Vielzahl einzelner Raubzüge geäußert hatten, zunehmend einerseits zu größeren, nach außen gerichteten Aktionen zu bündeln und andererseits zum Schutz des eigenen Landes einzusetzen. Langfristig wurde dadurch erreicht, dass

---

33 Laxdæla saga, zitiert nach: Heinrich Matthias Heinrichs (Hg.): *Die schönsten Geschichten aus Thule*, München 1974, S. 107f.
34 Einhard: Vita Karoli magni, zitiert nach Capelle: Karolingische Landratten (Anm. 20), S. 59.

die Magnaten im Einsatz für den König und das eigene Land viele willkommene Gelegenheiten fanden, Ehre und Ansehen zu gewinnen.[35] Seit dem späten 10. Jahrhundert ebbten die Raubzüge der Wikinger langsam ab. Der jüngste für die deutsche Küste überlieferte Raubzug von Wikingern fand 994 am linken Ufer der Niederelbe statt. Zwar wurde gegen die ausdrücklich als Seeräuber bezeichneten Angreifer die Landesverteidigung nach der bewährten Methode mit eigenen Schiffen unter Leitung der Grafen von Stade mobilisiert. Aber sie wurden besiegt und gefangen genommen, so dass der Herzog von Sachsen für ihre Freilassung ein sehr hohes Lösegeld aushandeln musste.[36]

## Abbildungen

*Abb. 1: Mit Kriegsschiffen wie dem bei Gokstad, Norwegen, ausgegrabenen von ca. 900 unternahmen die Wikinger ihre Raubzüge. Nach Ellmers: Boots- und Schiffbau (Anm. 6).*

---

35  Vgl. Niels Lund: *Is leidang a Nordic or a European phenomenon?*, in: Anne Nørgård Jørgensen (Hg.): Military Aspects of Scandinavian Society in a European perspective, AD 1-1300, Copenhagen 1997, S. 195-199.
36  *Die Chronik Thietmar's, Bischof von Merseburg*, Buch 4, Kap. 16, in: Johann Christian Moritz Laurent (Hg.): Die Geschichtsschreiber der deutschen Vorzeit in deutscher Bearbeitung, XI. Jh., Bd. 1, Berlin 1848, S. 99f.

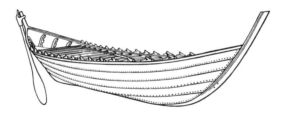

*Abb. 2: Vor der Wikingerzeit wurden Raubzüge mit schlanken Ruderbooten wie dem von Nydam, Dänemark, von ca. 350 durchgeführt. Nach Ellmers: Boots- und Schiffbau (Anm. 6).*

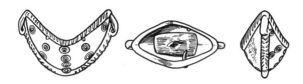

*Abb. 3: Wer sein Schwert mit einem Knauf in Schiffsform versah, setzte es auch vom Schiff aus ein. Grabfund von Sibertswold, England, um 700. Nach Ellmers: Schiffe der Angelsachsen (Anm. 13).*

*Abb. 4: Für Überraschungsangriffe legten die Wikinger Segel und Mast ins Schiff, um im Notfall unabhängig vom Wind rasch wegrudern zu können. Darstellung auf einem Bildstein auf Gotland, um 800. Nach S. Lindqvist.[37]*

---

37 In Anlehnung an einen Ausschnitt in: Sune Lindqvist (Hg.): *Gotlands Bildsteine*, Bd. 1, Stockholm 1941, Tafel 27, Fig. 81.

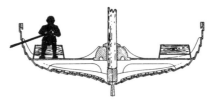

*a.*

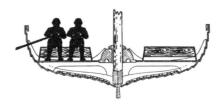

*b.*

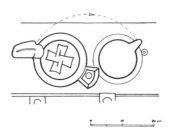

*c.*

*Abb. 5.a und b: Durch tiefen Kiel, breit ausladenden Querschnitt und hohe Bordwände machten die Wikinger ihre Ruderschiffe segelfähig. 5c: Die Rojepforten, durch die man die Riemen steckte, waren mit Klappen verschließbar. Gokstadschiff um 900. Nach W. Dammann.[38]*

---

38  Werner Dammann: *Das Gokstadschiff und seine Boote*, Heidenheim 1981, Taf. 15 u. 4.

Die Wikinger und ihre Schiffe 111

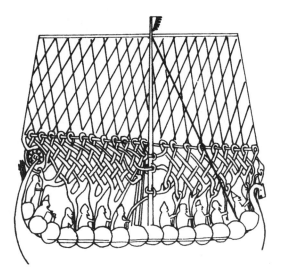

a.

b.

Abb. 6: Die Segel der an den aufgereihten Schilden kenntlichen Kriegsschiffe der Wikinger sind nur bildlich überliefert. a. Der Bildstein von Stenkyrka Smiss, Gotland, zeigt das Schiff um 800 in Fahrt. b. Die ältesten skandinavischen Münzen (frühes 9. Jahrhundert) zeigen es im Hafen mit aufgegeitem Segel. Nach Ellmers: Segeleinrichtung (Anm. 15).

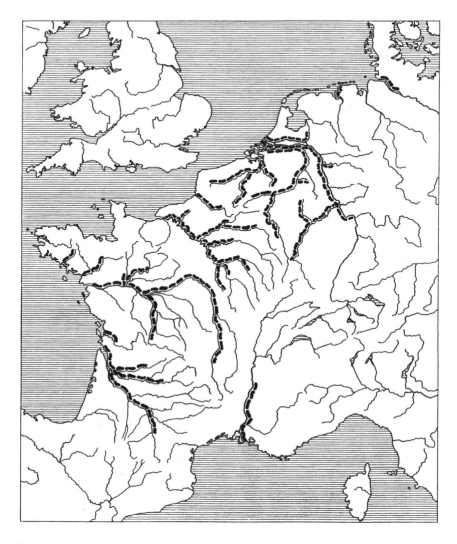

*Abb. 7: So tief drangen die Wikinger im 9. Jahrhundert mit ihren Schiffen auf den Flüssen ins Frankenreich ein. Nach Capelle: Karolingische Landratten (Anm. 20).*

*Abb. 8: So stellten sich die Wikinger Walhall vor. Um den im Kampf gefallenen Krieger in seine Gefolgschaft einzureihen, schickt Odin sein achtbeiniges Ross zum Schiffslandeplatz. Darauf reitet der Krieger nach Walhall (=Trinkhalle oben links), wo ihm eine Walküre den Willkommenstrunk reicht. Bildstein von Tjängvide, Gotland, um 800. Nach Ellmers: Schiffsdarstellungen (Anm. 23).*

# SEERÄUBER IN HERINGSTONNEN?

## GEWALTAUSÜBUNG UND GEWALTERFAHRUNG AUF HANSISCHEN SCHIFFSROUTEN DES SPÄTMITTELALTERS

STEPHAN SELZER

Er war einer der erfolgreichsten Piraten seiner Zeit und führte ein schmutziges, aber spektakuläres Leben. Nachdem er aus einer Hansestadt verbannt worden war, raubte er erfolgreich auf Ost- und Nordsee. Aber schließlich besiegten ihn hansische Schiffe doch. Nach seinem Ende wurden seine Schandtaten besungen. Man errät, wer gemeint ist: Marten Pechlin. Über ihn und seine Überfälle der Jahre 1525 bis 1526 ist mehr bekannt als über andere Seeräuber des mittelalterlichen Nord- und Ostseeraums.[1] Es waren die Lübecker Bergenfahrer, die ihn besiegten und seitdem für eine negative Erinnerung an ihn sorgten: Eine Chronik, ein Lied und seine Schiffsfahne, die im Kampf erbeutet und als Siegestrophäe in der Lübecker Marienkirche gezeigt wurde,[2] hielten die Mär vom üblen Piraten über mehrere Generationen im kollektiven Gedächtnis wach.[3]

Seine Zeitgenossen mussten sich um Pechlin kümmern, oder aber sie wurden von ihm bekümmert. Nachfolgende Generationen haben sich seiner lange erinnert. Doch das sollte sich ändern, als Pechlin und mit ihm andere Seeräuber in den Windschatten gerieten, den ein Seeräuber des Hanseraums bis heute wirft: Klaus Störtebeker.[4] Von ihm wissen heute selbst die Schulkinder, während Pechlin nur

---

1 Vgl. Kurt Lemke: Art. *„Pechlin, Marten"*, in: Olaf Klose (Hg.): Biographisches Lexikon für Schleswig-Holstein und Lübeck, Band 8, Neumünster 1987, S. 272f.; ders.: *Der Seeräuber Marten Pechlin und seine Sippe*, in: ZEITSCHRIFT FÜR NIEDERDEUTSCHE FAMILIENKUNDE 50 (1975), S. 95-102; ders.: *Der Seeräuber Marten Pechlin und seine Sippe*, in: LÜBECKER BEITRÄGE ZUR FAMILIEN- UND WAPPENKUNDE 32 (1993), S. 35-48. Die Hauptquellen sind ein Augenzeugenbericht des Gerd Korffmaker von 1527, der der Chronik des Hans Regkmann angebunden ist, und das wohl darauf beruhende Lied des Hans von Göttingen. Vgl. Johann M. Lappenberg: *Des Hans von Göttingen Lied vom Seeräuber Martin Pechlin*, in: ZEITSCHRIFT DES VEREINS FÜR HAMBURGISCHE GESCHICHTE 2 (1847), S. 141-157; Dietrich Schäfer: *Die Lübeckische Chronik des Hans Reckemann*, in: HANSISCHE GESCHICHTSBLÄTTER 6 (1876), S. 59-93; Friedrich Bruns: *Die Lübecker Bergenfahrer und ihre Chronistik* (Hansische Geschichtsquellen NF 2), Berlin 1900.
2 Siehe Bruns: Bergenfahrer (Anm. 1), S. 137 (nach einer Abbildung in der Rehbein-Chronik); Schäfer: Chronik (Anm. 1), S. 91.
3 Zum Parallelfall Claus Kniphof siehe Johann M. Lappenberg: *Das Stephan Kempe Lied von Klaus Kniphof*, in: ZEITSCHRIFT DES VEREINS FÜR HAMBURGISCHE GESCHICHTE 2 (1847), S. 118-140; ders.: *Des Hans Gottingen Lied vom Klaus Kniphof*, in: ZEITSCHRIFT FÜR HAMBURGISCHE GESCHICHTE 2 (1847), S. 577-591. Vgl. Friedrich Techen: *Die Blaue Flagge. Störtebeker, Klaus Kniphof, Marten Pechelyn* (Hansische Volkshefte 2), Bremen 1923.
4 Siehe hier nur Winfried Ehbrecht (Hg.): Störtebeker. 600 Jahre nach seinem Tod. Seeraub an der südlichen Nordseeküste vom 14. bis zum 16. Jahrhundert (Hansische Studien 15), Trier 2005; Jörgen Bracker (Hg.): „Gottes Freund – Aller Welt Feind". Von Seeraub und Konvoifahrt. Störtebeker und die Folgen, Hamburg 2001.

wenigen Spezialisten bekannt ist. Über Klaus Störtebeker erneut zu schreiben, ist hier nicht beabsichtigt. Dergleichen müsste so anmuten, als besuche man in einem ausgedehnten Archipel wieder und wieder dieselbe Insel, die hinsichtlich Lage, Größe und Vielfalt die übrigen keineswegs übertrifft und zudem vom Massentourismus überlaufen ist. So gab es bedeutendere Seeräuber,[5] und zudem endete die Bedrohung der hansischen Schifffahrt keineswegs mit dem Tod Störtebekers zu Beginn des 15. Jahrhunderts.[6]

Schon wegen dieser verschatteten Chronologie scheint der forschende Blick auf das letzte mittelalterliche Jahrhundert geboten zu sein. Zudem kann eine solche zeitliche Ausrichtung thematisch befruchtend wirken. Mit ihr kann nämlich an neuere Arbeiten zur spätmittelalterlichen Epoche angeschlossen werden, in denen indes nicht Gewaltausübung zur See, sondern solche zu Lande untersucht worden ist. An diesen Studien ist hinreichend zu erkennen, dass das Spätmittelalter als eine Umbruchphase gelten kann, in der ältere Formen der Gewaltanwendung in Krieg und Fehde diskreditiert wurden, besser legitimierte Gewaltakteure aufkamen und traditionelle durch neue Verfahren der Konfliktreglung ersetzt wurden.[7]

Gegenüber solchen Differenzierungen weitaus schlichter wirkt das Szenario, in das die spätmittelalterliche Gewaltausübung auf Nord- und Ostsee oftmals eingeordnet worden ist: Im Bild der älteren Hanseforschung war die Unterscheidung zwischen illegitimer und legitimer Gewaltanwendung auf den mittelalterlichen Hausmeeren der Hanse recht eindeutig:[8] Monarchische Staaten und quasi staatli-

---

5 Gregor Rohmann: *Der Kaperfahrer Johann Stortebeker aus Danzig. Beobachtungen zur Geschichte der „Vitalienbrüder"*, in: HANSISCHE GESCHICHTSBLÄTTER 125 (2007), S. 77-119.

6 Diese Akzentsetzung wird für den unbedarften Beobachter durch die letzte Zusammenfassung von Matthias Puhle: *Die Vitalienbrüder. Klaus Störtebeker und die Seeräuber der Hansezeit*, Frankfurt/M. 1992, hervorgerufen. Siehe demgegenüber die Forschungsüberblicke von Friedrich Benninghoven: *Die Vitalienbrüder als Forschungsproblem*, in: ACTA VISBYENSIA 4 (1971), S. 41-52; Michel Mollat: *Guerre de course et piraterie à la fin du Moyen Age. Aspects économiques et sociaux. Position de problèmes*, in: HANSISCHE GESCHICHTSBLÄTTER 90 (1972), S. 1-14, auch in ders.: *Etudes d'Histoire Maritime (1938-1975)*, Turin 1977, S. 473-486; Andreas Kammler: *Kaperschiffahrt in Hamburg und Lübeck 1471-1510: ein Forschungsbericht*, in: ZEITSCHRIFT DES VEREINS FÜR HAMBURGISCHE GESCHICHTE 85 (1999), S. 19-34.

7 Vgl. Christine Reinle: Bauernfehden: Studien zur Fehdeführung Nichtadliger im spätmittelalterlichen römisch-deutschen Reich, besonders in den bayerischen Herzogtümern (Vierteljahrschrift für Sozial- und Wirtschaftsgeschichte, Beihefte 170), Stuttgart 2003; dies.: Fehden und Fehdebekämpfung am Ende des Mittelalters. Überlegungen zum Auseinandertreten von „Frieden" und „Recht" in der politischen Praxis zu Beginn des 16. Jahrhunderts am Beispiel der Absberg-Fehde, in: ZEITSCHRIFT FÜR HISTORISCHE FORSCHUNG 30 (2003), S. 355-388; Ulrich Andermann: Ritterliche Gewalt und bürgerliche Selbstbestimmung. Untersuchungen zur Kriminalisierung und Bekämpfung spätmittelalterlichen Raubrittertums am Beispiel norddeutscher Hansestädte (Rechtshistorische Reihe 91), Frankfurt/M. 1991.

8 Siehe insbesondere die Arbeiten von Konrad Fritze/Günter Krause: *Seekriege der Hanse*, Berlin 1989, Neudruck Königswinter 2007; Günter Krause: *Das Seekriegswesen in der Geschichte der Hanse*, in: Horst Wernicke/Nils Jörn (Hg.): Beiträge zur hansischen Kultur-, Verfassungs- und Schifffahrtsgeschichte (Hansische Studien 10, Abhandlungen zur Handels- und Sozialgeschichte 31), Weimar 1998, S. 207-214. Frits Snapper: *Commerce, ships and war in the Baltic for the rise of the Hanseatic League till the French Revolution*, in: W. G.

che Organisationen wie die Hanse führten Kriege. Wer in ihnen als Kämpfer der Flotte oder als ihr zugeordneter Kaperfahrer kämpfte, übte ein legitimes und ehrenwert-soldatisches Gewalthandwerk aus. Dieser öffentlichen stand die private Gewaltanwendung der Piraten diametral gegenüber. Sie gelten schlicht als das personifizierte Übel, das vom prosperierenden Seeverkehr angezogen wurde. Piratische Aktivitäten seien Taten von Marginalisierten gewesen und hätten solange existiert, wie den recht- und friedenwahrenden Staaten der Wille oder die Möglichkeiten fehlten, um dieses Verbrechen polizeilich verfolgen zu lassen.

Diese Sichtweise ist eingängig, aber die Zweifel an ihr werden dadurch genährt, dass es sich um eine recht legalistische und etatistische Auffassung handelt, die fast schon Rahmenbedingungen des 19. Jahrhunderts voraussetzt.[9] Aus diesem Jahrhundert stammt das Forschungsbild wirklich, sodass zur Vorsicht begründeter Anlass besteht. Der Warnruf, den der französische Historiker Fernand Braudel mit Blick auf das Mittelmeer schon vor fünfzig Jahren ausstieß, passt ebenso gut auf das nördliche Seegebiet. Braudel mahnt vor einer unreflektierten Prägung unserer historischen Sicht durch das See- und Kriegsrecht der Moderne, woraus sich „die vielen falschen Problemstellungen und gefährlichen Vereinfachungen für den allzu naiven Historiker" ergäben.[10]

Daher soll im Folgenden versucht werden, Gewaltausübung und Sicherungsbemühungen auf Nord- und Ostsee des Mittelalters in Beziehung zu setzen zu neueren Forschungen über Krieg, Gesellschaft, Wirtschaft und Recht.[11] Beim Fehlen neuerer Studien zu vielen Aspekten[12] kann es sich nur um erste Erkundungs-

---

Heeres (Hg.): From Dunkirk to Danzig: Shipping and Trade in the Baltic, 1350-1850, Hilversum 1988, S. 405-428. Überzeugende neue Ansätze bei Andreas Kammler: „up eventur". *Untersuchungen zur Kaperschifffahrt 1471-1512, vornehmlich nach Hamburger und Lübecker Quellen* (Sachüberlieferung und Geschichte 37), St. Katharinen 2005; ders.: *"Uthredinge tor sevart": Wirtschaftliche Aspekte von Kaperunternehmen im hansisch-englischen Konflikt 1469-1474*, in: SCRIPTA MERCATURAE 39 (2005), S. 1-25; ders.: *Die Hamburger Expedition von 1433 nach Emden und gegen die Sibetsburg vor dem Hintergrund der Ausstattungsliste*, in: DEUTSCHES SCHIFFAHRTSARCHIV 25 (2002), S. 233-237.

9 Vgl. allgemein Anne Pérotin-Dumon: *The Pirate and the Emperor: Power and the Law on the Seas 1450-1850*, in: James D. Tracy (Hg.): The Politcial Economy of Merchant Empires, Cambridge 1991, S. 196-227; Janice E. Thomson: *Mercenaries, Pirates, and Sovereigns. State-building and Extraterritorial Violence in Early Modern Europe*, Princeton 1994; C. J. Ford: *Piracy or Policy: The Crisis in the Channel 1400-1403*, in: TRANSACTIONS OF THE ROYAL HISTORICAL SOCIETY 29 (1979), S. 63-78.

10 Fernand Braudel: Das Mittelmeer und die mediterrane Welt in der Epoche Philipps II., Bd. 2, Frankfurt/M. ²2001, S. 695.

11 Der Forschungsrückstand für den Hanseraum ist in allen Feldern der Militärgeschichte offenkundig. Vgl. Marie-Luise Heckmann: *Krieg und historische Erinnerung im landesherrlichen und städtischen Milieu des Hanseraums*, in: Roman Czaja (Hg.): Das Bild und die Wahrnehmung der Stadt und der städtischen Gesellschaft im Hanseraum im Mittelalter und in der frühen Neuzeit, Thorn 2004, S. 115-162.

12 Siehe die Hinweise und Anregungen von Mollat: Guerre de course (Anm. 6); ders.: *De la piraterie sauvage à la course réglementée (XIV$^e$-XV$^e$ siècle)*, in: MÉLANGES DE L'ECOLE FRANÇAISE DE ROME 87 (1975), S. 7-25, auch in ders.: Etudes d'Histoire (Anm. 6), S. 591-610; ders.: *Essai d'orientation pour l'Etude de la Guerre de Course et la Piraterie (XIII$^e$-XV$^e$ siècles)*, in: ANUARIO DE ESTUDIOS MEDIEVALES 19 (1980), S. 743-749.

fahrten in einem wenig erforschten Seegebiet handeln. Es geht um erste Einzelbeobachtungen, an denen sich aber vielleicht doch verbildlichen lässt, dass *erstens* die Linie zwischen legitimer und illegitimer Gewaltausübung zur See eine fließende war und es weiterhin zur üblichen und legitimen Praxis gehörte, dass private Akteure Gewalt zur See anwandten, dass *zweitens* der frühmoderne Staat lange Zeit ein Förderer der nichtstaatlichen Gewaltanwendung zur See war, dass *drittens* dieses staatliche Vorgehen wie auch die Motive der Gewaltausübenden auf spezifische Strukturen des mittelalterlichen Seekrieges zurückzuführen sind und dass *viertens* die unter der Gewalt Leidenden sich besonderer Verhaltensmaßnahmen zu bedienen suchten, um nicht zu Opfern zu werden.[13]

## I. Öffentliche/private, legitime/illegitime Gewaltakteure

Die Unterscheidung zwischen rechtmäßiger Kaperei und illegitimer Piraterie war weder für die mittelalterlichen Menschen auf den Meeren noch ist sie für spätere Historiker auf dem Papier leicht zu treffen.[14] Zwischen Kaperfahrern und Piraten, zwischen Prise und Raub verlief aus mindestens zwei Hauptgründen eine sehr elastische Linie.

*Erstens* zeigen neuere Forschungen, dass eine Rechtsordnung des staatlichen Gewaltmonopols, die von der älteren Forschung stillschweigend vorausgesetzt wurde, im Spätmittelalter gedanklich vorbereitet war, aber weder als unbestritten noch als durchgesetzt gelten darf.[15] Im Verlauf des Mittelalters nahmen zwar staatliche Gewaltakteure, denen dabei juristische und theologische Argumente halfen, immer erfolgreicher für sich in Anspruch, als Träger öffentlicher Gewalt besser legitimiert zu sein als andere.[16] Nicht mehr jeder Freie, Adlige oder gar jeder Gewaltfähige oder Gewaltbereite, sondern nur Souveräne sollten nach außen hin Gewaltanwendung im Krieg und nach innen Gewalt als Polizeimaßnahme anordnen dürfen: Könige, Fürsten und Stadtstaaten.[17] Doch aus den Spuren dieser Rechtsordnung auf ein voll ausgebildetes juristisches und allgemein anerkanntes

---

13 Siehe zu einer ähnlich weiten Perspektive Mickaël Augeron/Mathias Tranchant (Hg.): La Violence et la Mer dans l'Espace Atlantique (XII$^e$-XIX$^e$ siècle). Actes du colloque international organisé par l'Université de La Rochelle (14, 15 et 16 novembre 2002), Rennes 2004.
14 Vgl. Ernst Reibstein: *Das Völkerrecht der deutschen Hanse*, in: ZEITSCHRIFT FÜR AUSLÄNDISCHES ÖFFENTLICHES RECHT UND VÖLKERRECHT 17 (1956/7), S. 38-92, hier S. 62-79.
15 Vgl. Frederic C. Lane: *Profits from Power. Readings in Protection Rent and Violence-Controlling Enterprises*, Albany 1979; Charles Tilly: *War Making and State Making as Organized Crime*, in: Peter B. Evans (Hg.): Bringing the state back in, Cambridge 1985, S. 169-187.
16 Vgl. Frederic L. Cheyette: *The Souvereign and the Pirates 1332*, in: SPECULUM 45 (1970), S. 40-68; D. A Gardiner: *The History of Belligerent Rights on the High Seas in the 14$^{th}$ Century*, in: LAW QUARTERLY REVIEW 48 (1932), S. 521-546.
17 Vgl. David J. Starkey/Morten Hahn-Pedersen (Hg.): Bridging Troubled Waters. Conflict and Cooperation in the North Sea Region since 1550, Esbjerg 2005, hier besonders: Louis Sicking: *State and Non-State Violence at Sea: Privateering in the Habsburg Netherlands*, S. 31-44.

System zu schließen, hieße wohl der Propaganda derjenigen Akteure aufzusitzen, die für sich beanspruchten, die besser legitimierten zu sein, indem sie beispielsweise ihre Schiffe als „Friedekoggen" bezeichneten oder die andere Seite stereotyp als Kirchenschänder und Vergewaltiger stigmatisierten.[18] So schrumpfte zwar die Zahl der als legitim angesehenen Gewaltakteure im Verlauf des Mittelalters, doch blieb sie weiterhin hoch. Wäre ein mittelalterlicher Gelehrter von einem Vertreter moderner Verfassungslehre auf das Kategorienproblem von öffentlicher und privater Gewalt angesprochen worden, hätte er sich beispielsweise an seine Augustinuslektüre erinnern können.[19] In seinem Werk *De civitate Dei* wird im vierten Kapitel des vierten Buches über eine Begegnung zwischen Alexander dem Großen und einem inhaftierten Seeräuber folgendes erzählt: „Denn als der König den Mann fragte, was ihm einfalle, daß er das Meer unsicher mache, erwiderte er mit freimütigem Trotz: Und was fällt dir ein, daß du das Erdreich unsicher machst? Freilich, weil ich's mit einem kleinen Fahrzeug tue, heiße ich Räuber. Du tust's mit einer großen Flotte und heißt Imperator".[20]

*Zweitens* ist für das Spätmittelalter festzuhalten, dass die entstehenden öffentlichen Gewalten private Gewaltausübung zur See gerade nicht konsequent oder gar systematisch bekämpften. Vielmehr legitimierten sie solche Gewalt recht regelmäßig. Die Geschichte von Marten Pechlin ist dafür instruktiv. In einer Moritat auf seinen Untergang, die aus dem Umfeld der Lübecker Bergenfahrer stammt, heißt es über ihn und seine Mannschaft: „Men schal se straffen, wor men se fynth".[21] Diese Sichtweise ist von brutaler Klarheit. Folgt man ihr, so handelte es sich um kriminelle Aktionen von Schwerverbrechern, gegen die jede Art von Gegengewalt statthaft schien. Aber woran wird dieser kriminelle Status von Pechlin sichtbar? Das Lied erzählt die verbrecherischen Taten der Piraten weitschweifig. Erst am Ende wird der entscheidende Akzent gesetzt: „Pechlin hadde noch segel eder breff, Went he waß eyn schelm vnd eyn deff".[22] Damit wird auf den Umstand angespielt, dass Schriftstücke, ausgestellt von Monarchen, Fürsten und Städten, aus den verbrecherischen Handlungen eines Seeräubers die legitimen Taten eines Ausführenden öffentlicher Gewalt machten.[23] Eine Möglichkeit war der Kaper-

---

18 Zu den Bezeichnungen „vredecogghen", „vredescepe" usw. siehe die Nachweise bei David K. Bjork: *Piracy in the Baltic 1375-1398*, in: SPECULUM 18 (1943), S. 39-68, hier S. 45 Anm. 6; Karl-Heinz Böhringer: *Das Recht der Prise gegen Neutrale in der Praxis des späten Mittelalters*, Frankfurt/M. 1972, S. 40. Zur Stigmatisierung durch Topoi verwerflichen Gewalthandelns siehe z.B. den Vorwurf der Frauenschändung gegen Pechlin, vgl. Lappenberg: Lied (Anm. 1), S. 146f.

19 Siehe dazu die mittelalterliche Illustration im Schachzabelbuch des Konrad von Ammenhausen: Carmen Bosch-Schairer (Hg.): *Das Schachzabelbuch. Die Illustrationen der Stuttgarter Handschrift* (Cod. poet. et philol. fol. No 2), Göppingen 1981, S. 22.

20 Aurelius Augustinus: *Der Gottesstaat. De Civitate Dei*. 1. Bd., Buch I-XIV, in deutscher Sprache von Carl J. Perl, Paderborn u.a. 1979, S. 224f.

21 Lappenberg: Lied (Anm. 1), S. 154. Der chronikalische Bericht bezeichnet ihn und seine Mannschaft als Diebe und Räuber, siehe Schäfer: Chronik (Anm. 1), S. 81.

22 Lappenberg: Lied (Anm. 1), S. 155.

23 Zum Folgenden siehe vor allem Cornelius G. Roelofsen: *Early Dutch Prize Law. Some Thoughts on a Case before the Court of Holland and the Grand Council of Mechelen (1477-1482)*, in: NETHERLANDS INTERNATIONAL LAW REVIEW 27 (1980), S. 218-226. Für den Han-

brief, der als staatliche Ermächtigung für private Schiffe und ihre Mannschaften fungierte, um als legitime Kombattanten feindliche Schiffe aufzubringen. Das erst 1856 abgeschaffte Verfahren ist nicht erst in der Frühen Neuzeit eine gängige Praxis gewesen. In hansischen Quellen hießen diese privaten, aber legitimierten Gewaltakteure durchgehend „uttligere" (Auslieger).[24] Interessanterweise weiß man, dass Pechlin ein solches, seine Überfälle legitimierendes Schriftstück besessen haben dürfte. Es ist einem Überlieferungszufall zu verdanken, dass sich als Hauptbeweis einer imaginären Verteidigung seiner Handlungen ein Kaperbrief erhalten hat. Er datiert vom 21. Juli 1526 und ist vom vertriebenen dänischen König Christian II. autorisiert.[25] Darin wurde Pechlin berechtigt, gegen die königlichen Feinde, den neuen König Friedrich I., dessen Untertanen und Unterstützer, gewaltsam vorzugehen. König Christian II. aber war schon im Jahre 1523 abgesetzt worden, sodass es wahrscheinlich ist, dass Pechlin bereits seit dem Beginn seiner Seeunternehmungen im Jahre 1524 über eine schriftliche Legitimation verfügt hat.

Solche Kaperbriefe konnten Gewaltbereite unter den Bedingungen des 15. Jahrhunderts leicht erwerben. Im grundsätzlichen Verfahren typisch (ungewöhnlich allerdings in der zeitlichen Dehnung) ist das Vorgehen, das im Jahre 1480 der Herr von Jever, der ostfriesische Häuptling Edo Wymeken, wählte:[26] Zu Beginn

seraum siehe vor allem Böhringer: Das Recht der Prise (wie Anm. 18). Zum hansischen Seerecht allgemein siehe Burghart Schmidt: *Die „Freiheit der Meere" zwischen Krieg und Frieden: Hamburgische, hansische und internationale Seeschiffahrt im Spätmittelalter und in der Frühen Neuzeit*, in: Bernard Lachaise/ders. (Hg.): Bordeaux – Hamburg. Zwei Städte und ihre Geschichte (Beiträge zur Hamburgischen Geschichte 2), Hamburg 2007, S. 358-388; Antjekathrin Graßmann/Carsten Jahnke (Hg.): *Seerecht im Hanseraum des 15. Jahrhunderts. Edition und Kommentar zum Flandrischen Copiar Nr. 9* (Veröffentlichungen zur Geschichte der Hansestadt Lübeck B 36), Lübeck 2003; Götz Landwehr: *Das Seerecht der Hanse (1365-1614): Vom Schifffordnungsrecht zum Seehandelsrecht* (Berichte aus den Sitzungen der Joachim-Jungius-Gesellschaft der Wissenschaften 21.1), Göttingen 2003.

24 Siehe zum Verfahren Louis H. J. Sicking: *Zeemacht en onmacht. Maritieme politiek in de Nederlanden 1488-1588*, Amsterdam 1998, S. 214-236, auf der Quellenbasis des 16. Jahrhunderts. Mittelalterliche Kaperbriefe aus hansischen Städten sind nicht überliefert. Vgl. Böhringer: Das Recht der Prise (Anm. 18), S. 40-43.

25 Der Hinweis darauf bei Lemke: Art. „Pechlin, Marten" (Anm. 1), S. 273, ohne Quellenangabe. Der Hinweis beruht offenbar auf Hanserecesse, hg. vom Verein für Hansische Geschichte, Abteilung 3, Bd. 9: 1477-1530, bearb. von Dietrich Schäfer, Leipzig 1913, S. 397f. Nr. 252 (10. II 1526), in Anmerkung. Vgl. ebd., S. 407 Nr. 267 (29. III 1526).

26 Zu Friesland als Basis von Gewaltausübung gegen hansische Schiffe siehe Ute Scheuerlein: *Über Handel und Seeraub im 14. und 15. Jahrhundert an der ostfriesischen Küste*, Diss. phil. Hamburg 1974; Winfried Ehbrecht: *Hanse, Friesen und Vitalienbrüder an der Wende zum 15. Jahrhundert*, in: ders./Heinz Schilling (Hg.): Niederlande und Nordwestdeutschland. Studien zur Regional- und Stadtgeschichte Nordwestkontinentaleuropas im Mittelalter und in der Neuzeit. Franz Petri zum 80. Geburtstag, Köln/Wien 1983, S. 61-98; ders.: *Von Seeräubern, Hansen und Häuptlingen im 15. Jahrhundert. Ein Beitrag zum Verständnis der friesischen Geschichte des Spätmittelalters als Teil und Spiegelbild frühmoderner Staatsbildung im kontinentalen Nordwesteuropa*, in: Bernhard Sicken (Hg.): Herrschaft und Verfassungsstrukturen im Nordwesten des Reiches. Beiträge zum Zeitalter Karls V. Franz Petri zum Gedächtnis (1903-1993), Köln u.a. 1993, S. 47-88.

des Jahres teilte er Lübeck mit, dass er eine Fehde gegen die Holländer aufnehmen werde und dafür Helfer gewinnen wolle. Zudem warnte er, hansisches und holländisches Gut zu vermischen.[27] Der Ostfriese legitimierte sein Vorgehen damit, dass die Holländer einen seiner Vorfahren entführt und zur Zeit des Häuptlings Sibet fünfzehn Friesen getötet hätten. Überdies sei Wangerooge zweimal von den Holländern überfallen worden und überhaupt hätten diese den Frieden mehrfach gebrochen.[28] Als sich Lübeck in dieser Angelegenheit umgehend an Amsterdam wandte, zeigte man sich dort von der Nachricht überrascht. Die Amsterdamer Politiker bekannten, dass sie sich an die Ereignisse nicht erinnern könnten, weil sie zulange zurücklagen.[29] Ist hier ein Fall von politischer Kurzatmigkeit und Verantwortungslosigkeit zu diagnostizieren? Mitnichten, denn die Überraschung der Holländer ist durchaus zu verstehen. Die ostfriesischen Fehdegründe beruhten nämlich auf Ereignissen, die zumindest dreißig und im Falle der Schädigung des mit Edo zudem gar nicht verwandten Häuptlings mehr als siebzig Jahre zurücklagen.[30] Doch für mögliche Opfer der Kaperfahrer, die den Friesen unterstützen sollten, wurde die Zurechnung der gegen sie verübten Gewalttaten zur Kategorie der Kaperei aufgrund eines zwei Generationen zurückliegenden Vorkommnisses keineswegs akzeptabler.

Genauso unerfreulich waren die Folgen eines zweiten Systems, in dem im Nord- und Ostseeraum des Spätmittelalters gewaltlegitimierende Schriftstücke an durch sie rechtlich gewandelte Piraten gelangten. Gemeint sind Repressalien- und Arrestbriefe, die in hansischen Quellen als Markebriefe (breeffe van merke)[31] bezeichnet werden, was von der französischen Bezeichnung dieser Briefe als „lettres de marque" hergeleitet ist.[32] Am 25. Juni 1412 stellte beispielsweise der englische König Heinrich IV. einen solchen Repressalienbrief zugunsten Danziger Hansekaufleute aus.[33] Diese waren von bretonischen Ausliegern geschädigt worden, obgleich sie im französisch-englischen Krieg für sich den Status von Neutralen reklamieren konnten. Weil sie vor französischen Gerichten vergeblich ihre Ansprüche angemeldet hatten, erteilte der englische König ihnen nunmehr das Recht, durch Wegnahme von bretonischen Waren eine Kompensation bis zur Höhe des erlittenen Schadens zu erreichen. Doch für die Durchsetzung ihres Rechtstitels

---

27 Ernst Friedländer (Hg.): *Ostfriesisches Urkundenbuch. Bd. 2: 1471-1500 nebst Anträgen und Anhang*, Emden 1881, S. 113f. Nr. 1028 (20. Januar 1480).
28 Ebd., S. 162f. Nr. 1074 (um 1481).
29 Ebd., S. 115f. Nr. 1030 (20. Februar 1480).
30 Denis Hormuth: *Die Hanse in Fehde – Seeraub und Diplomatie*, in: ders./Carsten Jahnke/Sönke Loebert (Hg.): Die Hamburgisch-Lübischen Pfundgeldlisten 1485-1486, Hamburg 2006, S. 13-41, hier S. 26f.; Scheuerlein: Handel und Seeraub (Anm. 26), S. 139f.
31 Der Begriff etwa in Hansisches Urkundenbuch, hg. vom Verein für Hansische Geschichte, bearb. von Konstantin Höhlbaum u.a., 11 Bände, Halle usw. 1876-1939, hier Bd. 9, S. 305 Nr. 449 (22. April 1468). Vgl. Böhringer: Das Recht der Prise (Anm. 18), S. 44-52.
32 Marie-Claire Chavarot: *La pratique des lettres de marque d'après les arrêts du parlement (XIII$^e$-début XV$^e$ siècle)*, in: BIBLIOTHÈQUE DE L'ECOLE DES CHARTES 149 (1991), S. 51-89.
33 Gedruckt nach dem Black Book of Admiralty bei Böhringer: Das Recht der Prise (Anm. 18), S. 77f., Nr. 7. Das englische und französische Quellenmaterial ist zu diesem Thema in den hansischen Quellensammlungen nur partiell enthalten.

sorgte der englische Monarch nicht mittels eigener Strafverfolgungsbehörden. Trotz der durch sein Gericht festgestellten Rechtsverletzung, blieben die Geschädigten mit ihrem Repressalienbrief auf den Weg der Selbsthilfe verwiesen. Ihnen selbst war die Exekution ihres Rechtstitels überlassen. Zu diesem Zweck war es ihnen gestattet, gewaltsam nicht nur gegen den Schädiger direkt, sondern im Sinne einer Solidarhaftung gegen alle bretonischen Mitbürger vorzugehen. In moderner Analogiebildung könnte man sagen: So wie ein Kaperbrief einen Privatmann zum Kombattanten wandelte, machte ihn ein Repressalienbrief zum Polizisten oder Gerichtsvollzieher. Wollte er die ihm zugesprochene Kompensation nicht in gewaltsamer Selbsthilfe einziehen, war es ihm überdies gestattet, einen Dritten als Vollstrecker einzusetzen.[34] Der Inhaber konnte also den Repressalienbrief weiterreichen – an Leute wie Marten Pechlin etwa. Damit aber wurden endgültig die Rollen von Tätern und Opfer verdreht. Die Solidarhaftung machte Unschuldige zu Tätern, die Handelbarkeit der Repressalienbriefe legitimierte ungeschädigte, aber gewaltprofessionelle Täter.

Vermutlich besteht die Gefahr, dass die Schilderung von legitimen Formen privater Gewaltanwendung zur See das gängige Stereotyp vom gewaltsamen Mittelalter befördert: Handelte es sich nicht um ein wahres Jammertal schrankenloser Gewalt und gewaltsamer Selbsthilfe, aus dem erst die Moderne die Menschheit hinausführte?[35] Doch trifft diese Einschätzung den Sachverhalt gerade nicht. Denn schriftliche Legitimierungen privater Gewalt bezeugen nicht das Fehlen, sondern die Implementierung eines Systems, das die Gewaltanwendung in einem rationalen, modernen Sinne zu kanalisieren suchte, indem die Zahl legitimer Gewaltakteure beschränkt und unkontrollierte Vergeltungsmaßnahmen zu verhindern gesucht wurden. Wer zwischen Kaperfahrern und Seeräubern unterschied, differenzierte bereits in diesem Sinne. Und so besitzt es indikatorische Qualität, dass diese Differenzierung seit Ende des 13. Jahrhunderts eher im Westen als im Osten und vielmehr im Atlantik als im Mittelmeer vollzogen wurde.[36] Dabei hieße es, die zitierte Warnung vor einem naiven Fortschrittsoptimismus zu verkennen, wollte man übersehen, dass die Ausbildung eines staatlichen Gewaltmonopols für die mittelalterliche Gewaltausübung zur See eine doppelbödige Folgewirkung besaß. Fortschritt war nicht nur in diesem Falle ein dialektischer Prozess. Der französische *Meereshistoriker* Michel Mollat hat deshalb gemeint, dass es in der Praxis fraglich sei, ob zunächst nur ein Minimum an mehr Sicherheit zur See geschaffen wurde.[37] Dafür wirkten die beiden skizzierten Verfahrensweisen zu sehr gewalt-

---

34 Siehe zur Praxis Böhringer: Das Recht der Prise (Anm. 18), bes. S. 44-52.
35 Zum Stereotyp des gewaltsamen Mittelalters siehe z.B. Hartmut Boockmann: Das grausame Mittelalter. Über ein Stereotyp, ein didaktisches Problem und ein unbekanntes Hilfsmittel städtischer Justiz, den Wundpegel [erstmals 1987, dann], in: Dieter Neitzert/Uwe Israel/Ernst Schubert (Hg.): Hartmut Boockmann. Wege ins Mittelalter. Historische Aufsätze, München 2000, S. 160-167; Klaus Arnold: Das „finstere" Mittelalter. Zur Genese und Phänomenologie eines Fehlurteils, in: SAECULUM 32 (1981), S. 287-300.
36 Siehe zu den Unterschieden in den europäischen Meeren Mollat: Guerre de course (Anm. 6), ders.: De la piraterie sauvage (Anm. 12), der von der synonymen Verwendung von Korsar und Pirat in den Beschlüssen des 3. Laterankonzils von 1179 ausgeht.
37 Mollat: De la piraterie sauvage (Anm. 12), S. 10f.

fördernd, denn durch sie wurden (fast ähnlich wie heute Fischfangquoten) staatliche Konzessionen für legitime Gewaltanwendung auf dem Meer an Privatunternehmer vergeben. Einerseits führte das Fehlen einer Polizeigewalt dazu, dass die Besitzer von Repressalienbriefen sich nach privaten Einzugsunternehmen für ihre Außenstände umsehen mussten. Dafür standen diejenigen bereit, die zuvor als Piraten illegitime Gewalttaten auf dem Meer begangen hatten. Weiterhin waren den staatlichen Gewaltakteuren in ihren Kriegen private Gewaltanbieter ebenfalls hochwillkommen. Dadurch aber entstand ein schwerwiegender Problemkreislauf: Die Staaten legitimierten im Krieg die Gewaltanwendung von privaten Schiffen und damit Handlungen, die sie zuvor mühsam begonnen hatten zu stigmatisieren. Piraten wie Pechlin wurden zu Kaperfahrern und Kombattanten. Nach jedem Friedensschluss indes blieben tausende Gewaltprofessionelle zurück, die nunmehr zwar delegitimiert waren, aber ökonomisch alternativlos dastanden und deshalb ihre Unternehmungen auf dieselbe Art, nunmehr allerdings als Piraten, fortsetzten.[38] Üblicherweise folgten zwar Versuche, ihre Gewalt zu unterdrücken. Aber mit jedem neuen Krieg wurden sie begnadigt und wieder in die Flotte integriert, sodass der Kreislauf erneut beginnen konnte.

Solche Kreisbewegungen lassen sich in Biographien beispielhaft fassen: Philipp von Kleve-Ravenstein (1456-1526) war bis 1488 burgundischer Admiral, dann Rebell gegen Maximilian I., nach Zusammenbruch des Aufstands aber ein von Sluis aus operierender Piratenhauptmann und später Verfasser einer der ersten Instruktionen für den Krieg zur See, in die seine aus rechtlicher, nicht aber aus praktischer Sicht verschiedenen Erfahrungen eingeflossen sind.[39] Weil indes das Wort *Seeräuber* nicht aus jedem Munde ein schmutziges Wort war, galten nicht nur er, sondern viele aus diesem Milieu nicht automatisch als Kriminelle und mussten es schon gar nicht bleiben. Die Wandlungen der schlimmsten Piraten zu königlichen Seefahrern sind daher kein Mythos. Auch für Pechlin wäre es nicht unmöglich gewesen, den kleinen Schritt vom diskreditierten zum akzeptierten Gewaltausübenden zu vollziehen. Es war eine Frage des Erfolgs und des takti-

---

38 Siehe z.B. Scriptores Rerum Prussicarum. Die Geschichtsschreiber der preußischen Vorzeit bis zum Untergange der Ordensherrschaft. Bd. 4, hg. von Theodor Hirsch, Leipzig 1870; Caspar Weinreichs Danziger Chronik. Ein Beitrag zur Geschichte Danzigs, der Lande Preußen und Polen, des Hansabundes und der nordischen Reiche, hg. und erläutert von Theodor Hirsch, Vaduz 1850, S. 730 [in der Folge zitiert als Weinreich-Chronik]. Vgl. Walter Stein: *Die Hanse und England. Ein hansisch-englischer Seekrieg im 15. Jahrhundert* (Pfingstblätter des Hansischen Geschichtsvereins 1), Leipzig 1905, S. 27f.

39 Jacques Paviot: *Philippe de Clèves. Seigneur de Ravenstein: L'introduction de tout manières de Guerroyer [...] sur mer. Édition critique du manuscrit français 1244 de la Bibliothèque Nationale de France*, Paris 1997; Johanna K. Oudendijk: *Een Bourgondisch Ridder over den Oorlog ter Zee – Philips van Kleef als Leermeester van Karel V.*, Amsterdam 1941; Sicking: Zeemacht en onmacht (Anm. 24), S. 43-53; Philippe Contamine: L'Art de le guerre selon Philippe de Clèves, seigneur de Ravenstein (1456-1528). Innovation ou tradition?, in: BIJDRAGEN EN MEDELINGEN BETREFFENDE DE GESCHIEDENIS DER NEDERLANDEN 85 (1980), S. 363-376.

schen Geschicks, ob man auf dem Hamburger Grasbrook oder als Amtmann auf dem Schloss Ritzebüttel endete.[40]

## II. Öffentliche Gewaltanwendung und das Ressourcenproblem

Warum aber griffen die frühmodernen Staaten auf private Gewaltanbieter zurück? Und daran anschließend: Warum konnten sie es überhaupt tun? Die Basis einer Antwort auf beide Fragen liegt in der gering spezialisierten und wenig professionalisierten Struktur des spätmittelalterlichen Seekrieges.[41] Seine Andersartigkeit im Vergleich zu späteren Epochen ist in der deutschsprachigen Geschichtsschreibung zeitweilig dadurch verdeckt worden, dass spätestens seit der wilhelminischen Flottenbegeisterung der Beginn der Geschichte einer deutschen Flotte mit der Hanse verknüpft worden ist. Der Hanseforscher Walter Stein schrieb beispielsweise im Jahre 1905: „Aus burgundischen Häfen liefen im Herbst 1469 die ersten, von Hansen ausgerüsteten Kaperschiffe gegen die Engländer aus. Damit begann der Seekrieg gegen England, der einzige, welcher zwischen der Hanse und dem Inselreiche und überhaupt jemals zwischen Deutschland und England geführt worden ist".[42] Zwei englisch-deutsche Seekriege sollten allerdings innerhalb von vierzig Jahren nach dieser Äußerung folgen. Das konnte Stein nicht voraussehen.[43] Aber als bedeutender Schifffahrtshistoriker[44] wird er bereits gewusst haben, dass es einem groben Anachronismus gleicht, Seekriege des Mittelalters so zu entwerfen, als seien Geschwader der permanenten Seestreitkräfte mit professionellen Soldaten an Bord gegen die feindliche Flotte ausgefahren, um sie in einer Seeschlacht zu vernichten.[45]

Ein solches Bild ist völlig verzeichnet, denn abgesehen von Unternehmungen, die als See-Land-Operationen mit Transport von Mensch und Material über das Meer angelegt waren, wiesen die meisten Seekriege im mittelalterlichen Nordeu-

---

40 Die Stadt Hamburg köpfte Piraten, aber ließ sie auch auslösen: Hormuth: Die Hanse in Fehde (Anm. 30), S. 34.
41 Siehe aus der neueren Literatur z.B. Timothy J. Runyan: *Naval Logistics in the Late Middle Ages. The Example of the Hundred Years War*, in: Johann A. Lynn (Hg.): Feeding Mars: Logistics in Western Warfare from the Middle Ages to the Present, Boulder 1993, S. 79-100; Felipe Fernández-Armesto: *Naval Warfare after the Viking Age, c. 1100-1550*, in: Maurice Keen (Hg.): Medieval Warfare. A History, Oxford 1999, S. 230-252; John B. Hattendorf/ Richard W. Unger (Hg.): *War at Sea in the Middle Ages and the Renaissance*, Woodbridge 2003.
42 Stein: Die Hanse und England (Anm. 38), S. 34.
43 Siehe die Wiederholung der Passage bei Fritz Rörig: *Ein Hamburger Kapervertrag vom Jahre 1471*, in: HANSISCHE GESCHICHTSBLÄTTER 23 (1917), S. 411-419, S. 411.
44 Zu Walter Stein siehe Joachim Deeters: *Hanseforschung in Köln von Höhlbaum bis Winterfeld*, in: HANSISCHE GESCHICHTSBLÄTTER 114 (1996), S. 124-140, S. 131-134.
45 Zur Diskussion in Anschluss an Alfred Thayer Mahan s. Richard W. Unger: *Alfred Thayer Mahan: Ship Design, and the Evolution of Sea Power in the Middle Ages*, in: THE INTERNATIONAL HISTORY REVIEW 19.3 (1997), S. 505-521. Vgl. James D. Tracy: *Herring Wars. The Habsburg Netherlands and the Struggle for Control of the North Sea ca. 1520-1620*, in: THE 16TH CENTURY JOURNAL 24 (1993), S. 254-270.

ropa den Charakter von „kleinen Kriegen" auf.[46] Nicht eine Flotte zu vernichten, sondern dem Gegner kleine Nadelstiche zu versetzen, indem man ihn durch Wegnahme von Handelsschiffen und Handelswaren zu schädigen suchte, war in einem solchen Krieg alltäglich. Zur Feindberührung kam es nicht auf hoher See, sondern an der Küste. Vor dem 16. Jahrhundert begann dann kein Artillerieduell, sondern ein Kampf Mann gegen Mann in seichten Gewässern. Mittelalterlicher Seekrieg glich mithin einem Infanteriekampf auf dem Meer. Für diese Art der Kriegführung waren die Schiffe, ihre Bewaffnung und ihre Besatzung gering spezialisiert. Die Kriegführenden behalfen sich damit, übliche Handelsschiffe mit doppelter Besatzung auszustatten und ein Vorder- und Achterkastell zu errichten beziehungsweise auszubauen,[47] von wo aus auf die Gegner hinabgefeuert werden konnte. Zwar waren neben Armbrüsten seit dem ausgehenden 14. Jahrhundert schon Büchsen und dann Kanonen an Bord. Doch dienten sie noch als Antipersonenwaffen.[48] Die Kapitäne der Bergenfahrer, die Marten Pechlin 1526 besiegten, riefen ihrer Mannschaft zu: Lasst die Seeräuber zu uns herankommen und ihnen ein Ende setzen. Obwohl sie Büchsen an Bord hatten, denn Pechlin wurde später durch den Hals geschossen, wurden diese nicht benutzt, um das gegnerische Schiff zusammenzuschießen, sondern im entscheidenden Kampf Mann gegen Mann abgefeuert.[49]

Solche Kriegsschiffe und ihre Besatzungen mussten nicht permanent geschuldet und dauerhaft bezahlt, sondern sie konnten im Ernstfall aktiviert werden, indem man das vorhandene private Reservoir an Schiffen und Mannschaften anzapfte.[50] Trotz der schon den Zeitgenossen bewussten Folgeprobleme war der Einsatz von privater Gewaltmacht also sachlich möglich und vor allem finanziell attraktiv. In Nordeuropa verzichtete kein mittelalterlicher Souverän darauf. Niemand besaß eine permanente Flotte in ausreichender Stärke, geschweige denn hätte er sie sich leisten können.[51] Und anders als im Mittelmeerraum verfügte zudem weder die Hanse noch ein Monarch über ausreichende öffentliche Schiffbaukapazitäten.[52] In anderen Worten: Ein Reservoir für Staaten und Staatenbauer, um im Kriegsfall an fähige Kämpfer zu kommen, war das Milieu der Piraten.[53]

---

46  Siehe die Typologie bei Nicholas A. M. Rodger: *The Naval Service of the Cinque Ports*, in: ENGLISH HISTORICAL REVIEW 111 (1996), S. 636-651.
47  Siehe z.B. zu den Maßnahmen Pechlins bei Schäfer: Chronik (Anm. 1), S. 82.
48  Vgl. Kelly DeVries: *The Effectiveness of Fifteenth-Century Shipboard Artillery*, in: THE MARINER'S MIRROR 84 (1998), S. 389-399.
49  Lappenberg: Lied (Anm. 1), S. 152; Schäfer: Chronik (Anm. 1), S. 87-89.
50  Siehe beispielhaft zur Rekrutierungspraxis des Deutschen Ordens Friedrich Benninghoven: *Die Gotlandfeldzüge des Deutschen Ordens 1398-1408*, in: ZEITSCHRIFT FÜR OSTFORSCHUNG 13 (1964), S. 421-477.
51  Vgl. Jan Glete: Navies and Nations. Warship, Navies and State Building in Europe and America, 1500-1860, 2 Bde. (Acta Universitatis Stockholmensis 48), Stockholm 1993.
52  Vgl. z.B. Andreas Kammler: *„...umme dat kraveel..." – Schiffbau in Lübeck 1477*, in: ZEITSCHRIFT DES VEREINS FÜR LÜBECKISCHE GESCHICHTE UND ALTERTUMSKUNDE 86 (2006), S. 11-21.
53  Vgl. Sicking: Zeemacht en onmacht (Anm. 24); Nicholas A. M. Rodger: *A Naval History of Britain, Bd. 1: The Safeguard of the Sea 660-1649*, London 2004; Jacques Paviot: *La politique navale des ducs de Bourgogne 1384-1482*, Lille 1995.

Man kann nicht ausschließen, dass auch deshalb die Strafverfolgungsmaßnahmen, mit denen gegen Piraten vorgegangen wurde, oftmals inkonsequent erscheinen. Tatsächlich konnte es strategisch unklug sein, den Sumpf auszutrocknen, aus dem sich selbst für kleinere Unternehmungen die notwendigen Schiffe und Mannschaften rekrutieren ließen.[54] Denn selbstverständlich sammelte auch die Hanse ihre Schiffe und Mannschaften nicht durch staatliche Autorität (Wehrpflicht), sondern auf dem Markt. Dabei lassen sich in hansischen Quellen unterschiedliche Formen einer in heutiger Sicht *public-privat-partnership* erkennen.[55] Bei vier lübschen Kriegsschiffen sorgte 1472 der Lübecker Rat für das Material, die Besatzung und die Hauptleute. Nicht aus der städtischen Kasse bezahlt wurden die zusätzlichen Kampftruppen, die an Bord gingen. Sie wurden von Lübecker Bürgern ausgestattet und bezahlt. Die Kämpfer erhielten außer ihrem Sold eine Prämie für die Kaperung eines Schiffes sowie kostenlose Heilfürsorge zugesagt. Der erhoffte Gewinn, den man Engländern und Franzosen auf See abnehmen wollte, sollte zwischen dem Lübecker Rat und den bürgerlichen Investoren geteilt werden.[56] Das mag irritieren, aber die Belege dafür sind zahlreich, dass im Sinne des 19. Jahrhunderts *unbescholtene* Bürger sich als Investoren auf dem spätmittelalterlichen Gewaltmarkt zur See engagierten.[57] An der Ausrüstung der Söldner für die Lübecker Schiffe könnten etwa 220 Bürger beteiligt gewesen sein. Sie spekulierten auf Gewinn aus der Beute, fast könnte man sagen, wie heute bei einem Lotterielos.[58] Ein solcher Großgewinn konnte sich tatsächlich einstellen. Nicht für die Lübecker, aber 1473 in Danzig nennt der Chronist Kaspar Weinreich eine Ausschüttung von 60.000 flämischen Pfund als Beute aus der Galeere, die der Kapitän Paul Beneke kaperte. 400 Beuteanteile konnten an Mannschaft und Investoren ausgeschüttet werden.[59]

Ein zweites Modell gleicht einem modernen *Werkvertrag*. Einen solchen schloss die Hanse 1385 mit dem Stralsunder Wulf Wulflam.[60] Ein großes Schiff mit kleineren Beibooten und einhundert Bewaffnete sollte er für einen festgelegten Zeitraum gegen die Seeräuber auf der Ostsee zum Einsatz bringen. Um die notwendigen Investitionen tätigen und die laufenden Kosten tragen zu können,

---

54 Instruktiv ist das Vorgehen des Deutschen Ordens, das Sven Ekdahl: *„Schiffskinder" im Kriegsdienst des Deutschen Ordens. Ein Überblick über die Werbungen von Seeleuten durch den Deutschen Orden von der Schlacht bei Tannenberg bis zum Brester Frieden (1410-1435)*, in: ders. (Hg.): Kultur und Politik im Ostseeraum und im Norden, 1350-1450, Visby 1973, S. 239-274, beschreibt.

55 Siehe zu den im Folgenden beschriebenen Vertragsformen Kammler: „up eventur" (Anm. 8), S. 54-74.

56 Hansisches Urkundenbuch (Anm. 31), Bd. 10, S. 64-66 Nr. 109 (29. März 1472).

57 Siehe z.B. Liv-, Est- und Kurländisches Urkundenbuch nebst Regesten, Abt. 1, hg. von Friedrich G. Bunge u.a., Reval 1853-1910, hier Bd. 12, S. 152 Nr. 269 (16. Juni 1464) [nachfolgend zitiert als Kurländisches Urkundenbuch].

58 Hansisches Urkundenbuch (Anm. 31), Bd. 10, S. 65 Anm. 1 (29. März 1472).

59 Scriptores Rerum Prussicarum 4 (Anm. 38), S. 736.

60 Zur Person siehe Ralf-Gunnar Werlich: *Wulf Wulflam. Ein hansischer Diplomat aus Stralsund*, in: Detlef Kattinger/Ralf-Gunnar Werlich/Horst Wernicke (Hg.): Akteure und Gegner der Hanse. Zur Prosopographie der Hansezeit. Gedächtnisschrift für Konrad Fritze (Abhandlungen zur Handels- und Sozialgeschichte 30, Hansische Studien 9), Weimar 1995, S. 67-92.

erhielt er 5000 Mark sundisch. Das Risiko des Verlustes von Mensch und Material sollte damit abgegolten sein. Nur das von den Städten beigesteuerte Schiffsmaterial von vier kleineren Schnicken sowie Büchsen, Armbrüsten und Munition waren davon ausgenommen. Zusätzlich konnte Wulflam davon profitieren, dass er die den Seeräubern abgenommen Güter behalten durfte, es sei denn, die Waren ließen sich als Besitz von Hansekaufleuten zurückverfolgen. Lösegeldeinnahmen flossen für Wulflam jedoch nicht. Die Gefangenen, so der Vertragstext ausdrücklich, sollten nicht geschatzt, sondern in den Städten gerichtet werden. Das alles sollte Wulflam „sunder jenigerleye arghelist" einhalten.[61]

Damit ist das Problem der Kontrolle des Beauftragten durch die Auftraggeber berührt. Dies ist der wunde Punkt des Vertrags, denn unter spieltheoretischen Gesichtspunkten bestanden ein günstigeres Anreizsystem und eine bessere Kontrollchance darin, die Auslieger rein auf ihr eigenes Gewinn- und Verlustrisiko ausfahren zu lassen. Anders als die Lübecker ein Jahr später schloss der Hamburger Rat 1471 einen solchen Vertrag eines dritten Typs ab. Die Mannschaft beteiligte sich am Risiko der Kaperunternehmung, ohne dass sie Soldzahlungen erhielt. Sie setzte also ihre Arbeitskraft und ihre Gesundheit aufs Spiel. Genauso riskierten die Reeder das Schiff und dessen Ausrüstung. Beide Parteien fuhren „uppe eventur" aus,[62] sie erhofften sich also Gewinn aus Beute und Lösegeldern, die vom Hamburger Rat im Erfolgsfall nicht eingezogen wurden. Jeweils die Hälfte ging an Reeder und Mannschaft.[63] Letztere wollte die Beute indes nicht als völlig Gleichteilende, als „Likedeeler" zerlegen,[64] sondern wies bestimmten Dienstgraden mehrfache Anteile zu.[65] Die Motivation dieser Mannschaft, erfolgreich zu kapern, dürfte deutlich höher gelegen haben, als die der Lübecker Kämpfer, die eines der vier Schiffe übereilt aufgaben, als es leck schlug, und den *Mariendrachen* an die Engländer verloren, weil er unbewacht im Hafen lag, während die Seeleute sich an Land vergnügten.[66]

Freilich waren Auslieger, die „up eventur" ausfuhren, nur dann zu gewinnen und zu motivieren, wenn nicht magere, sondern fette Beute winkte. Die 70 Mark lübsch, die jeder der Pechlinbezwinger erhielt, wären für viele eine verlockende

---

61 *Hanserezesse/Hanserecesse*, hg. von der Historischen Kommission bei der Bayerischen Akademie der Wissenschaften, Abteilung I: Die Recesse und andere Akten der Hansetage von 1256-1430, bearb. von Karl Koppmann u.a., 8 Bde., Leipzig 1870-1897; Abteilung II: Hanserecesse von 1431-1476, 7 Bde., bearb. von Goswin von der Ropp, Leipzig 1876-1892; Abteilung III: Hanserezesse von 1477-1530, 9 Bde., bearb. von Dietrich Schäfer, Leipzig 1881-1913, hier Abt. I, Bd. 2, S. 353 Nr. 300 (16. März 1385).
62 Albert Krantz: *Wandalia oder Beschreibung Wendischer Geschichte*, Lübeck 1601, S. 324, erklärt das Wort Vitalienbrüder entsprechend. Es handle sich um „Kriegsleute die nicht vmb Soldt, sondern nur vmb die Beute auff ir eigen gefahr vnd gewinn außziehen".
63 Rörig: Ein Hamburger Kapervertrag (Anm. 43), S. 411-419. Das Original war für Kammler: „up eventur" (Anm. 8), S. 10f., nicht mehr auffindbar. Siehe ebd., S. 57-59.
64 Siehe zum Wortgebrauch Bjork: Piracy in the Baltic (Anm. 18), S. 39-68.
65 Vgl. allgemein Louis H. J. Sicking: *Recht door zee. Orde en tucht aan boord van Nederlandse (oorlogs)schepen in de zestiende eeuw*, in: VERSLAGEN EN MEDEDELINGEN VAN DE STICHTING TOT UITGAAF VAN HET OUD-VADERLANDSE RECHT 9 (1997), S. 7-38.
66 Rörig: Ein Hamburger Kapervertrag (Anm. 43), S. 414.

Prämie gewesen.[67] Daher war eine Konjunktur der Kaperfahrt und Piraterie stets eine Baisse für Handelskapitäne, die Schiffskinder für ihre Boote suchten, worüber sich beispielsweise 1419 in Livland beklagt wurde.[68] Ein solcher Zusammenhang war auch 1471 gegeben, denn im Jahr zuvor hatte das Brügger Kontor berichtet, dass die Erfolge der hansischen Schiffe gegen England und Frankreich die Zahl der „utliggers, de siick up eres sulves eventure ter zeewart utgeredet haben" sprunghaft habe steigen lassen. Freilich sei zu beklagen, dass sie „vrunde unde viande" gleichermaßen angriffen.[69]

Damit ist das Grundproblem dieser Vertragsgestaltung benannt. Wer Subunternehmer beauftragte, die hohe Renditemargen erreichen wollten, musste ihnen weitgehend freie Hand lassen. Jede Regulierung verringerte ihre ökonomischen Gewinnchancen und damit die Investitionsbereitschaft. Wollte der Auftraggeber das Verhalten im Kampf regulieren, musste er einen Ausgleich anbieten, um für den privaten Investor sein Engagement über der Attraktivitätsnulllinie zu halten. Umgekehrt führte der Wunsch der Auftraggeber, die eigenen Kosten zu minimieren, sofort zur Minimalisierung der Kontrollmöglichkeiten über die eingesetzten Kämpfer. Alle Linien, die Juristen und Staatenbauer zwischen legitimer und illegitimer Gewalt in den Sand gezogen hatten, konnten von dieser Welle hinweggespült werden. Der Chronist Albert Krantz sah dies realistischer als viele spätere Beobachter des mittelalterlichen Hanseraums: „Dann wenn diese arth Volck, einmahl aus dem Schlaff auffwacht, vnd zur Räuberey auff den Jahrmarckt außzeucht, kehren sie mit ledigen Beutel nicht wieder, vnd greiffen so bald auff Freunde, als Feinde, sonderlich, wenn die Feinde nicht viel in der See zum besten gelassen. Denn es muß doch in der Welt gezehret sein, Gott gebe die Nahrung komme her von Feinden oder Freunden, vnd haben die Räuber hierin die Justitz zur milden Heyliginnen".[70]

## III. Motive der Gewaltdienstleister

Das finanzielle Motiv der *Gewaltdienstleister* zur See ist damit deutlich hörbar angeklungen. Dieser Klang ist allerdings in der hansegeschichtlichen Erforschung der Piraten nicht recht gehört worden. Das gängige Schema fokussiert vielmehr auf nur zwei Typen: den üblen Schurken einerseits und den Sozialrebellen andererseits. Doch das zentrale Motiv der Mehrzahl der Piraten und zeitweiligen Kaperfahrer ist damit nicht getroffen. Denn nicht aus perverser Gewaltlust oder sozialer Ideologie, auch nicht für König, Volk oder Nation übten sie das Gewalthandwerk aus, sondern um des ökonomischen Gewinns willen.[71] Sie suchten dabei

---

67 Schäfer: Chronik (Anm. 1), S. 90f.
68 Kurländisches Urkundenbuch (Anm. 57), Abt. 1, Bd. 5, Sp. 474f. Nr. MMCCCXVII (16. Mai 1419).
69 Hanserezesse (Anm. 61), Abt. II, Bd. 6, S. 366 Nr. 371 (21. Oktober 1470).
70 Krantz: Wandalia (Anm. 62), S. 486.
71 Zu Parallelen zu Söldnern zu Lande siehe Stephan Selzer: *Sold, Beute und Budget. Zum Wirtschaften deutscher Italiensöldner des 14. Jahrhunderts*, in: Harm von Seggern/Gerhard Fou-

nicht eine faire Heuer, sondern die Chance, durch ein erfolgreiches Unternehmen zur See ein- für allemal ausgesorgt zu haben. Oder wie es ein verzweifelter Danziger Flottenführer 1473 entnervt aus Brügge an die Mottlau schrieb: Seine Mannschaft würde für die Hanse und die Städte nicht einmal über einen Rinnstein springen, sondern nur für Geld.[72] Beim Lübecker Chronisten Reimar Kock liest man über diesen Mechanismus folgendes: „Idt streith nicht tho beschriven, wat des losen und bosen Volckes tho hope lep uth allen Landen van Buhren und Borgern, van Amptknechten unnd andern losen Volcke, wente alle de nicht arbeiden wolden, leten sich gedunck en, se wolden alle van den armen denschen unnd norrischen Buren rike werden. Duth leth sick im Anfange wol ansehen alse ein groth profitlich Dingh, wordorch den Vienden men wurde groten Affbrok dohn, averst Godt tröste, wor men deme losen Hupen de Hant loß leth, so man se doch mit aller Macht kume verhindern und weren kan, dat se nehn Quadt dohn, wen man sie alschon in grotem Dwange holt".[73]

Dieses Anreizsystem funktionierte unabhängig von der Herkunft. Denn die Beobachtung von Reimar Kock über die soziale Spannweite der Besatzungen lässt sich auf die landsmannschaftlichen Verhältnisse an Bord ausweiten. Kaper- und Piratenschiffe wiesen oftmals eine internationale Zusammensetzung auf.[74] 1404 etwa wusste der Vogt von Narva über die Seeräuber im Finnischen Meerbusen zu berichten, „dat dar volk in der see is van allen landen to hope vorgaddert [...]".[75] 1410 meldeten die Brügger Älterleute umgekehrt nach Livland, dass sich vor dem Swin „vele sereovere ut mangerlei landen, also van Schotlande, Hollande und Seelande, Vrankriken und van Kaleis" versammelten.[76] Egal, welcher Nation sie angehörten, sozial betrachtet handelte es sich nicht von vornherein und zwangsläufig um Angehörige von Randgruppen, sozialdeklassierte Outlaws oder Rebellen.[77] Weil Gewaltanwendung im Mittelalter nicht grundsätzlich stigmatisierte, stammten diese Akteure nicht durchweg aus und gehörten nicht umgehend prekären sozialen Verhältnissen an. Pechlins Vorfahren und Nachkommen etwa gehörten zur Oberschicht der Insel Fehmarn. Sein Vater und sein Sohn waren Bürgermeister in Burg, und er selbst gehörte zunächst zu den über Lübeck agierenden Hansekaufleuten.[78]

---

    quet (Hg.): Adel und Zahl. Studien zum adligen Rechnen und Haushalten in Spätmittelalter und Früher Neuzeit, Ubstadt-Weiher 2000, S. 219-246.
72 Hanserecesse (Anm. 61), Abt. II, Bd. 6, S. 520 Nr. 555: „[...] se giingen um der stede willen nicht over den ronsteen, denne umme gelt [...]".
73 *Die lübeckischen Chroniken in niederdeutscher Sprache*, Teil 1, hg. von Otto Grauhoff, Hamburg 1829, S. 494 (Reimar Kock).
74 Mollat: Guerre de course (Anm. 6).
75 Kurländisches Urkundenbuch (Anm. 57), Abt. I, Bd. 4, Sp. 457 Nr. MDCXLI (wohl 16. 05. 1404).
76 Ebd., Sp. 734 Nr. MDCCCXLIV (28. August 1410).
77 Vgl. Karen Cieslik: *Der Mythos vom Außenseiter. Klaus Störtebeker, Pirat und Volksheld des Nordens*, in: Ulrich Müller/Werner Wunderlich (Hg.): Herrscher, Helden, Heilige (Mittelalter-Mythen 1), St. Gallen 1996, S. 451-466.
78 Lemke: Pechlin 1987 (Anm. 1), S. 272f.

Dieser oder ein vergleichbarer sozialer Hintergrund waren sogar förderlich für die Gewaltausübung zur See. Um hier im größeren Maßstab aufzutreten, bedurfte es nämlich Anfangsinvestitionen: benötigt wurde ein Startkapital, über dessen Größe, Einsatz und Rendite man kühl kalkulieren musste. Kaperfahrt und Piraterie waren keine romantischen Abenteuer, auch ging es nicht um phantastische Schätze, die man heben konnte und für die durch ihren Sozialhass unberechenbare Hasardeure auszogen, sondern die Piraten- und Kaperschiffe wurden oftmals befehligt oder ausgerüstet von einer Art von Gewaltunternehmern, die recht kühl Kosten und Nutzen abwogen. Um erfolgreich zu sein, war vor allem ein offener Hafen unverzichtbar. Einen solchen benötigten Piraten und Kaperfahrer nicht nur für den Nachschub, sondern zur Realisierung ihres Profits. Sie brauchten Verkaufsmöglichkeiten an Land. Denn irgendwo an Land musste „gepartet und gebutet" werden – so lautet der zeitgenössische Terminus.[79]

Es sind oftmals sehr langgestreckte Verkaufswege, von denen man erfahren kann, wenn etwa das Brügger Kontor an der Somme versuchte, die Ladung aus einem Revaler Schiff zurückzubekommen, das vor Norwegen von Seeräubern überfallen worden war.[80] Dennoch war es möglich, das Schlimmste, die Teilung von Ladung und Schiff, zu verhindern, wenn rasch Nachrichten darüber eintrafen, wohin die Beute verbracht worden war.[81] 1458 gelang es etwa den Eigentümern unter Lübecker Vermittlung drei aus Riga stammende und von Danziger Ausliegern aufgebrachte Schiffe vor ihrer Teilung gegen Zahlung von 3700 Postulatsgulden zurückzukaufen.[82] Für solche Verhandlungen wie für den Verkauf an Dritte bedurften die Seeräuber zahlreicher Helfer. Stets existierte deshalb ein Netzwerk von Unterstützern, die sich um die Gewaltausübenden gruppierten. Wer Seeräuber bekämpfen wollte, setzte hier an. Im Falle Pechlins wurden drei seiner Leute bei Rostock erspäht, als sie Raubwaren absetzen wollten.[83] Die hansischen Bestimmungen gingen aber noch weiter und wiederholten fortwährend, dass die Unterstützer „like sculdich den seroveren holden" werden sollten.[84] Ganze Städte konnten in den Verdacht geraten, wie Hehler zu agieren. 1492 unterstützte Kampen nach Kölner Meinung den Seeräubergüterumschlag.[85] Und 1499 beschwerte sich Sten Sture bei Reval darüber, dass die Stadt dem Seeräuber Paul Putkammer eine Basis biete.[86]

Die Orientierung am finanziellen Gewinn wirkte indes nicht erst auf den Abschluss, sondern bereits auf die Führung der Seekriegsunternehmungen zurück. Wer ökonomisch motiviert war und mit einem Gewalttitel in See stach, besaß

---

79  Z.B. Kurländisches Urkundenbuch (Anm. 57), Abt. 2, Bd. 1, S. 389 Nr. 530 (13. Mai 1497); Schäfer: Chronik (wie Anm. 1), S. 90.
80  Kurländisches Urkundenbuch (Anm. 57), Abt. I, Bd. 4, Sp. 728-732 Nr. MDCCCXLIII (Erste Beilage) (13. August 1410).
81  Ebd., Sp. 732-736 Nr. MDCCCXLIV (28. August 1410).
82  Kurländisches Urkundenbuch (Anm. 57), Abt. I, Bd. 11, Sp. 590f. Nr. 761-762 (13./21. Juli 1458).
83  Lappenberg: Lied (wie Anm. 1), S. 148.
84  Bjork: Piracy in the Baltic (Anm. 18), S. 39.
85  Hansisches Urkundenbuch (Anm. 31), Bd. 11, S. 403 Nr. 627 (29. November 1492).
86  Ebd., S. 714f. Nr. 1164 (25. Juli 1499).

weitere Interessen und musste sein Verhalten an anderen Vorgaben ausrichten als heute ein Kapitän der Marine. Deshalb waren bestimmte Operationen militärstrategisch notwendig, aber finanziell uninteressant. So wollte unter mittelalterlichen Ausliegern beispielsweise niemand sonderlich gern auf Hoher See kreuzen, denn hier zeigte sich viel zu selten eine lohnende Prise. Vielmehr waren die ökonomisch interessanten Fangzüge dort zu machen, wo enge Schiffspassagen verliefen und gleichzeitig gute Versteckmöglichkeiten vorhanden waren.[87] Die Ostseetopographie bot dafür gute Chancen: Inselwelten, Scherenküsten und Flussmündungen in einer nicht nur topographisch, sondern auch herrschaftlich zersplitterten Gewässerlandschaft. Besonders lukrativ waren Überfälle auf vor Anker liegende Schiffe oder auf Küstenorte.[88] Marten Pechlin gewann ein Schiff, das vor Skagen lag[89] und überfiel die Ortschaft Bülk an der Kieler Förde.[90] Piraten und Kaperfahrer unterschieden sich in solchen Planungen nicht. Wie einige Orte waren auch manche Zeiten für ihre Jagd wesentlich günstiger als andere. Ihre *Geschäftstermine* passten sich der Saison der Schifffahrt an, mitsamt ihrer Winterpause von November bis Februar.[91]

Weil es nicht um Ehrkapital ging, wäre es unökonomisch gewesen, in jeden Kampf zu ziehen. Pechlin schickte einen Küchenjungen auf ein hansisches Schiff, der unter dem Vorwand, Hühner verkaufen zu wollen, die Stärke der Mannschaft und ihre Bewaffnung ausspähen sollte.[92] Weil Kämpfen das eingesetzte Geschäftskapital gefährdete, konnte die Investition in psychologische Kriegführung gut angelegt sein. Die immer wieder zitierte Selbstbezeichnung der Vitalienbrüder als „Gottes Freunde und aller Welt Feinde", die sie 1398 dem hansischen Schiffer Eggert an das Brügger Hansekontor mitteilen ließen, lässt sich dementsprechend verstehen. Denn so stieß man auf eingeschüchterte Opfer: „dat em de vitalienbroders boden unde bevolen, dat he uns segghen solde, dat se weren Godes vrende unde al der werlt vyande".[93] Doch wurde mit dem Einsatz brutalster Gewalt nicht nur gedroht. Einzuschüchtern bedeutete leider immer wieder auch, Gewalt exzessiv einzusetzen und daraufhin gar für die Verbreitung solcher Untaten zu sorgen. Im Sommer 1452 hängten Lübecker Auslieger einen Danziger Kapitän an seinen Daumen auf. Sie quälten ihn, um über die Eigentümer der Ladung seines Schiffs genauere Angaben zu erfahren, denn sie trauten den Angaben in seinem Ladebrief nicht.[94] Sie wollten die Einkünfte aus ihrem Fang optimal ausschöpfen, denn zweifellos konnten solche Schriftstücke manipuliert sein, wurden sie etwa noch

---

87  Mollat: Guerre de course (Anm. 6), S. 4.
88  Vgl. Kurländisches Urkundenbuch (Anm. 57), Abt. I, Bd. 11, S. 353-354 Nr. 427 (21. Juli 1455).
89  Lappenberg: Lied (Anm. 1), S. 145.
90  Ebd., S. 146f.
91  Siehe die Schiffsverlusttabelle nach der Weinreich-Chronik in Graphik 1.
92  Schäfer: Chronik (Anm. 1), S. 81.
93  Hanserezesse (Anm. 61), Abt. 1 Bd. 4, S. 431f. Nr. 453 (4. Mai 1398). Schof wurde später durch Überfälle auf englische Schiffe selbst gerichtsnotorisch: Rohmann: Der Kaperfahrer Johann Stortebeker (Anm. 5), S. 90.
94  Hansisches Urkundenbuch (Anm. 31), Bd. 8, S. 119 Nr. 160 (24. Juli 1452). Die Episode auch bei Böhringer: Das Recht der Prise (Anm. 18), S. 37.

mit feuchter Tinte vorgewiesen.[95] Doch damit überschritten die Auslieger das auch für hartgesottene Beobachter übliche Maß.

## IV. Schutz vor Gewalt

Wer zum Opfer von Kaperfahrern wurde, unterschied nicht formalistisch. Ein Kölner Kaufmann, der auf einem englischen Schiff vom hansischen Auslieger Hanneken Voet bedroht worden war, schloss seinen Bericht über die Ereignisse mit dem Fluch: „Hey sael syenen loen waelle krijegen ind aelle soulgen dyeve".[96] Sicherlich war das streng genommen ein Kategorienfehler, denn rechtssystematisch war ein Kaperfahrer kein Dieb. Doch gewaltsame Aktionen liefen niemals mit chirurgischer Präzision ab, genauso wie Rechtslagen in der Hitze des Gefechts unübersichtlich zu sein pflegen. Eine Reihe von Gewaltfällen, die den städtischen Gerichten des Hanseraums vorgelegt wurden und die auf beiden Seiten der dünnen Wand lagen, die rechtmäßige und unrechtmäßige Gewalt von Kaperfahrern schied, zeigen dies: War der betreffenden Stadt abgesagt und war sie gewarnt worden, oder erfolgte die Wegnahme von Gütern „unentsecht unde ungewernet"?[97] Waren die Untertanen des Bistums Ösel zu den offenbaren Feinden der Danziger zu rechnen und daher rechtmäßige Opfer der Auslieger oder hatten sie mit dem Deutschen Orden rechtlich nichts zu tun?[98] Machte der zwölfte Anteil an einem Schiff, der nach dem Tod des Besitzers noch nicht neu vergeben worden war, dieses zu einem feindlichen Fahrzeug?[99] Sah man sich einem Seeräuber gegenüber, wenn ein Danziger Auslieger sein Bürgerrecht aufsagte und dem dänischen König die Fehde erklärte?[100] Wer haftete dafür, wenn die Warnung vor einem Kaperkrieg verspätet ihr Ziel erreicht hatte?[101] Wer entschied darüber, ob jemand unrechtmäßig als Seeräuber verfolgt wurde,[102] weil unzutreffend sei, „dat he dat nam alse ein serover", und er vielmehr „dat nam [...] in einen appenbaren krige"?[103] Wem gehörte ein Schiff, das von Ausliegern gekapert worden war, aber nach mehr als vier Tagen zurückerobert wurde: dem Alteigentümer oder dem neuen Besitzer?[104] Was sollte mit einem in Lübeck arrestierten Schiff geschehen, von dem der Besitzer behauptete, er habe es rechtmäßig aus einer legitimen Beu-

---

95 Hansisches Urkundenbuch (Anm. 31), Bd. 8, S. 135 Nr. 185 (12. September 1452). Vgl. Böhringer: Das Recht der Prise (Anm. 18), S. 37.
96 Hansisches Urkundenbuch (Anm. 31), Bd. 10, S. 66f. Nr. 111 (5. April 1472).
97 Kurländisches Urkundenbuch (Anm. 57), Abt. I, Bd. 11, S. 636 Nr. 804 (16. Januar 1459).
98 Ebd., S. 634 Nr. 802 (8. Januar 1459).
99 Hansisches Urkundenbuch (Anm. 31), Bd. 8, S. 359-360 Nr. 538 (21. November 1456-25. Februar 1457).
100 Ebd., S. 765f. Nr. 1254 (8. Juni 1463).
101 Hansisches Urkundenbuch (Anm. 31), Bd. 9, S. 698 Nr. 797 (13. Dezember 1470); Bd. 10, S. 6f. Nr. 9 (5. März 1471).
102 Kurländisches Urkundenbuch (Anm. 57), Abt. I, Bd. 4, Sp. 125-126 Nr. MCDXX (19. Juni 1396).
103 Ebd. Sp. 679-681 Nr. MDCCCVIII und Sp. 684-685 Nr. MDCCCXI (ca. 1409).
104 Hansisches Urkundenbuch (Anm. 31), Bd. 8, S. 750 Nr. 1221 (14. Januar 1463).

temasse erworben?[105] Wer zahlte nach einer versehentlichen Wegnahme eines Schiffs und dessen Restitution für die von den Ausliegern an Bord verzehrten Viktualien?[106]

Antworten auf diese und ähnliche Fragen[107] wurden nicht systematisch gefunden, sondern aus der Situation und durchaus nach politischen Opportunitäten gegeben.[108] Ein Admiralitätshof der Hanse existierte nicht. Die Chancen, dass zumindest nachträglich Täter bestraft und Opfer entschädigt wurden, waren daher selbst in Streitfällen zwischen Bürgern hansischer Städte nicht sonderlich groß. Doch andererseits zeigen solche, oftmals langwierigen Streitfälle,[109] dass niemand im Mittelalter leugnete, dass im Krieg gerade nicht alles erlaubt sein dürfe.

Worauf Opfer hoffen konnten, waren allerdings keine schriftlichen Seerechtsartikel oder ein Internationaler Seegerichtshof. Regeln im Krieg waren im Mittelalter nicht von souveränen Staaten vereinbart, durch Disziplin in den Armeen eingeübt und durch Sanktionen einer Militärgerichtsbarkeit befördert worden, sondern wurden gewohnheitsmäßig praktiziert, wenn sich Kämpfer gegenseitig achteten.[110] Je näher sich die Opfer und Täter sozial und landsmannschaftlich standen, umso größer war daher die Chance, dass humanisierende Regeln geachtet wurden. Dies galt gerade für die Auseinandersetzungen des 15. Jahrhunderts auf der Ostsee, als hansische Städte sich in unterschiedlichen Lagern befanden.[111] Das Warnen, „Warschauen", der Neutralen vor Beginn einer Kaperfahrt wurde von Danzig in seinem Ausliegerkrieg gegen den Deutschen Orden ab 1454 konsequent eingehalten.[112] Ein humaneres Verfahren im Gegensatz zur Daumenfolter ereignete sich etwa im Jahr 1462: Damals stießen Danziger Auslieger in einem Dordrechter Schiff erstens auf einen Wimpel des Hochmeisters. Zweitens trat ihnen der Schiffer bewaffnet entgegen und gab erst auf Befragung zu, 15 Last Asche eines Kaufmanns mitzuführen, der mit dem Ordensmeister kooperierte. Überraschend dann: Man einigte sich darauf, dass der Schiffer weitersegeln durfte. Die Asche blieb an Bord, nur sollten dafür späterhin 200 rheinische Gulden überwiesen werden.[113]

---

105 Kurländisches Urkundenbuch (Anm. 57), Abt. I, Bd. 11, S. 536 Nr. 669 (25. Mai 1457).
106 Ebd., S. 643-644 Nr. 819 (14. April 1459).
107 Das gedruckte Material findet sich größtenteils in der Arbeit von Böhringer: Das Recht der Prise (Anm. 18).
108 Diese und weitere Prozesse müssten systematisch gesammelt und ausgewertet werden.
109 Siehe als nicht hansisches Beispiel Michael Jones: *Roches contra Hawley: La cour anglaise de chevalrie et un cas de piraterie à Brest, 1386-1402*, in: MÉMOIRES DE LA SOCIÉTÉ D'HISTOIRE ET D'ARCHÉOLOGIE DE BRETAGNE 64 (1987), S. 54-64.
110 Pierre Chaplais: *Le règlement des conflits anglo-francais*, in: LE MOYEN AGE 57 (1961), S. 269-303; Maurice Keen: *The Laws of War in the Middle Ages*, London/Toronto 1965, S. 218f.
111 Marian Biskup: Gdańska flota kaperska w okresie wojny trzynastoletniej 1454-1466, Danzig 1953.
112 Kurländisches Urkundenbuch (Anm. 57), Abt. I, Bd. 11, S. 371f. Nr. 458 (nach 1. Oktober 1455). Zur Praxis siehe Böhringer: Das Recht der Prise (Anm. 18), S. 22-27.
113 Kurländisches Urkundenbuch (Anm. 57), Abt. I, Bd. 12, S. 70 Nr. 136 (29. März 1462).

Eine solche Reaktion war kein nur bei Kaperfahrern anzutreffendes Verhalten. So seltsam es uns vorkommt, auch der Raub zur See hatte seine Regeln, Bräuche und Überlieferungen. Durch die personale Nähe von Kaperfahrt und Piraterie bestanden Wechselwirkungen, die dafür sorgen konnten, dass Konventionen, denen die Gewalt zur See im Kaperkrieg gewohnheitsmäßig unterworfen war, ebenfalls das Verhalten von Piraten dämpfen konnten: „Usanza del mare" hieß dergleichen auf dem Mittelmeer.[114] Daher begann bei der Begegnung mit einem Piratenschiff nicht zwangsläufig der Kampf mit dem Teufel. Die Bergenfahrer warfen beispielsweise die Gefangenen aus Pechlins Mannschaft über Bord.[115] Aber sie verstanden das Vorgehen selbst als ungewöhnliche Handlung, die spiegelbildlich auf die besondere Brutalität Pechlins antworten sollte, denn dieser „warp aver bort, al de he krech"[116], – an einem einzigen schrecklichen Tag 105 Menschen.[117] Egal ob Piraten oder Auslieger betroffen waren, dergleichen galt unter den zeitgenössischen Beobachtern stets als eskalierte, unmenschliche Brutalität.[118] Als 1494 Piraten im Finnischen Meerbusen die Mannschaft eines russischen Schiffes über Bord warfen, empörte sich der Danziger Rat: „Dat uns bedunckt sere unbillich unde unmynschlick gedaen wesen".[119] Es ist eine solche, besondere Unmenschlichkeit, die Pechlin in der Sicht der Hansekaufleute heimgezahlt wurde: „Nach vordeynst warth ön dar lonet".[120] Tatsächlich haben anderswo Schiffsbesatzungen die Männer, die einen Moment zuvor noch erbittert bekämpfte Gegner waren, aber nunmehr hilflos im Meer schwammen, aus dem Wasser gezogen.[121]

Auf dergleichen jedoch ließ sich nur hoffen, aber nicht vertrauen. Und deshalb gaben die mittelalterlichen Zeitgenossen auf die Frage darauf, wer und was eigentlich vor der Gewalt von Kaperfahrern und Piraten schützen könne, zumeist die gleichlautende Antwort: Nicht der Staat, sondern am besten wir uns selbst. Das schien ihnen erfolgversprechender und in vielen Bedrohungslagen wohl auch preiswerter zu sein.[122] Die späteren Sieger über Pechlin schlossen sich beim Aufbruch zu ihrer Fahrt zusammen und versprachen sich, in der Gefahr fest zusammenzuhalten: „So makeden de dre schepe eyn vorbunt, dat se thohope wolden bliven".[123] Selbstverständlich war ihnen bewusst, dass nur derjenige, der sich selbst verteidigen konnte, überhaupt Seereisen unternehmen sollte. Entmilitarisierte, nicht gewaltfähige Schiffe waren daher auf hansischen Seerouten des Mit-

---

114 Vgl. Braudel: Das Mittelmeer (Anm. 10), S. 701.
115 Schäfer: Chronik (Anm. 1), S. 90.
116 Bruns: Die Lübecker Bergenfahrer (Anm. 1), S. 393f.
117 Lappenberg: Lied (Anm. 1), S. 146; Schäfer: Chronik (Anm. 1), S. 91.
118 Auch Pechlin variierte sein Vorgehen. Ein Schiff ließ er anbohren, so dass es repariert werden konnte, sobald der Schiffer es mit 100 Gulden auslöste: Schäfer: Chronik (Anm. 1), S. 84. Bei der Eroberung seines Schiffes finden die Befreier Gefangene unter Deck vor: Lappenberg: Lied (Anm. 1), S. 155; Schäfer: Chronik (Anm. 1), S. 89f.
119 Kurländisches Urkundenbuch (Anm. 57), Abt. 2, Bd. 1, S. 4 Nr. 7 (16. Juni 1494).
120 Lappenberg: Lied (Anm. 1), S. 155.
121 Hansisches Urkundenbuch (Anm. 31), Bd. 10, S. 66f. Nr. 111 (5. April 1472).
122 Vgl. Sicking: Zeemacht en onmacht (Anm. 24), S. 73-105.
123 Schäfer: Chronik (Anm. 1), S. 80.

telalters gar nicht unterwegs. Um nicht zu Opfern zu werden, bedurfte man schnellerer Schiffe, einer besseren Bewaffnung, größerer Aufmerksamkeit und genauerer Ortskenntnis, als die Piraten und Auslieger sie besaßen und zeigten. Ein Ratschlag, den Riga 1410 erhielt, lautete so: Man möge Schiffer und Kaufleute rasch „warschauen", diese mögen sich mit Harnischen versehen und „to samende bliven in der see, also se ere lif und gud lef hebben".[124] So handelten beispielsweise auch die Lübecker Reval- und Novgorodfahrer: 1490 legten sie 43 Söldner in ihre Schiffe, wie es heißt, auf des Kaufmanns Kosten, „dat men up de gudere schal rekenen".[125] Oder man hielt Heringstonnen bereit, wovon eine Episode erzählt, die in hansischen Chroniken in unterschiedlichen Variationen erscheint.[126] Reimar Kock berichtet sie so: Im Jahre 1391 fielen etliche Vitalienbrüder ein Schiff aus Stralsund an, wurden aber geschlagen. Ausreichende Fesseln fehlten und einem Eid der Seeräuber, sich gefangen zu geben und von weiteren Feindseligkeiten abzusehen, war nicht zu trauen: „Derhalven bedachten se eine nye Wise, de Victallien Broders tho verwarende alduß unnd dusser Gestalt: se nehmen Tunnen, derer se nu vele hedden geladen, unnd schlogen einen Bodden uth unnd huven in den Bodden ein Hol so groth, dat de Bodden umme de Halß eine Minschen konde thoschluten, unde steken denne einen van Victallien Brodern in den Tunne, also dat de Kop buten der Tunnen bleff, unnd schlogen de Tunnen wedder tho, unnd stapelden de Victallien Broders up einen Hupen, alse me Tunnen tho hope plecht tho stapeln [...]".[127]

## V. Schlussüberlegungen

Gibt es aus der spätmittelalterlichen Epoche des Hanseraums verborgene Schätze der Piraten zu heben? Marten Pechlin erschien eingangs als brutaler Schurke. Ein solches Piratenbild vermag die Zeiten zu überspannen. Eine Geschichte der Piraterie wäre dann die Wiederholung des Ewiggleichen. Von einem solchen Standpunkt aus scheinen sich von Meer zu Meer, von Epoche zu Epoche dieselben Phänomene zu wiederholen.

Die vorstehenden Überlegungen wollten dieser Sichtweise nicht folgen. Im Gegenteil, sie sollten eine andere Prise erbeuten und dem Leser daraus Anteile zur weiteren Überlegung anvertrauen. Dazu gehört, dass das Spätmittelalter als eine Umbruchzeit mit einem nur ansatzweise etablierten staatlichen Gewaltmonopol auch solche Probleme kannte, die heute aktuell geworden sind und deshalb als neu erscheinen. So gewendet ist das Auftreten von nichtstaatlichen Akteuren der Ge-

---

124 Kurländisches Urkundenbuch (Anm. 57), Abt. I, Bd. 4, Sp. 734 Nr. MMDCCCLIII (um 1410).
125 Hansisches Urkundenbuch (Anm. 31), Bd. 11, S. 270f. Nr. 377 (21. Juli 1490).
126 Siehe die Stelle nach Hermann Korner bei Constantin Hruschka: *Kriegsführung und Geschichtsschreibung im Mittelalter. Eine Untersuchung zur Chronistik der Konzilszeit*, Köln u.a. 2001, S. 361f. Nr. 65; Krantz: Wandalia (Anm. 62), S. 329. Zur Episode siehe Bjork: Piracy in the Baltic (Anm. 18), S. 61.
127 Lübeckische Chroniken (Anm. 73), S. 494f.

waltausübung und die von ihnen ausgehende Bedrohung der Seewege die Wiederkehr unserer eigenen Geschichte, aus der man vielleicht nicht klüger für ein nächstes Mal, aber zumindest so weise werden kann, dass die uns geläufigen Organisationsformen von Gewaltanwendungsrechten zur See weder zeitlos noch selbstverständlich sind.

Grundsätzlich ist weiterhin zu erkennen, dass es durchaus auch dann, wenn Gewalträume nicht staatlich oder völkerrechtlich geformt sind, Instrumente gab, die die Brutalität zu zähmen vermochten. Solche Regularien waren während des Mittelalters gruppenbezogen und kanalisierten Gewalt horizontal. Mit dem Aufstieg frühmoderner Staatlichkeit etablierte sich eine (uns modern erscheinende) vertikale, hierarchische Gewaltkontrolle. Öffentliche und private Gewaltanwendung wurden begrifflich getrennt. Praktisch indes ergaben sich Unschärfen, weil der Aufstieg des Staates zwar die Piraterie eindämmte, aber die Kaperfahrt stimulierte. Dass dieser Systemwechsel im 15. Jahrhundert noch nicht mehr Sicherheit zur See produzierte, beruhte entscheidend darauf, dass er mit zuwenigen öffentlichen Ressourcen vollzogen worden ist.[128] Auch mögliche Opfer von Gewalt zur See wussten, dass der Piratenkampf nur zu führen und weitgehende Sicherheit auf den Meeren lediglich herzustellen war, wenn private Schutz- und Gewaltmaßnahmen zum staatlichen Engagement hinzutraten. Vernetzte Sicherheit würde man das heute wohl nennen.

Als Aushilfe für fehlende Steuern rekrutierten staatliche Gewaltakteure nicht mehr mittelalterlich feudal und noch nicht modern durch Wehrpflicht, sondern sie versorgten sich auf einem internationalisierten Markt der Gewaltanwendung. Zugespitzt kann man sagen: Die Staaten produzierten die Gewalt mit, aus deren Eindämmung sie Legitimität und Steuereinnahmen zogen. Im Spätmittelalter waren die gewaltausübenden Schiffe auf Nord- und Ostsee noch keine staatlich finanzierten, kontrollierten und damit politischen Werkzeuge, sondern privat ausgerüstete und daher primär wirtschaftliche Instrumente. Die Investoren in die Gewalt zur See und deren Ausübende waren ökonomisch motiviert, so dass trotz einer auf den ersten Blick vielleicht anarchisch anmutenden Rechtslage durchaus systematische Züge der Gewaltanwendung zu erkennen sind.

Staatliche Legitimierung privater Gewalt zur See nützte in den mittelalterlichen Jahrhunderten durchaus den staatlichen Interessen. Allerdings entstanden aus ihr schwer beherrschbare Folgewirkungen, die jedoch nicht mehr im Mittelalter, sondern erst in den nachfolgenden Jahrhunderten gelöst werden konnten. Zunächst hörten die Staaten auf, private Gewaltanwendung zu unterstützen, dann gingen sie dazu über, solche Praktiken aktiv zu unterdrücken. Gleichzeitig suchten sie die Hoheitsrechte über das Meer zu klären.[129] Erst spät begann sich also der

---

128 Vgl. Louis Sicking: *Die offensive Lösung. Militärische Aspekte des holländischen Ostseehandels im 15. und 16. Jahrhundert*, in: HANSISCHE GESCHICHTSBLÄTTER 117 (1999), S. 39-51.

129 Siehe für den Hanseraum Ahasver v. Brandt: *Die Hansestädte und die Freiheit der Meere*, in: Klaus Friedland/Rolf Sprandel (Hg.): Lübeck, Hanse, Nordeuropa. Gedächtnisschrift für Ahasver von Brandt, Köln u.a. 1979, S. 80-96; Hermann Kellenbenz: *Die erste bewaffnete Neutralität und ihre Auswirkungen auf die hamburgische Schiffahrt*, in: ZEITSCHRIFT FÜR HAMBURGISCHE GESCHICHTE 62 (1976), S. 31-48.

Nebel darüber zu verziehen, ob private Gewalt auf See legitimiert sein könnte. Dies geschah in dem Moment, als private Gewaltanbieter keine für die Staaten nutzbare Ressource mehr waren, weil spezialisierte Kriegsschiffe keine Heringstonnen mehr an Bord mitführten und Piraten wegen ihrer mangelnden Professionalisierung gar nicht in eine Flotte zu integrieren waren.[130]

Dies sind erste Erkundungen in einem wenig befahrenen Seegebiet hansischer Geschichte. Sie ließen sich intensivieren und wären in Bezug zu setzen zu den Verhältnissen in anderen Epochen. Vermutlich ließe sich aus einer solchen Zusammenschau eine historische Typologie der Grundformen von Gewalt und Sicherheit zur See formen. In ihr wäre die Geschichte der Piraterie nicht als eine Entwicklungslinie auf eine immer bessere Welt angelegt, sondern als wiederholte Ausformung fortdauernder Möglichkeiten zu verstehen.

---

130 Vgl. Glete: Navies and Nations (Anm. 51).

*Graphik 1: Umfang der Danziger Schiffsverluste nach der Chronik von Caspar Weinreich (wie Anm. 38).*

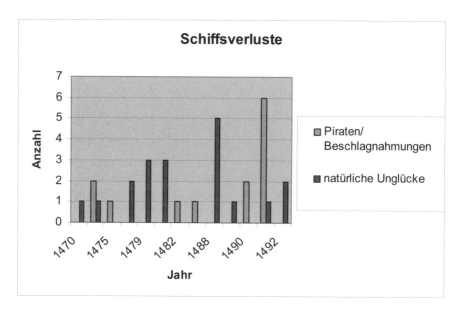

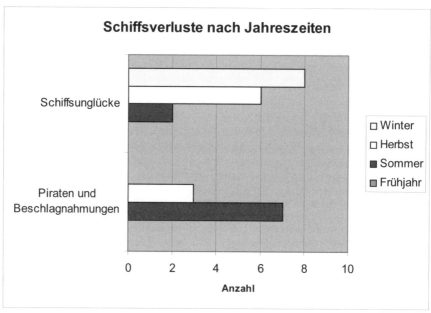

# DIE BARBARESKEN UND DIE DEUTSCHE SEEFAHRT IM 17. UND 18. JAHRHUNDERT

ROBERT BOHN

Im Jahre 1734 schickte ein Hamburger Kaufmann, der sich zur Abwicklung von Handelsgeschäften in Amsterdam aufhielt, einen Brief an seinen Bruder und Mitinhaber der Hamburger Firma, in dem er über den Fortgang der Geschäfte berichtete und sich zugleich auch über den beklagenswerten Zustand der Seefahrt der Hansestadt auslässt. Dieser einst so blühende Seehandel habe, so das Lamento, „bekanntermaßen seit dem Utrechtschen Frieden stark abgenommen, und insoweit ist die Fahrt auf Spanien, Portugal und das Mittelländische Meer, wohin ehemals wohl 40 bis 50 Schiffe in einem Jahre gegangen, anitzo, seitdem England, Holland und Schweden Frieden mit Algier haben, fast völlig aus, und wird bis auf ein oder zwey Paar Schiffe, so nach Portugal und Cadix fahren, mit lauter frembden Schiffen geführet. Daher die Convoyers, so der Stadt soviel gekostet, unnütze liegen und nicht gebrauchet werden."[1]

Mit dem hier angesprochenen Utrechtschen Frieden ist der Friedensschluss der europäischen Mächte von 1713 gemeint, mit dem der so genannte Spanische Erbfolgekrieg beendet wurde, der zwölf Jahre lang gedauert hatte. In diesen Jahren war die Handelsschiffahrt der am Krieg beteiligten Mächte in starkem Maße einem Kaperkrieg ausgesetzt gewesen, so dass unter neutraler Flagge fahrende Schiffe, wie die Hamburger, von den Befrachtern begehrt waren und eine gute Konjunktur hatten. Damit war nun unter anderem auch deshalb Schluss, weil große Seefahrtsnationen wie England und Holland mit Algier Frieden schlossen.

## I. Politische und wirtschaftliche Strukturen der Barbaresken

Algier war seinerzeit die bedeutendste Stadt in Nordafrika, ein Staat im Staate, der seine Einkünfte zu einem großen Teil aus der Seeräuberei bezog. Doch Algier war nicht der einzige arabische Seeraubstaat an der südlichen Mittelmeerküste. In Nordwestafrika, im sogenannten Maghreb, waren in den ersten Jahrzehnten des 16. Jahrhunderts aus den zerfallenden Berberreichen vier Herrschaftsgebilde entstanden[2], Marokko, Algier, Tunis und Tripolis, die sich, vor allem nach der Seeschlacht von Lepanto 1571, alle in einem permanenten Kriegszustand mit den christlichen Völkern und Staaten fühlten, und die dem, was die christlichen Staaten Piraterie nannten, eine religiöse Motivation gaben. Im Abendland wurde schon

---

1   Zitiert nach Ernst Baasch: *Hamburgs Convoyschiffahrt und Convoywesen*, Hamburg 1896, S. 53, Fn. 2.
2   Vgl. den Überblick: Peter v. Sivers: *Nordafrika in der Neuzeit*, in: Ulrich Haarmann (Hg.): Geschichte der arabischen Welt, München 1987, S. 502-590.

recht bald die Bezeichnung „Barbarenstaaten" oder „Barbaresken" für diese gleichartig organisierten Herrschaftsgebilde gebräuchlich.[3] Algier, das damals rund 100.000 Einwohner zählte, war von ihnen stets das weitaus bedeutendste Reich. Die herrschende Schicht rekrutierte sich aus Korsaren ungewisser Herkunft, wobei es sich überwiegend um griechische sogenannte Renegaten gehandelt haben soll.[4] Das Korsarentum spielte in diesen nordafrikanischen Herrschaften als wirtschaftlicher und sozialer Stabilisierungsfaktor eine bedeutende Rolle.

Diese Staatsgebilde fanden Rückhalt beim Sultan des Osmanischen Reiches, der auf diese Weise nicht nur zum Oberherrn von Nordwestafrika aufstieg, sondern auch eine Kriegsflotte bekam, mit der die Ambitionen der Habsburger und der Handel der Venetianer im Mittelmeer zurückgedrängt werden konnten. Die maghrebinischen Korsaren konnten, wenn sie Schiffe von Nationen überfielen, die mit der Türkei im Krieg waren, behaupten, es handele sich um legitime Kaperei, wie sie zwischen Kriegführenden allgemein üblich war.

Ihre Angriffslust und Seetüchtigkeit sowie die Unzugänglichkeit ihrer Schlupfwinkel, auch die Uneinigkeit des Abendlandes,[5] machten diese Korsaren, deren Staatsgebilde sich nach und nach vom Osmanischen Reich emanzipierten, für rund 300 Jahre nicht nur zu Herren des Mittelmeeres. Auch die Fahrrouten zwischen den Azoren und den Küsten Portugals und Frankreichs wurden durch sie stark gefährdet. Wiederholt erschienen ihre Schiffe sogar im Ärmel-Kanal und vor der Elbmündung. Letzteres geschah noch im Jahre 1817, als tunesische Schiffe in der Nordsee kreuzten.

## II. Arabische Sklaverei und ihre Auswirkungen auf die Schiffahrt

Für die Handelsschiffahrt aller europäischen Staaten kam solchermaßen für die Schiffe, die in die Biskaya und weiter nach Süden und ins Mittelmeer fuhren, zu den Unwägbarkeiten der See die mindestens ebenso große Gefahr der Piraterie hinzu. Es handelte sich, fiel man in Barbareskenhand, immer um einen Totalverlust von Schiff, Ladung und Besatzung. Letztere landete, wenn sie bei der Kape-

---

3   Indem ich diese zeitgenössische Terminologie übernehme, bin ich mir der semantischen Problematik bewusst und auch der Tatsache, dass zwischen diesen Staatsgebilden zu differenzieren ist. Ist in der deutschsprachigen historischen Forschungsliteratur die sogenannte Barbareskenproblematik im allgemeinen schon wenig berücksichtigt, so gilt das im besonderen und in noch stärkerem Maße für seefahrtsgeschichtliche Fragestellungen, die sich aus den Beziehungen der norddeutschen Hafenstädte (insbesondere Hamburg, Bremen, Lübeck) zu den maghrebinischen Staaten ergeben. Der Forschungsstand steht deutlich hinter den Möglichkeiten zurück, die das vorhandene Quellenmaterial in den entsprechenden Archiven bietet.

4   Gustave E. Grunebaum: *Der Islam*, Teilbd 2 (FischerWeltGeschichte Bd. 15), Frankfurt 1971, S. 400f.

5   Das Misstrauen der europäischen Mächte untereinander vereitelte immer wieder Bemühungen, gemeinsam gegen die Barbaresken vorzugehen. „Das planlose Vorgehen kam indirekt nur den Barbaresken zustatten." Hermann Wätjen: *Die Niederländer im Mittelmeergebiet zur Zeit ihrer höchsten Machtstellung*, Berlin 1909, S. 82.

rung mit dem Leben davonkam, in der Regel auf den nordafrikanischen Sklavenmärkten (vgl. Abb. 1).[6] Diesem Risiko standen Kapitäne wie Schiffsjungen und auch Passagiere gleichermaßen gegenüber.

*Abb. 1: Sklavenmarkt in Algier (Eskil Olán: Sjörövarna på Medelhavet, Stockholm 1921).*

Vom frühen 17. bis in das 19. Jahrhundert hinein war diese arabische Sklaverei ein beliebtes Sujet der europäischen belletristischen und dramatischen Literatur. Die einschlägigen Werke reichen von Shakespeares „The Tempest" aus dem Jahre 1611 bis zu August von Kotzebues Lustspiel „Der Harem" von 1824. Auch in Opern fand das Thema lebhaften Ausdruck, wie beispielsweise in Rossinis „Die Italienerin in Algier". Das Interesse am Barbaresken-Thema wurde immer wieder durch Berichte freigekaufter oder auf andere Weise aus der Gefangenschaft entkommener Seefahrer, oder aber durch in Zeitungen abgedruckte Briefe von gefangen Gehaltenen, immer aber durch Schreckensberichte wach gehalten und angeheizt.

Auch die ältere wissenschaftliche Literatur ist überwiegend von Vorurteilen und einseitiger Sichtweise beeinflusst, die selbst noch in neueren Darstellungen mitunter anzutreffen sind. Dabei wurde bereits vor 50 Jahren in der wissenschaftlichen Literatur eine differenziertere Betrachtung von Godfrey Fisher vorgeschlagen: Demnach sollte bei der Beurteilung dieser Sklaverei beachtet werden, dass der Begriff *Sklave* meist nur von europäischer Seite gebraucht wurde. Aus moslemischer Sicht war der gefangene europäische Seemann ein Kriegsgefangener, der, solange er nicht zum Islam übertrat, dienen musste, was aber nicht bedeutete, dass er völlig rechtlos wurde. Er konnte fallweise sogar Geschäften nachgehen, aus deren Erlösen er sich freikaufen konnte. Wir hätten es hier also mit einer unterschiedlichen Auffassung von Sklaverei zu tun.[7] Schon in Johann Heinrich Zedlers „Universal-Lexicon, Aller Wissenschaften und Künste" ist im betreffenden Band aus dem Jahr 1732 folgendes zu lesen: „Von den Christlichen Leibeigenen

---

6  Vgl. Johann F. Voigt: *Deutsche Seeleute als Gefangene in der Barbarei*, in: MITTEILUNGEN DES VEREINS FÜR HAMBURGISCHE GESCHICHTE 2 (1882), S. 26-31.
7  Hierzu Godfrey Fisher: *Barbary Legend. War, trade and piracy in North Africa 1415-1830*, Oxford 1957, S. 102f.

werden Speiß- und Trinck-Häuser gehalten, wodurch sie ihren Herren vielen Vortheil zuwegebringen".[8] Der Einsatz auf einer Galeere, das Schlimmste, was einem passieren konnte, war auf ein Viertel des Jahres begrenzt. Die Privatsklaven dagegen waren Teil der Familien.

Demgegenüber steht die landläufige abendländische Meinung, dass „die Barbaresken die Angehörigen solcher Staaten, insbesondere der machtlosen, die sich nicht durch regelmäßige Tribute freikaufen konnten oder wollten, mit äußerster Rücksichtslosigkeit behandelten."[9] In solchen Äußerungen sehen wir gewissermaßen die frühneuzeitliche *Algierophobie* perpetuiert, die nicht zuletzt durch Schreckensberichte Gefangener in ihre Heimat gespeist wurde, um dort die Bereitschaft zu erhöhen, die geforderten Gelder für den Freikauf aufzubringen. Die Zahl der in der *Barbarei* befindlichen europäischen Sklaven war nicht gering: Allein in Algier, das allerdings die meisten dieser Sklaven besaß, sollen es von Mitte des 16. bis Ende des 17. Jahrhunderts bis zu 50.000 gewesen sein. Danach ging die Zahl zurück, um 1750 waren es noch ungefähr 7.000 (vgl. Abb. 1).[10]

Welche Sklavenkarriere immerhin auch möglich war, soll das folgende Beispiel zeigen:

„Am 24. März 1724 wurde am Ausgang des Ärmelkanals die unter dänischer Flagge segelnde ‚Hoffnung' von Seeräubern gekapert. Es stellte sich bald heraus, dass es Barbaresken waren. Bei diesem Vorfall gerieten mehrere Amrumer und Föhrer, darunter auch der 16jährige Hark Olufs in Gefangenschaft und Sklaverei in Algier. Die meisten der inselfriesischen Seefahrer wurden nach einigen Jahren freigekauft. Hark Olufs aber kehrte erst nach gut zwölf Jahren in die Heimat zurück.

Während seiner Sklavenjahre widerfuhr ihm ein eigentümliches Schicksal: Denn er machte am Hof des Beys von Algier eine erstaunliche Karriere. Zunächst diente er diesem drei Jahre lang als Lakai. In dieser Zeit erlernte er die arabische und türkische Sprache. Da er einige wichtige verwaltungstechnische Aufträge seines Herrn erfolgreich erledigte, stieg er zum *Gasnadal*, d.h. Schatzmeister des Beys auf. Er erhielt nun einen hinreichenden Lohn, besaß Land, Kamele, Schafe und Bediente. Bald kommandierte er auch die Leibgarde des Beys. Bei einem Gefecht mit Berberstämmen zeichnete er sich besonders aus und wurde zum Oberst der Kavallerie ernannt. Als solcher vollbrachte er weitere erfolgreiche Taten für seinen Herrn, der ihm dafür Ende 1735 die Freiheit schenkte.

Trotz seiner erstaunlichen Karriere, blieb Olufs bis 1735 ein Sklave, der letztlich wie jeder andere auch der Gnade seines Herrn ausgesetzt war. Das war ihm

---

8 Johann Heinrich Zedler: *Universal-Lexicon*, Halle/Leipzig 1732, S. 1198.
9 Ludwig Beutin: *Der wirtschaftliche Niedergang Venedigs im 16. und 17. Jahrhundert*, in: HANSISCHE GESCHICHTSBLÄTTER 76 (1958), S. 53.
10 Vgl. Salvatore Bono: *Piraten und Korsaren im Mittelmeer*, Stuttgart 2009, S. 251f. Bei der Beurteilung der maghrebinischen Seeräuberei und Sklaverei gilt auch zu beachten, dass zur selben Zeit christliche Korsaren, insbesondere des Malteserordens, im Mittelmeer eine permanente, gegen die osmanische (also auch arabische) Seefahrt gerichtete Kaperei betrieben und dabei unzählige Gefangene in die christliche Sklaverei fielen.

auch bewusst, und das macht er in seiner Autobiographie deutlich: „[...] ich war ein angesehener Mann für das Volk [...], doch sahe ich die Sache besser ein, dass ich, ungeachtet alles dessen doch nur ein Sklave war, und dass ein kleines Versehen bei einem barbarischen Herrn, der Macht hat zu thun, was ihm gefällt, leicht verursachen könnte, dass ich eben so tief erniedrigt würde, als ich erhöhet worden, ja ich ging jeden Tag mit meinem Leben in meiner Hand."[11]

Olufs' Karriere im Maghreb mag eine der wenigen Ausnahmen gewesen sein. Es gibt allerdings weitere Beispiele dafür, wie Europäer im Dienst der Barbaresken zu Erfolg kamen – meist als Kapitäne maghrebinischer Kaperschiffe. Gleichwohl dürfte die *gewöhnliche* Sklaverei die Regel gewesen sein, begleitet vom ständigen und meist wohl erfolglosen Bemühen, die geforderten Lösegelder aufzubringen.

## III. Handelsbeeinträchtigungen und -konkurrenzen für die norddeutschen Seestädte

Wie reagierten nun die norddeutschen Seestädte auf diese ständige Gefährdung ihres Seehandels? 1734 wurde von der Hamburger Kaufmannschaft dem Rat der Hansestadt gegenüber festgestellt, dass die Convoyfahrt wegen zu hoher Kosten nicht mehr lohne, weil „die hiesigen Kaufleute doch lieber in frembden Schiffen laden würden, als in unsere auch mit Convoye gehenden".[12] Die Jahre um 1734 markieren für Hamburg eine Wendemarke in der seefahrts- und handelsgeschichtlichen Entwicklung. In ihnen wurden die Grundsteine dafür gesetzt, dass sich die Stadt bis zum Ende des Jahrhunderts zu einer der führenden Seehandels- und Finanzstädte des Kontinents entwickelte und für den europäischen Kapitalmarkt eine nicht zu überschätzende Bedeutung erlangte. Dass die Korsaren des fernen Nordafrikas dazu auf sogar entscheidende Weise beigetragen haben sollen, mag auf den ersten Blick überraschen, soll aber in den folgenden Ausführungen erläutert werden.

Hamburg und die beiden anderen Hansestädte Bremen und Lübeck – und diese drei Städte machten die deutsche Seefahrt überwiegend aus – befanden sich im letzten Viertel des 17. Jahrhunderts, also vor dem Spanischen Erbfolgekrieg, im Zustand wirtschaftlicher Blüte.[13] Vor allem aber galt dies für Hamburg, das die

---

11 Wiedergegeben in Martin Rheinheimer: Identität und Kulturkonflikt. Selbstzeugnisse schleswig-holsteinischer Sklaven in den Barbareskenstaaten, in: HISTORISCHE ZEITSCHRIFT 1999, S. 345. Bezogen auf Bremen siehe Detlev Quintern: Bremer Sklaven in Afrika? Zur Legende von den Piraten der Barbareskenküste, in: Hartmut Roder (Hg.): Piraten. Die Herren der Sieben Meere, Bremen 2000, S. 48-63.
12 Bei Hans Pohl: *Die Beziehungen Hamburgs zu Spanien und dem Spanischen Amerika in der Zeit von 1740 bis 1806*, Wiesbaden 1963 (VSWG Beiheft 45), S. 66; auch Baasch: Hamburgs Convoyschiffahrt (Anm. 1), S. 54.
13 Vgl. Baasch: Hamburgs Convoyschiffahrt (Anm. 1), S. 10f.

mit Abstand größte Handelsflotte des Reiches besaß[14] und mit ihr auch in der vordersten Reihe aller europäischen Seestädte stand. Die Stadt galt den Zeitgenossen als die reichste des Hl. Römischen Reiches.[15] Dazu trugen wesentlich einige günstige Handelsverträge mit Spanien, Frankreich und England bei, die in der zweiten Hälfte des 17. Jahrhunderts abgeschlossen werden konnten. Vor allem der Handel mit Spanien, wohin die meisten Geschäftsverbindungen gingen, hatte für Hamburg eine überragende Bedeutung.[16] Hamburger Schiffe nahmen sogar in nicht unerheblichem Umfang am Handel mit dem spanischen Amerika teil, der offiziell Monopol Spaniens war, tatsächlich aber fast vollkommen in der Hand der westeuropäischen Handelsnationen lag. Hamburg war hieran mit etwa acht Prozent beteiligt, zu jeweils rund 20 Prozent die Franzosen, Holländer, Engländer und Genuesen.[17] Die Hamburger Reedereien konnten jedoch während der verschiedenen kriegerischen Verwicklungen jener Zeit, und es gab ja nicht nur den Spanischen Erbfolgekrieg, ihren Anteil wegen ihrer neutralen Flagge beträchtlich erweitern, während die Konkurrenten unter den Kaperfahrern der Gegner zu leiden hatten.

Spanien wiederum war neben Portugal Hauptabnehmer der hamburgischen Zwischenhandelsprodukte aus dem Elbhinterland. Und was hier bezogen auf Hamburg zu konstatieren ist, galt auch, allerdings in kleinerem Maßstab, für Bremen und sein Weserhinterland. Dieser Handelsaustausch, in den auch die nördliche Mittelmeerküste einbezogen war, wurde im 17. Jahrhundert zum größten Teil auf eigenen, das heißt hamburgischen bzw. bremischen und lübeckischen Schiffen bewerkstelligt.[18] Es war also ein Eigenhandel, der das Wachstum der eigenen Handelsflotte förderte. Doch diese Handelsflotte war, wie diejenige der anderen seefahrenden Nationen Europas, seit dem 16. Jahrhundert der Kaperei nordwestafrikanischer Seeräuber ausgesetzt. Hatte es bis zum Ausgang des Mittelalters noch einen regelmäßigen Handelsaustausch Nordafrikas mit dem christlichen Abendland gegeben, so ergab sich nach dem Fall Granadas 1492 und der Vertreibung der Muslime aus Spanien eine neue Lage. Zu deren Verschärfung trugen die – letztlich vergeblichen – Versuche der Portugiesen und Spanier in der ersten Hälfte des 16. Jahrhunderts bei, ihre Herrschaft nach jenseits der Straße von Gibraltar auszudehnen.

---

14 Im Jahre 1672 waren einer amtlichen Liste zufolge 277 Schiffe von zusammen über 21.000 Last Tragfähigkeit in Hamburg beheimatet. Vgl. Walther Vogel: *Die Deutschen als Seefahrer. Kurze Geschichte des deutschen Seehandels und Seeverkehrs von den Anfängen bis zur Gegenwart*, Hamburg 1949, S. 130.
15 „Ville la plus riche et la plus florissante d'Allemagne." Pierre-Daniel Huet: Mémoires sur le commerce des Hollandais, Nouv. éd. Amsterdam 1718, S. 72; hierzu Baasch: Hamburgs Convoyschiffahrt (Anm. 1), S. 11.
16 Zahlen hierzu bei Pohl: Beziehungen Hamburgs (Anm. 12).
17 Ebd., S. 9.
18 In der Jahrhundertmitte waren es über 60 Hamburger Schiffe gewesen, die jährlich nach Spanien, Portugal und ins Mittelmeer gingen. Vgl. ebd., S. 8.

*Abb. 2: Barbareskengaleere (Eskil Olán: Sjörövarna på Medelhavet, Stockholm 1921).*

Im frühen 17. Jahrhundert machten seefahrtstechnische Innovationen die Barbaresken noch gefährlicher. Bis 1604 bestand ihre Flotte aus Galeeren (vgl. Abb. 2). Mit dem Übertritt einiger nordeuropäischer Schiffsführer in die Dienste von Tunis und Algier hielten dort auch bald die nordwesteuropäischen Errungenschaften auf dem Gebiet der Segel- und Seekampftechnik Einzug. Die arabische Galeere mit ihren lediglich vorn und achtern platzierten Kanonen wurde vom Segelschiff, dessen beide Seiten mit Kanonen bestückt waren, verdrängt. Schon nach wenigen Jahren fuhren die Barbaresken mit Flotten von 20 bis 30 Breitseitenschiffen[19] – und neu erbeutete Schiffe verstärkten jedes Mal ihre Kampfkraft. Zahlreiche Quellen geben Aufschluss über das Ausmaß der Verluste, die die Schiffahrt der Nord- und Westeuropäer trafen: Zwischen 1613 und 1621 gingen 56 Hamburger Schiffe verloren, 1662 allein 8 Schiffe.[20] Die Holländer verloren zwischen 1617 und 1625 sogar 206 Schiffe.[21]

19  Ebd.
20  Im Wert von 1,5 Mio Mark Hamburgisch. Vgl. Werner Jochmann/Hans-Dieter Loose (Hg.): *Hamburg. Geschichte der Stadt und ihrer Bewohner*, Bd. 1: Von den Anfängen bis zur Reichsgründung, Hamburg 1982, S. 329. Vgl. auch Percy Ernst Schramm: *Der hanseatische Handel mit dem Mittelmeer um 1840*, in: Ahasver v. Brandt (Hg.): Städtewesen und Bürgertum als geschichtliche Kräfte. Gedächtnisschrift für Fritz Röhrig, Lübeck 1953, S. 197.
21  Vgl. Ludwig Beutin: *Der deutsche Seehandel im Mittelmeergebiet bis zu den Napoleonischen Kriegen*, Neumünster 1933, S. 38.

## IV. Reaktionen auf die Barbareskengefahr

In den Quellen werden immense Lösegeldzahlungen genannt, die für die in die Sklaverei Verschleppten in Hamburg aufgebracht wurden.[22] In den zwölf Jahren zwischen 1718 und 1729 insgesamt 189.670 Mark. Diese Gelder wurden auf dreierlei Art zusammengebracht: Anfangs durch Kollekten, dann durch eine so genannte Sklavenkasse nach genossenschaftlichem Prinzip (ab 1624) sowie – als Weiterentwicklung hieraus – durch eine Sklavereiversicherung. Die Sklaven versuchten, über Briefe an ihre Angehörigen auf sich aufmerksam zu machen. Hier ein Beispiel von vielen: Am 12. Juli 1725 schrieb Hinrich Lang einen Brief an seine Mutter in Lübeck. In ihm teilt er mit, dass er am 10. Mai auf der Fahrt von St. Martin nach Riga von den „Türken genommen, [...] den 16. Junij in die Schlafferey gekom und den 25. Junij verkauft zu Asir [...] Also möget ihr wissen", ist weiter zu lesen, „dass ich under 400 Rtlr [scil. Reichstaler] hir nicht wieder auß kom. Also bitt ich, dass Ihr als mein liebe Mutter wird Gott und gute Leut ansprechen, die mir hir wider auß helffen, den es ist hir serr schlecht vor ein Christenmensch in disser betrübeten Schlafferey."[23]

Aus Sammlungen vor Kirchtüren oder von Haus zu Haus entstanden im Kreise der Seefahrer Sklavenkassen, die durch staatliche Teilnahme nach und nach amtliche Einrichtungen wurden. In Hamburg wurde 1622 die erste Sklavenkasse gegründet, die von der Schiffergesellschaft verwaltet wurde. In Lübeck wurden die Beiträge, zu denen alle Schiffer und Schiffsleute verpflichtet waren, seit 1629 mit der sogenannten Spanischen Kollekte verwaltet, einer Abgabe, die für Zwecke der konsularischen Vertretung der Hansestadt in Spanien erhoben wurde. Der Freikauf musste auf Vermittlung der Konsuln derjenigen westeuropäischen Staaten geschehen, die mit den Barbaresken Verträge hatten – oder aber durch dubiose, auf Provision arbeitende Agenten, meist Levantiner, die oft genug mit dem Geld auf Nimmerwiedersehen verschwanden.

Es gab aber auch Wege, der Barbareskengefahr auf andere Weise zu begegnen: Holländer und Engländer versuchten es zunächst mit Gewalt.[24] Als die Barbaresken den 1616 zwischen den Generalstaaten und dem Sultan geschlossenen Friedensvertrag nicht einhielten, begannen die niederländischen Schiffer auf eigene Faust einen Kaperkrieg, der von 1617 an trotz eines gleichzeitig mit Algier abgeschlossenen Friedensvertrags mit größter gegenseitiger Erbitterung geführt wurde. Kriegsflotten der Generalstaaten, 1620 auch das erste englische Geschwader, das im Mittelmeer erschien, blockierten die Korsarenhäfen, ohne sie bezwingen zu können. Einer holländischen Kriegsflotte fielen bei einem Scharmützel einmal 125 arabische Korsaren in die Hand. Zur Abschreckung ließ der Befehls-

---

22 Nach Ernst Baasch: *Die Hansestädte und die Barbaresken*, Kassel 1897, S. 222f. Diese Gelder wurden auf dreierlei Art zusammengebracht: Kollekten, Sklavenkasse nach genossenschaftlichem Prinzip (ab 1624) sowie Sklavereiversicherung (sowohl private, freiwillige als auch Haftpflichtversicherung des Reeders). Vgl. Wilhelm Ebel: *Probleme der deutschen Rechtsgeschichte*, Göttingen 1978, S. 135.
23 Bei Rheinheimer: Identität und Kulturkonflikt (Anm. 11), S. 317.
24 Hierzu Beutin: Der deutsche Seehandel (Anm. 21), S. 38.

haber sie auf der Reede von Algier an den Riggs aufhängen. Alles mit zweifelhaftem Erfolg: Die Barbaresken konnten sich aus der scheinbaren Umklammerung stets wieder befreien.

Deshalb gingen die europäischen Seehandelsnationen – außer Spanien und Portugal – nach und nach dazu über, mit den einzelnen Barbareskenstaaten vertragliche Abmachungen über die Verschonung ihrer Handelsschiffe gegen Tributzahlungen zu suchen. Kam eine solche Abmachung zustande, dann erhielt der Herrscher des betreffenden Barbareskenreiches eine gewisse Geld- und Sachleistung für das Versprechen, dass die Schiffe des betreffenden Landes über einen gewissen Zeitraum verschont würden.

Wie aber begegneten die drei Hansestädte der Barbareskengefahr? Die beiden von England und Holland vorgezeichneten Wege konnten sie nicht beschreiten. Zu einem kriegerischen Auftreten fehlten die finanziellen Möglichkeiten. Im 17. Jahrhundert begann das Wettrüsten der großen Seemächte, die sich gegenseitig in der Zahl und Größe ihrer Schiffe zu überbieten suchten. Zu solchen Leistungen war aber die gesammelte Kraft eines Staates nötig. Ein Faktum, das bei den norddeutschen Seestädten bekanntlich nicht gegeben war. Auch der Beseitigung des Problems durch Verträge standen Hindernisse im Wege. Wie also versuchten die Hansestädte der Gefahr zu begegnen? Die Barbaresken machten auf deren Schiffe, die nicht wie die der Franzosen, Niederländer und Engländer durch Tributleistungen geschützt waren, nun besonders eifrig Jagd.

In Hamburg versuchte man sich zunächst mit der Bewaffnung von Einzelfahrern und der Vergrößerung der Schiffsbesatzungen zu schützen. Es wurden verschiedene Maßregeln erlassen, woraus 1623 die „Admiralschaft" beziehungsweise die Admiralität entstand, die den Schutz vor der Seeräuberei koordinieren sollte.[25] Diese Art des Schutzes erwies sich aber schnell als unwirksam. Immer wieder wurden Hamburger Schiffe gekapert. Die Admiralität forderte daher, dem Beispiel anderer Seefahrtsnationen folgend, „daß wir Convoys haben müssen, wofern wir die Schiffahrt unterhalten wollen".[26] Und so wurde der Bau von speziellen Kriegsschiffen beschlossen, die fortan die Handelsschiffe auf ihrer Spanien- und Mittelmeerfahrt begleiten und schützen sollten.

Das Convoywesen wurde bald zu einem wichtigen Faktor in der Entwicklung der Seeschiffahrt und des Seehandels.[27] Bis in den Beginn des 18. Jahrhunderts hinein hat Hamburg sieben solcher städtischen Convoyschiffe gebaut;[28] dazu kamen noch einige private Geleitschiffe. Um 1690 waren drei Hamburger Convoyschiffe im Mittelmeer als Begleitschutz für die Kauffarteifahrer unterwegs. Zusammen besaßen sie rund 180 Kanonen und 600 Mann Besatzung – eine sehr teure Angelegenheit.

---

25 Vgl. Baasch: Hamburgs Convoyschiffahrt (Anm. 1), S. 10f.
26 Ebd.
27 „Die höchste Stufe der Organisation des Schiffsschutzes stellt die Conserve- oder Convoi-Fahrt der holländischen Levanteschiffe dar." Werner Sombart: *Der moderne Kapitalismus*, Bd. II: Das europäische Wirtschaftsleben im Zeitalter des Frühkapitalismus, München/Leipzig 1916, S. 306.
28 Die bekanntesten: „Wappen von Hamburg", „Leopoldus Primus", „Prophet Daniel".

Der Dienst dieser Kriegsschiffe für den Schutz der Handelsschiffe hatte nicht nur seinen unmittelbaren Nutzen für die geleiteten Schiffe, sondern auch mittelbar für das gesamte Reedereiwesen, da die Schiffe einer Stadt, welche ihren Kaufleuten Convoyschutz gewährte, im kaufmännischen Wettbewerb bevorzugt wurden. Dieses Convoywesen bewährte sich auch während der Seekriege vor und nach 1700, insbesondere im Spanischen Erbfolgekrieg, in dem die Barbareskengefahr geringer war, als die Unsicherheit durch die Kaperfahrer der Kriegführenden. Fast ein Jahrzehnt lang dienten die hamburgischen Convoyen jetzt vorwiegend dem Schutz der Schiffahrt gegen illegitime europäische Kaperfahrer.[29]

Nach dem Frieden von Utrecht wurde die Hamburger Convoyfahrt zur Iberischen Halbinsel zum Schutz vor den Barbaresken wieder aufgenommen. Nun vollzog sich allerdings im Seehandel ein Wandel, der zur Folge hatte, dass der Nutzen der Convoyschiffe für die hamburgische Schiffahrt stark in Frage gestellt wurde.[30] Dieser Wandel zeigte sich darin, dass die meisten Seefahrt treibenden Staaten, zumindest die nordeuropäischen, statt Convoyfahrt zu betreiben, dazu übergingen, die genannten Verträge mit den Barbaresken, vor allem Algier, abzuschließen, die ihre Handelsschiffahrt einigermaßen sicherstellten.[31] Sogar das seemächtige England zahlte im 18. Jahrhundert jahrzehntelang jährlich 40.000 Pfund Tribut an die Barbaresken.[32] Andere Seehandelsnationen standen dem nicht nach: Holland schloss 1726 einen Vertrag mit Algier gegen die jährliche Zahlung von 200.000 Gulden. Selbst die Vereinigten Staaten von Amerika zahlten noch im Jahre 1795 225.000 Piaster an Algier.[33] Unbesiegbar, wie es schien, schröpften die Beys von Algier, Tunis und Tripolis sowie der Sultan von Marokko die mächtigsten Seefahrtsnationen der Welt und bestritten auf diese Weise einen Großteil der *Staats*-Einnahmen, durch die sie ihre Herrschaft im Innern sicherten.[34]

Hamburg schlug diesen Weg zunächst nicht ein, sondern vertraute weiterhin auf seinen Convoyschutz, der sich aber als zunehmend brüchig erwies: die Organisation war schwerfällig und den gestiegenen Anforderungen an einen flexiblen Seehandel nicht gewachsen. Die Folge war, dass immer mehr Hamburger Kaufleute ausländische Schiffe für den iberischen und mediterranen Handel befrachte-

---

29 Vgl. Baasch: Hamburgs Convoyschiffahrt (Anm. 1), S. 1. Zur Bedrohung durch europäische Kaperfahrer vor der Elbmündung siehe ders.: *Zur Hamburgischen Seegeschichte im 18. Jahrhundert*, in: HANSISCHE GESCHICHTSBLÄTTER 11 (1903), S. 135-145.
30 Über deren Nutzen und Wert machten sich auch schon die Zeitgenossen Gedanken. Vgl. Baasch: Hamburgs Convoyschiffahrt (Anm. 1), S. 1f.
31 Diese Verträge waren, wie Beutin hervorhebt, auch sehr wichtig für die Entwicklung des Seerechtes, indem dem Satz „Frei Schiff, frei Gut" zum ersten Mal in großem Maßstab Anerkennung widerfuhr. Die Barbaresken hatten sich mit der Untersuchung der Schiffspässe zu begnügen, die Frachtpapiere wurden ihnen nicht vorgelegt. Die mitgeführten Güter der „freien" Schiffe waren ihnen grundsätzlich unantastbar. Vgl. Beutin: Der deutsche Seehandel (Anm. 21), S. 132.
32 Vgl. Ebel: Probleme (Anm. 22), S. 131f. Während des amerikanischen Unabhängigkeitskrieges nutzte England die algerischen Korsaren, um den Handel der Neutralen mit Englands Kriegsgegnern zu stören. Vgl. Pohl: Beziehungen Hamburgs (Anm. 12), S. 72.
33 Vgl. Ebel: Probleme (Anm. 22), S. 131f.
34 Zur inneren Bedeutung der Gelder siehe Hans C. Rommel: *Die Organisation der Technik des Handels zu Ende des 18. Jahrhunderts*, Bochum 1933, S.7.

ten.³⁵ Hamburg, wo man um 1740 nur noch ein Drittel soviel in die Westsee gehende Schiffe zählte wie um 1670,³⁶ bemühte sich auf verschiedene Weise, dieser Entwicklung Einhalt zu gebieten. Im Zentrum stand dabei die Frage, wie man der Barbareskengefahr angesichts der veränderten Voraussetzungen begegnen könnte.

## V. Maßnahmen gegen die Barbaresken im 18. Jahrhundert

Mit Convoyen, das sah man in Hamburg bald ein, war im iberischen und mediterranen Handel nicht mehr viel auszurichten. Man hätte die Zahl der Convoyschiffe bedeutend vermehren und die Organisation flexibler gestalten müssen. Aber dies hätte sehr viel Geld gekostet, ohne dadurch eine Garantie für die Sicherheit der Schiffahrt und den gewünschten Aufschwung des Reedereiwesens zu bekommen. So blieb, wie in der Hamburger Admiralität nach einiger Zeit eingesehen wurde, nur der Vertragsweg übrig, den auch die anderen Seehandelsnationen eingeschlagen hatten.

Nachdem Holland 1726 mit Algier einen Tributvertrag abgeschlossen hatte, versuchte auch Hamburg in ein direktes Vertragsverhältnis mit den Barbaresken zu kommen, doch ohne dabei erfolgreich zu sein. Man argwöhnte in der Stadt, dass diese Versuche vor allem deshalb scheiterten, weil sie von Holland hintertrieben würden, das – neben Dänemark – den größten Nutzen aus der Gefährdung der Hamburger Schiffe zöge. Diese Vermutung war, wie ein Blick in die Quellen zeigt, durchaus berechtigt. Überhaupt war die Instrumentalisierung der Korsarenstaaten für die großen Seehandelsnationen ein zuweilen bedeutendes Moment, Konkurrenz auszuschalten. Holländische Reeder und Kaufleute bemühten sich gegenüber Hamburg mit Erfolg, unter Hinweis auf die Verträge mit den Barbaresken, den Export von Waren aus dem Hamburger Hinterland, insbesondere aus Sachsen und Schlesien, an sich zu ziehen.³⁷ Ein zeitgenössischer Handelsschriftsteller, Pieter de la Court, drückte dies so aus: „Den Dorn der türkischen Seeräuber läßt man den Hamburgern gern im Fuß".³⁸

Die Hamburger Reederei drohte in dieser Lage mehr oder weniger zu einer Küstenschiffahrt, das heißt Zulieferfahrt nach Holland³⁹ und England, bestenfalls noch zu einer Ostseefahrt zu degenerieren.⁴⁰ Den Protokollen der Admiralität ist zu entnehmen, wie sich Kaufleute und Reeder ab 1741 darum bemühten, dem

---

35 Es waren dies vor allem englische, holländische sowie schwedische oder dänische Schiffe, deren sich der Hamburger Kaufmann wegen der sichereren Verfrachtung der Güter, der billigeren Versicherung und niedrigeren Frachtraten in immer größerem Umfang bediente.
36 Nämlich ein Rückgang von 270 auf 100. Vgl. Beutin: Der deutsche Seehandel (Anm. 21), S. 56.
37 Statistiken bei Pohl: Beziehungen Hamburgs (Anm. 12).
38 Bei Ernst Baasch: *Hamburg und Holland im 17. und 18. Jahrhundert*, in: HANSISCHE GESCHICHTSBLÄTTER 16 (1910), S. 54.
39 Vgl. Pierre Jeannin: *Die Hansestädte im europäischen Handel des 18. Jahrhunderts*, in: HANSISCHE GESCHICHTSBLÄTTER 89 (1971), S. 67.
40 Vgl. hierzu Walter Kresse: *Materialien zur Entwicklung der Hamburger Handelsflotte: 1765-1823*, Hamburg 1966, S. 15f.

Senat die Notwendigkeit eines Friedensvertrages mit den Barbaresken klarzumachen. Für die diplomatische Vorbereitung wurden sogar aus der Admiralitätskasse 18.000 Taler bewilligt – wie es hieß zur „Erhaltung des obhandenen und dieser Stadt Navigation sehr erspriesslichen Endzweckes [...] eines mit der Regierung zu Algier zu schließenden Commerce- und Navigations-Tractat".[41] Einen letzten Anstoß zur Aufnahme von Verhandlungen mag die Tatsache gegeben haben, dass zur selben Zeit Dänemark mit Algier einen Vertrag abschloss, der sich, worauf zurückzukommen sein wird, als – allerdings im positiven Sinne – überaus folgenreich für Hamburg erweisen sollte.

Somit hatten Mitte des 18. Jahrhunderts alle bedeutenden Seehandelsnationen Europas Verträge mit den Barbaresken.[42] Nur nicht die deutschen Seestädte. Durch die Barbareskenbedrohung wurden sie davon abgehalten, an der ab 1744, dem Kriegsausbruch zwischen England und Frankreich, für die Neutralen bestehende gute Schiffahrtskonjunktur ganz zu partizipieren. Über die Bemühungen, durch französische und englische Vermittlung mit Algier ins Gespräch zu kommen, erfahren wir wegen fehlendem Hamburger Aktenmaterial im Einzelnen kaum etwas. Dokumentiert ist aber, dass zur selben Zeit die Seeräuberei Algiers erneut größere Ausmaße annahm, worunter Hamburg wiederum besonders zu leiden hatte.[43] Dies und das völlige Scheitern eines Convoys 1746/47, aus dem 13 hamburgische Schiffe gekapert wurden,[44] wird die Willfährigkeit der Hansestadt gefördert haben, die Konditionen des Beys von Algier anzunehmen. So kam es nach langen Verhandlungen 1751 schließlich doch zu einem Vertrag zwischen Hamburg und Algier.[45]

Als dieser Vertragsabschluß aber unmittelbar darauf in Spanien bekannt wurde, erzwang Spanien die Preisgabe dieses Vertrages durch die Drohung, es werde sämtliche hamburgische Kaufleute des Landes verweisen und den Hamburger Handel mit Spanien und seinen Kolonien verbieten. Spanien hatte sich (neben Portugal) nämlich nicht auf Verträge mit den Barbaresken eingelassen. Es wollte verhindern, dass seinem Gegner nun auch noch über Hamburg Kriegsmaterial zufloss.

Ein gutes Einvernehmen mit Spanien war dem Hamburger Rat wichtiger als ein Vertrag mit den Barbaresken, und so zog er sich 1752 so gut es ging aus der gerade eingegangenen Bindung wieder zurück, nicht ohne es an Geschenken und Ehrbezeugungen an den Bey in Algier fehlen zu lassen – obwohl feststand, dass der so überaus Gepriesene die Hamburger Schiffahrt nicht ungeschoren würde davonkommen lassen. Die Kaperei der Barbaresken blieb also für Hamburg eine

---

41 Bei Baasch: Hansestädte (Anm. 22), S. 5.
42 Vgl. ebd., S. 7.
43 In den Jahren 1719 bis 1747 wurden 50 Hamburger Schiffe mit insgesamt 633 Mann Besatzung allein von den Algeriern aufgebracht. Zur Loslösung der Gefangenen zahlte Hamburg bis 1747 1,8 Mio Mark Hamburgisch Banco. Vgl. Ebel: Probleme (Anm. 22), S. 141.
44 Vgl. Pohl: Beziehungen Hamburgs (Anm. 12), S. 83.
45 Inhalt bei Baasch: Hansestädte (Anm. 22), S. 22f. Die materiellen Leistungen, zu denen sich Hamburg verpflichten musste (offiziell Geschenke für den Bey von Algier), wurden im Vertrag allerdings nicht festgehalten. Die Abmachungen hierüber waren Gegenstand eines „Geheimen Articul", der im Ratsprotokoll der Hansestadt im Dezember 1751 erwähnt wurde.

offene Wunde. In den restlichen Jahrzehnten des 18. Jahrhunderts fuhren kaum noch Schiffe, die die Hamburger Flagge trugen, über Lissabon hinaus nach Südeuropa.

## VI. Neuorientierung im Vorgehen gegen die Barbaresken

Wenn nun das Barbareskenproblem auf die Entwicklung der Hamburger Reederei die dargestellten negativen Auswirkungen hatte, so bedeutet das keineswegs, dass die Schiffahrt zwischen Hamburg und Südeuropa ganz zum Erliegen kam, und schon gar nicht bedeutet es, dass der hamburgische Seehandel insgesamt einbüßte. Das Gegenteil war der Fall. Denn die durch die Barbaresken geschaffene Lage wurde insbesondere für den Hamburger Seehandel zu einer Wendemarke, die zu einer letztlich vorteilhaften Neuorientierung zwang.

Hier erwiesen sich als besonders folgenreich die Verträge, die Dänemark ab 1746 mit den Barbareskenstaaten abschloss. Spanien versuchte zwar auch hier mit einem schroffen Einspruch eine Revision, doch nahm Dänemark im Unterschied zur machtlosen Hansestadt den Fehdehandschuh auf, was Spanien schon kurz darauf zum Einlenken veranlasste.

Der Aufschwung des Hamburger Handels mit Südeuropa im letzten Drittel des 18. Jahrhunderts hing damit zusammen, dass die Hamburger Kaufleute nach dem Scheitern des Algier-Vertrages die Schiffahrtsprivilegien der Nachbarstadt Altona zu nutzen begannen und unter dänischer Flagge handelten.[46] Die Altonaer Reederei, in der ersten Jahrhunderthälfte noch ganz unbedeutend, nahm einen bemerkenswerten Aufschwung: 1779 fuhren von 53 Schiffen allein 44 auf Hamburger Rechnung im Mittelmeer.[47] 1781 wurden von der Kopenhagener Admiralität schon an 79 Altonaer Schiffe sogenannte Türkenpässe vergeben.[48] Insgesamt hatte die Zahl der an der Spanienfahrt beteiligten dänischen Schiffe bis dahin so zugenommen, dass sie an Bedeutung den unter holländischer und englischer Flagge fahrenden Schiffen gleichkam.[49] Das zur Verfügung stehende Quellenmaterial[50] zeigt, dass sich der Hamburger Südeuropahandel nahezu ganz von der Eigenreederei trennte. Von den rund 2.000 Schiffen, die jährlich den Hamburger Hafen anliefen, waren lediglich nur noch 150 bis 160 einheimische.

Gleichzeitig brachte aber die nautisch-merkantile und finanzielle Integration in den französischen Kolonialhandel ein neues dynamisches Element, das zu einer Neuausrichtung der Hamburger Seefahrt nach Übersee, das heißt dem französi-

---

46  Hierzu mehr bei Beutin: Der deutsche Seehandel (Anm. 21), S. 125 f.
47  Vgl. Vogel: Die Deutschen (Anm. 14), S. 156 sowie: Jochmann/Loose (Hg.): Hamburg. Geschichte der Stadt I (Anm. 20), S. 377.
48  Vgl. Vogel: Die Deutschen (Anm. 14), S. 161. Zur Entwicklung der Mittelmeerfahrt der Altonaer Schiffe siehe auch Beutin: Der deutsche Seehandel (Anm. 21), S. 127f.
49  Vgl. Pohl: Beziehungen Hamburgs (Anm. 12), S. 70.
50  Staatsarchiv Hamburg: Admiralitätszollregister; Stadt Altona, Wasserschout.

schen Amerika führte.[51] Diese Ausrichtung konnte dann während der Seekriege der europäischen Mächte in den beiden letzten Jahrzehnten des 18. Jahrhunderts in großem Umfang genutzt werden.[52] Sie trug nicht unerheblich dazu bei, dass Hamburg zu einem der bedeutendsten Warenumschlagplätze des Kontinents wurde. Bis 1800 fand in Hamburg eine Steigerung der Einfuhr von Kolonialwaren um etwa das Zweihundertfache im Vergleich zum Jahrhundertbeginn statt.[53]

## VII. Schlussbemerkungen

Als Fazit lässt sich festhalten, dass das, was durch die Sperrung der Südeuropafahrt durch die Barbaresken im Hamburger Seehandel ausgelöst wurde, sich unter dem Terminus Diversifikation begrifflich fassen lässt. Dies bedeutete eine zunehmende Trennung des Handelskapitals von der Reederei[54] und eine stärkere Hinwendung zu anderen, teils neuen Bereichen der maritim-merkantilen Kapitalverwertung. Als besonders markanter Bereich dieser innovativen Tätigkeit sticht das Banken- und (See-)Versicherungswesen hervor, das im übrigen eine seiner Wurzeln in den Sklavereikassen hatte, mit denen gefangene Hamburger Seeleute ausgelöst wurden. 1765 wurde mit der „Assekuranz-Compagnie für Seerisiko" die erste Versicherungsgesellschaft in der Hansestadt gegründet.[55] Hamburger Kaufleute und Reeder ließen jetzt in Hamburg versichern, der Finanztransfer wurde über Hamburger und nicht mehr über Amsterdamer[56] Banken abgewickelt und dadurch auch auswärtiges Kapital in die Stadt gezogen. Hamburg wurde nicht nur zum zentralen Markt Europas, sondern neben London wichtigster Banken- und Versicherungsplatz.[57] Dass in diesem Wandlungsprozess die Barbareskengefahr eine auslösende Rolle gespielt hat, haben Ende des 18. Jahrhunderts schon Zeitgenossen wie der bedeutende Hamburger Handlungstheoretiker Johann Georg Büsch vermutet.[58]

---

51 Die Integration in den englischen Handel war aufgrund der Navigationsakte den Hamburgern verschlossen. Vgl. Beutin: Der deutsche Seehandel (Anm. 21), S. 127f. Außerdem war die englische Reederei in Hamburg selbst stark vertreten. Zahlen zum Hamburger Frankreich-Handel für die Zeit ab 1760 bei Jeannin: Die Hansestädte (Anm. 39), S. 62.
52 Das sind der Seekrieg zwischen England und Frankreich/Holland ab 1780 im Zusammenhang mit dem Amerikanischen Unabhängigkeitskrieg sowie die Französischen Revolutionskriege.
53 Vgl. Vogel: Die Deutschen (Anm. 14), S. 133, Fn. 1.
54 Mit Ausnahme des Frankreichhandels erledigten unter Hamburger Flagge fahrende Schiffe nur 20 Prozent von Hamburgs gesamtem Seehandel. Vgl. Jeannin: Hansestädte (Anm. 39), S. 55.
55 Friedrich Ebel: Quellennachweis und Bibliographie zur Geschichte des Versicherungsrechts in Deutschland, Karlsruhe 1993, S. 243.
56 „War früher Holland auf Kosten der Hansestädte groß geworden, so geschieht jetzt das Umgekehrte." Walther Vogel: *Handelskonjunkturen und Wirtschaftskrisen in ihrer Auswirkung auf den Seehandel der Hansestädte 1560-1806*, in: HANSISCHE GESCHICHTSBLÄTTER 74 (1956), S. 62.
57 Beutin: Der deutsche Seehandel (Anm. 21), S. 74.
58 Johann Georg Büsch: *Sämtliche Schriften über die Handlung*, hierin: Geschichtliche Beurtheilung der am Ende des achtzehnten Jahrhunderts entstandenen großen Handlungsver-

Wie aber endet die Geschichte der Barbaresken? Im Jahre 1823 richteten die Hamburger Versicherer eine Petition an die Deutsche Bundesversammlung in Frankfurt und an den Kaiser von Österreich, einen regelrechten Kreuzzug gegen die Barbaresken zu unternehmen. Überdies hatten Privatleute in der Hansestadt 1818 einen „Antipiratischen Verein" gegründet, zu dessen satzungsmäßigen Zielen es gehören sollte, ein paar Kriegsschiffe anzuschaffen.[59] Der Verein fand indes keine amtliche Unterstützung. Ebensowenig die Petition von 1823. Selbst die auf dem Wiener Kongreß festgestellte – und vermutlich übertriebene – Tatsache, dass sich nicht weniger als 50.000 Europäer bei den Barbaresken in Gefangenschaft befänden, 4.500 allein in Algier, konnte die europäischen Mächte nicht zu einer gemeinsamen Aktion bewegen.

Das Ende der Barbaresken wurde erst im Zuge der kolonialen Expansion Frankreichs nach Nordafrika eingeleitet. Auslöser war eine – nach Meinung Frankreichs – erniedrigende Behandlung des französischen Konsuls in Algier. Paris schickte daraufhin 1830 seine ganze Kriegsflotte, zudem 70.000 Soldaten. Am 5. Juli 1830 kapitulierte Algier. Es war der Beginn der 130jährigen Kolonialherrschaft Frankreichs im Maghreb.

---

wirrung, Hamburg 1800; auch Peter D.W. Tonnies: *Merkantilistisch-geschichtliche Darstellung der Barbaresken-Staaten und ihrer Verhältnisse zu den Europäischen und Vereinigten Nord-Amerikanischen Staaten*, Hamburg 1826.
59 Vgl. Karl Kreyssing: Ueber den zu Hamburg errichteten antipiratischen Verein, Hamburg 1819.

# DIE PIRATENRUNDE

## GLOBALISIERTE SEERÄUBEREI UND TRANSNATIONALE POLITIK UM 1700

MICHAEL KEMPE

Provokant und frech ließ Henry Every als Anführer einer Gruppe von Meuterern, die das englische Schiff „Charles II" in ihre Gewalt gebracht hatte, im Februar 1695 auf Johanna Island nordwestlich von Madagaskar verlautbaren, er werde mit 46 Kanonen und 150 Mann in See stechen – „bound to seek our Fortunes."[1] Während Everys Proklamation über Bombay nach London unterwegs war, ahnte dort noch niemand, dass die Piraten tatsächlich ihr Glück machen sollten, als ihnen einige Monate später am Zugang zum Roten Meer einer der größten je von Seeräubern eroberten Schätze in die Hände fiel. Everys Raubzüge im Indischen Ozean markierten dabei nur *einen* Höhepunkt der in jenen Jahren sich zu einem nahezu weltumspannenden Phänomen ausdehnenden Seeräuberei. In dieser Zeit, dem „Goldenen Zeitalter der Piraterie",[2] kam es zu einer meer- und kontinentübergreifenden Vernetzung maritimer Räubereien. Sie nahm ihren Ausgang in Europa und der Karibik, in den Meeren, die den indischen Subkontinent umgaben, fanden die Räuber ihr hauptsächliches Jagdrevier. Beteiligte dieser Beutefahrten wie Every, William Kidd oder Bartholomew Roberts wurden rasch zu Legenden und mythisch überhöhten Gestalten. Bezeichnenderweise verweist das zu großen Teilen bis heute in der Populärliteratur wie in Hollywood-Filmen dominierende romantisch-abenteuerliche Piratenbild auf diese Epoche.[3]

Im Folgenden geht es darum, das überregionale Piraterphänomen als strukturellen Gesamtzusammenhang zu untersuchen und in Relation zu der Ausgestaltung nationen- und kontinentübergreifender Beziehungen zu setzen. Mit anderen Worten: Es gilt zu beschreiben, welche Muster und Konturen internationaler Beziehungen sich zu erkennen geben, wenn solche Beziehungen im Spiegel der interkontinentalen Piraterie zwischen 1685 und 1725 betrachtet werden. Vorweggenommen sei, dass dabei für den Indischen Ozean ein Modell internationaler Ordnung zum Vorschein kommt, das sich vom „Westfälischen System" europäischer Staaten grundlegend unterscheidet.[4] Ferner soll danach gefragt werden, inwieweit

---

1   Henry Every: *Johanna Island, 20.02.1694/5*, in: British Library (=BL) London, Asia, Pacific and Africa Collections, India Office Records, Home Miscellaneous, IOR/H/36, fol. 191r. Zu den Hintergründen der Meuterei siehe Joel H. Baer: *„Captain John Avery". And the Anatomy of a Mutiny*, in: EIGHTEENTH CENTURY LIFE 18 (1994), S. 1-26.
2   Hugh F. Rankin: *The Golden Age of Piracy*, New York 1970.
3   Vgl. zum Prozess der Literarisierung und Popularisierung vor allem Gérard A. Jaeger: *Pirates, Flibustiers et Corsaires* (Histoire & légendes d'une société d'exception), Avignon 1987.
4   Zum "Westfälischen System" europäischer Staatenordnung nach dem Dreißigjährigen Krieg siehe Heinz Duchhardt: *„Westphalian System". Zur Problematik einer Denkfigur*, in: HISTORISCHE ZEITSCHRIFT 269 (1999), S. 305-315. Siehe auch Randall Lesaffer: *The Grotian Tra-*

von den großräumigen Piratenverflechtungen auch ein Impuls ausging, die Welt als globalen Interaktionszusammenhang zu verstehen. Die kurze Hochblüte solch weit verzweigter, miteinander verknüpfter Seeraubunternehmungen ist zwar Episode geblieben, globalgeschichtlich betrachtet war jedoch nach dieser Zeit die Distanz zwischen West- und Ostindien, den zwei Hauptstoßrichtungen der europäischen Expansion, in rechtlicher und politischer Hinsicht deutlich geschrumpft.

## I. Goldrausch im Indischen Ozean

In der weiträumigen Inselwelt der Karibik hatten sich im Verlauf des 17. Jahrhunderts aus europäischen Emigranten gebildete Seeräubergruppierungen, bekannt als Bukanier und Flibustier, eingenistet.[5] Von den Regierungen aus Paris, Amsterdam oder London erhielten sie staatliche Beutelizenzen in Form von Marke- oder Kaperbriefen, um sie so im Kampf um Kolonien gegen die Spanier einzusetzen. Sobald sich Engländer, Franzosen und Niederländer selbst als Kolonialmächte in Westindien etabliert hatten, entzogen sie den zur Gefahr eigener Machtinteressen gewordenen Bukanier und Flibustier ihre Unterstützung und begannen sie als Piraten zu bekämpfen. Als schließlich die Spanier in den 1680er Jahren die Verteidigung ihrer Handelsrouten verstärkten, begannen die Karibikseeräuber, sich neue Aktionsräume zu erschließen. Im Osten drangen sie zunehmend in den Pazifik vor. So gelang es 1680 über 300 Bukaniern unter der Führung Bartholomew Sharps mit Hilfe ortskundiger Indianer aus Darién, die Landenge von Panama zu überqueren, um die Spanier von ihrer pazifischen Flanke aus zu attackieren.[6]

---

*dition revisited: Change and Continuity in the History of International Law*, in: BRITISH YEARBOOK OF INTERNATIONAL LAW 73 (2002), S. 103-139, 128-136.

5   Diese Gruppen setzten sich vor allem aus den so genannten „engagés" zusammen, die von Europa nach Westindien übergesiedelt waren, um dort als Schuldknechte zu arbeiten, nach ihrer Freilassung aber keine Arbeitsmöglichkeit mehr hatten oder aufgrund der schlechten Behandlung geflohen waren. Einige von ihnen bestritten ihren Lebensunterhalt zunächst darin, dass sie Tierfleisch in einfachen Öfen („Barbecu") räucherten und von den Karibikinseln aus an vorbeifahrende Schiffe verkauften. Nach der Räuchertechnik, die von den Indianer „Bucan" genannt wurde, gaben sich diese Gruppen den Namen Bukanier (franz. „Boucaniers", engl. „Buccaneers"). Als die Spanier ihnen nach mehreren Strafexpeditionen die Lebensgrundlage entzogen hatten, verlagerten viele der Gemeinschaften ihren Broterwerb auf Seeräuberei. Von den Bukaniern werden in der Forschung zumeist die Flibustier unterschieden. Letztere rekrutierten sich vor allem aus Abenteurern, Aussteigern oder Kriminellen, die entweder aus Europa geflohen oder bereits in der karibischen Inselwelt aufgewachsen waren. Im Unterschied zu den Bukaniern nutzten die Flibustier zwar das Inselgewirr Westindiens für zahlreiche Schlupfwinkel, verfügten in der Regel aber nicht über befestigte Stützpunkte oder ständige Siedlungen. Der Name geht wahrscheinlich entweder auf eine Ableitung des Begriffes „Freibeuter" oder auf die „Vlieboote" (flachgehende Barkentinen) zurück, mit denen die Piraten zumeist ihre Raubfahrten unternahmen. Siehe Paul Butel: *Les Caraïbes au temps des flibustiers XVI<sup>e</sup>-XVII<sup>e</sup> siècles*, Paris 1982; Carence H. Haring: *The Buccaneers in the West Indies in the XVII Century*, Hamden 1966; und Percival Newton: *The European Nations in the West Indies 1493-1688*, London 1933 (ND London 1966).

6   Siehe David F. Marley: *Pirates and Privateers of the Americas*, Santa Barbara 1994.

Sharp folgten weitere Bukanier, die nicht nur ihr Unwesen entlang der Pazifikküste Mittel- und Nordamerikas trieben, sondern sich, an der Route der jährlich verkehrenden spanischen Flotte von Peru nach Manila orientierend, auch in Richtung Asien bewegten. Zu ihnen gehörte ein gewisser John Eaton, der 1687 zu den Philippinen segelte, dann ins Südchinesische Meer vordrang, um dort chinesische Küstensiedlungen heimzusuchen. Nachdem er vermutlich dabei ums Leben kam, gelang es seiner Besatzung in der Bucht von Bengal, ein Schiff der English East India Company (EIC) aufzubringen. Mit der „Good Hope" und ihrer Ladung aus Gold und Juwelen erreichten sie schließlich die südliche Küste Madagaskars, wo sich die Spuren der nur noch wenigen Überlebenden verloren.[7]

Doch dieser Vorstoß in den Indischen Ozean von Osten über den Pazifik blieb ein Einzelfall. Anders verhielt es sich hingegen mit entsprechenden Versuchen aus westlicher Richtung. Auf der Suche nach neuen Jagdgründen segelten einige Westindienpiraten zur selben Zeit über den Atlantik mit Kurs auf die westafrikanische Küste, um dort Sklaventransporte, etwa der Royal African Company, zu überfallen oder reich beladene Ostindienfahrer auszurauben.[8] Von dort aus wagten einige den Weg in den Indischen Ozean. Primäres Ziel waren die von reich beladenen Kaufmannsschiffen befahrenen Handelsverbindungen zwischen Gujarat im Nordwesten Indiens und der Arabischen Halbinsel, insbesondere zwischen Surat und Mocha, sowie die ebenfalls auf derselben Route zwischen Surat und Jiddah verkehrenden muslimischen Pilgerflotten,[9] denn auf den Pilgerschiffen befanden sich häufig indische Kaufleute, die wertvolle Stoffe, Edelmetalle, Kaffee, Gewürze und andere kostbare Güter mit sich transportierten. Ihnen folgten nach Ausbruch des Neunjährigen Krieges 1688 weitere Seefahrer aus den englischen Amerikakolonien, die ihre Raubvorhaben notdürftig als Kaperfahrten gegen Franzosen verkleideten.[10] Einer von ihnen war Thomas Tew, der im Dezember 1692 vom englischen Gouverneur der Bermudas einen Kaperbrief erhielt, der ihn dazu ermächtigte, französische Handelsniederlassungen an der Westküste Afrikas zu überfallen.[11] Tews eigentliches Ziel war jedoch das Rote Meer, wo sein Schiff, die „Amity", im August 1693 an der Meerenge zum Golf von Aden das Flaggschiff

---

7 Siehe die Aussagenberichte von Charles Hopkins, 30.04.1687, India Office Records, O. C. 5582, und John Watson, India Office Records, O. C. 5583, abgedruckt in: Charles Hill: *Episodes in the Eastern Seas, 1519 to 1851*, Bombay 1920, S. 32-34.

8 Siehe „True and exact account of an engagement maintained by the ship Caesar, Captain Edward Wright Commander, against five ships (pirates) in sight of the Island St. Jago on Sunday the last day of October 1686", India Office Records, O. C. 5537, abgedruckt in: Hill: Episodes (Anm. 7), S. 29-31.

9 Siehe Ashin Das Gupta: *Indian Merchants and the Decline of Surat c. 1700-1750*, Wiesbaden 1979, S. 135-139. Zur Entwicklung des lukrativen Rotmeerhandels siehe Michel Tuchscherer: *Trade and Port Cities in the Red Sea-Gulf of Aden Region in the Sixteenth and Seventeenth Century*, in: Leila Tarazi Fawaz/Christopher A. Bayly (Hg.): Modernity and Culture. From the Mediterranean to the Indian Ocean, New York 2002, S. 28-45.

10 Zum Folgenden siehe Arne Bialuschewski: *Between Newfoundland and the Malacca Strait: A Survey of the Golden Age of Piracy, 1695-1725*, in: MARINER'S MIRROR 90 (2004), S. 167-186, 168-173.

11 Siehe Arne Bialuschewski: *Piratenleben. Die abenteuerlichen Fahrten des Seeräubers Richard Sievers*, Frankfurt a.M./New York 1997, S. 11.

der indischen Pilgerflotte, die „Fatehi", mit wertvoller Ladung enterte. An der Ostküste Madagaskars ließ er die reiche Beute unter der Mannschaft aufteilen und segelte mit seiner Schaluppe um Afrika herum wieder in Richtung Amerika,[12] allerdings nicht zurück zu den Bermudas, sondern nach Newport, Rhode Island, das für seine Bereitschaft, Seeräuber und Schleichhändler willkommen zu heißen, bekannt war.

Rasch verbreitete sich in den amerikanischen Kolonien die Kunde von Tews erbeuteten Reichtümern. Die Aussicht auf sagenhafte Schätze im Osten löste eine regelrechte Goldrauschstimmung aus. Gepackt vom *Rotmeerfieber* schifften sich im Sommer 1694 allein von Rhode Island aus 300 junge Männer ein, um im Indischen Ozean in Hoffnung auf unermesslichen Reichtum Jagd zu machen.[13] Auch der Anfangs erwähnte Every konnte dieser Verlockung nicht widerstehen. Nachdem er mit seinem Schiff, der ehemaligen „Charles II", von den Meuterern in „Fancy" umbenannt, Afrika umrundet hatte, nahm er von Johanna Island aus, wo er seine oben genannte Proklamation verkünden ließ, Kurs auf das Rote Meer. Zwar verpasste er am Horn von Afrika die Pilgerflotte, konnte aber kurz darauf, im September 1695, die mit wertvollen Gütern beladene „Ganj-i-Sawai", die der Herrscherfamilie des indischen Mogulreiches gehörte, entern, wobei ihm eine Beute in die Hände fiel, deren Wert umgerechnet etwa 180.000 Pfund Sterling entsprach.[14] In England gehörte Every bald zu den meist gesuchten Verbrechern.[15] Während er und seine Mannschaft zurück in den Atlantik zu den Bahamas und dann nach Irland segelten, machten sich weitere amerikanische Seeleute auf den Weg in das Arabische Meer. Einige von ihnen drangen in den nächsten Jahren sogar bis zur Straße von Malakka vor, um dort den Schiffen aus China und Japan aufzulauern.[16] Auf diese Weise etablierte sich im letzten Jahrzehnt des 17. Jahrhunderts die in der Forschung so genannte *Piratenrunde* (Abb. 1).[17]

---

12 Eidesstattliche Aussage von Adam Baldridge, New York, 5.05.1699, in: TNA London CO 5/1042, Nr. 30 (ii), fol. 212r.
13 Bialuschewski: Piratenleben (Anm. 11), S. 14.
14 Siehe Bialuschewski: Newfoundland (Anm. 10), S. 169.
15 [Anonymus]: *By the Lords Justices, A Proclamation. Whereas formerly received Information [...] That one Henry Every [...] committed several Acts of Piracy upon the Seas of India or Persia [...]*, London 1696.
16 Siehe die Kopie des Verhörprotokolls von Samuel Perkins, 25.08.1698, in: BL London, Asia, Pacific and Africa Collections, India Office Records, Home Miscellaneous, IOR/H/36, fol. 362v-363r.
17 Siehe Jenifer G. Marx: *Die „Piratenrunde"*, in: David Cordingly (Hg.): Piraten. Furcht und Schrecken auf den Weltmeeren, Köln 1997, S. 142-165 und S. 250 (Anmerkungen); Andreas Blauert: *Zwischen literarischer Imagination und historiographischer Konkretion. Abenteurer und Piraten auf Madagaskar im 17. und 18. Jahrhundert*, in: ders./Gerd Schwerhoff (Hg.): Kriminalitätsgeschichte. Beiträge zur Sozial- und Kulturgeschichte der Vormoderne, Konstanz 2000, S. 831-858; Bettina v. Briskorn: *Eine kurze Geschichte der Piraten auf Madagaskar*, in: Helmut Roder (Hg.): Piraten. Abenteuer oder Bedrohung?, Bremen 2002, S. 76-95; Bialuschewski: Newfoundland (Anm. 10). Siehe auch David Mitchell: *Pirates*, London 1976, S. 101-122.

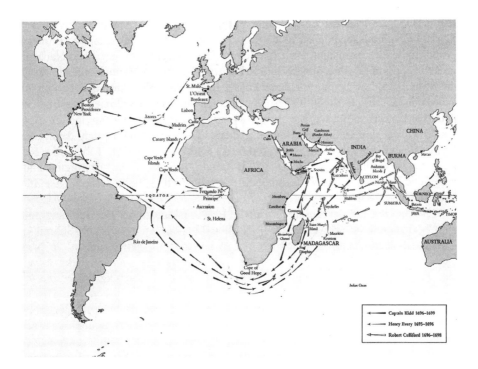

*Abb. 1: Das Netzwerk der* Piratenrunde *– die Raubfahrten von Henry Every, William Kidd und Robert Culliford. Aus: Jan Rogoziski:* Honor among Thieves. Captain Kidd, Henry Every, and the Pirate Democracy in the Indian Ocean, *Mechanicsburg 2000, Karte 1.*

## II. Die *Piratenrunde* als ökonomisches System?

Einiges spricht dafür, die *Piratenrunde*, welche in ihrer weitesten Dimension von Neufundland bis Indonesien reichte, nicht nur als geographische Ausweitungsbewegung der amerikanischen und europäischen Piraterie, sondern als komplexes ökonomisches System zu verstehen.[18] Es lässt sich diesbezüglich an neuere ökonomiehistorische Arbeiten anknüpfen, die Piraterie im Unterschied zur älteren Forschung nicht mehr als primär parasitäres Phänomen wirtschaftlicher Beziehungen verstehen, sondern als Teil dieser selbst.[19] Schon Werner Sombart rechnete die „gewaltsame Wegnahme von Gütern" zu den bis ins 18. Jahrhundert in allen

---

18  So zu Recht auch Blauert: Imagination (Anm. 17), S. 837.
19  Zur älteren ökonomiehistorischen Forschung siehe die Hinweise bei Larry Schweikart/Barry R. Burg: *Stand by to Repel Historians: Modern Scholarship and Caribbean Pirates*, 1650-1725, in: HISTORIAN 46/2 (1984), S. 219-234. Trotz des viel versprechenden Titels eher enttäuschend und für die Frage nach einer Seeräuberökonomie wenig ergiebig Cyrus H. Karraker: *Piracy was a Business*, Rindge 1953.

Kulturländern „üblichen Formen der Vermögensbildung".[20] Kann mit David J. Starkey davon ausgegangen werden, dass die ökonomische Funktion von Piraterie grundsätzlich darin besteht, ein Ungleichgewicht zwischen Angebot und Nachfrage auszutarieren,[21] wäre hinsichtlich der *Piratenrunde* ein Verweis auf die durch die Monopolpolitik bedingte Knappheit der in den Kolonien Amerikas benötigten Waren und Güter plausibel. Insbesondere in den englischen Kolonien Westindiens und Nordamerikas führten die protektionistischen Gesetze der Navigation Acts von 1651, die den kolonialen Handel strikt an das Mutterland banden, dazu, dass Kolonialhändler an ihren Exportwaren (etwa Farbstoffe, Zucker, Tabak oder Kakao) wenig verdienten, während sie für Importgüter (Sklaven, Textilien, handwerkliche Produkte oder Waffen) hohe Preise zahlen bzw. hohe Steuern oder Zölle entrichten mussten.

Die Bereitschaft der Kolonialisten, die Beschränkungen der Handelsmonopole zu umgehen, hat die Schwelle zur informellen Kooperation mit Piraten, Schmugglern und Schleichhändlern erheblich sinken lassen. Auf den Bermudas, in New York oder Rhode Island ließen sich die Kolonialbehörden immer wieder darauf ein, die illegalen Geschäfte der Amerikaner zu decken.[22] Hinzu kam, dass die *Piratenrunde* den Amerikanern die Möglichkeit eröffnete, günstiger an europäische Waren oder afrikanische Sklaven heranzukommen, ferner ihnen die Gelegenheit gab, rare Luxusgüter wie feine Textilwaren, Edelmetalle oder Schmuck direkt aus Ostindien zu erhalten. Ökonomisch betrachtet standen Piraten und Schleichhändler damit nicht auf der Seite der Produktion, sondern auf der Seite der „Dienstleistung".[23] In Bezug auf den transkontinentalen Handel übernahmen sie die Funktion des Transportes und der Distribution von Waren, Gütern und Arbeitskräften (Sklaven). Man könnte hier insofern von einem verdeckten Logistikunternehmen sprechen, das subkutan zu den offiziellen Handelsbeziehungen eine alternative Marktverflechtung erzeugte, die zwar auf der Schattenseite der durch Monopole und staatliche Lizenzen dominierten internationalen Handelspolitik lag, zugleich aber als Reaktion auf diese zu ihr gehörte wie die zweite Seite ein und derselben Medaille. Indem dabei Beute beständig in Kapital transformiert wurde, blieben beide Seiten im „Beutekapitalismus", wie bereits Max Weber betont hat,[24] untrennbar miteinander verbunden.

---

20 Werner Sombart: *Der moderne Kapitalismus. Historisch-systematische Darstellung des gesamteuropäischen Wirtschaftslebens von seinen Anfängen bis zur Gegenwart*, Bd. 1, 2. Halbbd., München/Leipzig [4]1921, S. 668.

21 David J. Starkey: *Pirates and Markets (1994)*, in: C. R. Pennell (Hg.): Bandits at Sea. A Pirates Reader, New York/London 2001, S. 107-124.

22 Als mit Piraten besonders kooperationswillig erwies sich der New Yorker Gouverneur Benjamin Fletcher. Siehe Marx: „Piratenrunde" (Anm. 17), S. 148.

23 Siehe Starkey: Pirates and Markets (Anm. 21), S. 108.

24 Max Weber: *Wirtschaft und Gesellschaft. Grundriss der verstehenden Soziologie (1922)*, hrsg. v. Johannes Winckelmann, 2. Halbbd. (zur Einheitlichkeit s. Anm. 19), Tübingen [5]1976, S. 659. Zur Rolle der frühneuzeitlichen Karibikpiraterie beim Konstitutionsprozess kapitalistischer Ökonomiestrukturen siehe Frank Bardelle: *Freibeuter. Zur Entstehung und gesellschaftlichen Transformation einer ‚historischen' Randbewegung in der Karibischen See*, Münster 1986.

So gesehen lässt sich die *Piratenrunde* als ein komplexes Netzwerk von Schiffsverbindungen beschreiben, das zahlreiche Häfen und Landstützpunkte in der Karibik, in Nordamerika und Europa mit entsprechenden Anlaufstellen in Afrika und im Indischen Ozean verknüpfte. Ausgangspunkte waren hierfür nicht selten die größeren Hafenstädte Neu-Englands wie Boston, Providence oder New York. Zur entscheidenden Zwischenstation, also zum Umschlagplatz der im Arabischen Meer gemachten Piratenbeute, wurde wegen ihrer strategisch günstigen Lage und dem Fehlen kolonialer Autoritäten[25] die Insel Madagaskar, wo sich in den 1690er Jahren ein regelrechter Piratenstützpunkt etablierte. Auf dem Rückweg nach Westindien und Nordamerika bildeten die unübersichtlichen Inselzusammenhänge der Kleinen Antillen sowie die Inselgruppen der Bahamas und Bermudas ideale Knotenpunkte für den Tausch oder Weiterverkauf der umgeschlagenen Beutegüter.

Von den Antilleninseln erwies sich St. Thomas als hierfür besonders geeignet. Dort zeigten sich die Kurbrandenburger, die als Newcomer im Westindiengeschäft rasch hohe ökonomische Gewinne einfahren wollten, den *Roundsmen* gegenüber als besonders kooperationswillig. Als der Mediziner Johann Peter Oettinger im Juli 1693 auf St. Thomas eintraf, beobachtete er im dortigen Hafen ein friedliches Nebeneinander von Kaper- und Handelsschiffen fast aller Seefahrernationen.[26] Bald hatte sich herumgesprochen, dass die von den Betreibern der preußischen Faktorei kontrollierte Insel einen Ort bot, an dem alle sonstigen Gegensätze für die Dauer des Hafenaufenthaltes temporär aufgehoben waren. Kriegsschiffe befeindeter Länder konnten dort ebenso ungestört nebeneinander ankern wie Fahrzeuge konkurrierender Handelsgesellschaften oder Räuberschiffe neben potentiellen Beuteschiffen. Kein Wunder also, dass die von ihrer *Runde* in den Indischen Ozean zurückkehrenden Kapitäne wie William Kidd oder Tempest Roger 1699 mit ihrer Beute in St. Thomas Unterschlupf suchten und dort auch fanden.[27] Piraten, die nicht im Indischen Ozean geblieben waren, konnten von den Antillen aus in die neuenglischen Kolonien Nordamerikas zurückkehren, in der Hoffnung, hier ihren Gewinn unbehelligt von den Behörden nutzen zu können, oder nach Europa zu gelangen, um dort – wie etwa Every und seine Mannschaft in Irland – untertauchen zu können. Auf diesen Weg der *Piratenrunde* begaben sich Ende des 17. Jahrhunderts schätzungsweise bis zu 1500 Männer.[28]

Jenseits der offiziellen Marktbeziehungen etablierte der Unternehmer, Sklavenhändler und Finanzier Frederick Philipse in den 1690er Jahren einen schwunghaften Schwarzhandel zwischen New York und Madagaskar. Sein Ver-

---

25 1649 hatten die Engländer, 1674 die Franzosen ihre jeweiligen Kolonisierungsbemühungen wieder aufgegeben.
26 [Johann Peter Oettinger]: *Unter kurbrandenburgischer Flagge. Deutsche Kolonial=Erfahrungen vor 200 Jahren*. Nach dem Tagebuche des Chirurgen Johann Peter Oettinger unter Mitwirkung des Kaiserlichen Vize=Admirals z.D. von Henk hrsg. v. Hauptmann a.D. Paul Oettinger, Berlin 1886, S. 85.
27 Siehe Waldemar Westergaard: *The Danish West Indies under Company Rule (1671-1754). With a Supplementary Chapter, 1755-1917*, New York 1917, S. 112-120.
28 Siehe Bialuschewski: Newfoundland (Anm. 10), S. 169.

bindungsmann war Adam Baldridge, aus dem Dunstkreis der jamaikanischen Bukanier stammend, der im Januar 1691 die kleine Insel Saint Mary's Island (Isle Sainte-Marie) an der Nordostküste Madagaskars erreichte, vor Ort einen befestigten Stützpunkt anlegte und mit den im Indischen Ozean jagenden Piraten zu handeln begann.[29] Hier fanden die Piraten einen sicheren Hafen, wo sie ihre Schiffe kielholten und sich verproviantierten, ihre Beute verkaufen und tauschen konnten. Viele nutzten die Gelegenheit, um von einem Raubschiff abzuheuern und auf Saint Mary eine Ruhephase einzulegen. So konnten sie dort warten, bis sich eine neue Gelegenheit zum Anheuern ergab, weshalb Piratensegler auf ihrem Weg in das Arabische Meer oder in den Persischen Golf ihr Schiffspersonal an der Küste von Madagaskar jederzeit problemlos ergänzen konnten. In den nächsten Jahren schickte Philipse regelmäßig Schiffe nach Saint Mary's Island, beladen mit Kleidung, Materialien zur Schiffsausrüstung, Waffen, Munition und Alkohol, etwa „5 barrels of rum" und „4 quarter casks of Madeira wine" wie im Fall der „Charles", die am 7. August 1693 ihr Ziel erreichte.[30] Im Tausch gegen diese Güter erhielten Philipses Kapitäne von Baldridge Wertgegenstände aus der Piratenbeute sowie vor allem Sklaven.[31] Viele der *Roundsmen* hatten sich darauf spezialisiert, während ihrer Raubfahrten entlang der ostafrikanischen Küste und auf Madagaskar Einheimische zu versklaven, indem sie die verfeindeten indigenen Stämme gegeneinander ausspielten.[32]

Baldridges Piratenstützpunkt entwickelte sich so gewissermaßen zum zentralen *Entrepôt* für den Transport ostafrikanischer Sklaven in die amerikanischen Kolonien. Dabei überstieg nicht selten die Nachfrage das Angebot. Von den 200 aus New York geforderten Sklaven konnten im Jahre 1691 beispielsweise nur 44 geliefert werden.[33] Für die Heimreise kamen neben der Ladung und den Sklaven auch gegen Bezahlung als Passagiere zudem diejenigen Piraten mit an Bord, die *aussteigen* und sich *zur Ruhe* setzen wollten. Getarnt als offizielle Sklavenschiffe der EIC konnten die Schiffe dann auf dem Rückweg reguläre Wegstationen wie die im Südatlantik gelegene Insel St. Helena anlaufen. Während allerdings ein

---

29 Siehe die Aussagen von Samuel Perkins, der auf dem Schiff „Resolution" unter dem Kommando von Roger Glover selbst an Piratenfahrten im Indischen Ozean teilgenommen hatte und bei seinem Verhör im August 1698 zu Protokoll gab: „The Island St. Mary is a pretty large Island well inhabited by black people where one Capt. Baldridge (who as he was informed had formerly killed a man in Jamaica and thereupon turned Pyratt about years ago) had built a Plattform of a Fort with 22 Guns […]." Verhörprotokoll von Samuel Perkins, 25.08.1698, in: BL London, Asia, Pacific and Africa Collections, India Office Records, Home Miscellaneous, IOR/H/36, fol. 362v-363r, hier fol. 363r.
30 Eidesstattliche Aussage von Adam Baldridge, New York, 5.05.1699, in: The National Archives (=TNA) London, CO 5/1042, Nr. 30 (ii), fol. 212r.
31 Siehe die Dokumentensammlung in TNA London, HCA 1/98; darunter vor allem die Briefe von Samuel Burgess, einer der Kapitäne, die für Philipse den Madagaskar-Handel organisierten, und der 1699 von Passagieren, die er im Indischen Ozean mit an Bord genommen hatte, der Piraterie bezichtigt wurde.
32 Siehe die eidesstattliche Aussage von Adam Baldridge, New York, 5.05.1699, in: TNA London, CO 5/1042, Nr. 30 (ii).
33 Siehe Jacob Judd: *Frederick Philipse and the Madagascar Trade*, in: THE NEW YORK HISTORICAL SOCIETY QUARTERLY 55 (1971), S. 354-374.

Großteil der Sklaven meist problemlos auf die Tabakplantagen oder in die Städte Neu-Englands gelangte,[34] konnte der Handel mit den begehrten Kostbarkeiten aus Ostindien leicht Aufsehen erregen. In einem Fall ließ Philipse wertvolle Ostindiengüter noch vor ihrer Ankunft in New York auf ein anderes Schiff umladen und nach Europa bringen. Doch auch der direkte Weg nach London erschien ihm als zu gefährlich, weshalb die Ladung im Hafen von Hamburg gelöscht und verkauft, der Gewinn dann anschließend nach New York transportiert wurde.[35]

Auf diese Weise trugen die Teilnehmer der *Piratenrunde* im Rücken legaler Handelsverflechtungen dazu bei, die Wirtschaftsräume von West- und Ostindien stärker miteinander zu vernetzen. Insbesondere galt dies für den Sklavenhandel. Durch die „wilde" Versklavung von Ostafrikanern im Indischen Ozean halfen die Piraten indirekt mit, für den internationalen Sklavenhandel neue Märkte zu erschließen.[36] Obgleich die Royal African Company ein Verbot des Handels mit versklavten Madagassen im englischen Parlament durchsetzen konnte, erhielt die South Sea Company, die von der Londoner Regierung ein Monopol für den Südamerikahandel bekommen hatte, eine Lizenz von der EIC, die es ihr erlaubte, madagassische Sklaven nach Buenos Aires zu transportieren.[37] In welchem Maße die Seeräuber der *Piratenrunde* tatsächlich zur Bildung eines indo-atlantischen Wirtschaftszusammenhangs als Etappe auf dem Weg zu einem globalisierten Ökonomiesystem beitrugen, ist eine derzeit noch offene Frage, zu deren Beantwortung weitere, vor allem wirtschaftshistorische Forschungen notwendig sind. Manches deutet darauf hin, dass die „long-distance piracy" nicht nur ein (unerwünschtes) Beiprodukt des „long-distance trade" gewesen ist, sondern die Netzwerkstruktu-

---

34 In einem Fall ließ sich Philipse vom New Yorker Gouverneur offiziell den legalen Erwerb eines Sklaven aus Madagaskar bestätigen. Siehe TNA London, HCA 1/98, fol. 72r.

35 Robert C. Ritchie: *Captain Kidd and the War against the Pirates*, Cambridge 1986, S. 115-116.

36 Zu Recht hervorgehoben hat Hugh Thomas: *The Slave Trade. The History of the Atlantic Slave Trade: 1440-1870*, London 1998, S. 203, mit Bezug auf den madagassischen Sklavenhandel New Yorks: „How many slaves were thereby brought by the formidable journey from there may never be known, for these importers never made a legal entry. But several New Yorkers, we know, did well out of this improbable trade."

37 Siehe etwa den Hinweis aus dem Jahr 1730: „Also, it is to be observed that the Number of Negroes carried from the Coast of Africa this Year is greater than usual, by our last Letters five Ships bringing 1064 Negroes arrived within a few Days of another, at Jamaica, all by private Trade, besides what the South-Sea-Company brings, as well from thence as from Madagascar." [Anonymus]: *The Political State of Great-Britain*, London 1730, Vol. XL (July 1730), S. 2-3. Siehe Kevin P. McDonald: *‚A Man of Courage and Activity': Thomas Tew and Pirate Settlements of the Indo-Atlantic Trade World, 1645-1730*, 2005, E-Scholarship Repository, UC Digital Library, URL: http://repositories.cdlib.org/ucwhw/wp/2, Zugriff: 10.01.2009, S. 1-21, 21. Aus sklavengeschichtlicher Perspektive einschlägig sind die Arbeiten von Gwyn Campbell: *The structure of slavery in Indian Ocean Africa and Asia*, Cambridge 2004; und im Überblick ders.: *Slavery and the trans-indian ocean world slave trade. A historical outline*, in: Himanshu Prabha Ray/Edward A. Alpers (Hg.): Cross currents and community networks. The history of the Indian Ocean world, Oxford 2007, S. 286-305. Im Unterschied zu McDonald setzen die ökonomiehistorischen Untersuchungen Campbells allerdings erst um die Mitte des 18. Jahrhunderts ein: Gwyn Campbell: *An Economic History of Imperial Madagascar, 1750-1895. The Rise and Fall of an Island Empire*, Cambridge 2005.

ren des frühneuzeitlichen Fernhandels auch aktiv mitgestaltet hat.[38] Plausibel lässt sich jedenfalls beim derzeitigen Forschungsstand vermuten, dass eine eingehendere Erforschung dieses Meer umspannenden Prateriephänomens dazu beitragen könnte, eine einseitige Fokussierung auf den Atlantikraum, wie sie sich etwa im „Weltsystem"-Modell von Immanuel Wallerstein finden lässt, zu vermeiden und stärker als bisher die Wirtschaftskreisläufe zwischen dem Indischen Ozean und dem Atlantik in den Blick zu nehmen.[39]

## III. Europäische Nationen vom Mogulreich unter Druck gesetzt

Zu den primären Kennzeichen der Seeräuber der *Piratenrunde* zählten Bindungslosigkeit, meeresübergreifende Jagdreviere, Bildung eigener Stützpunkte (wie Madagaskar) sowie eine multinationale, wenn auch mehrheitlich europäische Schiffsbesatzung. An Bord der Schiffe von Henry Every befanden sich neben Engländern, welche die Majorität stellten, auch Franzosen und Dänen.[40] Einige Piratenschiffe hatten zudem Angehörige deutschsprachiger Nationen („nations that crie ‚yaw'") an Bord.[41] Hinzu kamen häufig Indigene aus Ostafrika, der Arabischen Halbinsel oder Indien, die als Lotsen oder Übersetzer dienten.[42] Die *Piratenrunde* brachte so eine Form der Seeräuberei hervor, die man in der Tat als *kosmopolitisch* bezeichnen könnte.[43]

Je nach Bedarf wurde mal eine französische, mal eine holländische oder englische Flagge gehisst, um ein Kriegsschiff zu täuschen oder ein potentielles Opfer in die Falle zu locken. Am 23. November 1696 wurden vor Calicut in der Nähe

---

38  In diese Richtung weist das derzeit laufende Dissertationsprojekt von Kevin P. McDonald, University of California, Santa Cruz, unter dem Arbeitstitel „Pirates, Merchants, Settlers and Slaves: Making an Indo-Atlantic Trade World, 1645-1730". Grundlegend zu den globalen Netzwerken des frühneuzeitlichen Fernhandels siehe die Beiträge in James D. Tracy (Hg.): *The Rise of Merchant Empires. Long-Distance Trade in the Early Modern World, 1350-1750*, Cambridge 1990.

39  Zur Kritik am Atlantikzentrismus des Modells von Wallerstein mit weiterführenden Literaturhinweisen siehe Helmut Bley/Hans-Joachim König: *Atlantische Welt*, in: Friedrich Jaeger (Hg.): Enzyklopädie der Neuzeit, Bd. 1, Darmstadt 2005, Sp. 752-783, 758-759.

40  Siehe den gerichtlich protokollierten Augenzeugenbericht von Phillip Middleton (Kopie), London, 4.08.1696, in: BL London, Asia, Pacific and Africa Collections, India Office Records, Home Miscellaneous, IOR/H/36, fol. 199r-201r, hier fol. 199r: „Thence they [Everys Piratenflotille] sailed to Madagascar & to Johanna where 12 french Pyrates came aboard there, & afterwards took a french Pyrating junk with about 40 Men who had good Booty with them, they also joyned them being now in all about 170 Men, vizt. 14 Danes, 52 French & 104 English."

41  Siehe „Extract of a letter from Captain George Wesley to Mr. Pennyng, Chief at Calicut. Dated [Râjâpur], 7 November 1703", T. B. Howell's State Trials, Vol. XIV, S. 1302, abgedruckt in: Hill: Episodes (Anm. 7), S. 54-55, hier S. 55.

42  Siehe die eidesstattliche Aussage von Adam Baldridge, New York, 5.05.1699, in: TNA London, CO 5/1042, Nr. 30 (ii), fol. 212v.

43  Siehe auch Jürgen Osterhammel/Niels P. Petersson: *Geschichte der Globalisierung. Dimensionen – Prozesse – Epochen*, München 2003, S. 46.

der Niederlassung der EIC drei Schiffe unter englischer Fahne gesichtet. Als die Schiffe den Hafen erreichten, hissten die Piraten plötzlich eine dänische Fahne, um sich als Fahrzeug der Ostindisk Kompagni auszugeben und dadurch die Beobachter an Land zu irritieren. Anschließend überwältigten sie mehrere vor Anker liegende Handelsschiffe. Nachdem ihr Ultimatum ohne Lösegeldübergabe verstrichen war, zündeten sie die erbeuteten Fahrzeuge an und zeigten eine blutrote Fahne.[44] Die Piraten hatten ihrer Forderung Nachdruck verliehen, indem sie dem Unterhändler der englischen Faktorei mitteilten, „that they acknowledged no Countrymen, They had sold their Country, and were sure to be hangd, if taken, They would take no quarter, but do all the Mischief possible they could."[45] In der Tat machten die *Roundsmen* keinen Unterschied zwischen indischem Pilger- oder arabischem Handelsschiff, zwischen einem Fahrzeug der englischen, französischen oder holländischen Ostindienkompanie oder einem Schiff der portugiesischen Estado da Índia, zwischen einem Fahrzeug aus dem Osmanischen Reich, aus Persien oder einem lokalen Küstenfischerboot. Nicht zu Unrecht sprachen die Engländer von ihnen als den „Hatmen of all Nations".[46]

Nachdem zum Beispiel die oben erwähnte bis auf den Kiel geplünderte „Ganj-i-Sawai" im September 1695 schlingernd den Hafen von Surat erreicht hatte, sprach sich rasch herum, dass die Piratenmannschaft Everys nicht nur kostbare Reichtümer, die als Geschenke für den Großmogul Awrangzeb gedacht waren, geraubt, sondern obendrein die auf der Pilgerfahrt mitgereisten Frauen, durchweg Angehörige hochrangiger indischer Adelsfamilien, misshandelt und vergewaltigt hatten.[47] Umgehend kam es in Surat zu antieuropäischen Massenprotesten. Nur das Einschreiten lokaler Militäreinheiten konnte Übergriffe der Einheimischen gegen die Faktorei der EIC verhindern.[48] Auch in anderen indischen Städten machte sich der Zorn Luft. In Bombay – seit 1661 britische Kolonie – fürchteten Engländer, die aufgebrachte Menge würde ihnen allen die Kehlen durchschneiden.[49] Ahmanat Khan, der Gouverneur des Großmoguls in Surat, ließ den Präsi-

---

44 „Advices from Bombay, 15th January 1696-7, Col. Off. Records, 323, 2", abgedruckt in: Charles Hill: *Notes on Piracy in Eastern Waters*, in: INDIAN ANTIQUARY 55/Supplement (1926), S. 93-125, 109.

45 Robert Blackborne, Bombay, mit Bezug auf Nachrichten aus Calicut vom 30.11.1696, in: BL London, Asia, Pacific and Africa Collections, India Office Records, Home Miscellaneous, IOR/H/36, fol. 293r.

46 Extract of Advices which the East India Company have received from their Generall and Councill at Bombay Dated at Bombay Castle the 23th March 1698/9, in: India Office Records, Home Miscellaneous, IOR/H/36, 470r-471r, hier fol. 470v.

47 Siehe aus indischer Perspektive den Bericht von Khafi Khan, in: J. N. Das Gupta: *India in the Seventeenth Century. As depicted by European Travellers*, Kalkutta 1916, Appendix A, S. 233-238. Dass es nicht nur zu Plünderungen, sondern auch zu Vergewaltigungen kam, bezeugte laut Gerichtsprotokoll des Londoner Lord Justice ebenfalls Phillip Middleton (Kopie), London, 4.08.1696, in: BL London, Asia, Pacific and Africa Collections, India Office Records, Home Miscellaneous, IOR/H/36, fol. 199r-201r, hier fol. 199r.

48 Siehe Ritchie: Kidd (Anm. 35), S. 131.

49 Siehe den Bericht von Robert Blackborne aus der englischen Faktorei in Bombay, 15.12. 1696, in: BL London, Asia, Pacific and Africa Collections, India Office Records, Home Miscellaneous, IOR/H/36, fol. 293r.

denten und weitere 63 Mitglieder der Kompanie einsperren. Für die Piratenangriffe, insbesondere den schandvollen Überfällen Everys, machten die Inder pauschal die Europäer und ihre Handelskompanien verantwortlich. Von den Engländern wie den Niederländern und Franzosen forderte der Gouverneur umgehend, den indischen Seehandel und die Pilgerfahrten in das Rote Meer vor den Piraten zu schützen.[50]

Unter dem Druck, dass ansonsten das Mogulimperium seine Handelsbeziehungen mit den Europäern abbrechen und deren Faktoreien in Indien schließen würde, willigten zunächst die Franzosen, dann auch Engländer und Holländer ein, jeweils ein oder mehrere Kriegsschiffe zur Verfügung zu stellen, um die zwischen Vorderindien, dem Persischen Golf und der Arabischen Halbinsel verkehrenden Handels- und Pilgerschiffe zu eskortieren. Dabei wurden die europäischen Schiffe direkt in den Dienst des Großmoguls gestellt.[51] Auf diese Weise sahen sich die untereinander konkurrierenden europäischen Handelskompanien gezwungen, im Kampf gegen die Piraten im Indischen Ozean miteinander zu kooperieren, wollten sie nicht riskieren, ihre Faktoreien zu verlieren und vom lukrativen Ostindienhandel ausgeschlossen zu werden. Es waren die Seeräuber der *Runde*, welche die Europäer im Indischen Ozean dazu veranlassten, sich gemeinsam an einen Tisch zu setzen. Zwar hatte es schon zuvor immer wieder vereinzelte Kooperationen gegeben, doch zu einer ersten gemeinsamen Aktion im großen Stil kam es erst im Zusammenhang mit der Bekämpfung der *Roundsmen*.

Eine entsprechende Impulswirkung ging auch in die andere Richtung. Denn erst nachdem die Piraterie zu einem ernsthaften Problem geworden war, hatte das Mogulimperium begonnen, sich intensiver mit den europäischen Handelsgesellschaften zu befassen.[52] Die Europäer dazu zu drängen, den Indischen Ozean zu pazifizieren, verstanden die Moguln dabei nicht als Machtverzicht, sondern – im Gegenteil – als Akt der Ausübung ihrer hegemonialen Herrschaftsstellung in Vorderindien. Der Großmogul Awrangzeb betrachtete die Durchführung der seepolizeilichen Maßnahmen der Europäer als eine Art Vasallendienst. Als Gegenleistung wurden sie dafür bezahlt und erhielten die Zusicherung, dass ihnen weiterhin Handelsprivilegien gewährt würden.[53] Mit der Zuweisung polizeilicher Aufgaben zur See untermauerten die Moguln zugleich ihren uneingeschränkten Autoritätsanspruch an Land. Von den Europäern wurde dieser Anspruch des Mogulimperi-

---

50 Siehe Ritchie: Kidd (Anm. 35), S. 131.
51 Von der Vereenighden Oostindischen Compagnie (VOC) wurden hierfür zwei Schiffe zur Verfügung gestellt. Siehe die Zusicherung des VOC-Direktors Pieter Kettingh an den Mogulstatthalter von Surat: „Acte van verbantschrift, die den heer commissaris aen den Moorsen gouverneur gepresenteert en aengenomen heeft te tekenen", in: Frederik W. Stapel (Hg.): *Corpus Diplomaticum Neerlando-Indicum. Verzameling van politieke contracten en verdere verdragen door de nederlanders in het oosten gesloten, van privilegebrieven aan hen verleend*, Bd. 4: (1691-1725), Den Haag 1935, S. 124-125. Siehe ferner Das Gupta: Indian Merchants (Anm. 9), S. 98-99.
52 Siehe Stephan Conermann: *Das Mogulreich. Geschichte und Kultur des muslimischen Indien*, München 2006, S. 112-113.
53 Siehe Das Gupta: Indian Merchants (Anm. 9), S. 99.

ums nicht in Frage gestellt.⁵⁴ Einen eigenen Hoheitsanspruch erhob die EIC beispielsweise nur für die Gebäude ihrer Faktoreien und das jeweils unmittelbar angrenzende Gebiet, beschränkt auf wenige hundert Meter. Um Jurisdiktionskonflikte mit dem Mogulreich zu vermeiden, hatte die englische Regierung 1697 die Petition der EIC zur Verfolgung der Piraten durch ihre eigenen Schiffe und zur Einrichtung eines ostindischen Admiralitätsgerichtes, um die gefassten Seeräuber gleich selbst vor Ort verurteilen und hinrichten zu können, abgelehnt.⁵⁵ Mit der Bereitstellung von Konvoyschiffen zum Schutz der Handelsschifffahrt erkannten die Europäer zunächst ihren Status als dem Großmogul unterstellte maritime Hilfspolizei an. Dass die Moguln den europäischen Nationen auf diese Weise faktisch die Seeherrschaft in die Hände legten, sollte sich für sie als verhängnisvoll erweisen. Denn auf lange Sicht betrachtet, begannen sie damit, ihren eigenen Autoritätsanspruch für den indischen Raum zu unterminieren.

## IV. Die Rolle der europäischen Ostindienkompanien

Immer deutlicher kam zum Vorschein, dass die Seeräuber häufig von den amerikanischen Kolonien Englands unterstützt wurden. Zunehmend machten Araber, Perser und Inder daher nicht mehr nur pauschal alle Europäer, sondern vorrangig die Engländer für die Piratenüberfälle im Indischen Ozean verantwortlich. Als im Spätsommer 1696 ein Fahrzeug aus Bombay und eines aus Calicut von zwei Piratenschiffen überfallen wurden, sprach sich bald herum, dass von den etwa 150 Seeräubern fast alle Engländer gewesen waren.⁵⁶ Ein am Persischen Golf gefangener Pirat, so berichtete es die EIC im Januar 1697 aus Gombroon, habe ausgesagt, sein Vater sei Holländer und seine Mutter Engländerin, und ihr Schiff stamme aus Neu-England, weshalb die Perser nun glaubten, „that the English are the only Robbers."⁵⁷ Der Druck auf die Engländer wuchs, und es stand zu befürchten, dass die Mogulautoritäten bei anhaltenden Überfällen Faktoreien der EIC in Indien schließen lassen würden. Vor diesem Hintergrund beschlossen die in London

---

54  Siehe auch Charles Henry Alexandrowicz: *An Introduction to the History of the Law of Nations in the East Indies (16ᵗʰ, 17ᵗʰ and 18ᵗʰ Centuries)*, Oxford 1967, S. 106-107.
55  Robert Blackborne: To the Rl. Hon. The Lords Commission for executing the Office of L: High Admll. of England, The humble petition of the Governour & Comp: of Merchants of London trading to the East Indies, 26.02.1696/97, in: BL London, Asia, Pacific and Africa Collections, India Office Records, Home Miscellaneous, IOR/H/36, fol. 228-229r. Siehe auch die im Wortlaut nicht ganz identische „Petition of the East India Company for licence to capture pirates and to erect a Court of Admiralty in the East Indies", Add. MSS. 25098, f. 473, abgedruckt in: Reginald G. Marsden (Hg.): Documents relating to Law and Custom of the Sea, Bd. 2: 1649-1767, Colchester 1916, S. 178-180.
56  Advices send Overland, by the East India Company the 28 7ber [September] 1697 from their Factore in India and Persia touching the Pyrates there, bearing the Dates & written from ye Places following viz. from Bombay dat: the 15ᵗʰ October 1696, in: BL London, Asia, Pacific and Africa Collections, India Office Records, Home Miscellaneous, IOR/H/36, fol. 292r-292v, hier fol. 292v.
57  Ebd., fol. 295r.

politisch einflussreichen Whiggs, den erfahrenen Karibikkaperfahrer William Kidd auf Piratenjagd zu schicken. Doch statt Seeräuber zu jagen, wurde Kidd selbst zum Seeräuber. Im Februar 1698 überfiel er mit seinem Dreimaster „Adventure Galley" an der Malabarküste die „Quedah Merchant", ein reich beladenes Schiff aus Surat. Damit wurden die Engländer zur Hauptzielscheibe der Vorwürfe des indischen Großmoguls.

Den im Juli 1699 nach Boston zurückgekehrten Kidd ließ man in Ketten legen und nach London bringen, seinem Gerichtsverfahren wohnten auch hochrangige Vertreter der indischen Mogulregierung bei. An Kidd sollte offenbar ein Exempel statuiert werden, um den Indern die Bereitschaft der Engländer, gegen die anhaltende Piraterie im Indischen Ozean energisch und entschlossen vorzugehen, zu demonstrieren. Über die politischen Motive und Hintergründe seines Prozesses machte sich Kidd dabei keine Illusionen: „Some great men would have me dye for Solving their Honour, and others to pacify ye Mogull for injuryes done by other men, and not my selfe, and to secure their trade [...]."[58] Es kam, wie es kommen musste: Kidd wurde im Sinne der Anklagen für schuldig erklärt und zweifach zum Tode verurteilt.[59] Am 23. Mai 1701 fand Kidd im Londoner Execution Dock in Wapping den Tod am Galgen.[60] Weniger die Übertretung seiner Kapervollmachten war ihm zum Verhängnis geworden, sondern die Gefährdung der wirtschaftlichen Interessen Englands in Ostindien.

Nicht nur die Moguln beschuldigten die Engländer der Piraterie. Ein entsprechender Vorwurf kam ebenfalls von den Portugiesen, die zeitweilig am meisten unter der Seeräuberei zu leiden hatten.[61] Im Februar 1699 erhielt die Londoner Regierung aus Lissabon ein offizielles Beschwerdeschreiben des portugiesischen Staatssekretärs, worin der EIC eine direkte Beteiligung an Piratenüberfällen auf portugiesische Fahrzeuge aus Macao vorgehalten und von der englischen Majestät sofortige Gegenmaßnahmen gefordert wurden.[62] Im Juni wurden diese Vorwürfe durch Portugals Sonderbeauftragten Don Luis de Cunza wiederholt.[63] Zeitgleich mit den antieuropäischen Maßnahmen des Großmoguls aufgrund der Überfälle von Kidd hatte Conde de Villa Verde, Portugals Vizekönig in Indien, am 2. Januar

---

58 Eine Kopie der undatierten Mitteilung von Kidd [ohne Datum, geschrieben vor dem 8.5.1701] befindet sich in: TNA London, HCA 1/29, fol. 285r-285v, hier fol. 285v.
59 Siehe die umfangreichen Prozessunterlagen in: Graham Brooks (Hg.): *Trial of Captain Kidd*, Edinburgh 1930.
60 Siehe [Anonymus]: *A true account of the behaviour, confession and last dying speeches, of Captain William Kidd, and the rest of the pirates, that were executed at Execution Dock in Wapping, on Friday the 23rd of May. 1701*, [London 1701].
61 Siehe hierzu das bei Hill: Episodes, S. 48-51 (Anm. 7), kompilierte Quellenmaterial.
62 Eine englische Übersetzung des portugiesischen Beschwerdeschreibens, Lissabon, 12.2.1699, findet sich in: TNA London, SP 89/17, fol. 339r-339v.
63 The Humble Answer of the Governour and Comp. of Merchants of London trading to the East India to so much of a memoriall of D. Luis de Cunza Envoy Extraordinary from his Ma:ty of Portugall dat: 22th of June 1699, in: BL London London, Asia, Pacific and Africa Collections, India Office Records, Home Miscellaneous, IOR/H/36, fol. 448v-449r.

1699 dem portugiesischen König Peter II. ausführlich über die Piratenattacken im Indischen Ozean berichtet.[64]

Inwieweit Schiffe der EIC nicht nur Opfer der *Roundsmen*, sondern unmittelbar an deren Plünderfahrten selbst beteiligt waren, ist schwer zu beurteilen. Jedenfalls scheute man sich auf englischer Seite nicht, sowohl der französischen als auch der niederländischen Konkurrenzgesellschaft genau solche Kooperationen mit den Piraten vorzuhalten. Bourbon (heute Réunion) und Mauritius lagen nur allzu nah an Madagaskar, und ihre französischen Gouverneure wurden von den Engländern immer wieder der Zusammenarbeit mit den Piraten bezichtigt. Ebenso beschuldigten Vertreter der EIC die Vereenighde Oostindische Compagnie (VOC) der Niederländer, Piratenbeute erworben zu haben. 1703 sei ein Schiff der EIC aus Surat von einem Piratenschiff mit internationaler Besatzung aufgebracht worden. Die Beute habe man zu zwei Teilen an indische Kaufleute und zu einem Teil an einen „Dutch broker" einer kleinen VOC-Station an der Malabarküste verkauft.[65] Selbst die Moguln und Hindus blieben somit von den allseitigen Vorhaltungen nicht verschont. Nach der Devise *schuldig sind immer die anderen* warfen alle am Handel im Indischen Ozean beteiligten Akteure sich beständig gegenseitig vor, jeweils als Helfershelfer der Piraten zu agieren. Nimmt man all die erhobenen Vorwürfe ernst, dann konnte es eigentlich niemanden geben, der nicht irgendwie und irgendwann einmal mit den Piraten der *Runde* unter einer Decke gesteckt hatte. Als Feinde aller Nationen und Menschen blieben die *Roundsmen* immer zugleich auch Freunde einiger Menschen verschiedener Nationen.

Auch nach der schauprozessartigen Verurteilung und Hinrichtung von William Kidd rissen die Beschuldigungen der Inder gegenüber den Europäern nicht ab. Als im September 1701 die „Husaini", ein Schiff, das dem einflussreichen Händler Mullah Abdul Ghafur gehörte, auf der Rotmeerroute von Seeräubern überfallen wurde, ging in Surat das Gerücht um, der Überfall sei geschehen, ohne dass die holländische Eskorte eingegriffen habe. Später wurde sogar behauptet, die Niederländer hätten mit den Piraten Signale ausgetauscht.[66] Einen Monat danach identifizierte Surats oberster Zollbeamter Mir al Naki gegenüber dem VOC-Direktor Hendrik Zwardekroon das fragliche Piratenschiff als ein Fahrzeug der englischen Kompanie, wobei unklar blieb, ob Kapitäne der Gesellschaft selbst dahinter steckten oder ob das Fahrzeug durch Meuterei in die Hände von Piraten gefallen war. Weiter mokierte sich Mir al Naki darüber, dass die Franzosen indirekt mit den Piraten zusammenarbeiteten, während die Holländer die Umtriebe der Seeräuber duldeten und Teile ihrer Beute aufkauften.[67] Die VOC-Direktion in Surat lehnte eine Verfolgung der Piraten ebenso ab wie die Gewährung der von Abdul Ghafur verlangten Entschädigungsleistungen, indem man darauf verwies,

---

64 Conde de Villa Verde, Vice-Rey, e Capitão General de India [an den portugiesischen König Peter II.], 2.01.1699 (Autograph), in: Biblioteca National Lisboa, Colecção Pombalina (= PBA) 489, fol. 249r.
65 Ebd.
66 Siehe die VOC-Aufzeichnungen in: Nationaal Archief (=NA) Den Haag, Verenigde Oostindische Compagnie 1659, fol. 432r-435v.
67 Siehe ebd., fol. 823v-826r.

dass das verlorene Schiff vor seiner Kaperung den holländischen Schutzkonvoy verlassen habe.[68]

## V. Das Ende der *Piratenrunde*

Nachdem man Ende 1698 in London einsehen musste, dass William Kidd vom Piratenjäger selbst zum Piraten geworden war, ließ die Regierung ein Geschwader der Royal Navy für die Fahrt in den Osten ausrüsten. Die Schiffe unter dem Kommando von Thomas Warren führten eine königliche Proklamation von Wilhelm III. mit sich, in der allen Piraten, welche sich den Kriegsschiffen ergaben, Amnestie zugesichert wurde. Nur Henry Every und William Kidd wurden hiervon ausdrücklich ausgenommen.[69] Entlang der Küste von Madagaskar segelnd, verkündeten die Marinekapitäne die königliche Proklamation. Viele der Madagaskar-Piraten entschlossen sich, die Amnestie anzunehmen. Im September 1699 begaben sich vierzehn Seeräuber mit Bezug auf die versprochene Straferlassung von Saint Marie aus auf die „Vine", der Pinke von Thomas Warren.[70] Andere dagegen dachten nicht daran, sich zu ergeben. Nachdem das englische Kriegsschiff „Lizard" einige Zeit entlang der Malabarküste gekreuzt war, tauchte es im Februar 1701 im Süden Madagaskars vor der Bucht von Saint Augustin auf; die dort überraschte Besatzung der „Carlisle" war jedoch keineswegs gewillt, sich in die Hände der Engländer zu begeben. Stattdessen steckten die Piraten ihr Schiff in Brand und flohen. Einige von ihnen wurden später gefangen genommen, die meisten aber verschwanden im undurchdringlichen Dickicht der Insel.[71]

Zwei weitere „men-of-war", die 1703 zur Piratenjagd in den Indischen Ozean geschickt wurden, machten bei ihrer Fahrt entlang der Küste Madagaskars nur einige wenige Weiße aus, fanden jedoch keine Hinweise mehr auf laufende Piraterieaktivitäten.[72] Pläne, die noch verbliebenen Seeräuber auf Madagaskar nach England zu holen, indem man ihnen Straffreiheit im Tausch gegen einen Anteil ihrer Beute für das königliche Schatzamt zusichern wollte, zerschlugen sich endgültig, nachdem 1709 im „Board of Trade and Plantations" deutlich geworden war, dass hinter dieser Initiative ursprünglich ein dubioser Schatzsucher aus dem Milieu der Bukanier steckte.[73] In seinem später veröffentlichten Reisebericht schrieb der Weltumsegler Woodes Rogers über ein Treffen mit zwei ehemaligen Seeräubern im Dezember 1710 am Kap der Guten Hoffnung: „They told me, that

---

68  Siehe die VOC-Aufzeichnungen in: ebd., fol. 432r-435v.
69  Siehe Bialuschewski: Piratenleben (Anm. 11), S. 139-140.
70  Ebd., S. 154-155.
71  Ebd., S. 164-165.
72  Siehe Bialuschewski: Newfoundland (Anm. 10), S. 173.
73  Siehe [Johan Breholt]: *Reasons For Reducing the Pyrates at Madagascar: And Proposals humbly offered to the Honourable House of Commons, for effecting the same*, [London 1707]. Siehe auch einen als Manuskript erhaltenen ähnlichen Vorschlag: [Joseph Duckett]: *Observations tending to the suppressing and prevention of piracy by reclaiming the present pyrats at Madagascar, 1706*, in: TNA London, SP 34/8, fol. 2r-7v. Zu Breholt siehe Bialuschewski: Piratenleben (Anm. 11), S. 169, 185.

those miserable Wretches, who have made such a Noise in the World, were now dwindled to between 60 or 70, most of them very poor and despicable, even to the Natives, among whom they have married. They added, that they had no Embarkations, but one Ship, and a Sloop that lay sunk, so that those Pirates are so inconsiderable, that they scarce deserve to be mentioned [...]."[74]

Nach rund einem Jahrzehnt relativer Ruhe kam es jedoch noch einmal zu einer kurzen Wiederbelebung der *Piratenrunde*.[75] In der Zwischenzeit hatte sich der Schwerpunkt der Karibikpiraterie auf die Bahamas verlagert, insbesondere New Providence Island entwickelte sich laut Zeitgenossen zu einem „second Madagaskar".[76] Während der Spanische Erbfolgekrieg vielen Seeräubern die Gelegenheit gab, als Kaperfahrer auf der legalen Seite der Seebeutenahme beschäftigt zu sein, bedeutete das Ende des Krieges 1713 für viele die Rückkehr in die *Arbeitslosigkeit* und damit in die auf eigene Rechnung betriebene Piraterie. In den französischen, englischen, niederländischen und dänischen Kolonien der Kleinen Antillen fanden die Raubfahrer ausreichend Gelegenheit, Handelsschiffen aufzulauern, wie auch genügend kooperationswillige Hafenstädte, in denen sie die Beutegüter umschlagen konnten.[77] Die Situation änderte sich, als die englische Krone im Herbst 1717 eine Proklamation verkünden ließ, in der allen Karibikseeräubern, die sich den örtlichen Autoritäten ergeben würden, Straffreiheit zugesichert wurde,[78] und zugleich in Woodes Rogers einen Gouverneur der als Piratenschlupfwinkel berüchtigten Bahamas fand, welcher in der Lage war, die nicht Amnestiewilligen mit militärischen Mitteln wirksam zu verfolgen.

Ab Frühjahr 1719 begannen die meisten der noch verbliebenen Piraten, die Karibik zu verlassen. Viele von ihnen segelten mit Kurs auf die westafrikanische Küste, um im Golf von Guinea Sklavenhändlerschiffe zu überfallen. Von den Kapverdischen Inseln erhielt der portugiesische König Johann V. im Juni 1719 die Nachricht, dass viele Matrosen nach den Überfällen zu den Seeräubern überliefen, um den harschen Bedingungen auf den Sklavenschiffen zu entkommen und stattdessen als Piraten zu leben.[79] Einige von ihnen fuhren bis vor die brasilianische Küste, um dort der portugiesischen Schatzflotte aufzulauern. Im September 1719 gelang es dem Piraten Bartholomew Roberts durch einen Überraschungsangriff

---

74 Woodes Rogers: *A Crusing Voyage Round the World: First to the South Seas, Thence to the East-Indies, and Homewards by the Cape of Good Hope*, London 1712, S. 419.
75 Siehe hierzu auch Charles Grey: *Pirates of the Eastern Seas (1618-1723). A Lurid Page of History*, London 1933.
76 Verhörprotokoll von John Vickers, Juni 1716, TNA London, CO 23/12 fol. 105r, zit. n. Bialuschewski: Newfoundland (Anm. 10), S. 184, Anm. 52.
77 Siehe Bericht von Willem de Bij an den Vorstand der niederländischen Westindienkompagnie, 10.07.1717, in: NA Den Haag, Tweede West Indische Compagnie 206, fol. 404r-414r.
78 Siehe Bialuschewski: Newfoundland (Anm. 10), S. 176.
79 Unbekannt an João V., Cabo Verde, 20. Juni 1719, in: Arquivo Histórico Ultramarino (=AHU) Lisboa, Conselho Ultramarino, Cabo Verde, Caixa 9, Doc. 98.

zwei mit Gold beladene Schiffe der Flotte zu kapern.[80] Verstärkte Küstenschutzmaßnahmen der Portugiesen sorgten jedoch dafür, dass sich solche Überfälle in den folgenden Jahren nicht wiederholen sollten.[81]

Mehrere Piratenschiffe fanden ihren Weg auch in den Indischen Ozean, unter ihnen die von Edward England befehligte „Fancy", so benannt nach dem Namen des Schiffes von Henry Every, in der Hoffnung, dessen erfolgreiche Beutezüge wiederholen zu können. Nördlich von Madagaskar vor Johanna Island glückte den Piraten die Aufbringung des englischen Ostindienfahrers „Cassandra". Zum ersten Mal soll dabei die später berüchtigte schwarze Piratenfahne, der „Jolly Roger", im Indischen Ozean zu sehen gewesen sein. Doch es misslang den Räubern, die Beute zu verkaufen. Mittellos blieb England auf Madagaskar zurück, wo sich seine Spuren verloren. Mehr Glück hatte der ebenfalls am Überfall der „Cassandra" beteiligte George Taylor, dem im April 1721 zusammen mit Olivier La Buze die portugiesische Karacke „Nossa Senhora do Cabo" in die Hände fiel, als sie, von einem Sturm schwer beschädigt, seeuntüchtig im Hafen von Bourbon lag.[82] An Bord befanden sich Dom Luis Carlos Ignacio Xavier de Menes, der portugiesische Vizekönig von Goa, sowie eine größere Ladung Diamanten, die meisten davon im Besitz des Vizekönigs. Angesichts der reichen Beute, die geschätzte 500.000 Pfund Sterling betrug, begnügten sich Taylor und die anderen Piraten mit einer relativ geringen Lösegeldsumme, die der französische Gouverneur von Bourbon bereit war, zur Freilassung von Dom Luis zu bezahlen. Zwei Jahre später tauchte Taylor mit 140 Piraten vor Jamaika auf, um mit dem englischen Gouverneur über ihre Begnadigungen zu verhandeln. Ohne Erfolg segelten sie wieder davon, vermutlich in Richtung Neuspanien.[83]

Im Frühsommer 1722 machte Commodore Thomas Matthews, der mit einer kleinen Schwadron in den Indischen Ozean geschickt worden war, um die Piraten der *Runde* zu jagen, mit seinen Kriegsschiffen noch einmal Station auf Saint Marie bei Madagaskar. Jedoch hatten die von ihm gesuchten Piraten George Taylor und Olivier La Buze die Insel längst verlassen. Stattdessen stießen sie im Landesinnern auf John Plantain, der damit prahlte, unter dem Seeräuber Edward England gesegelt zu sein. Als „King of Ranter Bay" lud er Matthews auf seine Festung, um mit ihm Gold und Diamanten, die vom Schiff des portugiesischen Vizekönigs von Goa stammten, gegen Kleidung, Schuhe und Wein zu tauschen. Matthews, der laut seinem Offizier Clement Downing mehr am eigenen Profit als an Piratenjagd interessiert gewesen sei, habe bei diesem Tauschgeschäft den Piraten Plantain

---

80 Conde de Vimieiro, D. Sancho de Faro e Sousa [governador-general do Brasil] an João V, Bahia, 15. September 1719, in: AHU Lisboa, Conselho Ultramarino, Bahia, Caixa 12, Doc. 1049.
81 Siehe auch Bialuschewski: Newfoundland (Anm. 10), S. 177.
82 Siehe zu den Hintergründen den Bericht in: José Barbosa: *Epitome da vida do illustris e excelentis senhor D. Luiz Ignacio Xavier de Menezes, Primeiro Marquez do Louriçal, Quinto Conde da Ericeira, do Conselho de Sua Magestade, Duas vezes Viso-Rey, e Capitaõ General do Estado da India*, Lissabon 1743, S. 53-60. Siehe auch Jan Parmentier: *From Macau to Rio: The Flemish-Portuguese Relations in the East Indies and Brazil, 1715-1745*, in: HANDELINGEN VAN HET GENOOTSCHAP VOOR GESCHIEDENIS 132 (1995), S. 373-400, 389-393.
83 Siehe Bialuschewski: Newfoundland (Anm. 10), S. 177.

selbst betrogen. Dieser verließ später Madagaskar, weil es ihm dort nicht mehr sicher schien, um sich in die Dienste Kanoji Angrias zu begeben.[84] Der Anführer der entlang der Malabarküste siedelnden Inder wurde sowohl von den Europäern als auch von den Mogul als Erzpirat bezeichnet. Zu vermuten ist, dass Plantain nicht der einzige *Roundsman* war, der sich den indischen Küstenbewohnern anschloss. Aus englischer Sicht schienen sich so internationale Piraterie und lokale Piraterie miteinander zu verbinden. Doch ging von diesen *Übertritten* keine eigentliche Gefahr mehr aus, vielmehr markierten sie den allmählichen Auflösungsprozess der *Piratenrunde*.

Wer nicht zu Angrias überlief oder im Dickicht von Madagaskar verschwand, hatte die Möglichkeit, sich den Engländern oder Franzosen zu ergeben. Als der französische Gouverneur von Bourbon, Antoine-Marie Desforges-Boucher, den noch verbliebenen Madagaskarpiraten Straffreiheit garantierte, nahmen einige von ihnen das Amnestieangebot an. 1723 erreichten elf Amnestierte Frankreich.[85] Olivier le Vasseur, genannt der „Bussard", lehnte dagegen das Angebot ab und tauchte mit seiner Beute auf den Seychellen unter. Die meisten derjenigen, die im Arabischen Meer verblieben, verlegten ihr Handwerk vom Seeraub auf Schmuggel.[86] Schleichhändler lebten zwar nicht weniger illegal, jedoch wesentlich ungefährlicher, da sie meist statt offener Gewalt gewaltloses Handeln im Heimlichen bevorzugten und so auf der Schattenseite offizieller Wirtschaftsbeziehungen stillschweigend toleriert wurden. Jedenfalls ist festzuhalten, dass die große Zeit der *Piratenrunde* endgültig vorbei war. Am Strand von Saint Marie fanden Matthews Soldaten neben einigen Schiffwracks größere Haufen von Säcken, die mit Pfeffer, Nelken und Zimt gefüllt waren und von den Piraten dort zurückgelassen wurden, weil sie diese Waren nirgendwo mehr gewinnbringend und gefahrlos absetzen konnten.[87] Die Mehrheit der *Roundsmen* zog sich in den spanischen Teil Westindiens zurück, während in der englischen Karibik die Hochblüte der Piraterie im Verlauf der 1720er Jahre mit spektakulären Piratenprozessen endete. Im Unterschied zur ersten Phase der *Runde* war es in ihrer zweiten Phase, die weniger eine Suche nach neuen Jagdgründen als eher eine Fluchtbewegung vor den Antipiateriemaßnahmen der westindischen Kolonialbehörden darstellte, nicht mehr zu den für das Überleben der Piraterie im Indischen Ozean notwendigen ökonomischen Netzwerkverbindungen gekommen.

---

84 Siehe Clement Downing: *A Compendious History of the Indian Wars; with An Account of the Rise, Progress, Strength, and Forces of Angria the Pyrate* [...], London 1737.
85 Siehe Albert Lougnon: *L'ile Bourbon pendant la Régence*, Nérac 1956, S. 159-180; und Philippe Haudrère: *La Compagnie française des Inde au XVIII$^e$ siècle*, Paris ²2005, S. 487-488.
86 So auch Réne J. Barendse: *The Arabian Seas. The Indian Ocean World of the Seventeenth Century*, Armonk, NY 2002, S. 460-486.
87 Downing: Indian Wars (Anm. 84), S. 46.

## VI. Der Indische Ozean als transnationaler Völkerrechtsraum

Welches Licht wirft nun die *Piratenrunde* auf die internationalen Beziehungen rechtlicher und politischer Art im Indischen Ozean dieser Zeit? Lange vor der Ankunft der Portugiesen im 16. Jahrhundert hatte es im Raum zwischen China und Ostafrika ein dichtes Geflecht aus kaufmännischen und diplomatischen Beziehungsnetzen gegeben.[88] Erst die Portugiesen, dann andere nachfolgende Europäer wie Holländer, Engländer oder Franzosen waren darauf angewiesen, sich in diese Netze einzuklinken. Ihnen kam dabei zugute, dass viele lokale Potentaten, um einen ungehinderten Fernhandel zu ermöglichen, über fremde Kaufleute keinen Rechtsanspruch erhoben, sondern die Jurisdiktion deren Selbstverwaltung überließen.[89] Ferner profitierten die Europäer von dem im Indischen Ozean weithin vorherrschenden Grundsatz, dass der maritime Raum von Seefahrern aller Länder gleichberechtigt genutzt werden dürfe.[90] Eigene Jurisdiktionsansprüche erhoben die Europäer nur für ihre jeweiligen Seehandelsrouten, die ihre Handelsniederlassungen wie maritime Korridore miteinander verbanden.[91] Wurde den Europäern die Möglichkeit einer eigenen territorialen Rechtsprechung zugestanden, dann nur für den eng umgrenzten Raum ihrer jeweiligen Niederlassung, um sie so in die Verantwortung für die öffentliche Ordnung einzubinden.[92] Wenn die Moguln darauf beharrten, die Europäer hätten dafür Sorge zu tragen, den seit der *Piratenrunde* seeräuberversüchten Indischen Ozean zu pazifizieren, dann ging es zugleich auch darum, die Kontrollansprüche der Europäer auf die Sicherung der ozeanischen Passagen zu beschränken.[93]

Während sich in Europa zeitgleich eine internationale Ordnung zu etablieren schien, die in der geschichtswissenschaftlichen wie rechtshistorischen Forschung als „Westfälisches System" bezeichnet wird,[94] entfaltete sich während der *Pira-*

---

88 Siehe Roderich Ptak: *Die maritime Seidenstraße. Küstenräume, Seefahrt und Handel in vorkolonialer Zeit*, München 2007; speziell zu den islamischen Handelsverflechtungen zwischen Afrika und Indonesien siehe Ulrike Freitag: *Islamische Netzwerke im Indischen Ozean*, in: Dietmar Rothermund/Susanne Weigelin-Schwiedrzik (Hg.): Der Indische Ozean. Das afroasiatische Mittelmeer als Kultur- und Wirtschaftsraum, Wien 2004, S. 61-81. Zum anhaltenden muslimischen Einfluss in der „Indian Ocean World" auch nach dem Vordringen der Europäer siehe Gwyn Campbell: *Islam in Indian Ocean Africa Prior to the Scramble*, in: Edward Simpson/Kai Kresse (Hg.): Struggling with History. Islam and Cosmopolitanism in the Western Indian Ocean, New York 2008, S. 43-92.
89 Siehe Geneviève Bouehon: *‚Regent of the Sea'. Cannanove's Response to Potugese Expansion, 1507-1528*, Oxford/New York 1988.
90 Siehe Craig A. Lockard: *‚The Sea Common to All': Maritime Frontiers, Port Cities, and Chinese Traders in the Southeast Asian Age of Commerce, ca. 1400-1750*, in: JOURNAL OF WORLD HISTORY 21/2 (2010), S. 219-247.
91 Siehe Lauren Benton: *A Search for Sovereignty. Law and Geography in European Empires, 1400-1900*, Cambridge 2010.
92 Siehe hierzu Beispiele aus der ständig wachsenden „Port Cities"-Forschung in Haneda Masashi (Hg.): *Asian Port Cities 1600-1800*, Singapur 2009.
93 Siehe Benton: Sovereignty (Anm. 91), S. 143-144.
94 Siehe Duchhardt: „Westphalian System" (Anm. 4) sowie Lesaffer: The Grotian Tradition (Anm. 4).

*tenrunde* von Ostafrika bis Indonesien ein in vielerlei Hinsicht anderes System national übergreifender Relationen. *Inter*nationale Beziehungen mit rechtlicher und politischer Relevanz vollzogen sich dort ebenso unterhalb des Verkehrs zwischen rechtlich-politischen Zentralgewalten, weshalb man hier auch von einem *trans*nationalen Völkerrechtsraum sprechen könnte.[95] Fünf zentrale Kennzeichen lassen sich hierfür festmachen. Zunächst ist *erstens* zu konstatieren, dass die Ausübung politischer Macht im Raum des Indischen Ozeans kein Monopol souveräner Herrschaftsinstitutionen blieb. Politische Souveränitätsmerkmale trugen stattdessen eine Vielzahl an unterschiedlichen Akteuren. Beispielsweise waren die größeren Imperien wie das Osmanische Reich, Persien oder das Mogulreich uneingeschränkt souverän.[96] Hinzu kamen die hoheitlichen Enklaven der Europäer, etwa Bombay oder Goa, und die politisch weitgehend eigenständigen, wie Völkerrechtsubjekte agierenden Handelsgesellschaften wie die VOC, die EIC, die Compagnie des Indes Orientales oder die Dansk Ostindisk Kompagni. Zum verlängerten Arm solcher Souveränitäten gehörten ferner die obrigkeitlich autorisierten Kaperfahrer und Piratenjäger, die ebenso wie reguläre Marineeinheiten die Vollstreckung kriegsrechtlicher Vollmachten für sich beanspruchen konnten. Ganz zu schweigen von den *Roundsmen* selbst, die zwar eher dubiose, aber dennoch vorgeblich gültige Kaperpatente amerikanischer oder westindischer Gouverneure mit sich führten. Hierzu gesellten sich die ebenfalls souveräne Herrschaftsrechte für sich beanspruchenden Marathen und Angrias. Zu nennen wären schließlich die lokalen Mogulstatthalter, die – als eine Art intermediäre Gewalten – teilweise autonom von der zentralen Moguladministration handelten, etwa wenn es wie in Surat darum ging, die lokalen Händler in ihren Piratebeschuldigungen gegen die Europäer zu unterstützen. Auf diese Weise bildete der Indische Ozean ein Gebiet, in dem sich verschiedenste politische und rechtliche Ansprüche begegneten. Nicht immer kam es dabei zu einem Konflikt. So waren etwa die Niederländer gerne dazu bereit, den Souveränitätsanspruch des Mogulreiches für die indischen Küstengewässer zu akzeptieren, wenn es darum ging, sich selbst von der Pflicht der Piraterieverfolgung zu entbinden. In jedem Fall aber erzeugte dieser Zustand politisch souveräner Fragmentierung eine Permanenz rechtlicher Ambiguitäten,[97]

---

95 Meine Begriffsprägung „transnationaler Völkerrechtsraum" versteht sich dabei zugleich als ein Beitrag zur Diskussion um den Terminus des „Transnationalen" innerhalb der aktuellen Forschungsdebatten zur Globalgeschichte. Zur gegenwärtigen Debatte siehe vor allem Christopher Alan Bayly: *The Birth of the Modern World, 1780-1914. Global Connections and Comparisons*, Oxford 2004; Jürgen Osterhammel: *„Weltgeschichte": Ein Propädeutikum*, in: GESCHICHTE IN WISSENSCHAFT UND UNTERRICHT 56 (2005), S. 452-479; Sebastian Conrad/Andreas Eckert: *Globalgeschichte, multiple Modernen: Zur Geschichtsschreibung der modernen Welt*, in: Sebastian Conrad/Andreas Eckert/Ulrike Freitag (Hg.): Globalgeschichte. Theorien, Ansätze, Themen, Frankfurt a.M./New York 2007, S. 7-24.

96 Zum Osmanischen Reich siehe Giancarlo Casale: *The Ottoman 'Discovery' of the Indian Ocean in the Sixteenth Century*, in: Jerry H. Bentley/Renate Bridenthal/Kären Wigen (Hg.): Seascapes. Maritime Histories, Littoral Cultures and Transoceanic Exchanges, Honolulu 2007, S. 87-104.

97 So auch Lauren Benton: *Legal Spaces of Empire: Piracy and the Origins of Ocean Regionalism*, in: COMPARATIVE STUDIES IN SOCIETY AND HISTORY 47/1 (2005), S. 700-724, 714.

die allein schon darin zum Ausdruck kam, dass sowohl Seeräuber wie Händler, Kaperfahrer wie Ostindienfahrer, Piraten wie Piratenjäger fast immer eine Vielzahl an Flaggen und Schiffspässen, Kaper- oder Piratenjagdvollmachten mit sich führten.

*Zweitens* lässt sich anführen, dass es keine klare Trennung zwischen innen- und außenpolitischen Souveränitäten gab. Das beste Beispiel hierfür ist die auf Druck des Mogulimperiums erfolgte Piraterisbekämpfung durch Franzosen, Engländer und Niederländer. Indem Awrangzeb den Einsatz der Europäer als Vasallendienst verstand, waren deren Konvoy- und Bekämpfungsmaßnahmen in seinen Augen nichts anderes als Exekutionen seiner Innenpolitik. Sobald man allerdings seitens der Europäer – vor allem aus englischer Perspektive – dazu überging, den Antipiraterisekampf nicht mehr nur als Erfüllung seepolizeilicher Pflichten im Auftrag des Moguls zu begreifen, sondern ebenso als Realisierung eigener Jurisdiktionsansprüche im Dienst universaler Piraterisbekämpfung, ließ sich dieser Kampf zugleich auch als Wahrnehmung nationaler außenpolitischer Interessen verstehen. Als *drittes* Kennzeichen kann als Teilbereich des transnationalen Beziehungsgeflechts im Indischen Ozean unterstrichen werden, dass zwischen den europäischen Mächten ein Verhältnis der Kooperation und Konkurrenz herrschte. Mit der offenen Kooperation gegen die Piraten korrespondierte eine heimliche. Die Piratengefahr und der Druck des Großmoguls schweißten die französischen, englischen und niederländischen Ostindienmächte zusammen. Aber die gemeinsame Konvoy- und Polizeipolitik bildete ein zerbrechliches Miteinander, solange sich alle Seiten zugleich immer auch wechselseitig vorwarfen, mit den Piraten verdeckt zusammenzuarbeiten. Auch wenn sie allseitig bemüht waren, trotz der in Europa herrschenden Konflikte (wie etwa dem Neunjährigen Krieg) im Indischen Ozean gemeinsam gegen die *Roundsmen* vorzugehen, blieb die geteilte Seehoheit der *drei Großen* ein Zweckbündnis in einer Atmosphäre der Konkurrenz und des Misstrauens. *Innereuropäische* Politik wurde insofern nicht nur in Osnabrück, Münster, Rijswijk oder Utrecht gemacht, sondern auch an den Gestaden des Indischen Ozeans.

Dass dabei auf Seiten der Akteure jeweils einer Nation keineswegs immer nur eine einheitliche nationale Politik verfolgt wurde, wäre ein *viertes* Merkmal politischer und rechtlicher Beziehungsgeflechte in Ostindien. Bezeichnend sind hierbei vor allem die innerenglischen Spannungen zwischen der politischen Führung in London und der ebenfalls als politische Kraft weitgehend autonom agierenden Ostindiengesellschaft. Die Spannungen schlugen sich nicht nur darin nieder, dass Parlament und Krone ihr Souveränitätsrecht der Admiralitätsjurisdiktion nicht der EIC übertragen wollten. Umgekehrt musste sich die Royal Navy von der Company oft eine herablassende Behandlung gefallen lassen. Ja, es konnte sogar dazu kommen, dass englische Ostindienfahrer versuchten, Kapitäne der englischen Marine zu bedrohen. Nur dem Eingreifen der Niederländer, die damit ihren Hoheitsanspruch für die Hafen- und Küstengewässer am Kap der Guten Hoffnung wahrnahmen, war es beispielsweise zu verdanken, dass Matthew Lowth, Kapitän des EIC-Dreimasters „Loyal Merchant", im Dezember 1699 nicht die „Vine" von Thomas Warren, der sich als Piratenjäger der Royal Navy auf dem Rückweg von

Madagaskar befand, in Beschlag nahm.[98] Die Konflikte blieben unterschwellig virulent. Nachdem der königliche Marinekommandant Thomas Matthews im Herbst 1721 mit seinem Piratenjagdgeschwader beim Eintreffen in Bombay die EIC dazu gezwungen hatte, ihm den Flaggengruß und Salutschüsse zu erweisen, beschwerte sich der Rat der Handelsgesellschaft in London über dieses Vorgehen, weil es in ihren Augen den eigenen Status als souveräne Statthalter gegenüber der indischen Moguladministration schwächen würde.[99]

Schließlich ist als *fünftes* elementares Kennzeichen nationenübergreifender Beziehungen im Indischen Ozean auch die Pirateriepolitik selbst zu nennen. Und dies in zweierlei Hinsicht: Zum einen diente der Vorwurf der Piraterie entweder dazu, den Konkurrenten im Ostindienhandel politisch und rechtlich zu diskreditieren, oder wie im Fall der Marathen und Angrias den bewaffneten Kampf aufstrebender Mächte zu delegitimieren. Zum anderen lieferte die Pirateriebekämpfung ein entscheidendes Argument für die Formulierung eigener Rechtsprechungsansprüche. Als das Mogulreich allmählich zerbrach, fiel auch die nominelle Unterstellung der europäischen Verbände unter dessen zentraler Autorität weg. Für den Übergang von der faktischen zur rechtlichen Seeherrschaft im Indischen Ozean übernahm das Prinzip des universalen Piratenstrafrechts eine grundlegende Funktion. Es ebnete der englischen Admiralität den Weg zum Ausbau eigener maritimer Machtansprüche, indem es diese Ansprüche zugleich verdeckte. Auch wenn sich die Piratenverfolger der Royal Navy aus dem Arabischen Meer wieder zurückzogen, so blieb doch die Erfahrung navaler Überlegenheit. Bei der allmählichen Aneignung staatssouveräner Rechte auf dem indischen Subkontinent durch die EIC spielte diese Überlegenheit, vor allem in Form drohender Seeblockaden indischer Häfen, eine entscheidende Rolle. „If no Naval Force no Trade, if no Fear no Friendship", so ein späterer Gouverneur von Bombay.[100]

Im Unterschied zum „Westfälischen System" internationaler Beziehungen, das vor allem durch den Vorrang staatlicher Subjekte als Träger einer Ordnung solcher Beziehungen gekennzeichnet wurde, spielten semi- oder nichtstaatliche Subjekte in dem durch die Aktivitäten der *Roundsmen* charakterisierten System eine mindestens ebenso große Rolle. Dabei wäre es zu kurz gegriffen, würde man die durch die *Piratenrunde* geprägten Verhältnisse auf ein reines Übergangsphänomen von Staatsbildungsprozessen, begleitet durch Krieg und Seeraub, reduzieren. Vielmehr scheint eher das Gegenteil der Fall zu sein. Denn nicht zuletzt durch den Einfall der karibischen und europäischen Seeräuber hatten die außerstaatlichen Akteure in Ostindien um 1700 gegenüber dem frühen 17. Jahrhundert erheblich zugenommen.[101] Damit wurde – völkerrechtlich gesehen – eine schwer überschaubare Situation geteilter und zersplitterter Souveränitäten geschaffen. Eine Situation, die vor allem die Europäer zu nutzen wussten, indem sie, legiti-

---

98 Zu diesem Vorfall siehe Bialuschewski: Piratenleben (Anm. 11), S. 154-155.
99 Siehe Kirti Narayan Chaudhuri: *The Trading World of Asia and the English East India Company 1660-1760*, Cambridge 1978, S. 109.
100 Abstract of Letters Received from Bombay, 20 December 1718, vol. 449, para. 30, S. 322; zitiert nach Chaudhuri: Trading World (Anm. 99), S. 113.
101 Siehe Barendse: Arabian Seas (Anm. 86), Kap. 10, S. 460-486.

miert durch das vor allem auf Grotius zurückgehende Konzept „teilbarer Souveränitäten",[102] im Verlauf des 18. und frühen 19. Jahrhunderts die Hoheitsrechte und politischen Gewaltmonopole indigener Mächte in Indien und Asien unterminierten und sich auf diese Weise selbst schleichend und sukzessive als souveräne Mächte zu etablieren begannen. Auf lange Sicht betrachtet hatten die Seeräuber der *Runde* damit entscheidend zur Vorbereitung jener Prozesse beigetragen, die zur Unterwanderung politischer und rechtlicher Selbstständigkeiten im außereuropäischen Raum führten.

## VII. Globalisierungseffekte der *Piratenrunde*

Wer auf der einen Seite der Erde etwas erreichen will, muss damit auf einer anderen Seite der Erdkugel anfangen. Nach diesem Grundsatz globaler Politik zu verfahren, sah sich das englische Empire durch die Raubfahrer der *Piratenrunde* veranlasst. Schon früh hatte man auf der britischen Insel erkannt, dass die meisten Piratenschiffe im Indischen Ozean „from our plantations in the West Indies"[103] stammten. Zur nahezu weltweiten Gefahr geworden, drängte die ozeanübergreifende Piraterie die Regierung in London dazu, die Bezwingung der Geißel des Ostindienhandels ebenso global zu organisieren. So setzte die eigentliche Ursachenbekämpfung nicht vor Ort im Indischen Ozean, sondern in Nordamerika und in Westindien an.[104] Auf die ins Arabische Meer geschickten Piratenjäger und Marineverbände allein wollte man sich nicht verlassen. Um den Piraten auf Madagaskar und am Horn von Afrika das Handwerk zu legen, wurden in Boston, New York und auf den Bahamas korrupte, mit Piraten kooperierende Gouverneure entlassen. Ferner wurden seit Sommer 1698 alle größeren Häfen an der nordamerikanischen Küste und auf den englischen Antillen überwacht. Von dort aus gelangten aufgrund der strikten Hafenkontrolle nur noch wenige Schiffe nach Madagaskar. Der neue Gouverneur von New York, Richard Coote, der Earl of Bellomont, begann nunmehr entschlossen, die illegalen Verbindungen nach Ostindien zu kappen.[105] Schon bald litten die Piraten im Indischen Ozean an massiven Nachschubproblemen.

Zugleich wurde das englische Piratenstrafrecht verschärft. Als direkte Auswirkung von Kidds Raubzügen im Indischen Ozean und ihren internationalen po-

---

102 Siehe Edward Keene: *Beyond the Anarchical Society. Grotius, Colonialism and Order in World Politics*, Cambridge 2002.
103 Blackborne: Lords Commission (Anm. 55), fol. 228r; ders.: To their Excell: the Lords Justices of England. The humble Petition of the Govern: and Company of Merchants of London trading into the East Indies, in: ebd., fol. 291r.
104 Insbesondere New York geriet ins Visier der Londoner Regierung, nachdem die EIC sie wiederholt auf die Verstrickungen der New Yorker mit seeräuberischen Aktivitäten hingewiesen hatte. Siehe etwa *Extracts of Letters sent the East India Company from severall parts of India in their Overlandparcel. From Bombay 28th April 1697*, in: ebd. (Anm. 55), fol. 323v-325r, fol. 325r.
105 Siehe P. Bradley Nutting: *The Madagascar Connection: Parliament and Piracy, 1690-1701*, in: THE AMERICAN JOURNAL OF LEGAL HISTORY 22 (1978), S. 202-215.

litischen Folgen wurde im April 1700 das neue Piratengesetz „Act for the more effectual suppression of Piracy" (11 & 12 William III, c. 7) erlassen.[106] Damit war es nicht mehr notwendig, dass außerhalb Europas gefasste Piraten zu ihrer Verurteilung nach London gebracht werden mussten, stattdessen konnte ihnen gleich vor Ort in den Kolonien an den Vizeadmiralitätsgerichten der Prozess gemacht werden.[107] Für London bedeutete dies eine effizientere Strafverfolgung der Piraten, da die für ihre Verurteilung jeweils notwendigen zwei Zeugen[108] in den Kolonien leichter aufzutreiben waren als auf der britischen Insel. Der Abtrennung von den westindischen Märkten war es letztlich zu verdanken, dass die Piraten am Ende der zweiten Phase der *Runde* wertvolle indische Gewürze säckeweise an den Stränden vor Ostafrika zurücklassen mussten. Von London aus betrachtet, waren West- und Ostindien während der *Piratenrunde* ein ganzes Stück näher zusammen gerückt.

Wenngleich Seeräuberei bis heute ein Menetekel der internationalen See- und Schifffahrt geblieben ist, ja in manchen Gebieten sogar noch in bedrohlichem Maße zuzunehmen scheint – etwa ausgerechnet wieder am Horn von Afrika –, so verschwand mit der Auflösung der *Piratenrunde* die Ära der Piraterie als ein fast weltweit verbundenes Phänomen, als eine Ozean umspannende Verflechtung mit dem Piraten als *Global Player*. Die *Roundsmen* organisierten in Ansätzen international verwobene Wirtschaftszusammenhänge und beteiligten sich so auf deren Schattenseite am weltweiten Handel, ja bauten diesen vermutlich sogar noch weiter aus. Im Indischen Ozean fanden sie einen Standort mit politisch und rechtlich günstigen Rahmenbedingungen. Einen Standort, der ihnen einen kostengünstigen Zugriff auf Handelsgüter und Sklaven sicherte. Der Schwarzhandel an der amerikanischen Ostküste bildete einen lukrativen Absatzmarkt, und die Verbindung „Madagaskar – New York" sorgte für Ressourcennachschub und gewährleistete einen transozeanischen Informationstransfer. Allerdings blieben die piratischen

---

106 Siehe Nutting: Madagascar Connection (Anm. 105), S. 209. Am 10. April 1700 schrieb Kommandant Robert Quary aus Philadelphia an die Zollbehörden von Pennsylvania mit Bezug auf die Verhaftung Kidds und seiner Mannschaft durch den Gouverneur von New York: „In the mean time the Governor resolves to keep them close prisoners, which will be of great consequence in this respect, for this being the time that we expect the pirates from Madegazer [Madagaskar] especially two ships that belong to New York, there are now sloops waiting on purpose for their coming, to unload their goods and convey away the pirates and their effects. I do wish that there were a small vessel of force here." In: Historical Manuscripts Commission (Hg.): *The Manuscripts of the House of Lords*, Bd. 4 (New Series): 1699-1702, London 1965, S. 345-346, 346.

107 Einer der ersten Piratenprozesse in den englischen Kolonien Nordamerikas fand im Frühjahr 1700 in Virginia statt. Angeklagt waren Besatzungsmitglieder des französischen Schiffes „La Paix". Die Originale der Prozessdokumente wurden weiterhin nach London geschickt. Siehe das umfangreiche Konvolut zu verschiedenen Piratenprozessen zu Beginn des 18. Jahrhunderts in TNA London, CO Virginia, Vol. 1411. Sorgfältig angefertigte Transkripte verblieben jedoch vor Ort und befinden sich heute in der Library of Congress von Washington, so auch der eben genannte Dokumentenband mit der älteren Signatur LOC Washington, Public Record Office: Colonial Office, Virginia, Vol. 1411.

108 [Anonymus]: *The Procedure for the Trial of a Pirate*, in: THE AMERICAN JOURNAL OF LEGAL HISTORY 1/3, 1957, S. 251-256.

Akteure der *Runde* einseitig abhängig von einer intakten Verbindung nach Nordamerika und Westindien, ebenso waren diejenigen, die länger im Indischen Ozean verweilten, abhängig vom Preisdiktat ihrer Verbindungspersonen auf Madagaskar – die Umgehung offizieller Monopole führte nur zu einem weiteren Monopol, diesmal im Zeichen der Illegalität. Einzel- und Gemeininteressen blieben lediglich kurzfristig ausgerichtet; langfristige Investitionen, etwa in Schiffe und Munition, waren ebenso ungewiss wie ein längeres Engagement auf den Raubfahrzeugen. Rasche Beute und schneller Ausstieg – Motiv und Verhalten der meisten *Roundsmen* eigneten sich kaum, um einen intakten Zusammenhalt über einen längeren Zeitraum garantieren zu können. Es gelang der *Piratenrunde* deshalb nicht, stabile Netzwerkstrukturen aufzubauen. Will man die *Roundsmen* daher als *Globalisierungsverlierer* bezeichnen, dann nur als solche, die ihren Verliererstatus zum Teil selbst mitverschuldet hatten.

# IST DER MILITÄRISCHE KAMPF GEGEN PIRATEN ETHISCH LEGITIMIERT?

VOLKER STÜMKE

Im Unterschied zu den vorrangig historisch ausgerichteten Beiträgen wird in diesem Beitrag ausschließlich die gegenwärtige Piraterie und die von ihr ausgehende Bedrohung thematisiert. Dass es sich um eine Bedrohung handelt, kann man angesichts des militärischen Kampfes vermuten; verstärkt wird diese Annahme durch die aktuellen Berichte sowohl von Kaperungen und Geiselnahmen wie von militärischen Einsätzen vor allem vor Somalia. Aber wie gravierend diese Bedrohung ist und worin genau das Bedrohliche liegt, muss noch ermittelt werden. Es werden also Gewichtungen und Bewertungen erforderlich sein – und damit ist Ethik als Wissenschaft von der Moral im Spiel. Denn bei der Moral geht es um das gute oder das richtige oder das gelungene Leben und Handeln von Menschen, und *gut* wiederum ist ein Wertwort, also ein Begriff, der einen Sachverhalt nicht beschreibt, sondern bewertet.[1]

Moralisch legitim ist jede gute Tat – das ist selbstverständlich und unstrittig. Das Nachdenken über die Bewertung von Handlungen setzt ein, wenn Konflikte oder Dilemmata drohen, wenn also unklar ist, ob eine Handlung gut ist: Soll ich beispielsweise meinem Kind kurz vor der Abschlussprüfung sagen, dass die geliebte Großmutter im Sterben liegt? Um in diesem Konflikt eine Wertung und damit eine Handlungsempfehlung auszusprechen, benötige ich außer dem Wissen um die näheren Umstände einen moralischen Maßstab und ein ethisches Urteilsverfahren, so dass neben den Fakten auch Überzeugungen, Gesetze, Emotionen, Güter, Handlungsfolgen und Pflichten einbezogen werden. Das gilt individuell wie politisch, wobei unser Thema Piraterie deutlich nicht in der Personalethik, sondern in der Sozialethik zu verorten ist. Im Bereich der Gesellschaft und der Politik ist nicht *gut*, sondern *gerecht* das entscheidende Wertwort. So wird das Recht zu einem zentralen Bezugspunkt, aber es ist nicht identisch mit dem moralischen Maßstab – die Differenzierung zwischen der rechtlichen Legalität und der ethischen Legitimität bringt dies zur Sprache. So kann beispielsweise eine Prämienzahlung an Manager legal sein und dennoch moralisch als illegitim kritisiert werden.

Ich stehe damit vor der Frage, ob der Einsatz des Militärs im Kampf gegen die Piraten als gerecht zu bewerten ist. Nun ist ein militärischer Kampfeinsatz zwar

---

[1] Vgl. dazu grundlegend Richard M. Hare: *Die Sprache der Moral*, Frankfurt/Main 1972. Natürlich gibt es auch pejorative Wertwörter, besonders wichtig sind die Begriffe „schlecht", mit dem eine relative, also auf einen bestimmten Maßstab bezogene und darauf begrenzte Abwertung ausgedrückt wird, und „böse", das eine absolute, Allgemeingültigkeit beanspruchende Verurteilung zur Sprache bringt; vgl. dazu Ingolf U. Dalferth: *Das Böse. Essay über die Denkform des Unbegreiflichen*, Tübingen 2006; Annemarie Pieper: *Gut und Böse*, München 1997.

nicht identisch mit einem Krieg, andererseits gibt es Gemeinsamkeiten, denn es geht um eine staatlich angeordnete und durch das Militär durchgeführte strukturierte Anwendung von Gewalt. Angesichts dieser Übereinstimmung lässt sich auf die traditionelle Lehre vom gerechten Krieg zurückgreifen, weil sie Kriterien samt Urteilsverfahren bereit stellt, an denen wir uns orientieren könnten, wenn nicht das moralische Urteil seit dem 2. Weltkrieg dieser Lehre den Boden entzogen hätte. Denn zumindest für evangelische wie katholische Christen gilt seit der Gründung des Ökumenischen Rats der Kirchen 1948 in Amsterdam: „Kriege sollen nach Gottes Willen nicht sein".[2] Der moralische Maßstab kann für Christen angesichts des biblischen Befunds wie der Katastrophen des 20. Jahrhunderts nur der gerechte Friede und nicht der gerechte Krieg sein.[3] Sowohl das katholische Hirtenwort aus dem Jahre 2000 wie die evangelische Friedensdenkschrift von 2007 sprechen diesem Begriff daher programmatische Bedeutung zu.[4] Weil der gerechte Friede im Bereich der Politik vornehmlich durch Recht verwirklicht wird, und weil das Recht gegebenenfalls auch auf Gewalt zur Durchsetzung seiner Geltung angewiesen ist, kann es immer noch oder immer wieder Situationen geben, in denen selbst militärische Gewalt zum Erhalt oder zur Durchsetzung des Rechts (und damit auch des Friedens) akzeptiert werden muss. Solche militärische Gewaltanwendung sollte nicht mehr gerechter Krieg genannt werden, aber sie ist auch nicht in jedem Fall böse oder schlecht, also kein *malum intrinsece*, sondern könnte das geringere Übel darstellen und somit – gleichsam auf Umwegen – ethisch legitimiert werden.

Der militärische Kampf gegen Piraten wäre demzufolge zwar legitim, sofern er das geringere Übel darstellte. Aber das besagt nicht, dass er auch gerecht ist – er bleibt ein Übel, eben nur das geringere. Genau dies soll mithilfe der „klassischen" Kriterien eruiert und damit nicht völlig in das subjektive Belieben gestellt und dem Machtspruch von Politikern, Offizieren oder Unternehmern überlassen werden. Neben dem Merkmal des geringeren Übels lassen sich – im Rückgriff auf die alte Lehre, aber mit verändertem Vorzeichen – weitere Kriterien etablieren, die bei der Urteilsfindung hilfreich sind. Die klassischen Prüfinstanzen lauten:

2 *Bericht der Vierten Sektion der Gründungs-Vollversammlung des Ökumenischen Rates der Kirchen in Amsterdam 1948*, in: Kirche und Frieden. Evangelische Kirche in Deutschland, Texte 3, Hannover 1982, S. 155-162, 156. Für die katholische Tradition vgl. das Hirtenwort der deutschen Bischöfe „Gerechter Friede" von 2000, Abs. 1: „Mit der notwendigen Überwindung der Institution des Krieges kommt auch die Lehre vom gerechten Krieg, durch welche die Kirchen den Krieg zu humanisieren hofften, an ein Ende". Die Denkschrift des Rates der EKD unter dem Titel „Aus Gottes Frieden leben – für gerechten Frieden sorgen" betont bereits im Vorwort (S. 8) den „durchgängigen Bezug auf den Leitgedanken des gerechten Friedens".

3 Vgl. sehr pointiert Oliver Hidalgo: *Der „gerechte" Krieg – ein moralphilosophischer Holzweg*, in: Christian Starck (Hg.): Kann es heute noch „gerechte Kriege" geben?, Göttingen 2008, S. 67-108. Einen guten Gesamtüberblick bieten Jean-Daniel Strub/Stefan Grotefeld (Hg.): *Der gerechte Friede zwischen Pazifismus und gerechtem Krieg. Paradigmen der Friedensethik im Diskurs*, Stuttgart 2007.

4 Vgl. dazu Volker Stümke: *Auslandseinsätze und die Sorge für gerechten Frieden. Ein Blick in die aktuelle Friedensdenkschrift der Evangelischen Kirche in Deutschland*, in: Sabine Jaberg (Hg.): Auslandseinsätze der Bundeswehr, Berlin 2009, S. 277-293 – dort weitere Literatur.

- Erlaubnisgrund (*causa iusta*)
- Autorisierung (*legitima potestas*)
- Richtige Absicht (*recta intentio*)
- Äußerstes Mittel (*ultima ratio*)
- Verhältnismäßigkeit der Mittel und der Folgen
- Aussicht auf Erfolg

Im Folgenden werde ich mich auf die vier erstgenannten Kriterien konzentrieren, die Fragen nach den Mitteln, den Folgen und der Erfolgsaussicht lassen sich der Diskussion um die richtige Absicht subsumieren, weil diese Absicht im politischen Kontext nicht auf die Gesinnung der Politiker, sondern auf die Ziele gerichtet sein muss – und diese Ziele lassen sich leicht mit den Folgen und der Erfolgswahrscheinlichkeit verbinden.[5]

Das ethische Urteilsverfahren besteht allerdings nicht darin, die Prüfkriterien anzulegen und dann das Ergebnis abzulesen – so wie man mathematische Formeln bei Berechnungen anwendet. Vielmehr gehört es zu den Einsichten der aktuellen Ethikdebatten, dass politische Konstellationen schon aufgrund der Einmaligkeit historischer Ereignisse nicht einfach ethischen Grundsätzen subsumiert werden können. Es muss im Gegenteil jeweils neu ein Ausgleich zwischen den theoretischen Erwägungen und den konkreten Erfordernissen hergestellt werden. Um es an einem Beispiel zu veranschaulichen: Für Martin Luther galt, dass nur die Landesverteidigung nach erfolgtem Angriff (von außen) der Erlaubnisgrund (*causa iusta*) eines Krieges sein könne. Aber was heißt das heute angesichts weitaus geringerer Vorwarnzeiten und wachsender Mobilität?[6] Nicht nur im Bereich der politischen Ethik, auch in Medizin und Wirtschaft müssen ethische Urteile in einem Verfahren gewonnen werden, das Theorie, genauer unterschiedliche Theorien, und Praxis, näherhin die tangierten Praxisfelder, einbezieht.[7] Man spricht

---

5   Die Reihenfolge der Kriterien ist aus der Denkschrift der EKD (*Aus Gottes Frieden leben – für gerechten Frieden sorgen. Eine Denkschrift des Rates der EKD*, Gütersloh 2007, Abs. 102) übernommen worden. Die katholische Tradition setzt die Autorität (*auctoritas principis*) an erster Stelle. Dafür spricht folgender Gedankengang: Der Einstieg mit dem Erlaubnisgrund könnte die Autorität zu einer rein formalen Größe reduzieren oder sogar völlig aushebeln (vgl. die Äußerung des amerikanischen Verteidigungsministers Rumsfeld zur Legitimität des Irak-Krieges: „the mission forms the coalition"). Aber mehr als ein berechtigter Hinweis auf eine Gefahr ist dieses Argument nicht. Denn erstens droht eine analoge Gefahr auch bei einer Autorität, deren Veto oder Befehl einen Erlaubnisgrund ersetzen könnte (vgl. die Entfaltung bei Johannes von Erfurt: *auctoritas principis aut Papae*). Zweitens muss bei der *causa iusta* zwischen der Norm und der Realität unterschieden werden; die Norm ist bereits vorab formuliert und anerkannt worden (bspw. Verbot des Völkermordes), geprüft werden muss, ob dieser Grund real eingetreten ist bzw. inwiefern die Ereignisse noch als Modifikation dieser *causa iusta* gelten können oder ob sie als eine neue Konstellation einzustufen sind – und diese Prüfung wird von der entsprechenden autoritativen Instanz zu einem Ergebnis geführt.
6   Vgl. dazu Volker Stümke: *Das Friedensverständnis Martin Luthers. Grundlagen und Anwendungsbereiche seiner politischen Ethik*, Stuttgart 2007, S. 371-455.
7   Vgl. dazu Julian Nida-Rümelin: *Theoretische und Angewandte Ethik*, in: ders. (Hg.): Angewandte Ethik. Die Bereichsethiken und ihre theoretische Fundierung, Stuttgart 1996, S. 2-85. Der von ihm bevorzugte Begriff der „Bereichsethiken" scheint sich zwar nicht durchzusetzen. Aber die Themenfülle ist kennzeichnend für diese neue Entwicklung; in diesem Handbuch

daher von Angewandter Ethik und bezeichnet dieses Verfahren beispielsweise als gemischten Syllogismus (Vittorio Hösle) oder als Überlegungsgleichgewicht (Johannes Fischer im Anschluss an John Rawls).[8] In beiden Modellen geht es um einen Ausgleich der unterschiedlichen und divergierenden Konzeptionen. Eine Folge dieser Einsicht ist die Einrichtung von Ethik-Kommissionen, die allein sowohl die notwendigen Fachexpertisen wie die vielschichtigen und divergierenden gesellschaftlichen Interessen repräsentieren können.

Die Arbeit einer Ethik-Kommission kann ich natürlich nicht leisten, daher werde ich mich auf grundlegende Überlegungen konzentrieren. Näherhin wird der nunmehr zu entwickelnde gemischte Syllogismus die genannten „Kriterien einer Ethik rechtserhaltender Gewalt"[9] enthalten und sie dann jeweils mit den konkreten Fakten und Problemkonstellationen ins Gespräch bringen. Mit Blick auf diese Fakten und Problemlagen werde ich mit der gebotenen Zurückhaltung argumentieren, der Schwerpunkt wird auf der Gewichtung der einzelnen Argumente liegen, die ethisch zu begründen sein wird. Dabei werde ich mich auf die Piraterie vor Somalia (Indischer Ozean, Golf von Aden, Rotes Meer) konzentrieren, weil sie gegenwärtig im Fokus der Debatte steht.

## I. Gibt es einen Erlaubnisgrund für einen militärischen Kampf gegen Piraten?

Als gerechten Grund (*causa iusta*) für einen Krieg bezeichnet Thomas von Aquin (1225 - 1274) die Wiederherstellung der Gerechtigkeit, die durch die Unrechtstaten verletzt wurde.[10] Dabei ist für ihn der Krieg eine Strafmaßnahme, die durchaus Züge des Angriffskrieges trägt und über die Restitution hinaus auch abschreckende Wirkung entfaltet. Bereits im „Decretum Gratiani" (etwa 1140) wird (im Rückgriff auf Augustinus) von der *causa iusta* geredet und drei Gründe genannt:

[8] werden vorgestellt: Politische Ethik, Rechtsethik, Wirtschaftsethik, Ökologische Ethik, Tierethik, Genethik, Medizinethik, Technikethik, Wissensethik, Medienethik, Wissenschaftsethik; ferner ethische Erwägungen über das Risiko und über den Wert des Lebens. Nikolaus Knoepffler/Peter Kunzmann/Ingo Pies/Anne Siegetsleitner (Hg.): *Einführung in die Angewandte Ethik*, Freiburg 2006, haben in ihrem Sammelband zudem die Feministische Ethik und die Sportethik aufgenommen. Auch nach einer Militärethik wird derzeit (nicht nur von den Armeen) gerufen.

Vgl. Vittorio Hösle: *Moral und Politik. Grundlagen einer Politischen Ethik für das 21. Jahrhundert*, München 1997, S. 165-204 und Johannes Fischer: *Grundkurs Ethik. Grundbegriffe philosophischer und theologischer Ethik*, Stuttgart 2007, S. 108-113. Hösles Ansatz ist einem ethischen Universalismus verpflichtet, der durch die normative Einbeziehung der konkreten Erfordernisse differenziert, aber nicht zurückgenommen wird. Fischer ist demgegenüber einem deskriptiven Ansatz verpflichtet, der die Rückbindung der moralischen Grundannahmen an ein Ethos, eine Überzeugung vertritt und damit keine universale Geltung der moralischen Entscheidungen beansprucht.

[9] Aus: *Gottes Frieden leben – für gerechten Frieden sorgen. Eine Denkschrift des Rates der Evangelischen Kirche in Deutschland*, Gütersloh 2007, Abs. 102.

[10] Vgl. Gerhard Beestermöller: *Thomas von Aquin und der gerechte Krieg. Friedensethik im theologischen Kontext der Summa Theologiae*, Köln 1990, S. 119-125.

die Zurückschlagung eines Angreifers, die Wiedererlangung geraubter Güter und die Ahndung von Unrecht.[11] Angesichts des erläuterten Paradigmenwechsels hin zum gerechten Frieden können Kriege heute nur noch im Rahmen der Anwendung rechtserhaltender oder Recht wiederherstellender Gewalt akzeptiert werden, aber nicht mehr als Strafaktionen in der Form von Angriffskriegen. Doch auch unter diesen Bedingungen können das Eindämmen von Verbrechen, die Strafverfolgung der Täter und der Schutz möglicher Opfer als *causa iusta* für die Anwendung rechtserhaltender Gewalt bezeichnet werden. Zudem wird so die Geltung des Rechts unterstrichen, das für ein friedliches Zusammenleben unverzichtbar ist.

Piraten sind Verbrecher; sie überfallen Schiffe, rauben sie aus, töten die Besatzung oder setzen sie dem lebensgefährlichen Risiko auf See aus, nehmen Geiseln und erpressen Lösegeld. Zwar muss bedacht werden, dass es zum einen „Subsistenzpiraten"[12] gibt, die sich aus ehemaligen Fischern rekrutieren, zum anderen kommerziell orientierte und militärisch organisierte Banden. Mit Blick auf die Beurteilung der von ihnen verübten Verbrechen und somit auf das Strafmaß ist diese Unterscheidung relevant. Aber in beiden Fällen handelt es sich zunächst um Piraten, welche die vorgenannten Verbrechen begehen. Daher ist es ethisch einsichtig, dass Piraten bekämpft werden dürfen und sogar müssen.

Weder die romantische Verklärung von Piraten zu Sozialbanditen, also gleichsam zum Robin Hood der Meere, noch der Hinweis, dass die Piraten zuvor selbst Opfer zwar nicht direkter, wohl aber struktureller Gewalt geworden sind,[13] indem große Handelsflotten ihr Gebiet überfischten, stellen dieses ethische Urteil in Frage. Gegen die Verklärung ist schlicht die Faktenlage zu betonen: Es gibt eine organisierte Kriminalität hinter den Piraten, an der diese bewusst partizipieren – sei es direkt im Falle der organisierten Banden, sei es indirekt, indem die Subsistenzpiraten auf Hehler und Vermittler angewiesen sind.[14] Der Hinweis auf Verbrechen vor den Piratenüberfällen als deren Auslöser ist allerdings ein wichtiges Argument, das im dritten Kapitel bei der Frage nach den Absichten eingehend zu würdigen sein wird, aber es kann nicht gegen den vorgestellten Erlaubnisgrund positioniert werden. Denn aus ethischer Perspektive muten wir Menschen zu, auf Unrecht nicht mit neuem Unrecht zu antworten.[15] Sowohl das Verbot der Rache und der Privatfehde auf der politischen Ebene, das historisch und sachlich gleichsam die Rückseite des staatlichen Gewaltmonopols und der Rechtsstaatlichkeit

---

11  Vgl. Matthias Gillner: *Bartolomé de Las Casas und die Eroberung des indianischen Kontinents. Das friedensethische Profil eines weltgeschichtlichen Umbruchs aus der Perspektive eines Anwalts der Unterdrückten*, Stuttgart 1997, S. 180f.

12  Vgl. Volker Matthies: *Konfliktlagen am Horn von Afrika*, in: AUS POLITIK UND ZEITGESCHICHTE 32-33, T 6 (2006), S. 25-32.

13  Vgl. dazu Johan Galtung: *Gewalt, Frieden und Friedensforschung*, in: ders. (Hg.): Strukturelle Gewalt. Beiträge zur Friedens- und Konfliktforschung, Reinbek 1975, S. 7-36.

14  Vgl. Douglas Steward: *Piraten. Das organisierte Verbrechen auf See*, Hamburg 2002.

15  Angesichts dieses, für die Ethik grundlegendes Verständnis menschlicher Handlungsmöglichkeiten, ist an dieser Stelle auch keine Güterabwägung notwendig, die einerseits den angerichteten Schaden durch Überfischung und Verschmutzung beziffert, andererseits die Behinderung der somalischen Schiffer und die Angriffe auf Schiffe des Welternährungsprogramms durch die Piraten dagegen rechnet.

darstellt, wie personal die Affektkontrolle sind zentrale Aspekte zur Herstellung des Friedens – daher gehören beide zum „zivilisatorischen Hexagon" des Friedensforschers Dieter Senghaas.[16] Man kann diese ethische Einsicht auch deskriptiv plausibilisieren durch den Hinweis, dass nicht jeder Somali oder Tamile oder Nigerianer zum Piraten geworden ist.

Als erstes Zwischenergebnis halte ich daher fest, dass es einen Erlaubnisgrund für ein gewaltsames Vorgehen gegen Piraten gibt. Schon jetzt ist zudem deutlich geworden, dass die Argumente miteinander verwoben sind, ein Überlegungsgleichgewicht ist also noch lange nicht erreicht worden. Die Frage, welche Gewalt legitim sein könne, wer also mit der Bekämpfung beauftragt werden dürfe, steht ebenso im Raum wie die Einsicht in die Schuld, die westliche Handelsfirmen durch die Überfischung und auch die Müllentsorgung vor afrikanischen Küsten begangen haben und noch begehen, einschließlich der Mitschuld, die wir Konsumenten durch unser Kaufverhalten (Thunfischdosen) tragen. Doch alle diese Fakten ändern nichts daran, dass Piraten Verbrechen begehen, und es daher einen Erlaubnisgrund gibt, sie zu bekämpfen.

## II. Wer darf diesen Kampf autorisieren?

Traditionell wie gegenwärtig wird die Autorisierung eines Kampfeinsatzes in ethischer Perspektive maßgeblich an das Recht gebunden; an dieser Stelle konvergieren also Legalität und Legitimität weitgehend. Aber während traditionell die Autorisierung personal auf den Fürsten als unmittelbaren Vorgesetzten bezogen war (*auctoritas principis*), spricht man inzwischen von einer rechtmäßigen Vollmacht, die durch Rechtsakte wie einen Kabinettsbeschluss oder ein UN-Mandat herbeigeführt wird (*legitima potestas*). Angesichts der internationalen Dimension von Piraterie muss nicht nur die nationale Gesetzgebung, sondern auch das Völkerrecht beachtet werden. Folglich geht es nunmehr um die rechtlichen Vorgaben, aber auch darum, wie im Falle von Lücken oder Unklarheiten argumentiert werden kann. Dabei lasse ich die Debatte, ob Polizei oder Bundeswehr nach deutschem Recht zuständig sind, außen vor.[17] Auch hier müsste jedenfalls ein Überlegungsgleichgewicht gesucht werden, denn auf der einen Seite ist es pragmatisch gesehen evident, das Militär einzusetzen (Ausbildung, Bewaffnung, Mobilität),

---

[16] Vgl. Dieter Senghaas: *Frieden als Zivilisierungsprojekt*, in: ders. (Hg.): Den Frieden denken. Si vis pacem, para pacem, Frankfurt/Main 1995, S. 196-223. Senghaas spricht vom „zivilisatorischen Hexagon" und nennt näherhin sechs Faktoren, die für einen dauerhaften Frieden notwendig seien: Gewaltmonopol, Affektkontrolle, soziale Gerechtigkeit, Konfliktkultur, demokratische Partizipation und Rechtsstaatlichkeit. Diese Faktoren seien (weitgehend) gleichrangig und miteinander verwoben, daher wählt Senghaas das Hexagon als Darstellungsform. Dabei bindet er sowohl staatliche (Gewaltmonopol) wie gesellschaftliche und auch persönliche (Affektkontrolle) Anforderungen zusammen, es sind also umfassende und interdisziplinäre Bemühungen für Frieden erforderlich.

[17] Dazu Andreas Fischer-Lescano/Timo Tohidipur: *Rechtsrahmen der Maßnahmen gegen die Seepiraterie*, in: NEUE JURISTISCHE WOCHENSCHRIFT 62 (2009), Heft 18, S. 1243-1246. Diesen Hinweis verdanke ich meiner Kollegin ORR Kathrin Nolte, der ich dafür herzlich danke.

auf der anderen Seite sehen die rechtlichen Bestimmungen wohl eher eine Beauftragung der Polizei vor – hier einen Ausgleich zu finden ist ein Fall für eine Ethik-Kommission, die eine politische Entscheidung vorzubereiten, aber natürlich nicht zu treffen hätte.

Die Frage nach der *legalen Autorisierung* ist näherhin mehrstufig.[18] Denn die Legalität der Beauftragung hängt natürlich davon ab, wer eingesetzt wird, wo (in welchem Einsatzgebiet) und wozu. Soll auf Überfälle reagiert oder soll aktiv ein Piratennest ausgehoben werden? Findet die Piraterie im Hafen oder in Eigengewässern (Binnenseen, Flüsse, Kanäle) einschließlich des Küstenmeeres (12 Meilen-Zone) und damit in einem eindeutig einem Staat zugeschriebenen Bereich (nämlich den Hoheitsgewässern) statt oder aber auf hoher See beziehungsweise in der diesbezüglich unklaren Zwischenzone (die 200 Meilen reichende ausschließliche Wirtschaftszone)? Im *Seerechtsübereinkommen der Vereinten Nationen vom 10. Dezember 1982* (UNCLOS III) ist klar geregelt, dass eine aktive Bekämpfung innerhalb des Staatsterritoriums nur vom jeweiligen Staat und seiner Exekutive geleistet werden darf (Art. 2f.); alles andere wäre eine Missachtung von dessen Selbstbestimmungsrecht. Klar ist auch, dass eine reaktive Bekämpfung auf hoher See jedem Staat erlaubt ist (Art. 105), dessen Gerichte bestimmen zudem die Maßstäbe des Umgangs mit den Piraten und deren Beute. Dabei wird festgehalten, dass eine Pflicht aller Staaten zur Zusammenarbeit bei der Bekämpfung von Piraten besteht (Art. 100), die durch das *Übereinkommen zur Bekämpfung widerrechtlicher Handlungen gegen die Sicherheit der Seeschifffahrt vom 10. März 1998* (SUA) weiter präzisiert wurde.

Unproblematisch wäre demnach, wenn deutsche Schiffe durch die Marine auf hoher See gegen Piratenangriffe verteidigt werden – sei es durch Begleitschutz oder entsprechende Bordausstattung. Das würde auch für Schiffe unter anderen Flaggen gelten, sofern es unter den beteiligten Ländern abgesprochen ist. Sobald allerdings das Küstenmeer erreicht wird, treten rechtliche Probleme auf, denn hier beginnt das Hoheitsgebiet eines anderen Staates, das die deutschen Streitkräfte (zumal bewaffnet) nicht einfach befahren dürfen. Die meisten Überfälle werden aber genau in diesem Gebiet ausgeübt; deswegen wäre eine nationale Autorisierung nicht legitim. Andererseits hat der Küstenstaat die Pflicht zur Zusammenarbeit, der er augenscheinlich nicht (zureichend) nachkommt, denn sonst bestünde das Problem nicht – sei es, dass der Staat kein Interesse an der Bekämpfung hat, weil er selbst von der Duldung der Piraterie profitiert, sei es, dass der Staat nicht die Machtmittel hat, Piraten wirksam zu bekämpfen. Insbesondere die Piraterie vor Somalia floriert (neben den wirtschaftlichen Aspekten) auch deshalb, weil Somalia als *failed state* gilt, den es nur noch auf dem Papier gibt.[19]

---

18   Vgl. Michael Stehr: *Piraterie und Terror auf See. Nicht-Staatliche Gewalt auf den Weltmeeren 1990 bis 2004. Ein Handbuch*, Berlin 2004.
19   Vgl. Volker Matthies: *Kriege am Horn von Afrika. Historischer Befund und friedenswissenschaftliche Analyse*, Berlin 2005. Angesichts dieser Konstellation ist auch die Möglichkeit bilateraler Abkommen, wie sie beispielsweise Nigeria und Malaysia mit ihren Nachbarstaaten

Allerdings hat der Sicherheitsrat der Vereinten Nationen 2008 in mehreren Resolutionen Maßnahmen zum Schutz vor der Piraterie vor Somalia gefordert und betont, dass diese Forderungen die Zustimmung der Übergangs-Bundesregierung von Somalia erhalten haben.[20] Schließlich trügen die bewaffneten Raubüberfälle der Piraten dazu bei, die Situation in Somalia, die „nach wie vor eine Bedrohung des Weltfriedens und der internationalen Sicherheit" (Res. 1846) darstelle, zu verschärfen. Der Rat der EU hat auf diese Resolutionen reagiert und am 10. November die Militäroperation Atalanta beschlossen, an der sich auch die Bundeswehr gemäß Beschluss des Bundestages vom 10. Dezember 2008 beteiligt. Damit sind die rein völkerrechtlichen Aspekte hinreichend klar: Auch wenn die Bedrohung des Weltfriedens nur indirekt festgestellt und die Zustimmung lediglich durch eine ohnmächtige Übergangsregierung erteilt worden ist, ist der Einsatz der Bundeswehr rechtlich autorisiert. Der Oppositionspolitiker Jürgen Trittin hält zutreffend fest: „Dieses Mandat ist völkerrechtlich völlig korrekt und klar legitimiert".[21] Und durch den diesbezüglichen Rekurs des Bundesministers der Verteidigung auf Art. 24 Abs. 2 GG ist der Einsatz auch verfassungsrechtlich abgesichert.[22]

Für die *ethische Beurteilung* greife ich auf das Konzept der „responsibility to protect" von 2001 zurück.[23] Es verbindet die Souveränität des Staates mit einer Schutzverpflichtung für die Bürger. Wenn Staaten dieser Verpflichtung nicht nachkommen wollen (wie beispielsweise Ruanda 1994) oder können (wie derzeit Somalia) und schwerwiegende Verstöße gegen die Menschenrechte (konkret: Genozid, Kriegsverbrechen, ethnische Säuberungen, Verbrechen gegen die Menschlichkeit) weder verhindern noch wirksam bekämpfen, kann diese Verantwortung von den Vereinten Nationen sukzessive delegiert werden – vornehmlich an Nach-

---

abgeschlossen haben, um auch in deren Hoheitsgebiet Piraten verfolgen zu dürfen, nicht gegeben, weil es Somalia als (verlässlichen) Vertragspartner derzeit nicht gibt.

20 Näherhin handelt es sich um die Resolutionen 1814 (vom 15. Mai 2008), 1816 (vom 2. Juni 2008), 1838 (vom 7. Oktober 2008) und 1846 (vom 2. Dezember 2008). Dabei wird der Ton erkennbar schärfer. Zunächst wird in der Resolution 1812 die Forderung aufgestellt, „Maßnahmen zum Schutz des Schiffsverkehrs im Zusammenhang mit der Beförderung und Lieferung humanitärer Hilfsgüter nach Somalia [...] zu ergreifen". In der folgenden Resolution 1816 werden „Maßnahmen zur Abschreckung seeräuberischer Handlungen und bewaffneter Raubüberfälle auf See in Zusammenarbeit mit der Übergangs-Bundesregierung" gefordert; hier werden die Seeräuber erstmals als Bedrohung erwähnt. In der Resolution 1838 wird vom „jüngste[n] Überhandnehmen seeräuberischer Handlungen" geredet und explizit gefordert, „Marinefahrzeuge und Militärluftfahrzeuge [zu] entsenden". In der letztgenannten Resolution 1846 werden die inzwischen vorgenommenen Initiativen begrüßt und diesbezüglich der Beschluss der EU vom 10. November 2008 und damit auch das Engagement der Bundeswehr besonders hervorgehoben.

21 Jürgen Trittin: Rede vor dem Deutschen Bundestag am 19. Dezember 2008 (Deutscher Bundestag Stenografischer Bericht, 197. Sitzung 21348 D).

22 Vgl. Thomas Heinicke: *Piratenjagd vor der Küste Somalias. Überlegungen zu den rechtlichen Rahmenbedingungen der EU NAVFOR Somalia/ATALANTA-Operation*, in: KRITISCHE JUSTIZ 2009, S. 178-195, 186f.

23 Vgl. *The Responsibility to protect. Report of the international commission on intervention and state sovereignty*, Ottawa 2001.

barn oder regionale Organisationen. Hier zeigt sich – ebenso wie im Konzept der „human security"[24] – eine gravierende Modifikation im Völkerrecht: Die Menschen werden zu Rechtssubjekten im Völkerrecht und stehen so neben den demnach nicht mehr ganz souveränen Staaten.[25] Ihre Menschenrechte können sie nicht nur gegenüber dem eigenen Staat, sondern bei gravierenden Verstößen auch direkt bei der UN einklagen. Angesichts dieser Betonung der Menschenrechte und der dezidierten Opferperspektive kann dieses Konzept schon jetzt als Impuls für die politische Ethik gelten, obwohl umstritten ist, ob die vom Generalsekretär im Januar 2009 angekündigte Implementierung bereits vollzogen wurde, ob also die *responsibility to protect* „die Schwelle zu einer neuen Norm des Völkergewohnheitsrechts überschritten hat".[26]

Ethisch ist es demzufolge durchaus zu begrüßen, wenn die Vereinten Nationen subsidiär das ohnmächtige Somalia unterstützen und Maßnahmen zum Schutz potentieller Opfer ergreifen, zu denen eigentlich Somalia verpflichtet wäre. Nicht nur das Hilfestellungsgebot, auch das Kompetenzanmaßungsverbot als zweiter Aspekt der Subsidiarität, einem klassischen Prinzip der Sozialethik, wird beachtet,[27] indem das Land nicht entmündigt, sondern die Zustimmung seiner Regierung eingeholt worden ist. Allerdings gibt es zwei Kautelen, die dieses scheinbar

---

24 Vgl. Keith Krause: *Kritische Überlegungen zum Konzept der menschlichen Sicherheit*, in: Cornelia Ulbert/Sascha Werthes (Hg.): Menschliche Sicherheit. Globale Herausforderungen und regionale Perspektiven, Baden-Baden 2008, S. 31-50. Bereits der „Human Development Report" des Entwicklungsprogramms der Vereinten Nationen (UNDP) von 1994 hat nicht nur das Feld der Sicherheit erweitert, indem neben die klassischen militärischen Bedrohungen auch wirtschaftliche, ökologische, kulturelle und durch die globale Vernetzung evozierte oder verstärkte Probleme in die Außen- und Sicherheitspolitik einbezogen wurden – so wie es bereits die Rede vom erweiterten, aber weiterhin staatsbezogenen Sicherheitsbegriff insinuiert. Vor allem aber wurde mit der human security „eine Änderung des Referenzobjektes der Sicherheit" (Krause, S. 32) vorgenommen: Nicht mehr der Staat und seine territoriale Integrität sind der entscheidende Bezugspunkt von Sicherheit, sondern Menschen. Die Friedensdenkschrift der Evangelischen Kirche mahnt allerdings zur Vorsicht vor einem expansiven Rekurs auf diese Modifikation: „Die Anerkennung und Garantie der bürgerlichen, politischen und sozialen Menschenrechte kann nicht an staatlich organisierten Gemeinwesen vorbei, sie muss vielmehr *in* ihnen, *mit* ihnen und *durch* sie verwirklicht werden" (Aus Gottes Frieden leben, Abs. 111). Mit Recht betont daher Andreas von Arnauld: *Souveränität und responsibility to protect*, in: DIE FRIEDENSWARTE 84, 2009, S. 11-52, die Nähe des Konzepts „responsibility to protect" zum Konzept der „human securitiy".
25 Vgl. Sabine von Schorlemmer: *The Responsibility to Protect: Kriterien für militärische Zwangsmaßnahmen im Völkerrecht*, in: Gerhard Beestermöller (Hg.): „What we're fighting for..." – Friedensethik in der transatlantischen Debatte (Beiträge zur Friedensethik, 37), Stuttgart 2006, S. 81-112.
26 Vgl. Christopher Verlage: *Responsibility to Protect. Ein neuer Ansatz im Völkerrecht zur Verhinderung von Völkermord, Kriegsverbrechen und Verbrechen gegen die Menschlichkeit*, Tübingen 2009, S. 379. Ob diese These Verlages richtig ist, vermag ich nicht zu beurteilen; es gibt natürlich auch Gegenstimmen, beispielsweise von Arnauld: Souveränität (Anm. 24). Klar ist allerdings, dass sich hier Modifikationen anbahnen, deren weitere Entwicklung wesentlich vom diesbezüglichen Verhalten der Staaten und der Vereinten Nationen abhängen wird.
27 Vgl. Arno Anzenbacher: *Christliche Sozialethik. Einführung und Prinzipien*, Paderborn 1997, S. 210-215.

klare Urteil relativieren: *Erstens* greift die subsidiäre Schutzverantwortung nur bei schwerwiegenden Verstößen. So soll die Gefahr gebannt werden, dass die *responsibility to protect* von militärischen Großmächten missbraucht wird, um schwächere Staaten unter Druck zu setzen – genau gegen diese Gefahr wurde im westfälischen Staatensystem die uneingeschränkte Souveränität und damit die formale Gleichheit aller Staaten festgeschrieben und garantiert. Es stellt sich also die Frage, ob in unserem Fall schwerwiegende Verstöße vorliegen. Konkret gefragt: Sind die Piratenüberfälle ein Verbrechen gegen die Menschlichkeit? Die UN-Resolutionen zumindest behaupten das nicht, und auch ich neige dazu, diese Frage zu verneinen. Doch selbst wenn man diese Frage bejahte, wäre zwar die Verpflichtung zu Maßnahmen hergeleitet, aber noch nicht die Spezifizierung auf militärische Handlungen, denn die gelten – wie beim gerechten Krieg – nur als *ultima ratio*. Der Sicherheitsrat forderte übrigens auch dazu auf, dass den Schiffsbesatzungen „eine angemessene Anleitung und Ausbildung in Vermeidungs-, Ausweich- und Abwehrtechniken erteilt wird und dass sie das Gebiet nach Möglichkeit meiden" (Res. 1816, ähnlich auch 1838 & 1846). Das spricht dafür, den militärischen Einsatz nicht als dringliche Wahrnehmung der Schutzverantwortung zu interpretieren, ihn damit aber auch nicht ethisch zu legitimieren. *Zweitens* greifen die Resolutionen des UN-Sicherheitsrates nicht nur mit keiner Silbe auf das Konzept von 2001 zurück, sie lehnen sogar explizit jeden möglichen Analogieschluss ab. Keineswegs „werde dadurch Völkergewohnheitsrecht geschaffen" (Res. 1816 & 1846), die Forderungen der Resolution sollen „ausschließlich auf die Situation in Somalia Anwendung finden" (Res. 1838). Diese Vorsicht ist sicherlich begründet in der genannten Skepsis mancher Länder gegenüber dem Missbrauchpotential der *responsibility to protect*.[28] Darüber hinaus soll, so vermute ich, eine mangelhafte ethische Legitimation verschleiert werden. Denn weder handelt es sich um schwerwiegende Verbrechen, noch gilt der Schutz direkt den Bewohnern Somalias. Geschützt werden sollen vielmehr sowohl Schiffe des Welternährungsprogramms (WEP) wie Handels- und Kreuzfahrtschiffe. Die Entführung von Touristen und Handelswaren dient zur Erpressung des Westens, aber verschlimmert keineswegs die Situation in Somalia – und trägt somit auch nicht zur Gefährdung des Weltfriedens bei. Andererseits lässt sich nicht abstreiten, dass jedes Schiff des WEP Unterstützungslieferungen für Somalia an Bord hat.

Zusammenfassend halte ich fest, dass der militärische Kampf gegen Piraten legal autorisiert ist, dass sich aber bezüglich der ethischen Legitimität der Resolutionen und der ihr folgenden *Operation Atalanta* Bedenken melden, denn es liegen keine schwerwiegenden Verbrechen gegen die Menschlichkeit vor, und die den Weltfrieden bedrohende Lage in Somalia wird durch die Operation nicht erkennbar stabilisiert. Wir hätten es somit mit einem Fall zu tun, in dem ein rechtskräftiger Beschluss ethisch bedenklich ist. Diese argumentative Spannung muss im Auge behalten und durch die folgenden Erwägungen präzisiert, verifiziert oder falsifiziert werden.

---

28 Vgl. Verlage: *Responsibility* (Anm. 26), S. 361f. mit Blick auf die Dafur-Krise.

## III. Mit welcher Absicht wird der Kampf geführt?

Wird nach der Absicht hinter der militärischen Piratenbekämpfung gefragt, sollte man die *recta intentio* nicht wie die Tradition individualethisch auf den guten Willen oder die persönliche Integrität der Herrscher zuspitzen.[29] Unter demokratischen und rechtsstaatlichen Bedingungen müssen vielmehr die politischen und gesellschaftlichen Ziele analysiert und auch die Folgen eines Kampfeinsatzes bewertet werden. Die Intention ist also in der politischen Ethik nicht als Gesinnung, jedoch als Verantwortung zu verstehen, und verantwortlich ist nicht eine Einzelperson, sondern eine Regierung, so dass der ethische Blick nicht in das Innere der Personen, hingegen auf das Äußere der Handlungen gerichtet wird. Konkret rücken damit angesichts des Militäreinsatzes die sicherheitspolitischen Interessen Deutschlands und im Hinblick auf die enormen Folgekosten die wirtschaftlichen Zusammenhänge in den Fokus.

Eine ethische Debatte um die *sicherheitspolitischen Interessen* Deutschlands ist schwierig, weil diese Interessen in der Politik nicht offen dargelegt werden, was Vermutungen und Hypothesen bis hin zu Verschwörungstheorien den Raum öffnet. Eine Zurückhaltung im ethischen Urteil ist daher die naheliegende Konsequenz. Andererseits wäre es naiv, sich auf die öffentlichen Mitteilungen zu konzentrieren, denn dass PolitikerInnen sich auf Sonntagsreden mit explizit moralischen Gedankengängen verstehen, weiß man auch im Bereich der Ethik. Daher werde ich zunächst die Ziele und Absichten bewerten, die in den hier relevanten UN-Resolutionen und den Beschlüssen der EU genannt werden, um sie dann mit den realen und möglichen Folgen abzugleichen.

Nach Aussage der UN-Resolutionen soll der Schiffsverkehr geschützt werden. Hierbei werden sowohl die Lieferung humanitärer Hilfsgüter im Rahmen des Welternährungsprogramms wie die gewerbliche und die private Seeschifffahrt und zudem die Fischerei explizit genannt. Die Maßnahmen würden demnach einerseits der Bevölkerung Somalias und anderer Länder mit Hungersnöten indirekt zugute kommen,[30] andererseits direkt die Besatzungen der Schiffe beschützen. Beides sind eindeutig gute Absichten – wobei die genaue Verteilung der Hilfeleistungen zunächst einmal unerheblich ist. Sicherlich gibt es Grenzen des Schutzes, die theoretisch durch den Begriff des Paternalismus und praktisch durch die Unmöglichkeit, überall anwesend zu sein, markiert sind. Mit Blick auf die Piraterie: Es ist schon aus Kapazitätsgründen nicht praktikabel, jede Privatjacht militärisch auszurüsten oder zu eskortieren. Und es wäre auch nicht wünschenswert, ständig von staatlichen Organen begleitet, überwacht und damit tendenziell entmündigt zu

---

29 Vgl. zu Thomas von Aquin: Gerhard Beestermöller: *„Rettet den Armen und befreit den Bedürftigen aus der Hand des Sünders" (Ps 82,4). Thomas von Aquin und die humanitäre Intervention*, in: Ines-Jacqueline Werkner/Antonius Liedhegener (Hg.): Gerechter Krieg – gerechter Frieden. Religionen und friedensethische Legitimationen in aktuellen militärischen Konflikten, Wiesbaden 2009, S. 43-67, 59f.
30 Vgl. Hauke Friederichs: *Piraterie vor Somalia. Reeder fordern Ausweitung des Anti-Piraten-Einsatzes*, unter: www.zeit.de/online/2009/17/piraten-tagung, Zugriff: 06.05.2009.

werden. Dennoch würde eine erhöhte Präsenz des Militärs auf die Piraten abschreckend wirken und somit den möglichen Schutz verstärken.

Doch diese Sicht greift zu kurz, so lange sie nur die personalen Aspekte berücksichtigt. Um die genannte Region dauerhaft zu befrieden, um also nicht nur punktuelle Erfolge gegen Piraten zu erringen, sondern die Piraterie insgesamt auszutrocknen, muss die politische Absicht verfolgt werden, das Land Somalia als politische Größe zu stärken beziehungsweise neu zu etablieren.[31] Ansonsten würde nur an der Gewaltspirale gedreht, und es wäre wohl nur eine Frage der Zeit, bis die Piraten nachgerüstet oder ihr Einsatzgebiet verlagert hätten.[32] Eine nachhaltige Friedenskonsolidierung ist das nicht. Demgegenüber könnte ein stabiles Somalia den Bewohnern andere und bessere Möglichkeiten bieten, ihren Lebensunterhalt zu verdienen, es wäre zudem ein Partner im Kampf gegen die organisierte Kriminalität.[33] Auch das Problem, wem man die gefangenen Piraten rechtlich überstellt, wäre gelöst. Die Piraterie ist sowohl wirtschaftlich wie politisch eine Macht, die Somalias Status' als *failed state* festigt und damit den regionalen Herrschern (warlords) in die Hände spielt, deswegen muss aus ethischer Sicht die Absicht bestehen, diese Macht zu brechen und den Wiederaufbau Somalias zu unterstützen.

Zur Verdeutlichung greife ich noch einmal auf das Konzept der Schutzverantwortung zurück. Dass subsidiär eine *responsibility to protect* durch die *Operation Atalanta* wahrgenommen wird, ist ethisch (wie bereits dargelegt) nicht zu beanstanden – auch wenn diese Argumentation aus politischen Gründen nicht offiziell vertreten worden ist. Bedenklich ist hingegen, dass die *responsibility to rebuild* nicht erkennbar einbezogen wird.[34] Dadurch kann der Eindruck entstehen,

---

31 Vgl. zur Lage in Somalia Edward A. Ceska/Michael Ashkenazi: *Piraterie vor den afrikanischen Küsten und ihre Ursachen*, in: AUS POLITIK UND ZEITGESCHICHTE 34-35 (2009), S. 33-38. Die zugegebenermaßen schwierigen und zugleich entscheidenden Detailfragen, wie beispielsweise diejenige nach der Gestalt dieses Staates oder auch die Frage, ob diese Absicht nur negativ durch die Bekämpfung staatsfeindlicher Verbrecher oder auch positiv durch Unterstützungsleistungen an bestimmte Politiker oder Institutionen umgesetzt werden soll, muss ich ausklammern und an die genannte Ethik-Kommission verweisen.

32 Die am 18. Juni 2009 vom Deutschen Bundestag beschlossene Ausweitung des Einsatzgebietes kann als Indiz interpretiert werden, dass diese Befürchtungen bestätigt.

33 Damit wird die Frage nach einem Einsatz im Land (Somalia) virulent. Allerdings bin ich der Überzeugung, dass der Kampf gegen die Piraten begleitet werden muss von umfassenden Maßnahmen auch an Land. Das heißt aber noch nicht, dass diese Maßnahmen kriegerisch sein sollen, vielmehr gilt das Kriterium der *ultima ratio* selbstverständlich auch für weitergehende militärische Operationen. Zu prüfen wäre vielmehr, ob und wie wirtschaftliche, politische, insbesondere diplomatische und auch bürokratische Maßnahmen für eine Verbesserung in Somalia sorgen können.

34 Die „responsibility to protect" umfasst näherhin drei Aspekte, nämlich die Prävention („prevent"), den Gewalt anwendenden Eingriff („react") und den Wiederaufbau nach Beendigung des Kampfes („rebuild"). Die dritte Maßnahme dient vorrangig dem Ziel, einen Rückfall in die kriegerische Auseinandersetzung zu verhindern, schließlich ist in etwa 70 bis 80% beendeter Bürgerkriege ein Neuausbruch der Gewalt innerhalb der folgenden zehn Jahre zu konstatieren. Dagegen wird eine nachhaltige (und umfassende) Konsolidierung des Landes oder der Region eingefordert. Selbstverständlich ist es nicht die Aufgabe des Militärs, solche primär politischen und ökonomischen Maßnahmen durchzuführen, aber ohne diese mit der „responsibility to rebuild" beschriebene Absicherung besteht mit hoher Wahrscheinlichkeit

dass die kurzfristige Absicht, eigene Schiffe zu schützen, also den Warenhandel und die Fischerei zu sichern, dominiert, der Aspekt der Nachhaltigkeit hingegen nicht beachtet wird. Auch die Zahlen können so interpretiert werden: Mit Stand vom 24. April 2009 sind 24 Schiffe des WEP und 124 Handelsschiffe sicher durch die Gewässer vor Somalia geleitet worden. Diese Bedenken führen schon zu den wirtschaftlichen Aspekten, daher soll zuvor ein Zwischenergebnis festgehalten werden: Der Schutz vor Geiselnahme ist ethisch zu begrüßen, allerdings scheint die *Operation Atalanta* zu kurz zu greifen und nur die eigenen Interessen der europäischen Akteure zu vertreten. Selbstverständlich ist es ethisch legitim, eigene Interessen zu haben und sie auch zu vertreten – aber nicht mit militärischen Mitteln. Der Einsatz ist also nur dann legitim, wenn er ein Baustein zur nachhaltigen Stabilisierung Somalias wäre, der durch weitere politische wie wirtschaftliche Maßnahmen komplettiert wird.

Kommen wir nunmehr zu den wirtschaftlichen Fragestellungen. Deutschland hat gemäß Weißbuch Interesse an einem freien Welthandel und an der Sicherung des Lebensstandards,[35] daher fordern viele Reeder den Einsatz von Militär gegen Piraten, um sowohl die Freiheit der Meere wie den ungehinderten Transport zu garantieren. Abgesehen von den sicherheitspolitischen Aspekten seien auch die wirtschaftlichen Folgekosten der Piraterie – insbesondere steigende Versicherungen, erpresstes Lösegeld oder die Finanzierung längerer Transporte auf Umwegen – enorm und müssten zunächst von den Reedern, aber effektiv von den Verbrauchern getragen werden. Allerdings erheben sich zumindest in ethischer, wenn nicht auch in ökonomischer Perspektive zwei schwerwiegende Bedenken gegen diesen Rekurs auf den freien Welthandel: Das militärische Eingreifen wäre *erstens* eine Verzerrung der Marktbedingungen durch die Politik, indem die Reeder ermutigt würden, die externen Kosten für den Schutz ihrer Transporte zu senken und sie stattdessen dem Staat aufzuladen. Sogenannte *moral hazards* wären also die Gewinner. Benachteiligt würden diejenigen Kaufleute, die sich ethisch richtig verhalten, indem sie entweder die von den UN-Resolutionen vorgeschlagenen

---

die Gefahr, dass die Militäraktionen ohne längerfristige Folgen bleiben, also gleichsam verpuffen.
35 Vgl. Bundesministerium der Verteidigung: *Weißbuch 2006 zur Sicherheitspolitik Deutschlands und zur Zukunft der Bundeswehr*, Berlin 2006, S. 28. Hier werden folgende Interessen aufgezählt: „Recht und Freiheit, Demokratie, Sicherheit und Wohlfahrt für die Bürgerinnen und Bürger unseres Landes zu bewahren und sie vor Gefährdungen zu schützen, die Souveränität und die Unversehrtheit des deutschen Staatsgebietes zu sichern, regionalen Krisen und Konflikten, die Deutschlands Sicherheit beeinträchtigen können, wenn möglich vorzubeugen und zur Krisenbewältigung beizutragen, globalen Herausforderungen, vor allem der Bedrohung durch den internationalen Terrorismus und die Weiterverbreitung von Massenvernichtungswaffen, zu begegnen, zur Achtung der Menschenrechte und Stärkung der internationalen Ordnung auf der Grundlage des Völkerrechts beizutragen, den freien und ungehinderten Welthandel als Grundlage unseres Wohlstands zu fördern und dabei die Kluft zwischen armen und reichen Weltregionen überwinden zu helfen". Zur Interpretation vgl. Klaus Brummer: *Gut, aber nicht gut genug. Das neue sicherheitspolitische Weißbuch der Bundesrepublik Deutschland*, Gütersloh 2006.

Umwege in Kauf nehmen oder die Transporte und damit auch die Seeleute sichern, denn sie müssten diese Kosten auf den Verkaufspreis schlagen. Das gilt tendenziell sogar für die inzwischen üblichen Fahrten im Konvoi mit militärischer Begleitung, sofern die Geschwindigkeit an das langsamste Schiff angeglichen werden muss und somit ebenfalls die Transportzeit steigt. Dieses Bedenken richtet sich nicht gegen das Interesse Deutschlands am freien Welthandel, vielmehr wird moniert, dass genau dieses Ziel unterlaufen wird, wenn man eine Externalitäten negierende Wirtschaftsweise subventioniert.[36] Diese Verzerrung hat *zweitens* eine Vorgeschichte, weil den Somalis durch das Leerfischen ihrer Fischgebiete und durch die Kontaminierung des Meeres mit Giftmüll aus Europa eine Beteiligung am Welthandel und sogar die eigene Versorgung erschwert wurden.[37] Ihnen also erst die Lebensgrundlagen zu rauben und ihren Widerstand dann militärisch zu brechen, ohne ihnen Perspektiven zu eröffnen, wäre ethisch inakzeptabel. Zwar sind die Akteure nicht persönlich identisch, die überfallenen Schiffe stammen nicht aus den Fischfangflotten, allerdings teilweise schon aus denselben Ländern.[38] Vor allem aber sind die wirtschaftlichen Folgen auch hier nicht nachhaltig. Man gewinnt die Bevölkerung Somalias nicht, solange nur die europäischen Reeder unterstützt werden – zumal die Piraten mit dem erpressten Geld sogar für das Wirtschaftswachstum in Somalia sorgen.[39] Dieses Bedenken revoziert nicht den genannten Erlaubnisgrund des Kampfes gegen Piraten, aber ich plädiere für ein nachhaltiges Gesamtkonzept, das nicht einseitig die Reeder unterstützt, sondern wie von der UN gefordert, die Gefährdung des Weltfriedens in Somalia – und nicht des Welthandels vor Somalia – abbaut. Dazu zählt, die Wirtschaftskraft dieses *failed state* neu aufzubauen.

So lange also die Bevölkerung die Warlords und die Piraten als geringeres Übel oder als einzige Chance auf einen hinreichend gesicherten Lebensunterhalt ansieht, wird ein militärischer Einsatz kaum erfolgreich sein. Armut wird man allein mit Waffengewalt nicht beheben, organisiertes Verbrechen nicht dauerhaft stoppen können. Die einen solchen Einsatz legitimierende Absicht muss vielmehr darauf abzielen, genau diese Strukturen aufzubrechen, indem politisch wie wirtschaftlich eine nachhaltige Alternative aufgebaut wird.

Hingegen enthält der Hinweis auf die Freiheit der Meere zumindest auf den zweiten Blick ein gewichtiges Argument für den Einsatz von Militär: Die Welt-

---

36 Diese Formulierung verdanke ich meinem Kollegen PD Dr. Stefan Bayer, dem ich dafür herzlich danke.
37 Vgl. Francisco Mari/Wolfgang Heinrich: *Von Fischen, Fischern und Piraten*, in: WISSENSCHAFT UND FRIEDEN Heft 2 (2009), S. 11-14. Sie verweisen auf folgende Zahlen: „Vor Somalia wurden die Fischbestände in einem solchen Ausmaß überfischt, dass die Lebensgrundlagen der somalischen Fischer vernichtet wurden. Die UN schätzen den jährlichen Marktwert des Fischfangs, der in somalischen Hoheitsgewässern kostenlos abgefischt wird, auf ca. 300 Millionen US-Dollar. Diesem gesellschaftlichen Verlust an Einnahmen standen in 2008 ca. 120 Millionen US-Dollar Einnahmen in Form von Lösegeldern für gekaperte Schiffe gegenüber" (ebd., S. 13).
38 Vgl. Andrea Böhm/Heinrich Wefing: *Wer ist hier der Pirat?*, in: DIE ZEIT 49/2008, S. 6f.
39 Vgl. Marc Engelhardt: *Piraten vor Somalia. Hauptsache, die Kasse stimmt*, unter: www.zeit.de/online/2009/17/piraten-somalia, Zugriff: 16. 04.2009.

meere unterliegen als Hohe See keiner staatlichen Hoheitsgewalt. Daher kann die Freiheit der Meere rechtlich nicht verteidigt, wohl aber können Überfälle auf Hoher See durch Gewalt bekämpft werden, wie durch staatliche Gewalt oder durch private Sicherheitsfirmen. Man kann den Reedern schwerlich durch Gesetze verbieten, sich auf Hoher See durch solche Firmen schützen zu lassen. Bislang sprechen – abgesehen von den Zusagen der Reedereien, nicht auf diese Sicherheitsdienste zurückgreifen zu wollen – vor allem pragmatische Schwierigkeiten gegen eine solche Beauftragung: *Erstens* müsste die Kommandofrage zwischen Kapitän und Führer der Sicherheitskräfte präzise geklärt werden. Dazu zählen sowohl die Befehlskompetenz der Sicherheitsleitung wie die Reichweite von Handlungen der Sicherheitskräfte. *Zweitens* müsste das logistische Problem gelöst werden, auf hoher See mit Waffengewalt gegen Piratenüberfälle zu schützen, das Küstenmeer jedoch ohne Waffen zu erreichen, denn dort beginnt das Hoheitsgebiet eines anderen Staates, der – zumal angesichts der Gefahren des Terrorismus – es schwerlich duldet, dass bewaffnete Schiffe in sein Territorium eindringen. Geschähe dies doch, verstieße man gegen geltendes Recht und missachtete das staatliche Gewaltmonopol des Küstenlandes.

Wer – so lautet nunmehr die Schlussfolgerung – grundlegend die Beauftragung von Sicherheitsfirmen im Piratenkampf verhindern und sich nicht darauf verlassen will, dass die konkreten Probleme bei der Durchführung eine solche Beauftragung in weite Ferne rücken, muss selbst für Sicherheit sorgen.[40] Diese Argumentation ist stichhaltig und spricht für den Einsatz von Militär. Zudem erleichtert gerade das Festhalten am staatlichen Gewaltmonopol die Verbindung mit einer nachhaltigen Bekämpfung der Piraterie, was Sicherheitsfirmen nicht im Blick haben, der Staat hingegen einbeziehen sollte, will er seine Streitkräfte nicht auf eine Stufe mit den Blackwaters (inzwischen: Xe) dieser Welt gestellt sehen.[41]

Die Absichten und Folgen sind also nur schwer auf einen einheitlichen Nenner zu bringen. Der Schutz vor Geiselnahme und Erpressung ist ebenso legitim wie die Absicherung des Welternährungsprogramms und das Aufbrechen der organisierten Gewalt, die von den Piraten ausgeübt wird. Andererseits sind die derzeit avisierten Maßnahmen stark auf unsere kurzfristigen Interessen fokussiert und reichen meines Erachtens für eine nachhaltige Verbesserung der Situation vor Somalia nicht aus.

---

40 Vgl. dazu Dieter Baumann: *Militärethik. Theologische, menschenrechtliche und militärwissenschaftliche Perspektiven*, Stuttgart 2007, S. 423. Baumann verwahrt sich mit guten Gründen gegen ein „outsourcing" militärischer Fähigkeiten. Dabei greift er zurück auf Erhard Eppler: *Vom Gewaltmonopol zum Gewaltmarkt? Die Privatisierung und Kommerzialisierung der Gewalt*, Frankfurt/Main 2002, der nicht nur die Fertigkeiten der Gewaltanwendung, sondern die politische und ethische Errungenschaft des Gewaltmonopols vor Missbrauch schützen will – damit wird von Eppler wie Baumann das Primat der Politik gegenüber dem Militär betont.

41 Allerdings ist diese Gefahr nach Auskunft der deutschen Reeder nicht akut. Die Sicherheitsfirmen werben zwar ausgiebig für ihre Dienste und betonen ihre Erfolge, aber bislang seien nur wenig Reeder diesen Angeboten gefolgt.

## IV. Ist der militärische Kampf wirklich *ultima ratio*?

Die Rede von der *ultima ratio* als Kriterium für einen gerechtfertigten Krieg weist auf die absolute Dringlichkeit militärischer Mittel: Weder zeitlich (das letzte Mittel) noch vom Eskalationsgrad her (das äußerste Mittel) gibt es andere Optionen, um die unmittelbar drohende Gefahr abzuwehren. Damit wird der bereits in der Scholastik entfaltete Gedanke von der Hartnäckigkeit und Beratungsresistenz des Verbrechers noch einmal präzisiert;[42] er muss also nicht nur bei seinem Vorhaben bleiben, sondern dieses Vorhaben muss zudem unmittelbar gefährlich sein. Nur so ist gewährleistet, dass der Krieg nicht mehr als immer verfügbares und legitimes Mittel der Politik gelten kann. Aus ethischer Sicht hat daher Dolf Sternberger Recht, nicht Carl Schmitt: Nicht der Krieg, sondern der Frieden ist der Gegenstand und das Ziel der Politik.[43] Liegt diese Dringlichkeit, die der Begriff *ultima ratio* besagt, bei den Verbrechen der Piraten vor Somalia vor?

Es ist evident, dass die Überfälle in der jüngsten Vergangenheit deutlich zugenommen haben. Zudem greifen nachhaltige Verbesserungen nicht sofort, und im weitgehend zerstörten Somalia wird man nur langsam voranschreiten können. Daher ist die Zunahme der Überfälle nach dem Beginn der *Operation Atalanta* noch kein Argument gegen diese Maßnahme, denn dass eine Verbesserung nicht sofort eintreten wird, muss man auf beiden Seiten als Argument akzeptieren. Die zeitliche Dringlichkeit von Maßnahmen kann also nicht strittig sein. In diesem Sinn stellt die Resolution 1838 fest, „dass im Auftrag des WFP tätige Seetransportunternehmen ohne Geleit durch Kriegsschiffe keine Nahrungsmittelhilfe [mehr] an Somalia liefern werden".

Hinsichtlich der Eskalationsstufe gibt es jedoch gravierende Bedenken, die sich nicht auf subjektive Einschätzungen der politischen und militärischen Lage, sondern auf die Resolutionen der UN berufen können: Die UN-Resolution 1816 nennt zwei Alternativen zum Militäreinsatz, nämlich erstens die „Anleitung und Ausbildung [der Besatzungen] in Vermeidungs-, Ausweich- und Abwehrtechniken" und zweitens das Ausweichen auf andere Seerouten. Während die zweite Option nicht wieder aufgegriffen wird, betonen die beiden folgenden Resolutionen ebenfalls die Maßnahmen an Bord. Konkret geht es dabei beispielsweise um höhere und glitschige Bordwände samt Wasserdruckschläuchen, neue Meldesysteme und zusätzliche Wachen (ständiger Ausguck), aber auch um das Training der Seeleute und die Forderung nach Zusammenarbeit und gegenseitiger Information sowohl der Länder wie der Reedereien.[44]

---

42 Vgl. Beestermöller: Thomas von Aquin (Anm. 10), S. 130-132.
43 Dolf Sternberger: *Begriff des Politischen* (Heidelberger Antrittsvorlesung), in: ders. (Hg.): Die Politik und der Friede, Frankfurt/Main 1986, S. 69-88, S. 76. Er wendet sich gegen die Rede vom Krieg als „Ernstfall" oder „extremste[s] politische[s] Mittel" bei Carl Schmitt: *Der Begriff des Politischen*, Berlin [7]2002, S. 28-37.
44 Vgl. dazu Dirk Sedlaček: *Maritimer Terror und Piraterie auf hoher See*, Dortmund 2006. Eine Bewaffnung der Besatzung wird hingegen auf dieser Ebene, also abgesehen von den bereits genannten rechtlichen Problemen, kontrovers diskutiert, weil sie (ohne wiederkehrende

Sicherlich würden diese Maßnahmen Geld kosten, und zwar zunächst vornehmlich die Reeder, aber dann auch uns Endverbraucher. Dabei sind die Kosten für die Umwege auf Dauer weitaus höher als die einmaligen Nachrüstungsmaßnahmen. Wurde die zweite Empfehlung deshalb nicht wieder aufgegriffen? Werden die militärischen Maßnahmen ergriffen, um Kosten zu externalisieren? Lässt sich die Internationale Gemeinschaft von den Seetransportunternehmen dergestalt unter Druck setzen, dass sie Militär einsetzt, um den Reedern Kosten zu ersparen?[45] Jedenfalls ist das Kriterium der *ultima ratio* nicht erfüllt, weil die UN selbst in ihren Resolutionen noch andere, weniger gewalttätige Mittel empfiehlt.

## V. Das Ergebnis: Ist der militärische Kampf gegen Piraten legitim?

Von den genannten Kriterien zur Rechtfertigung militärischer Gewalt sind zwei Kriterien (*causa iusta* und *legitima potestas*) klar, das dritte Kriterium (*recta intentio*) tendenziell erfüllt. Der militärische Kampf gegen internationale Verbrecherorganisationen ist ein gerechter Grund. Er ist durch entsprechende Resolutionen der Vereinten Nationen klar und legal autorisiert. Die Absicht, Menschen vor den mit der Piraterie verbundenen Gefahren zu beschützen, ist nicht zu beanstanden, allerdings muss bezweifelt werden, dass diese Absicht wirklich nachhaltig mit militärischen Mitteln erreicht werden kann. Das vierte Kriterium (*ultima ratio*) ist hingegen ebenso klar nicht erfüllt: Der Militäreinsatz ist vom Eskalationsgrad her nicht das einzig wirksame Mittel im Kampf gegen die Piraterie.

Was besagt dieses Zwischenergebnis? Die Tradition empfiehlt, dass alle Kriterien erfüllt sein müssen, nur so können Kriege begrenzt oder vermieden werden – und das ist das Ziel der Lehre vom gerechten Krieg (und auch der Rede vom gerechten Frieden). Diese Empfehlung bestätigt sich auch in unserem Fall: Die Möglichkeit, andere Maßnahmen ergreifen zu können, strahlt zurück auf das zweite und dritte Kriterium. Wenn die Absicht, Menschen vor der Piraterie zu beschützen, auch durch andere, zwar teurere, aber weniger gewaltträchtige Mittel erreicht werden kann, dann regt sich der Verdacht, dass wirtschaftliche Absichten den Einsatz von Militär dominieren. Wenn die Bedrohung des Weltfriedens und der internationalen Sicherheit in Somalia durch die *Operation Atalanta* kaum beseitigt wird, dann stellt sich die Frage, wofür gekämpft wird – und auch hier ka-

---

Kosten bei der Ausbildung) zur Eskalation beitragen und damit das Leben der Seeleute noch stärker gefährden könnte. Sofern die Piraten Beute machen wollen, werden sie nicht töten.

45 Für die Berechtigung dieser kritischen Anfrage spricht auch, dass nach Auskunft der Deutschen Marine die militärische Maßnahme, im Golf von Aden im Schiffskonvoi zu fahren, um Schutz zu gewährleisten und angesichts dieser Übermacht einen Piratenangriff aussichtslos werden zu lassen, nicht von allen Schiffen mitgetragen wird, insbesondere die schnelleren Schiffe seien nicht bereit, ihr Tempo zu drosseln. Auch hier steht also das finanzielle Interesse der Reeder über dem Schutzgedanken. Andererseits gibt es die Idee, auf den Schiffen die Brücke zur Zitadelle („panic room") umzubauen, so dass die Piraten weder die Seeleute als Geiseln nehmen noch den Kurs des Schiffes verändern können. Diese Maßnahme schützt erkennbar die Bevölkerung. Sie erleichtert zudem den (militärischen) Zugriff auf die Piraten, weil man sie klar von den Nichtkombattanten trennen kann.

men ökonomische Argumente ins Spiel. Es besteht also bei der *Operation Atalanta*, weil es sich nicht um eine *ultima ratio* handelt, die Gefahr, dass die ökonomische Rationalität die Gedankenführung beherrscht.

Ein ethisches Urteil über die Legitimität der *Operation Atalanta* muss diese Gefahr zur Sprache bringen. Allerdings sollte dies nicht in der Form moralischer Besserwisserei geschehen. Denn erstens waren auch bei den analysierten Kriterien sowohl normativ wie deskriptiv strittige Punkte zu notieren. Zweitens kann der Ethiker in den Sachfragen keine hinreichende Kompetenz beanspruchen. Und drittens bewegen wir uns metaphorisch gesprochen in einer Grauzone, also in einem Konfliktfeld. Das abschließende Urteil soll daher die Bedingungen für einen sittlich verantwortbaren Einsatz nennen und korrespondierend die Gefahren von *Atalanta* aufzeigen.

Mein Urteil lautet, dass es die genannten, starken Gründe für diesen Militäreinsatz gibt. Er erfüllt weitgehend die ethisch anerkannten Kriterien. Andererseits spüre ich ein deutliches Unbehagen, das sich aus zwei Quellen speist: *Zum einen* sehe ich die Gefahr, dass die Operation nicht nachhaltig den Frieden in und vor Somalia sichert, sondern sehr stark auf unsere wirtschaftlichen Interessen fokussiert ist, obwohl genau diese Interessen mit zu der Krise beigetragen haben und fraglich ist, ob das Ziel damit wirklich erreicht werden kann. Diese Gefahr spricht nicht gegen den Einsatz der Marine, sondern für dessen notwendige Einbettung in ein wirtschaftliches und politisches Konzept für Somalia, um den Aspekt einer nachhaltigen Stabilisierung als Bestandteil eines gerechten Friedens für die Region stärker einzubeziehen. *Zum anderen* sehe ich die gefährliche Tendenz, den Einsatz von Militär auch dann in Betracht zu ziehen, wenn keine *ultima ratio* dies gebietet. Ich befürchte eine schleichende Militarisierung,[46] die das Konzept des gerechten Friedens gleichsam unterspült. Der Einsatz des Militärs scheint – mit immer neuen kleinen Schritten – wieder eine akzeptierte Möglichkeit der Sicherheitspolitik zu werden.[47] Um dieser Entwicklung entgegen zu steuern, ist nach meiner Überzeugung der Rekurs auf die Einsicht von 1948 weiterhin aktuell: „Kriege sollen nach Gottes Willen nicht sein".

---

46 Vgl. dazu Wilfried von Bredow: *Militarismus*, in: Ralf Zoll (Hg.): Bundeswehr und Gesellschaft. Ein Wörterbuch, Opladen 1977, S. 224-227. Gemeint ist mit „Militarisierung" nicht, dass die Gesellschaft soldatische Werte und Verhaltensweisen übernimmt (obwohl sich auch das seit geraumer Zeit an Kleidung und Fahrzeugen beobachten lässt), sondern eine strukturelle Ausweitung der Aufgaben des Militärs. Selbstverständlich muss in Rechnung gestellt werden, dass auch die veränderten politischen Konstellationen (kein Kalter Krieg, sondern eine Fülle von regionalen Konflikten) und die Wahrung der Verhältnismäßigkeit der Mittel und der Folgen (kein Weltkrieg, sondern kleinere Kämpfe mit leichter Bewaffnung) zu dieser Veränderung beitragen. Aber die normative Einsicht Sternbergers, die historisch sicher dem Widerstand gegen einen neuen Weltkrieg entsprang, zielt eben auf den Paradigmenwechsel vom Krieg zum Frieden, der unterlaufen zu werden droht.

47 Als weitere Hinweise für diese These von der schleichenden Militarisierung sei mit Blick auf die Operation Atalanta auf die regionale Erweiterung bis zu den Seychellen sowie auf die (zum Zeitpunkt der Abfassung dieses Textes) anstehende zeitliche Verlängerung über Dezember 2009 hinaus verwiesen.

# Systemic Causes of State Collapse and Anarchy in Somalia

Belachew Gebrewold

Cultural, historical and religious homogeneity is usually considered essential for peace and stability in states attempting to consolidate politically, socially and economically. Despite Somalia being the most homogenous country in Africa culturally, historically and religiously, it collapsed in 1991. Since then at least 16 mediations and peace initiatives have been undertaken to re-establish Somalia. Both the Transitional National Government (TNG) and the Transitional Federal Government (TFG) failed; Somalia is awash with weapons in spite of the implementation of various UN arms embargos since 1992.

The United Nations Operations in Somalia was unable to stabilise the country. The US and the United Task Forced were also unsuccessful. Ethiopia sent its troops into Somalia in the mid-1990s, but by 2006, the country's situation still had not changed. Since the country's downfall in 1991, hundreds of thousands have been killed, displaced or forced to become refugees. Somalia's infrastructure has been destroyed; it has no functioning financial or political institutions. Somalia is plagued by famine, drought and hunger. Radical Islamists have emerged and have implemented *Sharia law* in attempts to rebuild the nation. Under Sharia law, stoning female rape victims to death has become acceptable in Somali society; nevertheless it is only piracy, which has captured the attention of the international community, and not necessarily atrocities against civilisation or failure of the state as such.

What has made the Somali conflict so intractable? And why have most attempts to rebuild Somalia resulted in failure? This paper will argue that Somalia's chaotic situation has its roots in systemic causes: For Somalia to be rebuilt as a functioning state and for piracy to be quelled, different systemic levels of actors and factors must be adequately addressed first on regional, national, and global levels. This paper will examine the factors and actors which/who contributed to Somalia's collapse and now constitute Somalia's conflict system. Civil war, the militarisation of society, obstructed democratisation and the absence of security in Somalia must be contextualised nationally as well as regionally and globally. These regional, national and global components are discussed in separate sections in this paper. The last section is devoted to the issue of piracy.

## I. Somali society

### Clanism

Somalia's ethnic groups are divided into main clan families with multiple sub-clans. The Darod clan makes up 20% of the population and includes the sub-clans

Dolbahante, Majertain, Marehan, Ogadeni and Warsangeli. Other clans are the Hawiye (25%) with sub-clans Abgal, Ajuran, Degodia, Habr Gedir, Hawadle and Murosade; the Isaaq (22%) with the Eidagalla, Habr Awal, Habr Toljaala and Habr Yunis; the Rahanwein (17%); the Dir (7%) with the Gadabursi and Issa; the Digil (3%) per cent. Other ethnic minorities make up 6%. The Darod live predominantly in the north-eastern, northern and south-western parts of the country, whereas the Hawiye live mainly in and around the capital of Mogadishu. The Isaaq are located in Somaliland, the Dir are in the north-west, and the Digil and Rahanwayn are in the river areas of the south. This section shall concentrate on the societal aspects that contributed to state collapse as well as to constant unrest and civil strife in Somalia.

Though ethnicity does not necessarily lead to violence, it can play a decisive role when other co-determinants, such as economic and political marginalisation, exist. Immediately after obtaining independence, political parties began to form based on clan lines. Rebel groups, which formed thereafter also based their allegiances on clan relationships. For example, in 1981 as the Somali National Movement (SNM) was created and the majority of its organisation came from the Isaaq clan. Even if it originally included Hawiye and Harti clan members as well, it was the political opinions and ideologies of the Isaaq clan which dominated British Somaliland during that time.[1]

After assuming power in the coup d'état on 15 October 1969, Siad Barre attempted to abolish tribalism and replace it with "scientific socialism", togetherness/unity, self-reliance, self-help, and wealth-sharing (socialism). In this process socialism became a *religion* and "scientific Siadism".[2] One of the key objectives of this new political *religion* was to overcome the dangers of clan-centred identities and oppositions that could threaten the collective national identity.

When Siad Barre failed to control Somali politics, he sought to promote inter-clan and intra-clan conflicts to prevent a unified front from forming against his weakened leadership. After the *Ogaden War* of 1977-78, he actively began distributing weapons to clan-based allies to fight against his foes, which ultimately resulted in the spread of modern weapons in Somalia. Originating from Russia, the Western world and Arab world, these weapons were delivered throughout the country to facilitate mutual killing and displace the population.[3]

Upon losing the *Ogaden War* against Ethiopia, clan politics experienced a revival in Somalia. The Barre regime lost its internal legitimacy and Siad Barre abandoned his vision of a Greater Somalia and resorted to clan clientelism. Taking advantage of the Barre regime's weakened state, a group of Majerteen officers attempted to overthrow the dictator from power in a military coup on 9 April 1978. This coup marked the beginning of clan-based distrust or trust in the country. The failure of the Greater Somali project and patrimonialism resulted in rebellion, clanism and state disintegration. On 26 October 1978, these officers

---

1 Volker Matthies: *Kriege am Horn von Afrika*, Berlin 2005, p. 151.
2 Ioan M. Lewis: *A modern history of the Somali: nation and state in the Horn of Africa*, Oxford ⁴2002, p. 209-223.
3 Ibid., p. 262.

were executed after they failed to oust the current regime. From then on, the regime focused its sights on members of the Majerteen clan. 12 of the 17 executed officers were from the Majerteen clan.[4] Through the patronage network most of the political positions in the Barre regime were occupied by Barre's clans.

The SNM was founded in April 1981 in London to fight the south-biased regime on behalf of the Isaaq clan living in British Somaliland.[5] Additional clan-based resistance groups started to emerge in opposition of the Barre regime. In 1989, the Somali Patriotic Movement (SPM) and the United Somali Congress (USC), formed in 1989 in Rome, took up arms.[6] The SPM was founded by Ethiopian Somalis known as the *Ogadenis* who were recruited into the Somali National Army (SNA) after Somalia lost the war against Ethiopia. The emergence of various armed groups and coalitions among them finally led to the fall of Siad Barre's regime in January 1991. With this collapse, radical Islamists took over power in Somalia and argued the rebirth of Islamic religious beliefs to rebuild the nation, thus marking the first time in Somalia's history where religion played a major role in politics.

Religion

When a Somali national reconciliation conference scheduled to take place on 15 May 1998 to establish a transitional government was cancelled because of insufficient funds, Sheik Ahmad Qasim, Chairman of the Islamic party Hizb Al-Islam, said that only Islam and tougher Islamic Sharia can end the civil war, create jobs and provide security. As a result, the Transitional National Government (TNG) was founded in 2000, but right from its very creation Ethiopia was suspicious of its party associations. They suspected that it had been infiltrated by terrorist Islamist organisations such as al-Itihad. The Somali federal government, established in Nairobi in 2004, hoped that it could address rising Islamic fundamentalism both internationally as well as regionally, however, towards the end of 2005 three rival power centres began to emerge: the Transitional Federal Government (TFG) led by President Abdullahi Yusuf Ahmed; the Islamic Courts led by Hassan Dahir Aweys and their chairman Sheikh Sharif Sheikh Ahmed; and the Mogadishu Group composed of the opposition ministers and their local allies.[7] The TFG fai-

---

4   Abdirahman Mohamed: *The peace process in Somalia* (2001), in: www.civicwebs.com/ cwvlib/africa/somalia/2001/Farole/peace_process_in_somalia.htm, ac-cessed 15 September 2004.
5   Maria H. Brons: *Society, security, sovereignty and the state in Somalia: from statelessness to statelessness?*, Utrecht 2001, p. 185.
6   Mohamed: The peace process (n. 4).
7   International Crisis Group (ICG): *Can the Somali crisis be contained?* (2006), in: www.crisisgroup.org/library/documents/africa/horn_of_africa/116_can_the_somali_crisis_be _contained.pdf, accessed 12.12.2008, p. 7.

led to establish a functioning local administration. Islamic Courts then emerged to fill this gap.[8]

Islamism has been an ascendant ideology in Somalia, and its Islamic institutions such as schools, hospitals, charities and local Sharia courts have been its only sources of order in its collapsed state.[9] By 2005, the Islamic Courts Union (ICU) consisted of 11 Islamic Courts from different clans operating in Mogadishu under Sharia.[10] The ICU came to power briefly in June 2006 but by December of that year it was driven out by the Transitional Federal Government's armed forces, which were backed by Ethiopian troops. Due to his anti-Islamist beliefs, Yusuf Ahmed (TFG president) received support from the Ethiopian government and the US in 2004 to replace the Transitional National Government (TNG) which had been elected in 2000 and which allegedly had been infiltrated by Islamists.[11]

These Islamic Courts were composed of eleven separate Sharia courts. In 1998 Sheikh Hassan Dahir Aweys, former vice-chairman and military commander of the jihadi Islamist organisation al-Itihaad al-Islaam (AIAI), established a new brand of court after being defeated by Ethiopia and the government of Yusuf Ahmed.[12] With the support of Ethiopia and USA, the Alliance for the Restoration of Peace and Counter-Terrorism (ARPCT) was later founded on 18 February 2006.

Al-Shabab (The Youth) and other Islamist militants continuously imposed Sharia in the areas under their control. In 2008 they took over the Kismayo airport, which was controlled by Ethiopians and African Union (AU) forces and then stormed the parliament building and president's home in Baidoa in January 2009. Al-Shabab promises to rule Somalia with justice and Sharia law instead of any man-made constitution and fight anyone who opposes them. President Sheik Sharif Sheik Ahmed appealed for foreign military help at an African Union summit in Ethiopia in 2009. But the leader of the hardline Islamist militia al-Shabab, Sheikh Mukhtar Robow, accused him of selling out to the West and vowed to intensify attacks on the African Union Mission in Somalia (AMISOM).

In the meantime, al-Shabab has consolidated its power by capturing new Somali towns showing any resistance from rival militants such as the Hizbul Islam or TFG. Al-Shabab and Hizbul Islam have fought for months over control of the Lower Juba region which is now in the hands of al-Shabab. As a result large numbers of people have fled their homes in fear of violence, and non-governmental organisations have shut their offices and stopped essential work in the area.

The conflict has not only killed and displaced many Somalis, but it also has destroyed the Somalia's economy and infrastructure. Exacerbated by environmen-

---

8   Ibid., p. 9; Roland Marchal: *Islamic political dynamics in the Somali Civil War*, in: Alexander de Waal (Ed.): Islamism and its enemies in the Horn of Africa, London, 2004, p. 114-145, 133.
9   Kenneth J. Menkhaus: *Somalia and Somaliland: terrorism, political Islam, and state collapse*, in: Robert I. Rotberg (Ed.): Battling terrorism in the Horn of Africa, Cambridge/Mass., 2005, p. 23-47, 25.
10  *Shell-shocked – civilians under siege in Mogadishu*, in: HUMAN RIGHTS WATCH 19 (2007), p. 19.
11  Menkhaus: Somalia (n. 9), p. 24.
12  International Crisis Group (ICG): Somali crisis (n. 7), p. 9.

tal factors such as drought, the conflict has escalated, and many Somalis are now dependent on continuous humanitarian aid. Both conflicts before and after Somalia's collapse have strongly affected its economy.

Economy

In the 1980s the Somali political crisis was exacerbated by economic crises. Although Somalia is dependent on agriculture, its production declined during this time due in part to peasants being neglected in favour of building up ports. Since Somalia is also heavily dependent on food imports, the economic situation was made even worse by low livestock market profits, diminishing foreign exchange and declining foreign aid. International aid accounts for 25% of Somalia's Gross Domestic Product.[13]

Prior to 1991 Somalia was the largest banana exporter in East Africa and supplied markets in Europe, especially Italy, and the Persian Gulf. As a consequence of the unending civil war, over 3.2 million people (43% of the population) in different parts of the country required emergency assistance and livelihood support throughout June 2009. The United Nations Development Programme (UNDP) Report stated that children born between 2000 and 2005 have a 38.9% of surviving to the age of 40. 71% of the Somali population did not have access to an improved water source in 2004. Between 1996 and 2005, 26% of Somali children (under 5) were underweight for their age. In 2000, maternal mortality ratio per 100,000 live births was 1,400.[14] By the end of 2008 more than three million people relied on food aid.

Somali's population and labour force have grown by 3.0 and 2.9% between 2001 and 2007. Infant mortality (per 1,000 live births) is at 90%; 33% of children under 5 suffer from malnutrition. Only 29% of the population has access to an improved water source. Reliable data on the nation's literacy rate, gross primary enrolment, gross capital formation, exports of goods and services, gross domestic savings, gross national savings, current account balance, interest payments, total debt, total debt service, exports, percentage of agriculture or industry or manufacturing have not been able to be collected since 1987.[15]

By the second half of 2006 until the end of 2006 about 1.8 million Somalis – including up to 400,000 internally displaced persons – already required critical assistance due to low-level cereal production caused by war. The World Food Programme (WFP) dispatched 3,300 metric tons of food aid commodities. More than one million Somalis were internally displaced. 20,000 fled Mogadishu each month in the first half of 2008. The average life expectancy in Somalia is only 47 years. High food prices and drought have heavily affected the population. Bet-

---

13 Andrea Kathryn Talentino: *Military intervention after the Cold War: the evolution of theory and practice*, Ohio 2005, p. 101-102.
14 UNDP (2008), 2007/2008 Human Development Report: www.hdrstats.undp.org/countries/data_sheets/cty_ds_SOM.html, accessed 22 February 2009.
15 World Bank: *The Little Data Book on Africa 2007*, in: The World Bank 2008, p. 1-2.

ween February and early-March 2008, 200,000 to 500,000 people left Mogadishu to escape the fighting occurring between government forces and a combination of Islamist insurgents and clan opponents of the regime. They have been subjected to miserable living conditions. In mid-March 2008 UN Secretary-General Ban Ki-moon presented the council with a report proposing the deployment of 27,000 peacekeepers to replace 2,400 African Union peacekeepers (of a planned 8,000-strong AU force). In his report of 17 November 2008 Secretary-General Ban-Ki Moon proposed a UN peacekeeping operation with 22,500 troops, but only on the condition that a credible, inclusive ceasefire agreement be reached first. This UN force would be an international stabilisation force with the task of facilitating the implementation of the Djibouti Agreement of 26 October 2008. The agreement was signed by the Somali parties among others on the cessation of armed confrontation. Such UN operation presupposes political progress and improvement in the security situation.

Politics

In preparation for independence, some Somali elites tried to define the common concern of all Somalis. Part of Somalia's problem derives from the imposition of boundaries, which create problems for pastoralists. In contrast to most African states where the colonial frontier was defended, Somalis rejected the idea of the colonial frontier since it would have limited their ability to move freely across such a frontier. Ethiopia's maintenance of Ogaden as its *legitimate* territory justified Somali nationalists' demands to construct a unified greater Somali state through Somali *unification*.

As a result of the symbolic stakes, which are often invested in international conflicts, territories that are devoid of resources may still become the site of violent disputes because political dynamics are often rooted in the symbolism of territory than in quantifiable values such as the economy or demographics.[16] Territorial specification of group membership – for example, *we live here* is a particularly powerful and attractive way to coordinate group members to provide a collective defence.[17]

In 1977, because of its strengthened military potential, Somalia began to support the Western Somalia Liberation Front (WSLF) which is located in the Ogaden region in Ethiopian territory as well as the Somali and Abo Liberation Front (SALF) in the Somali and Oromo inhabited areas of southern Ethiopia.[18] In spite of WSLF and SALF support, Somalia lost the war against Ethiopia, which broke

---

16 Miles Kahler: *Territoriality and conflict in an era of globalization*, in: Miles Kahler/Barbara Walter (Eds.): Territoriality and conflict in an era of globalization, Cambridge 2006, p. 1-21, 3-7.
17 Hein E. Goemans: *Bounded communities: territoriality, territorial attachment, and conflict*, in: Miles Kahler/Barbara Walter (Eds.): Territoriality and conflict in an era of globalization, Cambridge 2006, p. 25-61, 26-29.
18 Brons: Society (n. 5), p. 182.

out in July 1977 and ended on 8 March 1978.[19] This failed irredentism led to the implosion of Somali politics. After their failed coup attempt in 1978, some army officers fled to Ethiopia where they founded the Somali Salvation Front (SOSAF). In October 1981, a coalition between the SOSAF, the Somali Workers Party, and the Democratic Front for the Liberation of Somalia (DFLS) was founded and called the Somali Salvation Democratic Front (SSDF).[20] This coalition also included Harti (Majeerten), Warsangeli, Dulbahante and Hawiye fighters, intellectuals, politicians and officers.[21] The Somali Democratic Action Front (SODAF) was formed in Rome in 1976 and coalesced with the SSF (Somali Salvation Front) to fight together against the regime. As mentioned above, the Somali National Movement (SNM) was created in 1981 for Somaliland. After Barre was ousted on 26 January 1991, the two wings of the Hawiye USC divided Mogadishu between themselves.

In March 1991 the Somali National Front (SNF) (Siad Barre's supporters of Marehan clan) launched a military offensive against the USC and SPM forces that had controlled the capital and farming areas since Siad Barre was ousted from office. In the second half of 1991, about 14,000 people died and 27,000 people were wounded within a span of four months. By November 1992 1,000 lives were claimed by starvation per day, and 80% of the food aid was being confiscated by warlords and bands of teenagers.[22]

An uncontrolled flow of arms exacerbated this situation in spite of the UN arms embargo Resolution 733, which was in place.[23] UN arms embargo and multiple other agreements established during various peace processes did little to hinder the inflow of arms, which became a central danger. Rival clans competed for power using the arms freely flowing in from Ethiopia and Eritrea, which resulted in backlash for Ethiopian and Eritrean security.[24] In the southern regions, ruthless fighting continued throughout 1997, resulting in even more suffering and food shortages for civilians.

The conflict continued, and in 1997 there were 275,000 Somali refugees living in Ethiopia. On 20 March 1998, Hussein Aideed announced his readiness to share presidency with his rival Ali Mahdi, but only if he could keep his government. At the same time, however, militias working for Islamic courts and various warlords continued with their atrocities.

On 11-12 May 2001 a fight between Aideed's forces and a pro-government militia in Mogadishu left at least 50 dead and up to 100 wounded. At the beginning of July 2001 a power struggle within the Rahanweyn Resistance Army (RRA) left 40 people dead. Throughout 2001 political reconciliation was undermined by a cleft between the Transitional National Government (TNG) and So-

---

19  Matthies: Kriege (n. 1), p. 153.
20  Lewis: A modern history (n. 2), p. 252.
21  Brons: Society (n. 5), p. 185.
22  Talentino: Military intervention (n. 13), p. 110.
23  Matthies: Kriege (n. 1), p. 225.
24  Tatah Mentan: *Dilemmas of weak states: Africa and transnational terrorism in the twenty-first century*, Aldershot 2004, p. 238.

mali Salvation and Reconciliation Council (SSRC). Even at the beginning of 2002 the tension continued. In February 2002, in order to underscore his legitimacy and strong public support, Hussein Aideed (USC/SNA) claimed to have 85% of the Somali population's support and a militia with 15,000 active men and 1.5 million inactive reserves. As SSRC chairman, Aideed's intention was to topple the TNG in hopes that it would create democracy and enable equality among Somalis. This move towards unity was further undermined when south-west Somalia, which was controlled by the RRA, was declared *autonomous* in March 2002. However, it did not take long for a power struggle within the RRA to emerge at the beginning of July 2002. As a consequence, the local elders recommended the dissolution of the self-declared autonomous state of south-west Somalia. In June 2002, the rivalry between two rival leaders Abdullahi Yusuf and Jama Ali Jama in the self-declared autonomous region of Puntland led to the mobilisation of their forces and renewed fighting.

The reconciliation conference, which originally began on 15 October 2002, recommenced on 2 December 2002 in Mbagathi, Kenya. This conference led to the establishment of the TFG in October/November 2004 after two years of negotiations. However, the decade-long militarisation of Somalia undermined their capacity to control violence.

Somalia has been a highly militarised and divided society with various warlords and authorities controlling various parts of the country. Even before the emergence of this warlordism, the wars between Ethiopia and Somalia significantly contributed to the arming and mining of Somalia and its borders. Mining was carried out along the Ethiopian borders during the 1964 and 1977 *Ogaden Wars*. In the 1970s and 1980s strategic facilities, camps and towns were also mined during the Somali Salvation Democratic Front (SSDF) insurgency in Puntland as well as in the 1988-1991 war of secession in Somaliland by the Somaliland National Movement (SNM). The minefields increased inter-clan fighting after the collapse of Somalia in 1991.

After the Siad Barre regime was ousted in January 1991, anarchy and war were exacerbated by various militia groups that controlled the top political positions with their military might.[25] Minorities bear most of the consequences of state failure and militarisation of civilians. Internally displaced persons from minority groups such as Rahanwein, Bantu, Ajuran, Jarso, Madhiban and Ashraf lack political representation; they are discriminated against, targeted, displaced and dispossessed by militias. Since competition for political power often goes hand in hand with the control of resources, minorities of fertile lands disproportionately suffer from killings, destruction, discrimination, land alienation, obstruction of humanitarian relief, and forced displacement.

The UN provides evidence of the link between the disintegration of the Somali state, the militia's easy access to illegally imported weapons and terrorism in the region. "Almost everyone got hold of guns [...] Armours are empty. Police have

---

25 Emira Woods: SOMALIA, in: FOREIGN POLICY IN FOCUS (1 January 1997), www.fpif.org/reports/somalia, p. 1-2, accessed 6 March 2009.

no weapons. There is no army as such. The elders of the clans do not seem to be able to control many of their armed youth, and there are conflicting inter-clan interests, which prevent their elders from acting jointly to improve security".[26]

Rapidly growing Islamic fundamentalism, lack of security and easy access to weapons has hampered political stabilisation including democratisation. Since the 1991 collapse of the Somali state, there have been various attempts to address the societal, economic as well as political ills. National, regional and global actors have attempted to address violence and economic destruction; the need for democratisation has become more urgent than ever – especially since the Islamists gained power.

The transitional government formed after the Arta Agreement of 2000 was challenged from the very beginning and was rejected by various factions. The Transitional Federal Institutions (TFI) – a transitional governing entity with a five-year mandate – was established in October 2004. The unicameral National Assembly originally had 275 seats. Out of these 275 seats, 244 members were appointed by the four major clans (61 for each clan) and 31 seats were allocated to smaller clans and sub-clans.

After Abdullahi Yusuf Ahmed resigned in 2009, Somali legislators tried to incorporate some 200 moderate Islamists into the parliamentary process to elect his successor; however al-Shabab hardliners refused to take part in the peace talks which were held in Djibouti due to security concerns in Somalia. They demanded the withdrawal of Ethiopian troops from Somali territory. On 1 February 2009 Sheik Sharif Sheik Ahmed was elected as Somalia's new president in hopes that he could rebuild the country with Prime Minister Shermarke. Till this day, al-Shabab still does not recognise the transitional government and has pledged to continue its fight. The transitional government's mandate has been extended until August 2011. In order to appease al-Shabab the president has supported Sharia, but the animosity between al-Shabab and the transitional government continues. The radical Islamists actively target the democratisation process; freedom of speech and democratisation go against their sharia law. Journalists have been increasingly targeted by various Islamists in Somalia. Ethiopia, Kenya as well as the West are alarmed by these developments, which underline the regional and global concerns of collapsed Somalia.

## II. Somalia's regional conflict system

Since the country's collapse, the Somali conflict has been systemically interconnected to the political situation in the neighbouring states, in particular with Ethiopia. Immediately after the collapse various actors attempted to initiate a peace process for Somalia. An international conference, convened and sponsored by the Djibouti government, appointed Ali Mahdi as interim president in 1991. The UN

---

26 Peter Woodward: *The Horn of Africa: politics and international relations*, London 2003, p. 73.

sponsored this regional initiative by continuing it in 1993 in Ethiopia. Another conference was also called in 1997 in Cairo, however, the conference ended without any concrete results. When Ethiopia and Eritrea were still allies, they opposed the 1997 Cairo Accord whereas Kenya and Uganda backed the accord and Sudan and Libya fully embraced it. Eritrea and Ethiopia opposed it on the grounds that the accord was infiltrated by Islamic fundamentalism, which could threaten the stability of the Horn of Africa. Two significant regional obstacles to the Somali peace process are the proliferation of similar, non-complementary initiatives as well as uncompromising warlords who have never agreed upon a lasting settlement of the conflict or to the implementation of decisions taken by consensus. Both Ethiopia and Eritrea are now heavily involved in the Somalia conflict, which has resulted not only in Somalia's destabilisation but also caused long-term damage in both Eritrea and Ethiopia.

The existence of Somali ethnic groups in Kenya, Ethiopia and Djibouti has been one of the key factors of conflicts in Ethiopia and Somalia. Mainland Somalis don't see the Somalis in the neighbouring countries as their neighbours but rather as their kinsmen who have false citizenship and are separated by "indiscriminate boundary arrangements".[27] From the very beginning, it was Siad Barre's ambition to create a Greater Somalia through irredentism. Ethiopia was the main target of Siad Barre's irredentist politics because of its huge area populated by Somalis. The Siad Barre regime supplied arms to the Ogaden National Liberation Front and Oromo Liberation Front in Ethiopia whereas the Ethiopian government gave arms to the Somali National Movement (SNM) in Somalia.

Ethiopia considered the Somalia-based Al Itihad Al Islamiya (AIAI) a major regional threat due to their irredentist intentions to incorporate Ethiopia's Somali population into an Islamic Somali state.[28] Worried by this growing threat of Islamic fundamentalism, Ethiopia was forced to intervene militarily in Somalia. Sheikh Hassan Dahir Aweys asserted that he was committed to an Islamic state in all Somali territories, including the Ogaden of Ethiopia.[29]

Ethiopia started receiving Islamist threats in the 1990s already. Ethiopian forces defeated Islamist fighters in the Somali town of Luuq in 1996. After Islamic courts took control of the Somalia capital in June 2006, Ethiopia's involvement in Somalia increased dramatically. In July 2006 Ethiopian trucks and armoured cars crossed into Somalia, and Ethiopian military trainers in the country helped the interim government. On 21 July 2006 the Islamic Courts Union (ICU) leadership ordered a *holy war* against Ethiopians in Somalia.

On 27 January 2003 the UN Security Council Committee reported on the Somali situation and the regional arms-related destabilisation. Ethiopia, Eritrea, Yemen, Djibouti, Sudan and Egypt all were said to have violated the embargo over the last decade by giving arms, equipment, militia training and financial support to Somalia factions. In 1999 two Mogadishu faction leaders, Ali Mahdi Muhammad

---

27 Lewis: A modern history (n. 2), p. 179
28 David H. Shinn: *Somalia: Regional Involvement and Implications for US Policy* (2006), in: www.gwu.edu/~elliott/news/transcripts/shinn11.html>, accessed 6 December 2006, p. 101.
29 International Crisis Group (ICG): Somali crisis (n. 7), p. 17.

and Hussein Mohamed Aideed, labelled Ethiopia *the enemy* and accused them of trying to disintegrate Somalia, interfering in its internal affairs and obstructing the formation of a central government by giving arms and ammunitions to Somali factions such as the Somali Salvation Democratic Front, the United Somalia Congress Peace Movement and the Rahanwein Resistance Army (RRA).

Ethiopia has been continuously accused of providing Somalia with arms. Between November 2005 and April 2006, Ethiopia provided at least three separate consignments of arms, including mortars, machine guns, assault rifles, anti-tank weapons, and ammunition to the Transitional Federal Movement (TFG).[30] Ethiopia's military presence in Somalia and arms supply significantly inflamed Somali nationalism and antagonism towards Ethiopia.[31] Ethiopia's intervention bolstered not only the al-Shabab but also many non-radical Somalis. The terrorist organisation al-Shabab that grew from the Union of Islamic Courts took control of Kismayo, Merca and large parts of southern Somalia. The presence of Ethiopian troops in Somalia united various factions of the Alliance for the Re-liberation of Somalia (ARS), the government and even the al-Shabab. Gradually, al-Shabab expanded its military and territorial strength, and as Ethiopia started to pull out its forces towards the end of 2008, the already weak TFG started to disintegrate. Once Ethiopia withdrew from the capital city of Somalia, Islamist militiamen took over a number of abandoned police stations there.

Ethiopia's presence in Somalia cannot be explained merely by its interest to fight Islamic terrorists or enemies of the TFG, it is also indirectly fighting Eritrea, which is using Somalia as its launching pad against Ethiopia and supporting the Islamists. Eritrea expects and assumes that its involvement in Somalia will divert Ethiopia from the border conflict or put additional pressure on Ethiopia. While Ethiopia supported the TFG in Somalia, Eritrea provided the Ogaden National Liberation Front (ONLF) and Union of Islamic Courts (ICU) with substantial quantities of arms to counter the support the TFG was receiving.[32]

On 16 May 2008 peace talks on Somalia broke down without the government and the main opposition holding any face-to-face negotiations. The Asmara-based Alliance for the Re-Liberation of Somalia, which included leaders of the ICU refused to participate because it did not want to engage in any direct negotiations until the government agreed to set a timetable for Ethiopian troops to leave Somalia. Besides Ethiopia, Djibouti is a major regional player in Somali politics. Djibouti backed Ethiopia during the Eritrean-Ethiopian War from 1998 to 2000, at which it also supported the TFG and ICU. Djibouti has enjoyed more freedom in dealing with the Union of Islamic Courts as Ethiopia and Kenya have. In December 2005 Djibouti provided the TFG with 3,000 military uniforms. Djibouti, unlike Ethiopia and Kenya, urged the TFG and ICU to reach an understanding at the talks held in Khartoum in 2006. Djibouti opposed a peacekeeping mission in Somalia and urged *outsiders* not to interfere in Somali internal affairs. In 2006 Dji-

---

30 Shinn: Somalia (n. 28).
31 Somalia: *SICC declares war on Ethiopia*, in: AFRICA RESEARCH BULLETIN 43 (2006), 16834A-16836A, p. 16835A.
32 Shinn: Somalia (n. 28); International Crisis Group (ICG): Somali crisis (n. 7), p. 20.

bouti received an ICU senior delegation. Djibouti seemed to align itself with Eritrea and Sudan, since it is an overwhelmingly Muslim country and increasingly dependent on Arab investment. For that reason, its attitude towards the Islamic Courts does not seem to contradict the position of the Arab League substantially.[33]

Further, Kenya fears that its Somali-dominated north-eastern province could be a breeding ground for rising Islamism. They are concerned that radicalisation in Somalia could spill over into Kenya. The Islamists could exploit years of underdevelopment and marginalisation by successive Kenyan governments. These marginalised groups could fall into the hands of well-organised Salafists, an Islamic group, which are funded by Saudi charities and any other Islamists who promise to address their grievances. Due to their concern with the increased influence of the Islamic Courts, Kenya joined Ethiopia in strong support of the TFG. Kenya has favoured an African peacekeeping force in Somalia, as the ICU's alleged intention to incorporate Somali-inhabited territory pushed Kenya to support the TFG.[34]

On a greater regional level the Arab-Islamic identity is an important factor. The involvement of various Arab and Islamic actors has exacerbated the Somali conflict system. Influential powers such as Egypt and Saudi Arabia are major players. During the Ethiopian-Somalia conflict in 1977, Saudi Arabia already showed its support for Somalia and promised 230 million pounds to Somalia upon learning that Somalia had broken off its relations with Russia.[35] Egypt and Saudi Arabia consider themselves as regional Islamic powers, and therefore, are interested and powerful enough to get involved in the future of Somali politics. Since Somalia's collapse, Egypt, Libya, Yemen, Sudan and Saudi Arabia have all been direct or indirect stakeholders.[36] In spite of Somalia's devastating political situation in 1993 Sudan, Libya and various international Islamic organisations supported Hussein Aideed.[37] This was mainly because of the rivalry between Ethiopia and these states that were struggling to gain recognition as the dominant regional power. In November 1997 Arab countries such as Libya, Egypt and Yemen insisted on holding a conference in Cairo and including Aideed in the talks. Ethiopia and the Sodere-group (an anti-Siad Barre coalition created in Ethiopia) opposed his involvement. Prior efforts to convene a conference were also made in Nairobi in October 1996, Sodere, Ethiopia in January 1997, Sanaa, Yemen in May 1997, and Cairo in May 1997.

Ethiopia considers Egypt a regional rival power. Since the Nile partially originates in Ethiopia, it would be a strategic regional danger for Egypt if Ethiopia were to invest in major hydroelectric projects that would consume a considerable amount of the Nile's water. Egypt is interested in keeping Ethiopia weak and anxious to look into any extension of Ethiopian power in the region, in particular in

---

33 Shinn: Somalia (n. 28).
34 Ibid.
35 Lewis: A modern history (n. 2), p. 234
36 Shinn: Somalia (n. 28).
37 Mohamed Abdiraham Ahmed: *The peace process in Somalia*, 12 May Melbourne 2001, Australia, in: www.civiwebs.com/cwvlib.html, accessed 23 December 2005.

Somalia.[38] Moreover, Ethiopia is a state dominated by Christians, and Egypt wants an Islamic regional power to emerge. While Ethiopia opposed the Transitional National Government (TNG) in Somalia for its Islamist elements and supported the Ogaden National Liberation Front (ONLF) in Ethiopia, Egypt assisted the TNG by training its police forces and military and providing them with uniforms.[39] Arab states attempted to expand their sphere of influence in Somalia through TFG institutions as well. Intergovernmental Authority on Development (IGAD) countries, in particular Ethiopia, suspect the Arab League of being overly sympathetic to the Islamic Courts.[40]

## III. Global conflict system in the Horn of Africa

The aforementioned intrastate and regional factors are not enough to explain the dynamics of the Somali conflict. On a greater regional level, Egypt has had an interest in the Somali coast since the 19th century. Alongside Somalia, Eygpt is a member of the Arab League and Organisation of Islamic Conference (OIC). Ethiopia, which has 86% of the Nile, opposes the Egyptian and Sudanese treaty, which divided Nile water between the two countries. Egypt can use Somalia as its pawn to put pressure on or weaken Ethiopia: it supported Somalia, for example, during its war against Ethiopia in 1977. While Yusuf Ahmed was the leader of the Transitional Federal Government (TFG), they included Egypt among those countries that assist terrorists in Somalia.[41]

Although Libya does not share a border with Somalia and has no historical connection with Mogadishu, it does not want to be left out of the competition to mould Somalia's future, especially since Somalia is a member of the Arab League and OIC. The TFG accused Libya of interfering in Somalia's internal affairs and providing arms and cash to the Islamic Courts. Yemen has been one of the supporters of the TFG and ICU. In January 2006 it sent military clothing and fifteen pickup trucks to the TFG police and money to the Islamic Courts. Yemen's foreign minister denied that his government had provided any aid to the Courts. Islamic charities funded by Saudi Arabia such as al-Haramain were active in Somalia until they were shut down by the Saudi government probably because of their links to terrorist organisations.[42] Fundamentalist activity in Somalia does not only receive funds from private Saudi sources; according to the UN Monitoring Group on Somalia, Saudi Arabia also provided the TFG with military uniforms, medical equipment, medicine and anti-gas protective clothing in December 2005. The United Arab Emirates has become the financial centre for Somali businesspersons.

---

38  Lewis: A modern history (n. 2), p. 309.
39  Sabrina Grosse-Kettler: *External actors in stateless Somalia: a war economy and its promoters*, Bonn 2004 (= Bonn International Center for Conversion, Paper 39), in: www.bicc.de/publications/papers/paper39/paper39.pdf, accessed 11 November 2005, p. 28.
40  International Crisis Group (ICG): Somali crisis (n. 7), p. 25.
41  Shinn: Somalia (n. 28).
42  Ibid.

Iran's leaders have also shown special attention to Somalia's rising Islamic movement; it opposed the deployment of peacekeeping forces to Somalia. In the past, the TFG accused Iran of providing arms to terrorists in Somalia.[43]

Radical Islamists from Somalia sent a 720-strong military contingent to Lebanon to fight alongside Hezbollah against Israel during the Israel-Lebanon War of July-August 2006. In exchange for their support, Iranian-Syrian arms were sent to Al-Shabaab. The Islamists in Somalia have instituted Taliban-style rules in controlled areas banning drinking, cinemas, dancing, swimming for women as well as freedom of press.[44] This kind of radical Islamism has raised the concern of some global actors.

Concerned with Somalia's growing military expenditures and might as well as its ties and treaty of friendship with Russia (11 July 1974), the Ethiopian military junta which deposed the Emperor on 12 September 1974 started an intense diplomatic initiative with Russia, the German Democratic Republic and Cuba and proclaimed its revolutionary ideology. Russia, however, cynically supported both of these countries during this time only to keep both countries as its clients. Somalia unilaterally abrogated its treaty of friendship with Russia on 13 November 1977 and transferred its strategic base at Berbera from the Russians to the Americans. Angered by this move Russia massively increased its military support to Ethiopia and moved its military advisers from Somalia to Ethiopia. In addition to this, Ethiopia received some 20,000 troops from Cuba and South Yemen with which it defeated Somalia and signed a treaty of friendship and cooperation with Russia on 20 November 1978.[45]

The Soviet support Ethiopia received played a considerable role in its fight against Somalia as well as the rebels in the north of its country. Arms sent to Ethiopia from Romania, East Germany and Czechoslovakia as well as Greek mercenaries and Cuban military training and troops played a significant role during the *Ogaden War* from 27 July 1977 to 14 March 1978.[46] Cuban military training and Russian arms were crucial in Ethiopia's victory over Somalia in 1978.[47] The United States supported the Ethiopian Emperor Haile Selassie because the Soviets were present in Somalia.[48] The Somalis were defeated in the *Ogaden War* with a strategy hatched by Soviet generals.[49] After Ethiopia successfully defeated the Somali irredentists, the Soviets, Cubans and East Germans continued their support for Ethiopia by supplying it with arms in order to suppress the Eritrean guerrilla movements in the country. With an enormous advantage in sophisticated weapons and manpower, the Ethiopian army routed the Eritrean Liberation Front (ELF),

---

43 Ibid.
44 Sam Dealey: *Terror's playground*, in: TIME, 168 (27 November 2006), p. 36-39, 37-38.
45 Richard Pankhurst: *The Russians in Ethiopia: Aspirations of progress*, in: Maxim Matusevich (Ed.): Africa in Russia, Russia in Africa: three centuries of encounters, Trenton 2007, p. 219-238, 232.
46 David Carment/Patrick James/Zeynep Taydas: *Who intervenes? Ethnic conflict and interstate crisis*, Columbus 2006, p. 93-95.
47 Lewis: A modern history (n. 2), p. 233.
48 Douglas H. Johnson: *The root causes of Sudan's civil wars*, Oxford 2003, p. 57.
49 Colin Legum: *The African Crisis*, in: FOREIGN AFFAIRS 57 (1979), p. 632-651, 634.

lifted the siege around the Red Sea port of Massawa and captured Keren, Eritrea; the Eritrean People's Liberation Front (EPLF) was driven back to its original mountain strongholds and the Ethiopian government claimed victory. Eritrea then received Arab support to fight against Ethiopia.

Since October 2002 a US military base has existed in the Horn of Africa in Djibouti. France, Germany, Spain and Italy all have troops stationed there and are part of the Combined Joint Task Force – Horn of Africa (CJTF-HOA). In 2002, the 1,700-strong Combined Task Force – Horn of Africa was created and established in Djibouti to fight terrorism in the region. In 2003 it allocated 100 million dollars to the East African Counterterrorism Initiative (EACTI). Right after the rise of the Union of Islamic Courts in 2005, the United States became directly involved in Somalia by creating the Alliance for the Restoration of Peace and Counter-Terrorism (ARPCT) and collaborating with a group of Somali warlords who aided the US by snatching alleged Islamic *extremists* or al-Qaeda operatives taking refuge in Somalia. The US paid the warlords around $150,000 a month to support their operations. The US intelligence support, military targeting and logistical support provided to defeat Ethiopia was certainly invaluable to the Somali warlords during the invasion. Moreover, the US military attempted to attack al-Shabab using aircraft, warships and special forces on at least five occasions.[50] Ethiopians have now left; the US has made its enemies hate it more than ever before and the Horn of Africa is as instable as ever.

Islamist terrorism is the main reason for the presence of regional and global actors. Sheikh Assan Dahir Aweys, senior leader of the Al-Itihaad al-Islamiya (AIAI), was accused of being involved in Ethiopian bombings in 1995-1996. He was also linked to the bombings of the US embassies in Nairobi and Dar-es-Salaam in 1998 and even referred to having connections to Osama bin Laden, al-Qaeda and terrorism.[51] To capitalise on international interests to fight against such personalities as Aweys and other terrorist organisations, ARPCT militia leaders sought to portray all Islamists as terrorists and use American counter-terrorism for parochial aims.[52] In 1997 and 1998 Ethiopia had already entered western Somalia several times, mainly into the Gedo region to support the Somali National Front (SNF) combat the AIAI. Key components of the global conflict system in this region are Ethiopia's anxiety to protect itself from attacks by Islamic terrorists based in Somalia, the support it receives in particular from the US and the West in general for this anti-terrorist project, and the lack of effective government in Somalia which is a potential breeding ground for fundamentalism. Other important components are the attempts of these regional and global actors to discourage the emergence of Islamic organisations and the increasing flow of Somali immigrants to the Western world who are being exploited by right-wing parties in the West to

---

50 Martin Plaut, BBC: *US fails to break Somali Islamists* (2009), in: www.news.bbc.co.uk/go/pr/ fr/ 2/hi/africa/7807291.stm, accessed 12.01.2009.
51 International Crisis Group (ICG): Somali crisis (n. 7), p. 10.
52 Ibid., p. 16.

gain votes.[53] EU security-related threats coming from Somalia (e.g. July 2005 London terrorist attacks involving Somali immigrants) and piracy is also crucial.

The tendency for TFG leadership to depend on its archenemy Ethiopia historically de-legitimises its credibility. Somalia's conflict system demonstrates that foreign interveners have escalated tensions and political competition between the Islamic Courts and clans.[54] Growing Islamic terrorism has motivated global and regional actors to get increasingly involved in the region: in turn this increased presence of global and regional actors in Somalia has further supported the rise of Islamic fundamentalism, destabilising Somalia and the region on a whole. The result is that America's insistence on counter-terrorism policies will paradoxically increase the presence and influence of radical Islamic organisations, promote destabilising activities in Somalia, fuel anti-Western Islamic sentiments and create a self-fulfilling prophecy.[55] The Islamic Courts Union's (ICU) takeover of Mogadishu in June 2006 is partially a reaction to the USA's support of warlords who had been devastating the country since 1991.

The rising influence of the Islamic Courts starting in June 2006 alarmed the TFG, the key regional actor Ethiopia, the USA, the EU and various EU members as well as the UN. Ethiopia is worried about possible links between the ICU and the AIAI. Kenya is alarmed by the growing importance of Islamism that could branch out into ethnic Somali communities in its own country. The US is still looking for the Islamists responsible for bombing two of its embassies in 1998. The 1998 al-Qaeda bombings of American embassies in Kenya and Tanzania, which left hundreds dead and thousands wounded initiated the USA's renewed commitment in Somalia after leaving in 1993. All members are devoted to hinder Somalia from evolving into an African version of Taliban-ruled Afghanistan. A power struggle between Ethiopia and Eritrea has emerged in Somalia due to Eritrean assistance of the ICU.[56]

It is important to emphasise that the crisis is and will remain a direct product of ill-conceived foreign interventions. Ethiopia's efforts to replace the 2000-2003 Transitional National Government (TNG) with a new one dominated by its allies alienated large sections of the Hawiye clan, leaving the TFG with a support base too narrow to operate in and around Mogadishu. The request by the African Union and Intergovernmental Authority on Development (IGAD) for foreign peacekeepers was intended to bolster the TFG but instead it cast it as ineffectual and dependent on foreign support and provided a rallying cry for diverse opposition groups. US counter-terrorism efforts meant to contain foreign al-Qaeda operatives have accelerated the expansion of jihad Islamist forces and produced the largest potential al-Qaeda safe haven in Africa.[57]

The external involvement would also exacerbate the internal divisions and rivalries, increasing the likelihood of additional schisms, realignments and instabili-

---

53 Lewis: A modern history (n. 2), p. 309-310.
54 International Crisis Group (ICG): Somali crisis (n. 7).
55 Menkhaus: Somalia (n. 9), p. 23-47, 24.
56 International Crisis Group (ICG): Somali crisis (n. 7).
57 Ibid., p. i.

ty caused by competing interests are complex, reflecting clan cleavages, external alliances, ideology, business competition and personal rivalries. The military involvement also increased the systematic violations of the embargo by a wide range of political factions, merchants, Islamists and a number of countries such as Ethiopia, Eritrea, Italy and Yemen, etc. as well as the Transitional Federal Government (TFG) itself.[58]

The CIA and US support for various militia groups led to widespread acceptance of the radical Islamists.[59] Syria is reported to have equipped and trained the ICU military. On 27 July 2006 radical Islamist fighters were transported by aircraft to Syria to undergo military training; a large quantity of arms including surface-to-air-missiles were also delivered to the ICU in early September. Iran equally supplied the ICU with arms. On July 25 and August 2006 it sent a shipment of 1,000 machine guns, grenade launchers, medical supplies, 45 shoulder-fired surface-to-air missiles and an unknown quantity of mines and ammunition.[60] Somalia is feared to be an ideal conduit through which al-Qaeda could advance into the region from the Arabian Peninsula. The radical Islamists have clearly expressed that they would consider the deployment of the African peacekeepers as an act of war and invasion, and the Somalis are reluctant to be re-colonised by any sort of international troops.[61]

## IV. State collapse and piracy

Besides state collapse and terrorist threats, Somalia has got other problems which have strongly attracted international actors. From 2007 to 2008 piracy rose by 200%. In 2007, there were 31 actual or attempted attacks off the Somali coast.[62] The pirates attacked more than 90 vessels between January and November 2008. Piracy is regarded as a joint threat. UN Resolution 1816 passed in June 2008 authorised states cooperating with Somalia's Transitional Government to enter Somalia's territorial waters for a period of six months. Besides hijacking vessels heading west from Asia across the Gulf of Aden to Europe, Somali pirates also took 30 passengers of a French luxury yacht hostage in September 2008 and later released them for a ransom of about $ 2 million.[63] In late December 2008 China sent two destroyers and one supply ship to the Indian Ocean to protect the four or five Chinese ships that pass through that area every day, since seven Chinese ships or crews had been attacked in 2008. UN Resolution 1838 was passed in October 2008 to use *all means necessary* to stop acts of piracy and armed robbery at sea; the mandate was extended in early December 2008 for another year.

---

58  Ibid., p. 22.
59  Dealey: Terror's playground (n. 44), p. 38.
60  Ibid.
61  Ibid., p. 39.
62  Kathryn Westcott: *Somalia's pirates face battles at sea* (2008), in: www.news.bbc.co.uk/go/pr/fr/1/hi/world/africa/7358764.stm, accessed 29 October 2008.
63  Ibid.

Established by the Council of the European Union in September 2008, EU Navy Office of Community Outreach (NAVCO) was replaced by EU Naval Force (NAVFOR) and reached its initial operational capability on 13 December 2008. Since Somali pirates are poised to continue their attacks on shipping vessels off the coast of Somalia, the EU's anti-piracy taskforce Operation Atalanta (EU NAVFOR Somalia) and naval officers from the Northwood-base near London were deployed in December 2008. This operation is conducted in support of UN Security Council Resolutions 1814 (2008), 1816 (2008), 1838 (2008), 1846 (2008) and 1851 (2008) to protect vessels of the WFP delivering food aid to displaced persons in Somalia; to protect vessels cruising off the Somali coast; and to deter, prevent and repress piracy and armed robbery off the Somali coast. EU taskforce warships and maritime patrol aircraft from Britain, France, Germany and Greece have poured into the Gulf of Aden and Indian Ocean. The patrolling by coalition warships has acted as a deterrent to the pirates, resulting in a decrease of ship hijackings. To patrol the western Indian Ocean, EU warships have also been joined by Russian, Chinese and Indian warships as well as by the Bahrain-based, US anti-piracy taskforce known as the Combined Task Force (CTF) -151.[64] On 23 September 2008 an Indian warship sank a suspected pirate in the Gulf of Aden, and on 28 November 2008 the hijacking of the Saudi Arabian supertanker the Sirius Star attracted the attention of the world. 25 crewmembers were taken hostage on board this ship loaded with $100m worth of oil. Towards the end of January 2009 Japanese Defence Minister Yasukazu Hamada ordered the dispatch of ships to join the multinational force. Warships from South Korea and Iran have also joined the mission. France, India, South Korea, Russia, Spain, Turkey, Malaysia, the US and NATO among others are already present in the region.

Somalis have increasingly complained that the world only cares about pirates and has forgotten about the causes of rising piracy. First, according to ex-Somali Army Colonel Mohamed Nureh Abdulle, Somalis living in the coastal areas are facing two problems: dumping of toxic waste causing mysterious illnesses and overfishing by international ships. Animals in the area have become sick from drinking the water whereas people have fallen ill after washing in the water. Secondly, overfishing has heavily affected local communities who rely on fishing to survive. Former fishermen have turned into pirates arguing that international ships are illegally threatening or destroying their business. Businessmen and former fighters of Somali warlords moved in as soon as hijacking became a lucrative business.[65] International ships with big fishing nets have destroyed the oceans forcing the people in the areas to start farming and keep greater numbers of livestock. Somalis have already been affected by three successive years of drought in addition to chronic insecurity that has decimated their animals heavily exposing the population to malnutrition. Soaring world food prices have exacerbated the situation leading to catastrophic combination of circumstances. As a result, the humanitarian crisis affected 3.5 million people by the end of 2008. It is in the face

---

64 Frank Gardner, BBC: *Taking on Somalia's pirates* (2009), in: www.news.bbc.co.uk/go/pr/fr/1/hi/world/africa/7882618.stm, accessed 10 February 2009.
65 Westcott: Somalia's pirates (n. 62).

of this fact that the question has to be asked: can Somali pirates be defeated? The world's most advanced navies have failed to put an end to piracy. Pirates have continuously moved south into the Indian Ocean. Upon seeing a naval frigate approaching, pirates pretend to be fishermen and dump their weapons, boarding ladder and satellite telephones into the ocean. They can buy new equipment with the ransom money they receive. Many of the pirates captured and released on previous occasions can be encountered again and again sailing the ocean as pirates.

In spite of international naval taskforce being present in the area, Somali pirates hijacked a supertanker carrying oil to the US about 1,300 kilometres off Somalia close to Seychelles and took 28 crew members (16 Filipinos, nine Greeks, two Ukrainians and one Romanian) captive on 29 November 2009. Naval deployment will not make a long-term difference here. Dealing with Somalia's governance crisis, in other words Somalia's state collapse and its incapability to rebuild, will help address the problem of piracy since it feeds off these factors. In January 2009 pirates received 3 million dollars in ransom money for the largest ship ever seized – the Sirius Star which was carrying two million barrels of oil (a quarter of Saudi Arabia's daily output) was captured in November 2008.

## V. Conclusion

This paper has attempted to prove that Somalia's collapse can be seen on three levels. Numerous peace initiatives have been undertaken to re-establish Somalia. Various internal stakeholders including political elites and clan elders have tried to establish peace in Somalia but have failed. Regional states such as Ethiopia, Djibouti, Kenya and Egypt attempted to mediate but failed. Global players such as the United Nations failed. The presence and intervention of UN, USA and the African Union could not bring peace to Somalia. They failed because they approached the Somali conflict as if it were merely an internal phenomenon. As shown in this paper Somalia may have collapsed mainly because of the internal actors and factors involved, but its chaotic state cannot be reduced to the internal factors only. Regional and global actors and factors have continuously played a decisive role in sustaining this chaotic situation. They have bred violence, destroyed Somalia's infrastructure and introduced to Islamic fundamentalism, terrorism, and piracy. Somalis are indeed starting to rally against Islamists and express anger towards them. In early December 2009, hundreds of Somalis took to the streets of Mogadishu to protest against al-Shabab and its involvement in various deadly suicide attacks and atrocities. If public anti-al-Shabab protests continue not only in other parts of the country but in Mogadishu, where the group controls a large amount of territory and tolerates no dissent, it will send a clear message to the whole country that al-Shabab can be a destabilising rather than a stabilising factor.

However, it is important to point out that the whole Horn of Africa is now affected by this chaos in Somalia, meaning the Horn of Africa will increasingly be the scene of the global conflict system. Ethiopia will be increasingly targeted as a proxy of the United States; Eritrea will be left isolated from the international community and declared a supporter of terrorists in Somalia. Piracy in and around Somali waters has become a global concern.

In the case of Somalia, the problems experienced on the seas cannot be separated from the problems occurring on the land. There will be pirates as long as there is chaos and instability in Somalia. Big fisheries from around the world have depleted the waters, which has threatened the livelihoods of Somali fishermen. There is no central authority to control Somali waters and provide security to Somalis, which usually is the responsibility and duty of the state to uphold. In the absence of a strong state, chaos and piracy inside and outside Somali will continue. As long as there is no cooperation among internal, regional and global actors no viable Somali state can be established.

# PIRATERIE UND VÖLKERRECHT HEUTE[*]

ANDREAS VON ARNAULD

## I. Das Völkerrecht zwischen Tradition und Wandel

Noch heute liest man in völkerrechtlichen Abhandlungen, Piraten gälten als *hostes humani generis*, als Feinde der Menschheit. Zum Teil wird hier Cicero als Urheber benannt, für den der Seeräuber *communis hostis omnium*, „gemeiner Feind aller",[1] war. Die geläufige Wendung dürfte aber wohl in das 17. Jahrhundert zurückreichen. Sie findet sich in Edward Cokes *Institutes of the Lawes of England* (ca. 1628);[2] zuvor bereits hatte Alberico Gentili in seinen *De Jure Belli Libri Tres* geschrieben, Piraten seien die „gemeinen Feinde aller Sterblichen" (*piratæ omnium mortaliū hostes sunt communes*).[3] Hinter diesen Formeln verbirgt sich das gemeinsame Anliegen der seefahrenden Staaten, gegen die Bedrohung durch Piraterie vorzugehen. Da es sich bei der Hohen See (damals wie heute) um einen hoheitsfreien Raum handelte, wurde das Recht zur Bekämpfung der Seeräuberei allen Staaten eingeräumt. Der Pirat wurde aus der menschlichen Gemeinschaft ausgeschlossen und durfte von jedem Staat aufgebracht und gerichtet werden.[4] Dieser Grundsatz der universellen Jurisdiktion über Akte der Piraterie auf Hoher See hat sich bis in unsere Tage erhalten.

Es wäre jedoch irreführend, eine ungebrochene Traditionslinie vom 17. Jahrhundert bis in unsere Tage zu ziehen: Die Völkerrechtsgeschichte der Piraterie ist ambivalenter als der Rekurs auf die genannten Quellen suggeriert. So war beispielsweise die Kaperei als eine staatlich legitimierte Form des privaten Seeraubs bis zur Pariser Seerechtsdeklaration vom 16. April 1856 völkerrechtlich gestattet.[5] Auch unterscheidet sich das heutige Verständnis eines Weltrechtsprinzips von der

---

[*] Eine ausführlichere Auseinandersetzung mit dem Thema erschien in: ARCHIV DES VÖLKERRECHTS 47 (2009), Heft 4 unter dem Titel „Die moderne Piraterie und das Völkerrecht".
[1] Cicero, *De officiis* III § 107.
[2] Edward Coke: *Institutes of the Lawes of England*, Teil 3, London ca. 1628, § 113. Auf Coke beruft sich auch William Blackstone in seinen *Commentaries on the Laws of England*, Buch 4, Oxford 1769, Kap. 5, S. 71. Vertiefend zu den Ursprüngen Joshua Michael Goodwin: *Universal Jurisdiction and the Pirate: Time for an Old Couple to Part*, in: VANDERBILT JOURNAL OF TRANSNATIONAL LAW 39 (2006), S. 973-1011, 989-995.
[3] Alberico Gentili: *De Jure Belli Libri Tres*, Buch 1, Hanau ²1612, 33 [35].
[4] Klaus F. Gärditz: *Weltrechtspflege: eine Untersuchung über die Entgrenzung staatlicher Strafgewalt*, Berlin 2006, S. 59-61.
[5] Dazu wie zum Korsarentum der „Barbaresken" näher Rainer Lagoni: *Piraterie und widerrechtliche Handlungen gegen die Sicherheit der Seeschiffahrt*, in: Jörn Ipsen/Edzard Schmidt-Jortzig (Hg.): Recht – Staat – Gemeinwohl: Festschrift für Dietrich Rauschning, Köln u.a. 2001, S. 501-534, 501-505; Almut Hinz: *Die ‚Seeräuberei der Barbareskenstaaten' im Lichte des europäischen und islamischen Völkerrechts*, in: VERFASSUNG UND RECHT IN ÜBERSEE 39 (2006), S. 46-65.

universellen Jurisdiktion über Akte der Piraterie durch eine „Akzentverschiebung von einer eher pragmatischen Weltrechtspflege zum Zwecke kooperativer Sicherung der *terra nullius* zu einer in erster Linie rechtsethisch begründeten Drittstaatenintervention bei Menschlichkeitsverbrechen".[6] Zudem fügt sich die Stellung eines *outlaw* nur schwer in eine Völkerrechtsordnung, die nach 1945 immer stärker auf den Schutz der Menschenrechte ausgerichtet worden ist.[7] Diese Akzentverschiebungen beeinflussen die Antworten des Völkerrechts auf jene Fragen, die die Seeräuberei unserer Tage aufwirft. Die Diskussionen berühren vor allem zwei Problemkreise: das Recht zum Aufbringen von Seeräuberschiffen (dazu sogleich II.) sowie den Umgang mit Piraten während des Einsatzes und nach einer Gefangennahme (dazu III.).

## II. Das Recht zum Aufbringen von Seeräuberschiffen

Das Interdiktionsrecht nach Art. 105 des UN-Seerechtsübereinkommens

Das Seerechtsübereinkommen der Vereinten Nationen vom 10. Dezember 1982 (SRÜ)[8] enthält in den Art. 100 bis 107 einen eigenen Abschnitt zur Bekämpfung der Piraterie (hinzu tritt Art. 110).[9] Angesichts einer langjährigen universellen Übung und vielfach dokumentierter Rechtsüberzeugung können diese Regeln daneben außerdem gewohnheitsrechtliche Geltung beanspruchen.[10] Gemäß Art. 100 SRÜ sind alle Staaten zur größtmöglichen Kooperation bei der Bekämpfung der Seeräuberei auf Hoher See verpflichtet – eine eher *weiche* Klausel, der sich konkrete Pflichten im Wege der Auslegung nur behutsam entnehmen lassen.[11] Kriegsschiffe und sonstige im Staatsdienst stehende Schiffe und Luftschiffe (dazu Art. 107) werden im SRÜ ermächtigt, der Seeräuberei verdächtige Schiffe anzuhalten und zu betreten (Art. 110 Abs. 1 lit. a, sog. *boarding*) und Seeräuberschiffe aufzubringen (Art. 105). Dieses sogenannte Interdiktionsrecht lautet:

> „Art. 105. Jeder Staat kann auf Hoher See oder an jedem anderen Ort, der keiner staatlichen Hoheitsgewalt untersteht, ein Seeräuberschiff oder – luftfahrzeug oder ein durch Seeräuberei erbeutetes und in der Gewalt von

---

6  Gärditz: Weltrechtspflege (Anm. 4), S. 218. Siehe auch Goodwin: Universal Jurisdiction (Anm. 2), S. 984-1002.
7  Goodwin: Universal Jurisdiction (Anm. 2), S. 1003-1007.
8  BUNDESGESETZBLATT 1994 II, S. 1798.
9  Entsprechende Regelungen enthält die Konvention über die Hohe See von 1958, die nur noch für diejenigen Staaten Bedeutung hat, die (wie z.B. die USA) nicht Vertragspartei des SRÜ sind. Zur Kodifikationsgeschichte eingehend Barry H. Dubner: *The Law of International Sea Piracy*, Den Haag u.a. 1980, S. 47-145; Alfred P. Rubin: *The Law of Piracy*, Newport 1988, S. 305-337.
10 Tullio Treves: *Piracy, Law of the Sea, and Use of Force: Developments off the Coast of Somalia*, in: EUROPEAN JOURNAL OF INTERNATIONAL LAW 20 (2009), S. 399-414, 401.
11 Näher Lagoni: Piraterie (Anm. 5), S. 522. Kritisch daher Rosemary Collins/Daud Hassan: *Applications and Shortcomings of the Law of the Sea in Combating Piracy: A South East Asian Perspective*, in: JOURNAL OF MARITIME LAW & COMMERCE 40 (2009), S. 89-113, 104f.

Seeräubern stehendes Schiff oder Luftfahrzeug aufbringen, die Personen an Bord des Schiffes oder Luftfahrzeugs festnehmen und die dort befindlichen Vermögenswerte beschlagnahmen. Die Gerichte des Staates, der das Schiff oder Luftfahrzeug aufgebracht hat, können über die zu verhängenden Strafen entscheiden sowie die Maßnahmen festlegen, die hinsichtlich des Schiffes, des Luftfahrzeugs oder der Vermögenswerte zu ergreifen sind, vorbehaltlich der Rechte gutgläubiger Dritter."

In Art. 105 wird nur eine Ermächtigung, keine Verpflichtung formuliert. Auch seinen Kooperationspflichten nach Art. 100 SRÜ kann ein Staat auf andere Weise nachkommen als durch aktive Beteiligung an der Jagd auf Piraten.[12] Sollte ein Staatsschiff jedoch bei einem Piratenangriff vor Ort sein, wird man es wegen Art. 100 regelmäßig für verpflichtet halten können, nicht nur den Angriff abzuwehren, sondern auch das Seeräuberschiff aufzubringen.[13]

Das Interdiktionsrecht ist in mehrfacher Hinsicht beschränkt. Hier sollen drei Beschränkungen herausgegriffen werden, die in der aktuellen Diskussion eine wichtige Rolle spielen: *ratione loci* die Beschränkung auf die Hohe See, *ratione materiae* die Beschränkung auf ökonomisch motivierte Überfälle sowie *ratione personae* der zwischenstaatliche Fokus.[14]

Örtliche Beschränkung auf die Hohe See

In örtlicher Hinsicht ist das Piraterie-Regime des SRÜ auf die Hohe See (und andere Orte, die keiner staatlichen Hoheitsgewalt unterstehen[15]) beschränkt. Art. 58 Abs. 2 SRÜ erweitert die Regelungen auf die Ausschließliche Wirtschaftszone. Diese Beschränkung entspricht der traditionellen Funktion der universellen „Polizeigewalt" im Seevölkerrecht. Schließlich ging es in erster Linie darum, die Verkehrswege auf den internationalen Gewässern zu sichern, die als *terra nullius* keiner staatlichen Hoheitsgewalt unterstanden. Die Sicherung der nationalen Gewässer fiel und fällt in die Verantwortung des Küstenstaates. Das Staatsgebiet sowie das ihm zuzurechnende Küstenmeer bis zu einer Entfernung von 12 Seemeilen

---

12 Michael Allmendinger/Alexander Kees: *‚Störtebekers Erben': Die Seeräuberei und der deutsche Beitrag zu ihrer Bekämpfung*, in: NEUE ZEITSCHRIFT FÜR WEHRRECHT 2008, S. 60-69, 62f.; Treves: Piracy (Anm. 10), S. 402.
13 Rüdiger Wolfrum: *Fighting Terrorism at Sea: Options and Limitations under International Law*, in: Jochen A. Frowein/Klaus Scharioth/Ingo Winkelmann/Rüdiger Wolfrum (Hg.): Verhandeln für den Frieden: Liber amicorum Tono Eitel, Berlin u.a. 2003, S. 649-668, 654. Siehe auch International Law Commission (ILC), in: YEARBOOK OF THE ILC 1956 II, S. 282, Kommentar (2) zu Art. 38.
14 Zu diesen und weiteren Beschränkungen Lagoni: Piraterie (Anm. 5), S. 512-520; José Luis Jesús: *Protection of Foreign Ships against Piracy and Terrorism at Sea: Legal Aspects*, in: THE INTERNATIONAL JOURNAL OF MARINE AND COASTAL LAW 18 (2003), S. 363-400, 376f.; Collins/Hassan: Applications (Anm. 11), S. 96-101.
15 Gemeint sind hier insbesondere die Gewässer der Antarktis: Daniel P. O'Connell: *The International Law of the Sea*, Vol. II, Oxford 1984, S. 970f.

von der Küstenlinie (Art. 2, 3 SRÜ) unterliegen dessen voller Souveränität.[16] Das hoheitliche Vorgehen gegen Piraten obliegt hier allein dem Küstenstaat oder muss von ihm autorisiert werden. Damit sind gerade Gewässer vom Rechtsregime der Art. 100-107 SRÜ ausgenommen, in denen sich nicht allein ein erheblicher Teil der gegenwärtigen Seeräuberei abspielt,[17] sondern die auch den auf Hoher See operierenden Piraten als Rückzugsraum dienen.[18] Schwerer noch wiegt, dass überhaupt nur räuberische Überfälle jenseits der Territorial- und Archipelgewässer im SRÜ als Seeräuberei definiert werden.[19] Damit erstreckt sich die Kooperationspflicht aus Art. 100 schon *per definitionem* nicht auf die küstennahe Piraterie.[20] Zutreffender Ansicht nach obliegen dem Küstenstaat jedoch auch in seinen Hoheitsgewässern bestimmte Pflichten: einmal, weil er seiner Kooperationspflicht aus Art. 100 wegen verhindern muss, dass Piraterie in seinen Gewässern auf die internationalen Gewässer übergreifen kann.[21] Des Weiteren, weil der Küstenstaat als Inhaber der Gebietshoheit ganz allgemein verpflichtet ist, im Rahmen des Möglichen seine Gewässer so zu sichern, dass fremde Schiffe, die das Recht zur friedlichen Durchfahrt (Art. 17 SRÜ) nutzen, nicht Opfer eines räuberischen Überfalls werden.

Die souveränen und exklusiven Rechte des Küstenstaates enden nach dem gegenwärtigen Stand des Völkerrechts auch dann nicht, wenn dieser mangels effektiver Staatsgewalt nicht in der Lage ist, seinen Pflichten zur Bekämpfung der Seeräuberei nachzukommen. Auch der sogenannte *failed state* genießt den Schutz des Völkerrechts.[22] Um ausländischen Staaten Polizeigewalt in seinen Gewässern zu übertragen, sind zwei Wege denkbar: Zum einen kann der Küstenstaat selbst andere Staaten um Unterstützung bitten und deren Aktionen somit autorisieren. Zum anderen kann diese Autorisierung durch den UN-Sicherheitsrat auf Grundlage von Kapitel VII der UN-Charta erfolgen. Stellt der Sicherheitsrat gemäß Art. 39 UN-Charta fest, dass eine Situation eine Bedrohung des Friedens darstellt, kann er auch gegen den Willen des betroffenen Staates andere Mitglieder der Vereinten Nationen ermächtigen, diese Friedensbedrohung zu beseitigen. Zwar hat der Sicherheitsrat in seinen Somalia-Resolutionen nicht die Piraterie selbst als Frie-

---

16 Vom Anwendungsbereich der Art. 100 bis 107 SRÜ ausgenommen sind ferner innere Gewässer und Häfen (Art. 11 SRÜ) sowie Archipelgewässer (Art. 49 Abs. 1 SRÜ). Näher Lagoni: Piraterie (Anm. 5), S. 514f.
17 Ausweislich der Zahlen der International Maritime Organization (IMO) fanden 2006 nur 25,4% der Zwischenfälle in internationalen Gewässern statt, 2007 30,2%, 2008 50,3%.
18 Kritisch John Mo: *Options to Combat Maritime Piracy in Southeast Asia*, in: OCEAN DEVELOPMENT & INTERNATIONAL LAW 33 (2002), S. 343-358, 345, 347f.; Jesús: Protection (Anm. 14), S. 383; Collins/Hassan: Applications (Anm. 11), S. 97.
19 Daher ist in Berichten der IMO bei Zwischenfällen im Küstenmeer auch nicht von „piracy", sondern von „armed robbery" die Rede.
20 Kritisch Wolfrum: Fighting Terrorism (Anm. 13), S. 653; Jesús: Protection (Anm. 14), S. 368, 382-386.
21 Lagoni: Piraterie (Anm. 5), S. 522; Wolfrum: Fighting Terrorism (Anm. 13), S. 653f. Anders wohl Jesús: Protection (Anm. 14), S. 380f.
22 Eingehend Robin Geiß: *Failed States: die normative Erfassung gescheiterter Staaten*, Berlin 2005.

densbedrohung eingestuft. Vielmehr hat er aber festgestellt, dass die Seeräuberei vor der somalischen Küste die ohnehin in der Region bestehenden Friedensbedrohung verschärfe.[23] Damit hat er sich die Möglichkeit eröffnet, auf Grundlage von Kapitel VII der Charta Maßnahmen anzuordnen.[24]

Gerade im Fall Somalias hat der UN-Sicherheitsrat sich für ein behutsames Vorgehen entschieden: Auf der einen Seite hat er in mehreren Resolutionen die Staaten zur Bekämpfung der Seeräuber in den somalischen Küstengewässern – und mit Resolution 1851 (2008) sogar zu Land – aufgefordert und ermächtigt.[25] Auf der anderen Seite aber hat er durchgängig den Respekt vor der Souveränität Somalias bekräftigt und die Ermächtigung auf solche Staaten beschränkt, die mit der Übergangsregierung in Mogadischu kooperieren. Auch in weiteren Kautelen wird das Bemühen erkennbar, einer Erosion der küstenstaatlichen Souveränität vorzubeugen.[26] Es geht um vorübergehende Unterstützung eines Küstenstaates, der seinen völkerrechtlichen Sicherungspflichten nicht nachkommen kann.

Neben diesen zwei Wegen – Ermächtigung durch den Küstenstaat oder durch den UN-Sicherheitsrat – gibt es keinen dritten. Für unilaterale Aktionen oder selbsternannte „Koalitionen der Willigen" ist im Völkerrecht kein Raum.[27] Zwar kommt Regionalorganisationen wie der Afrikanischen Union in einem multilateralen Ansatz eine wichtige Rolle zu; doch auch diese sind nach Art. 53 der UN-Charta derzeit nicht befugt, ohne Ermächtigung durch den UN-Sicherheitsrat den souveränen Widerstand eines Mitgliedstaates mit Zwang zu brechen.[28]

---

23  Vgl. Präambel zu Sicherheitsrats-Resolution [S.C. Res.] 1816 vom 2.6.2008, para. 12: „Determining that the incidents of piracy and armed robbery against vessels in the territorial waters of Somalia and the high seas off the coast of Somalia exacerbate the situation in Somalia, which continues to constitute a threat to international peace and security in the region".
24  Treves: Piracy (Anm. 10), S. 400f.
25  S.C. Res. 1816 v. 2.6.2008, S.C. Res. 1838 v. 7.10.2008, S.C. Res. 1844 v. 20.11.2008, S.C. Res. 1846 v. 2.12.2008, S.C. Res. 1851 v. 16.12.2008. Dazu näher Douglas Guilfoyle: *Piracy off Somalia: UN Security Council Resolution 1816 and IMO Regional Counter-Piracy Efforts*, in: INTERNATIONAL AND COMPARATIVE LAW QUARTERLY 57 (2008), S. 690-699; Andreas Fischer-Lescano: *Bundesmarine als Polizei der Weltmeere?*, in: ZEITSCHRIFT FÜR ÖFFENTLICHES RECHT IN NORDDEUTSCHLAND 2009, S. 49-55, 50f.
26  Näher Treves Piracy (Anm. 10), S. 404-408.
27  Für unilaterale Aktionen aber Leticia Diaz/Barry H. Dubner: *On the Problem of Utilizing Unilateral Action to Prevent Acts of Sea Piracy and Terrorism: A Proactive Approach to the Evolution of International Law*, in: SYRACUSE JOURNAL OF INTERNATIONAL LAW AND COMMERCE 32 (2004), S. 1-50. Wie hier, aus Anlass des Irak-Krieges 2003: Thomas M. Franck: *What Happens Now? The United Nations After Iraq*, in: AMERICAN JOURNAL OF INTERNATIONAL LAW 79 (2003), S. 607-620; Gerd Seidel: *Quo vadis Völkerrecht?*, in: ARCHIV DES VÖLKERRECHTS 41 (2003), S. 449-483; Michael Staack: *Multilateralismus, Unilateralismus und das Völkerrecht: Deutschland und die ‚Bush-Revolution'*, in: Ralf Walkenhaus/Stefan Machura/Peter Nahamowitz/Erhard Treutner (Hg.): Staat im Wandel: Festschrift für Rüdiger Voigt, Stuttgart 2006, S. 339-373.
28  Jochen A. Frowein: *Zwangsmaßnahmen von Regionalorganisationen*, in: Ulrich Beyerlin/Michael Bothe/Rainer Hofmann/Ernst-Ulrich Petersmann (Hg.): Recht zwischen Umbruch und Bewahrung: Völkerrecht, Europarecht, Staatsrecht: Festschrift für Rudolf Bernhardt, Berlin u.a. 1995, S. 57-69. Siehe aber auch Abdulqawi A. Yusuf: *The right of intervention by the*

Sachliche Beschränkung auf ökonomische Ziele

In sachlicher Hinsicht ist die Seeräuberei nach Art. 101 SRÜ auf Übergriffe beschränkt, die „privaten Zwecken" (*private ends, fins privées*) dienen. Nicht erfasst ist damit politisch motivierte Gewalt.[29] Diese Ausklammerung des „maritimen Terrorismus"[30] ist in jüngerer Zeit zum Teil scharf kritisiert worden.[31] Die bisweilen apokalyptischen Bedrohungsszenarien, auf die diese Kritik abhebt, erscheinen jedoch wirklichkeitsfern. Gewiss können sich Piraterie und Terrorismus miteinander verbinden, wofür es aber bislang keine belastbaren Erkenntnisse gibt. Zudem handelt es sich allenfalls um eine Schnittmenge, die nichts daran ändert, dass es um zwei unterschiedlich motivierte Formen privater Gewalt geht, die verschiedene Ursachen haben und die nicht vorschnell miteinander vermengt werden sollten.[32] Statt Sicherheitsrisiken pauschal zu verquicken und einem modischen Vernetzungsdenken zu huldigen, fordert das Völkerrecht hier zu Recht differenzierte Antworten ein.

Das SRÜ stuft Piraterie – wie Drogenhandel (Art. 108) oder nicht genehmigte Rundfunksendungen („Piratensender", Art. 109) – als Form der Kriminalität ein. Dementsprechend haben die vorgesehenen Mittel „polizeilichen", nicht militäri-

---

*African Union: A New Paradigm in Regional Enforcement Action?*, in: AFRICAN YEARBOOK OF INTERNATIONAL LAW 11 (2003), S. 3-21.

29 Lagoni: Piraterie (Anm. 5), S. 518-520; Jesús: Protection (Anm. 14), S. 377-379; Allmendinger/Kees: ‚Störtebekers Erben' (Anm. 12), S. 62; Fischer-Lescano: Bundesmarine (Anm. 25), S. 50. Anders die sog. SUA-Konvention von 1988 (Übereinkommen zur Bekämpfung widerrechtlicher Handlungen gegen die Sicherheit der Seeschiffahrt v. 10.3.1988, BUNDESGESETZBLATT 1990 II, S. 496): Hier werden Gewalttaten unabhängig von ihrer Motivation erfasst. Diese Konvention soll aber die Bestrafung der Täter sicherstellen und sieht keine Polizeigewalt gegen fremde Schiffe vor. Ein Boarding-Recht regelt Art. 8*bis* des SUA-Protokolls von 2005, das aber noch nicht in Kraft getreten ist. Näher dazu Lagoni: Piraterie (Anm. 5), S. 525-529; Wolfrum: Fighting Terrorism (Anm. 13), S. 658-661; Collins/Hassan: Applications (Anm. 11), S. 106-110.

30 Näher zur Bekämpfung von maritimem Terrorismus und der Verbreitung von Massenvernichtungswaffen auf dem Seeweg Wolfrum: Fighting Terrorism (Anm. 13), S. 661-667; Ekaterina Anyanova: *Legal Aspects of the Regime of Maritime Security in International, EU and National Law*, Tönning u.a. 2008; Thomas Giegerich: *Sicherheit auf See: Maßnahmen gegen die Verschiffung von Massenvernichtungswaffen an internationale Terroristen nach Völkerrecht und deutschem Recht*, in: Andreas Zimmermann/Christian J. Tams (Hg.): Seesicherheit vor neuen Herausforderungen, Kiel 2008, S. 5-33; Doris König: *Der Einsatz von Seestreitkräften zur Verhinderung von Terrorismus und Verbreitung von Massenvernichtungswaffen sowie zur Bekämpfung der Piraterie: Mandat und Eingriffsmöglichkeiten*, in: BERICHTE DER DEUTSCHEN GESELLSCHAFT FÜR VÖLKERRECHT 44 (2010) (i.E., zitiert nach dem Typoskript), Abschnitt II.

31 Siehe z.B. Diaz/Dubner: On the Problem (Anm. 27), S. 24-31, passim; Brooke A. Bornick: *Bounty Hunters and Pirates: Filling the Gaps of the 1982 U.N. Convention on the Law of the Sea*, in: FLORIDA JOURNAL OF INTERNATIONAL LAW 17 (2005), S. 259-270, 263f.; Dieter Wiefelspütz: *Die Beteiligung der Bundeswehr am Kampf gegen die Piraterie: Völkerrecht und Verfassungsrecht*, in: NEUE ZEITSCHRIFT FÜR WEHRRECHT 2009, S. 133-150, 135.

32 Vertiefend Peter Chalk: *The Maritime Dimension of International Security: Terrorism, Piracy, and Challenges for the United States*, Santa Monica u.a. 2008, S. 31-33.

schen, Charakter. Damit ist völkerrechtlich nicht präjudiziert, ob ein Staat zur Bekämpfung der Piraterie Marine oder Polizei einsetzt – diese Entscheidung überlässt Art. 107 SRÜ ausdrücklich dem Staat.[33] Wohl aber ist der Charakter einer Operation bestimmend für eine aufgabengerechte Organisation, Ausbildung und Führung, und er hat zentrale Bedeutung für die Verhältnismäßigkeit der einzusetzenden Mittel. Bedenkt man, welche Probleme die Kriegslogik eines globalen *war on terror* geschaffen hat, lohnt es sich zu überlegen, ob nicht die polizeiliche Konzeption der Piraterebekämpfung Vorbild auch für die Bekämpfung des internationalen Terrorismus sein sollte.

Konzentration auf zwischenstaatliche Beziehungen

Welche Rechte und Pflichten Private haben, die mit Piratenangriffen konfrontiert sind, lässt sich dem Völkerrecht nicht entnehmen.[34] Es koordiniert insoweit nur die Jurisdiktionsräume der Staaten und gibt diesen einen Rahmen für nationale Regelungen vor. Nach Art. 92 SRÜ besitzt der Flaggenstaat die alleinige und umfassende Jurisdiktion über alle Vorgänge an Bord eines Schiffes, überlagert durch die Rechtsordnung des Küstenstaates, wo ein Schiff in fremde Territorial- oder Archipelgewässer einläuft. An Bord von Schiffen, die unter deutscher Flagge fahren, gilt somit das deutsche Strafgesetzbuch (vgl. § 4 StGB). Dieses gibt in § 32 jedem das Recht zur Notwehr oder auch zur Nothilfe gegen einen gegenwärtigen rechtswidrigen Angriff. Ergänzt wird dieses Recht durch die allgemeine Hilfspflicht für Schiffe in Not. Nach Art. 98 SRÜ hat jeder Staat den Kapitän eines Schiffes unter seiner Flagge zur Hilfeleistung zu verpflichten, „soweit der Kapitän ohne ernste Gefährdung des Schiffes, der Besatzung oder der Fahrgäste dazu imstande ist".[35] Für Schiffe unter deutscher Flagge bestimmt dementsprechend § 323c StGB die Strafbarkeit unterlassener Hilfeleistung, wenn diese unter den konkreten Umständen zumutbar war.[36]

---

33 Zu dem verfassungsrechtlichen Streit in Deutschland über diese Frage siehe Torsten Stein: *Völkerrechtliche und verfassungsrechtliche Fragen des Schutzes der deutschen Handelsflotte durch die Bundesmarine*, in: Festschrift für Rauschning (Anm. 5), S. 487-500, 491-500; Allmendinger/Kees: ‚Störtebekers Erben' (Anm. 12), S. 64-68; Fischer-Lescano: Bundesmarine (Anm. 25), S. 52-55; ders./Timo Tohidipur: *Rechtsrahmen der Maßnahmen gegen die Seepiraterie*, in: NEUE JURISTISCHE WOCHENSCHRIFT 2009, S. 1243-1246, 1245f.; ders./Lena Kreck: *Piraterie und Menschenrechte: Rechtsfragen der Bekämpfung der Piraterie im Rahmen der europäischen Operation Atalanta*, Bremen 2009, S. 27-34; Wiefelspütz: Beteiligung (Anm. 31), S. 136-145.
34 Kritisch Bornick: Bounty Hunters (Anm. 31), S. 265.
35 Art. 98 SRÜ regelt dies zwar nur für die Hohe See, ist aber Ausdruck einer in allen Meeresgebieten bestehenden gewohnheitsrechtlichen Hilfspflicht: Satya N. Nandan/Shabtai Rosenne u.a., in: Myron H. Nordquist (Hg.): *United Nations Convention on the Law of the Sea 1982*, Band 3, Den Haag u.a. 1995, Art. 98 Anm. 1, 11(g); Wolfrum: Fighting Terrorism (Anm. 13), S. 654.
36 Dasselbe gilt nach § 7 Abs. 2 Nr. 1 StGB für deutsche Staatsangehörige an Bord eines Schiffes unter fremder Flagge.

Ein Recht Privater, Seeräuber gefangen zu nehmen, wird man hingegen skeptisch zu beurteilen haben. Notwehr und Nothilfe geben nur das Recht, einen gegenwärtig andauernden oder unmittelbar bevorstehenden Angriff mit den dazu erforderlichen Mitteln abzuwehren. Ein Festnahmerecht ließe sich allenfalls bei extensiver Interpretation dieses Rechts annehmen, wenn (und solange!) zu erwarten steht, dass andernfalls augenblicklich ein erneuter Angriff droht. Sähe das nationale Recht hierüber hinaus ein allgemeines Festhalterecht für jedermann vor,[37] wäre dies kaum mit dem völkerrechtlichen Jurisdiktionsrahmen vereinbar. Um der Anwendung privater Gewalt auf See vorzubeugen, beschränkt Art. 107 SRÜ das Interdiktionsrecht ausdrücklich auf Kriegsschiffe oder andere als solche erkennbare Staatsschiffe.

Diese Grenzen sind auch für den Einsatz privater Sicherheitsunternehmen[38] zu beachten. Als Private können auch deren Mitarbeiter sich nur auf das allgemeine Recht zur Notwehr beziehungsweise Nothilfe stützen. Rechtliche Grenzen der „Aufrüstung" von Schiffen können sich zudem aus dem Recht des Flaggenstaates (z.B. aus dessen Waffengesetzen) ergeben oder aus dem Recht des Küstenstaates, dessen Hoheitsgewässer durchfahren werden. Dieser kann ein achtenswertes Interesse daran haben, bis an die Zähne bewaffnete Schiffe, von denen eine nicht leicht einzuschätzende Gefahr für seine innere Sicherheit ausgehen könnte, fernzuhalten.[39]

## III. Rechtliche Grundsätze für den Umgang mit Piraten

### Anwendung von Gewalt gegen Piraten

Besteht der Verdacht, dass ein Schiff ein Seeräuberschiff sein könnte, gibt Art. 110 SRÜ zunächst ein Recht zum Anhalten und Betreten. Dieses Recht schließt als *ultima ratio* die Anwendung von Waffengewalt ein, beschränkt jedoch durch den Grundsatz der Verhältnismäßigkeit. Geboten ist ein gestuftes Vorgehen. Auch darf nur diejenige Gewalt eingesetzt werden, die erforderlich ist, um das mutmaßliche Piratenschiff zur Duldung der in Art. 110 SRÜ genannten Untersuchungsrechte zu zwingen.[40] Bestehen aus der Sicht eines besonnenen Kapitäns keine

---

37 Zu der Frage, ob das Festhalterecht nach § 127 Abs. 1 StPO auf Schiffen anwendbar ist, Uwe Jenisch: *ATALANTA und ‚Karlsruhe' – Europa geht gegen Piraten vor*, in: HANSA INTERNATIONAL MARITIME JOURNAL 2009, Nr. 1, S. 54-59, 55, sowie – zu Recht kritisch – Fischer-Lescano/Kreck: Piraterie (Anm. 33), S. 20f.

38 Zur Diskussion hierüber Michael Stehr: *Seestreitkräfte gegen Piraten: Lagebild gegen Ende 2008*, in: MARINE FORUM 2009, Heft 1-2, S. 5-9, 7f. Freilich gilt es auch das mit einem solchen Einsatz verbundene Eskalationspotential zu bedenken. Befremdlich demgegenüber Bornick: Bounty Hunters (Anm. 31), S. 266-270, der UN-autorisierte private Kopfgeldjäger fordert, denen umfassende Immunität zu gewähren sein soll.

39 Mo: Options (Anm. 18), S. 351.

40 Vgl. Treves: Piracy (Anm. 10), S. 414.

ernst zu nehmenden Zweifel, dass es sich um ein Seeräuberschiff handelt, greift das Interdiktionsrecht aus Art. 105 SRÜ.[41]

Auch zum „Aufbringen" im Sinne von Art. 105 SRÜ gehört notfalls die Anwendung von Waffengewalt. Diese muss ebenfalls erforderlich und angemessen sein sowie dem polizeilichen Charakter der Operation Rechnung tragen.[42] Außerhalb von kriegerischen bewaffneten Konflikten ist insbesondere die gezielte Tötung von Zivilisten unzulässig.[43] Eine Ausnahme bildet die Konstellation des sogenannten finalen Todesschusses, bei dem als *ultima ratio* ein Geiselnehmer erschossen werden darf, der das Leben einer Geisel unmittelbar bedroht.[44]

In seinen Somalia-Resolutionen hat der UN-Sicherheitsrat zwar den Einsatz der „erforderlichen Mittel" (im UN-Sprachgebrauch die Chiffre für bewaffnete Gewalt) gestattet, zugleich aber die Mitgliedstaaten im somalischen Hoheitsgebiet auf diejenigen Befugnisse verwiesen, die das SRÜ für die Bekämpfung von Seeräubern auf Hoher See gibt.[45] Gewaltanwendungen, die über das mit dem „Aufbringen" notwendig verbundene Maß hinausgehen, sind also nicht autorisiert.[46] Die Resolutionen dehnen letztlich nur den räumlichen Anwendungsbereich des Interdiktionsrechts nach Art. 105 SRÜ aus.[47]

*Quis judicabit?* Universelle Jurisdiktion als Herausforderung

Dem traditionellen Grundsatz universeller Jurisdiktion entsprechend gibt Art. 105 SRÜ dem Staat, der ein Piratenschiff aufbringt, auch das Recht, die Piraten vor seine eigenen Gerichte zu stellen. Daher können z.B. von der deutschen Marine aufgebrachte Piraten unabhängig vom Tatort unter anderem wegen Verstoßes gegen § 316c StGB (Angriff auf den Luft- und Seeverkehr) vor deutsche Gerichte gestellt werden (vgl. § 6 Nr. 3 StGB).[48] Zuständig für die Verfolgung ist die Staatsanwaltschaft in Hamburg oder, wenn das angegriffene Schiff unter deutscher Flagge fährt, die des Heimathafens (§§ 10, 10a StPO). Art. 105 SRÜ ermächtigt zwar den aufbringenden Staat, seine Gerichtsbarkeit auszuüben, verpflichtet ihn aber nicht dazu.[49] Da für die Verfolgung von Piraterie eine universel-

---

41 Handelt es sich wider Erwarten doch nicht um ein Seeräuberschiff, verpflichtet Art. 106 SRÜ den aufbringenden Staat zum Ersatz etwaiger Schäden.
42 Treves: Piracy (Anm. 10), S. 412-414.
43 Fischer-Lescano: Bundesmarine (Anm. 25), S. 51. Näher Christian Tomuschat: *Gezielte Tötungen (Targeted Killings)*, in: VEREINTE NATIONEN 52 (2004), S. 136-140; Nils Melzer: *Targeted Killing in International Law*, Oxford 2008.
44 Wiefelspütz: Beteiligung (Anm. 31), S. 135.
45 Z.B. S.C. Res. 1816 (2008), para. 7 (b).
46 Guilfoyle: Piracy (Anm. 25), S. 695f.; Fischer-Lescano: Bundesmarine (Anm. 25), S. 51; ders./Tohidipur: Rechtsrahmen (Anm. 33), S. 1245.
47 Treves: Piracy (Anm. 10), S. 403f.
48 Überblick zur Behandlung der Piraterie im deutschen Recht bei Lagoni: Piraterie (Anm. 5), S. 529-533.
49 Jesús: Protection (Anm. 14), S. 374f. Anders Eugene Kontorovich: *International Legal Responses to Piracy off the Coast of Somalia*, in: ASIL INSIGHTS 13 (2009), Nr. 2 vom 6.2.2009,

le Zuständigkeit besteht, kann auch jeder andere Staat die Strafverfolgung übernehmen. Die Erfahrungen der jüngsten Zeit haben gezeigt, dass Staaten, die an der Mission vor dem Horn von Afrika beteiligt sind, davor zurückscheuen, selbst tätig zu werden. Die Ursachen hierfür sind vielschichtig: die Schwierigkeit, fern vom Tatort die effektive Durchführung des Strafverfahrens zu sichern; die Sorge, dass Piraten nach Verbüßung ihrer Strafe nicht wieder abgeschoben werden können oder sogar Asyl beantragen könnten.[50] Bizarr hingegen ist, wenn die Überstellung an Drittstaaten (oder die Freilassung von Piraten) damit gerechtfertigt wird, dass man der Kritik von Menschenrechtsorganisationen und -institutionen entgehen wolle.[51] Die menschenrechtlichen Anforderungen sind erfüllbar (dazu sogleich unter 3.) und ihre Erfüllung ist auch zugleich der beste Schutz gegen die befürchtete Kritik.

Größere Probleme bringt die universelle Gerichtsbarkeit für den Piraten mit sich. Da das Völkerrecht auf jegliche Vorgaben verzichtet, kann die Flagge des aufbringenden Schiffes dafür entscheidend sein, ob er mit einer kurzzeitigen Gefängnisstrafe, lebenslanger Freiheitsstrafe oder sogar mit der Todesstrafe zu rechnen hat;[52] auch die Garantie eines fairen Verfahrens fernab vom Tatort und nach den Regeln einer möglicherweise fremden Rechtskultur kann sich schwierig gestalten.[53] *De lege ferenda* stellt sich hier die Frage nach dem Sinn des Weltrechtsprinzips für das Delikt der Piraterie.[54] Während die weltweite „Friedlosigkeit" des Völkermörders oder desjenigen, der für „ethnische Säuberungen" verantwortlich ist, aus der Schwere seines Verbrechens folgt, ist die universelle Verfolgbarkeit des Seeräubers eher traditionell begründet und der Staatsfreiheit der Hohen See geschuldet. Zumindest sollten bei der Entscheidung über den Ort der Strafverfolgung die Folgen für den Angeklagten mitbedacht werden.

Jedenfalls die Beliebigkeit des zu erwartenden Strafmaßes ließe sich vermeiden, wenn man die Ahndung einem internationalen Strafgericht übertrüge. Allerdings sind die bestehenden Institutionen für eine solche Aufgabe nur bedingt gerüstet: Der 2003 errichtete Internationale Strafgerichtshof in Den Haag ist derzeit nur für Völkermord, Verbrechen gegen die Menschlichkeit und Kriegsverbrechen zuständig;[55] der – notorisch unterbeschäftigte – Internationale Seegerichtshof in

---

    in: www.asil.org/insights090206.cfm (aufgerufen am 8.9.2009) bei Anm. 21; Fischer-Lescano/Kreck: Piraterie (Anm. 33), S. 36f.
50  Treves: Piracy (Anm. 10), S. 40f.
51  Zu dieser Sorge ebd. S. 409.
52  Goodwin: Universal Jurisdiction (Anm. 2), S. 1004-1007.
53  Gärditz: Weltrechtspflege (Anm. 4), S. 428-435.
54  Für eine Beschränkung auf traditionelle Anknüpfungspunkte für die Strafhoheit (Tatortprinzip, Flaggenprinzip, Heimatstaat des Täters oder des Opfers) Goodwin: Universal Jurisdiction (Anm. 2), S. 1010f. Ähnlich Treves: Piracy (Anm. 10), S. 409f.
55  Zu der Zuständigkeit für das Verbrechen der Aggression näher Andreas v. Arnauld: *Das Verbrechen gegen den Frieden in Nürnberg und seine Folgen in der Gegenwart*, in: Philip Kunig/Makoto Nagata (Hg.): Japan und Deutschland im rechtswissenschaftlichen Dialog, Köln u.a. 2006, S. 153-168.

Hamburg verfügt zwar über Expertise im Seevölkerrecht,[56] ist aber nicht für Strafverfahren ausgelegt, in denen Anklagebehörde und Verteidigung über Schuld und Unschuld eines angeklagten Einzelmenschen streiten. In beiden Fällen dürfte eine Erweiterung des Aufgabenkreises durch Vertragsänderung wegen des großen Kreises der Vertragsparteien ausscheiden. Denkbar wäre indes eine entsprechende Resolution des UN-Sicherheitsrates. Dieser könnte nach dem Vorbild der Sondertribunale für Ruanda und Jugoslawien auf Grundlage von Kapitel VII der UN-Charta auch ein Sondergericht errichten. Möglich wäre auch eine hybride Institution unter regionaler Beteiligung nach dem Vorbild beispielsweise des Sondergerichtshofs für Sierra Leone. Ob allerdings eine weitere Proliferation internationaler Gerichte in Konkurrenz zueinander wünschenswert ist, darf man mit einer gewissen Skepsis beurteilen.

Menschenrechtliche Verpflichtungen

Auch im Auslandseinsatz bleiben Staatsorgane an grund- und menschenrechtliche Verpflichtungen gebunden.[57] Diese Bindungen entfallen auch nicht durch die Teilnahme an einer multinationalen Operation, etwa im Rahmen der EU.[58] Da hier regelmäßig Befehlsrechte bei den truppenstellenden Staaten verbleiben, bleiben diese auch in der völkerrechtlichen Verantwortung.[59] Wo die effektive Kontrolle und Befehlsgewalt einer Internationalen Organisation übertragen werden soll, müsste die Mission einem im Wesentlichen vergleichbaren Grundrechtsstandard verpflichtet sein, damit eine Beteiligung rechtlich überhaupt zulässig ist.[60] Die Grund- und Menschenrechtsbindung entfällt schließlich auch nicht aus Gründen in der Person des Seeräubers. Die traditionelle Charakterisierung des Piraten als „Feind" der Menschheit kann im modernen Völkerrecht allenfalls noch metaphorische Bedeutung haben. Der Pirat bleibt Mensch und steht nicht außerhalb der Garantien der internationalen Menschenrechtspakte.[61] Die Idee eines rechtlos gestellten „Feindes" schien in der Zeit nach dem 11. September 2001 eine unheimliche Renaissance zu erfahren. Spätestens mit dem Abtreten der Regierung von US-

---

56 Für die Begründung von dessen Zuständigkeit daher auch Fischer-Lescano: Bundesmarine (Anm. 25), S. 52.
57 Näher und mit weiteren Nachweisen Andreas v. Arnauld: *Das (Menschen-)Recht im Auslandseinsatz. Rechtsgrundlagen zum Schutz von Grund- und Menschenrechten*, in: Dieter Weingärtner (Hg.): Streitkräfte und Menschenrechte, Baden-Baden 2008, S. 61-82.
58 Zu den europarechtlichen Aspekten der Operation „Atalanta" im Überblick Fischer-Lescano/Tohidipur: Rechtsrahmen (Anm. 33), S. 1243-1245; Thomas Heinicke: *Piratenjagd vor der Küste Somalias: Überlegungen zu den rechtlichen Rahmenbedingungen der EU NAVFOR Somalia/ATALANTA-Operation*, in: KRITISCHE JUSTIZ 2009, S. 178-195, 181-183.
59 Für die Operation „Atalanta" König: Einsatz (Anm. 30), Abschnitte III.2.a) und c) (1); Fischer-Lescano/Kreck: Piraterie (Anm. 33), S. 15f.
60 v. Arnauld: (Menschen-)Recht (Anm. 57), S. 74-77.
61 Goodwin: Universal Jurisdiction (Anm. 2), S. 1003-1007, passim.

Präsident George W. Bush dürfte sie aber einmal mehr überwunden sein.[62] In der Praxis sind es vor allem drei menschenrechtliche Verpflichtungen, die beim Umgang mit gefangen genommenen Piraten vor Herausforderungen stellen: die Pflicht zur unverzüglichen Vorführung vor einen Richter (u.a. Art. 5 Abs. 3 der Europäischen Menschenrechtskonvention, EMRK), das Erfordernis einer gesetzlichen Grundlage für die Verhaftung (u.a. Art. 5 Abs. 1 EMRK) und das Recht auf ein faires Verfahren (u.a. Art. 6 EMRK).

Bei Erfüllung der Pflicht, festgenommene Personen *unverzüglich einem Richter* vorzuführen, kann vom Gewahrsamstaat nichts Unmögliches verlangt werden.[63] Die Gewahrsamnahme erfolgt regelmäßig weit entfernt von seinem Hoheitsgebiet. Hier ermöglicht der Begriff der „Unverzüglichkeit" die nötige Flexibilität. In Fällen, in denen es um die Verhaftung mutmaßlicher Drogenschmuggler auf Hoher See ging, hat der Europäische Gerichtshof für Menschenrechte (EGMR) eine Dauer von 13 beziehungsweise 16 Tagen nach den Umständen des jeweiligen Falles ausnahmsweise für zulässig erachtet.[64] Dies bedeutet keine Befreiung von der Pflicht. Der Kapitän muss die schnellstmögliche Vorführung sichern. So muss er sich, je nach den Umständen, auf seinem Posten von einem anderen Schiff ablösen lassen oder die Gefangenen an ein anderes Schiff oder Luftschiff zwecks Vorführung vor einen Richter übergeben. Wo eine Operation, wie derzeit der Einsatz vor dem Horn von Afrika, gerade zum Zweck hat, Piraten aufzubringen, wird man bei Planung der Mission organisatorische Vorkehrungen verlangen müssen, um die Vorführung vor einen Richter innerhalb angemessener Zeit zu sichern.

Nach Art. 5 Abs. 1 EMRK darf eine Festnahme *nur auf gesetzlicher Grundlage* erfolgen. Dies gilt, wie der EGMR festgestellt hat, auch für Festnahmen auf Hoher See. Erforderlich ist eine Rechtsgrundlage, die nicht nur gestattet, dass Personen verhaftet werden, sondern die auch näher bestimmt, wie die Festgenommenen zu behandeln sind und wie eine Haftprüfung erfolgen soll.[65] Überzogene Anforderungen an den Grad der Detailliertheit dieser Rechtsgrundlage wird man zwar nicht stellen dürfen: Sie muss den handelnden Organen aber hinlänglich klare Regeln an die Hand geben und zugleich zum Maßstab gerichtlicher Kontrolle taugen. Das Völkerrecht verlangt insoweit kein förmliches Parlamentsgesetz. Die Regeln zum Umgang mit den festgenommenen Piraten können auch in den Rechtsgrundlagen für die Mission selbst niedergelegt werden.[66] Der lapidare Art. 12 der Gemeinsamen Aktion 2008/851/GASP als Rechtsgrundlage für die EU-

---

62 Zuvor schon U.S. Supreme Court, Boumediene v. Bush, Urteil v. 12.6.2008, in: INTERNATIONAL LEGAL MATERIALS 47 (2008), S. 650-704. Vorbereitend Rasul v. Bush, Al Odah v. United States, 542 U.S. 466 (2004); Hamdan v. Rumsfeld, 548 U.S. 557 (2006). Hierzu Carl-Friedrich Stuckenberg: *Habeas corpus ad subjiciendum. Zugang zu ordentlichen Gerichten für die Gefangenen von Guantánamo Bay*, in: JURISTEN-ZEITUNG 2009, S. 85-93.
63 v. Arnauld: (Menschen-)Recht (Anm. 57), S. 71.
64 EGMR, Beschluss v. 12.1.1999, Nr. 37388/97 (Rigopoulos); Urteil v. 10.7.2008, Nr. 3394/03 (Medvedyev), §§ 64-69 (Rechtsmittel zur Großen Kammer ist eingelegt).
65 EGMR, Urteil v. 10.7.2008, Nr. 3394/03 (Medvedyev), § 61.
66 Durch die konstitutive Zustimmung des Deutschen Bundestages zum Einsatz auf Grundlage des Mandats dürfte auch dem verfassungsrechtlichen Parlamentsvorbehalt Genüge getan sein.

Operation „Atalanta" am Horn von Afrika dürfte den Anforderungen der EMRK derzeit allerdings nicht genügen.⁶⁷

In der Rechtsprechung des EGMR ist geklärt, dass das Verbot der grausamen, unmenschlichen oder erniedrigenden Behandlung aus Art. 3 EMRK auch bei Auslieferungen an Drittstaaten fortbesteht.⁶⁸ Für Überstellungen durch Staatsorgane im Auslandseinsatz kann nichts anderes gelten.⁶⁹ Ebenso ist es zumindest deutschen Soldaten verboten, jemanden an einen Staat zu überstellen, in dem ihm die Todesstrafe droht.⁷⁰ Zwar würde dem überstellenden Staat eine Menschenrechtsverletzung durch den anderen Staat nicht zugerechnet, doch verstößt die Überstellung selbst gegen menschenrechtliche Pflichten, wenn nicht so weit als möglich sichergestellt ist, dass die grundlegenden Rechte der festgenommenen Personen im Zielstaat geachtet werden. Dazu gehört auch das *Recht auf ein faires Verfahren* (Art. 6 EMRK). Gegebenenfalls muss sich der überstellende Staat die Beachtung dieser Rechte vom übernehmenden Staat verbindlich zusichern lassen.⁷¹ Bestehen Bedenken, ob eine rechtsstaatliche Behandlung auch tatsächlich gewährleistet wird, trifft den übergebenden Staat auch eine begleitende Pflicht zur Beobachtung.⁷² Verletzt der übernehmende Staat die zugesicherten Rechte, hat der übergebende Staat auf die Einhaltung zu drängen und hieraus für spätere Überstellungen die Konsequenzen zu ziehen. Bei ernst zu nehmenden Zweifeln, ob der übernehmende Staat überhaupt in der Lage oder gewillt sein wird, seine Zusicherung zu erfüllen, scheidet eine Überstellung an diesen Staat aus.⁷³

## IV. Völkerrechtliche Perspektiven einer nachhaltigen Bekämpfung von Piraterie

Alles in allem kann keine Rede davon sein, dass der internationalen Gemeinschaft bei der Bekämpfung der Piraterie „die Hände gebunden" seien.⁷⁴ Ein strukturelles Defizit besteht, weil das SRÜ Seeräuberei im Küstenmeer aus dem Begriff der „Piraterie" hinausdefiniert. Dies ist vor allem wegen des begrenzten Anwendungsbereichs von Art. 100 SRÜ problematisch. Dennoch lassen sich, wie dargelegt, dem Völkerrecht auch Pflichten des Küstenstaates entnehmen, gegen Piraten in den eigenen Hoheitsgewässern vorzugehen. Zu wünschen wäre indes eine Konkretisierung dieser Verpflichtungen, um sie außer Streit zu stellen. Dies könn-

---

67 Fischer-Lescano/Kreck: Piraterie (Anm. 33), S. 26f.
68 Grundlegend EGMR, Urteil v. 7.7.1989, Nr. 14038/88 (Soering), §§ 81-91. Siehe ferner Urteil v. 29.4.1997, Nr. 11/1996/630/813 (H.L.R.), § 37; Urteil v. 7.6.2007, Nr. 38411/02 (Garabayev), § 73.
69 v. Arnauld: (Menschen-)Recht (Anm. 57), S. 80f.; Fischer-Lescano/Kreck: Piraterie (Anm. 33), S. 35f.
70 v. Arnauld: (Menschen-)Recht (Anm. 57), S. 81.
71 Vgl. den Briefwechsel zwischen der Europäischen Union und Kenia vom 6. März 2009, in: AMTSBLATT EU 2009 Nr. L 79/49.
72 König: Einsatz (Anm. 30), Abschnitt III.2.e) (2).
73 Fischer-Lescano/Kreck: Piraterie (Anm. 33), S. 40f., bei „begründeten Anhaltspunkten".
74 So aber Allmendinger/Kees: ‚Störtebekers Erben' (Anm. 12), S. 69.

te z.B. durch ergänzende Abkommen in regionalem Rahmen geschehen[75] oder auch durch eine Resolution des UN-Sicherheitsrates ähnlich der Resolution 1373 (2001), in der sich die Staatenpflichten bei der Bekämpfung des internationalen Terrorismus ausbuchstabiert finden.

Eine Preisgabe der küstenstaatlichen Souveränität kommt hingegen nicht in Betracht. Man mag hier *de lege ferenda* ein Recht zur Nacheile erwägen, falls ein Piratenschiff sich seinen Verfolgern durch Flucht in fremde Küstengewässer zu entziehen versucht.[76] Auch der Ausübung eines solchen Rechts müsste der Küstenstaat jedoch Grenzen setzen können. Ansonsten droht eine Missbrauchsgefahr, die neues Konfliktpotential birgt. Die Souveränität schützt schließlich nicht nur vermeintliche „Schurkenstaaten". Wegen der souveränen Gleichheit aller Staaten als Fundament der Völkerrechtsordnung (vgl. Art. 2 Nr. 1 UN-Charta) müsste jeder Staat, der Interventionen fordert, bereit sein, solche Interventionen anderer auch in seine Angelegenheiten zu akzeptieren. Ein universelles Interdiktionsrecht im Küstenmeer wäre daher nicht nur politisch schwer durchsetzbar, sondern auch nicht wünschenswert.[77]

Auch in der Praxis stellt die Souveränität des Küstenstaates die Pirateriebekämpfung nicht vor unüberwindliche Probleme. Im Unterschied zum internationalen Terrorismus agieren Seeräuber weitgehend ohne staatliche Unterstützung. Moderne Barbareskenstaaten sind derzeit nicht in Sicht. Die Zurückdrängung der Piraterie liegt meist gerade im Interesse des Küstenstaates, der Anschluss an den internationalen Seeverkehr sucht.[78] Ebenso wenig erzwingt das Problem von *failed* oder *failing states* die Preisgabe staatlicher Souveränität. Im Fall Somalia hat sich gezeigt, wie mit Hilfe des UN-Sicherheitsrates auch das Fehlen einer funktionsfähigen Staatsgewalt überspielt werden kann.[79] Gestützt auf Kapitel VII der UN-Charta könnte dieser sogar einen kooperationsunwilligen Staat zwingen, internationale Einsätze gegen Piraten in seinen Hoheitsgewässern zu dulden. Dies

---

75 Dazu und zu weiteren Optionen Mo: Options (Anm. 18), S. 352-354. Zum Regional Cooperation Agreement on Combating Piracy and Armed Robbery Against Ships in Asia (ReCAAP) Collins/Hassan: Applications (Anm. 11), S. 110-112; Joshua Ho: *Combating Piracy and Armed Robbery in Asia: Boosting ReCAAP's Role*, in: Tommy T.B. Koh/John Norton Moore/Myron H. Nordquist (Hg.): Freedom of Seas, Passage Rights and the 1982 Law of the Sea Convention, Leiden u.a. 2009, S. 619-623.
76 Zur geltenden Rechtslage Mo: Options (Anm. 18), S. 351 mit Anm. 42; Collins/Hassan: Applications (Anm. 11), S. 103f.; Treves: Piracy (Anm. 10), S. 405. Anders Wolfrum: Fighting Terrorism (Anm. 13), S. 655.
77 Lagoni: Piraterie (Anm. 5), S. 534.
78 Mo: Options (Anm. 18), S. 351. Als Beispiel für eine erfolgreiche regionale Kooperation trotz z.T. erheblicher politischer Differenzen mag die Straße von Malakka dienen, in der die IMO 2000 einen Spitzenwert von 112 Zwischenfällen registrierte, 2008 dagegen nur noch 2. Zur Pirateriebekämpfung in Südostasien näher Robert C. Beckman: *Combating Piracy and Armed Robbery Against Ships in Southeast Asia: The Way Forward*, in: OCEAN DEVELOPMENT & INTERNATIONAL LAW 33 (2002), S. 317-341; Mo: Options (Anm. 18), S. 343-358; Collins/Hassan: Applications (Anm. 11), S. 89-113; Ho: Combating (Anm. 75), S. 619-623. Zu Ansätzen regionaler Kooperation in Afrika Guilfoyle: Piracy (Anm. 25), S. 697-699.
79 Positive Würdigung auch bei James Kraska/Brian Wilson: *Piracy Repression, Partnering and the Law*, in: JOURNAL OF MARITIME LAW & COMMERCE 40 (2009), S. 43-58, 56f.

jedoch sollte das letzte (Druck-)Mittel bleiben: Gerade bei der Bekämpfung der Piraterie ist kooperatives Vorgehen unerlässlich.[80]

Es darf freilich nicht bei einer Bekämpfung der Symptome bleiben: Eine nachhaltige Strategie fordert, die Ursachen für Piraterie anzugehen, und das heißt vor allem die Kombination aus Armut und fehlender Rechtsdurchsetzung.[81] Dabei geht es weniger um große Entwicklungspolitik, sondern vielmehr um gezielte, lokal ansetzende Projekte: Die Küstenregionen Somalias müssen gegen ausländische Fischtrawler geschützt werden, um den einheimischen Fischern ihre Lebensgrundlage zu erhalten.[82] Daher müssen Anreize geschaffen werden, die gerade junge Menschen von der Kriminalität als schnellem Weg zu Geld abhalten. Hier geht es vor allem um eine Stärkung lokaler Strukturen, die bessere Durchsetzungschancen haben als eine virtuelle zentralistische Staatsgewalt. Hier könnte *community-building* als Leitbild besser geeignet sein als ein ambitioniertes *state-building*. Auch solche Ansätze können nur kooperativ erfolgreich sein, denn Interventionen in seine inneren Angelegenheiten darf der Küstenstaat zurückweisen. Freilich erhält die internationale Gemeinschaft über den Gedanken einer Schutzverantwortung (*responsibility to protect*), die Einmischungen gestatten soll, wo Staaten ihrer primären Verantwortung zur Aufrechterhaltung einer Friedensordnung im Innern nicht gerecht werden,[83] und über ein weites Verständnis der Friedensbedrohung nach Art. 39 UN-Charta durch den UN-Sicherheitsrat die Gelegenheit, Druck zur Kooperation aufzubauen.

Das Völkerrecht, das auf der Grundlage souveräner Gleichheit aller Staaten fußt, unterstützt eine solche multilaterale Strategie, indem es Kooperation erzwingt und einem kurzsichtigen Interventionismus entgegentritt, aus dem nur neue Probleme entstehen. Unsensible und halbherzige Interventionen hat es in der Vergangenheit zu Genüge gegeben, wobei sie an den Strukturen, aus denen Piraterie entsteht, nicht unschuldig sind. Zugleich eröffnet das Völkerrecht über Kapitel VII der UN-Charta der internationalen Gemeinschaft eine Möglichkeit, mitzureden und – erforderlichenfalls – mitzutun. Das Völkerrecht unterstützt damit eine nachhaltige multilaterale Strategie, zeigt aber auch einer Politik des Möglichen

---

80 Lagoni: Piraterie (Anm. 5), S. 534; Kraska/Wilson: Piracy (Anm. 79), S. 48-55; Sebastian Bruns: *Multipolarity Under the Magnifying-Glass*, in: SICHERHEIT + FRIEDEN 27 (2009), S. 174-179, 178f.

81 Lagoni: Piraterie (Anm. 5), S. 510; Fischer-Lescano: Bundesmarine (Anm. 25), S. 49; Bruns: Multipolarity (Anm. 80), S. 175. Näher Edward A. Ceska/Michael Ashkenazi: *Piraterie vor der afrikanischen Küste und ihre Ursachen*, in: AUS POLITIK UND ZEITGESCHICHTE 34-35/2009, S. 33-38. Mit etwas anderer Akzentsetzung Michael Stehr: *Chaos am Horn von Afrika: Bürgerkrieg und organisierte Kriminalität sind die Ursachen der Piraterie*, in: INTERNATIONALE POLITIK 2009, Heft 6, S. 63-67.

82 Zu diesem Problem Todd Jennings: *Controlling Access in the Absence of a Government: The Somali Dilemma*, in: OCEAN YEARBOOK 15 (2001), S. 403-427, 403, 411f.; Michael Ashkenazi: *‚Made in the Developed World': Piraterie, Fischfang und Giftmüll in Somalias Gewässern*, in: FRIEDENSGUTACHTEN 2009, S. 149-160, 151-153; Treves: Piracy (Anm. 10), S. 400; Bruns: Multipolarity (Anm. 80), S. 175.

83 Näher dazu und mit weiteren Nachweisen Andreas v. Arnauld: *Souveränität und responsibility to protect*, in: DIE FRIEDENS-WARTE 84 (2009), S. 11-52.

immer wieder Grenzen auf. Hierzu zählt auch die Einsicht, dass die alte Figur des *hostis humani generis* mit den Anklängen von Krieg und Vogelfreiheit allenfalls noch in metaphorischer Verwendung in das heutige Recht passt. Für seine Aufgabe ist das internationale Recht schon heute im Großen und Ganzen gerüstet. Weiterentwicklungen sind sinnvoll und notwendig, sollten aber mit Augenmaß und mit Respekt vor den Grundprinzipien des Völkerrechts erfolgen.

# DIE GEGENWÄRTIGE PIRATERIE AUS DER SICHT VON HANDELSSCHIFFFAHRT UND REEDEREIEN

DIRK MAX JOHNS

Piraterie ist ein altes Phänomen, das die Handelsschifffahrt auch im 20. und 21. Jahrhundert weiterhin betrifft. Piraten haben das Ziel der kriminellen Bereicherung auf Kosten der zivilen Seefahrt. Ihr primäres Ziel ist es nicht, Seeleute zu verletzen, zu töten, Schiffe zu beschädigen oder zu versenken. Sie streben vielmehr an, bei den Beutezügen einen maximalen ökonomischen Gewinn zu erringen. Dabei werden Verletzungen, Mord und Zerstörungen allerdings billigend in Kauf genommen. Dennoch agieren die Piraten grundsätzlich rational im Sinne der Gewinnmaximierung, sie sind daher in Maßen einschätzbar. Deutlich zu unterscheiden ist die Piraterie aus diesem Grund von Terrorismus auf See – eine Unterscheidung, die bei der allgemeinen Bekämpfung der Piraterie ebenso wichtig ist wie bei der Beilegung akuter Fälle.

Die Geschichte zeigt, dass in Phasen, in denen die Piraterie ausuferte und zu einer Bedrohung von Seewegen oder gar Staaten wurde, den Piraten mit staatlicher Macht begegnet werden musste. Entgegen der öffentlichen Wahrnehmung ist die Handelsschifffahrt auch in den vergangenen Jahren stets von Piraten bedroht worden. Die gefährlichsten Weltgegenden sind dabei wohl dokumentiert und haben sich immer wieder verschoben. Die Statistiken zeigen sogar, dass in den Jahren 2008 und 2009 die Piraterie quantitativ auf einem eher niedrigen Stand war. Die mit weitem Abstand höchste Zahl der Überfälle war um die Jahrtausendwende zu verzeichnen.

Dennoch ist die heutige Bedrohung durch Piraterie am Horn von Afrika von einer neuen Qualität. Denn die reine Zahl der Überfälle sagt wenig aus über die Art der Überfälle. Die erhebliche Zunahme der Geiselnahmen hat die Bedrohung gerade für die Seeleute an Bord der Handelsschiffe dramatisch verändert. Hatte man in den vergangenen Jahrzehnten unter *Piraterie* vornehmlich schnell durchgeführte Überfälle verstanden, die es auf die Schiffskasse und kleine bewegliche Gegenstände abgesehen hatten, geht es am Horn von Afrika um das brutale und menschenverachtende Geschäft mit Geiselnahmen. Von Deutschland aus wird die größte Containerflotte der Welt betrieben, und 2008, 2009 und 2010 waren auch deutsche Schiffe am häufigsten von Piratenüberfällen betroffen: 2009 waren dies 64 Schiffe im deutschen Eigentum, gefolgt von 59 griechischen und 45 aus Singapur und 20 aus Hong Kong; 2008 betraf es 41 deutsche Schiffe, 31 aus Singapur, 23 aus Griechenland und 12 aus China, Norwegen und Großbritannien. Bei den 41 Überfällen auf deutsche Schiffe kam es 2008 zu sieben Kaperungen. Hier zeigt sich mittlerweile ein deutlicher Erfolg der Selbstschutzmaßnahmen der Reedereien. Das Verhältnis von angegriffenen zu gekaperten Schiffen hat sich deutlich verschoben.

Für die Handelsschifffahrt ist es zudem wichtig festzuhalten, dass Seeleute wochen- und monatelang unter schwierigsten Bedingungen festgehalten werden. Die Schäden, die durch lange Geiselhaft entstehen, sind noch nicht abzumessen. Sie zu vermeiden und zu minimieren ist der vordringliche Auftrag der internationalen Staatengemeinschaft.

Für wirtschaftliche Schäden, die aufgrund von Piraterie entstehen, lassen sich konkrete Felder benennen. Zunächst ist dabei zwischen jenen wirtschaftlichen Schäden zu unterscheiden, die durch zusätzliche präventive Maßnahmen und jenen, die nach und durch eine Kaperung entstehen.

Im Fall der Kaperung ist die öffentliche Wahrnehmung zunächst auf die Zahlung des Lösegeldes fixiert. Die entstehenden Kosten für die Reederei sind jedoch in der Regel um ein Vielfaches höher. Mehrere Reedereien berichten, dass allein die „Verhandlungskosten" mindestens ebenso hoch ausfallen wie das reine Lösegeld. Hier gilt es, über Wochen ein Team von internen und externen Beratern rund um die Uhr zur Verfügung zu haben, um schnell und fehlerfrei auf die immer wieder schwer berechenbaren Piratenforderungen reagieren zu können.

Daneben ergibt sich für die Zeit der Geiselhaft der Verdienstausfall des Schiffes. Dieser kann sich umso länger hinziehen, je mehr das Schiff beschädigt wird. Durch wochenlanges Liegen in tropischen Gewässern wird zudem häufig die Ladung verdorben, unbrauchbar und nicht mehr auslieferbar. Neben diesen in jedem Einzelfall bezifferbaren *harten* Kosten sind bislang die *weichen* Kosten nur sehr ungenau zu bestimmen. Hier geht es um die psychologische Nachsorge der Mannschaften, die sich über Jahre hinziehen kann.

Zu intensiven Diskussionen haben auch die Versicherungsfragen geführt, denn in der Regel wird zumindest ein Teil der entstehenden Kosten im Falle einer Kaperung von unterschiedlichen Versicherungen übernommen. Bei den Kosten, die durch präventive Maßnahmen entstehen, lassen sich zunächst sieben Arten unterscheiden. Am auffälligsten sind *zum einen* die Vermeidungskosten. Das sind jene Kosten, die durch veränderte Routen, Wartezeiten und veränderte Geschwindigkeiten anfallen können. An den Schiffen entstehen *zum anderen* Sicherungskosten für Hardware. Die zusätzlich denkbaren und angebotenen Möglichkeiten reichen hier von der Anbringung von Stacheldraht und Ausbringung von Schmierseife bis hin zu hochtechnischen Apparaten zur Erkennung und nicht-letalen Abwehr von Piraten. Neben der teilweise erhöhten Heuer, die für die Zeiten der Durchfahrt gezahlt werden kann, entsteht an Bord *drittens* vor allem erheblich erhöhter Trainings- und Wachaufwand, da sich als eine der wichtigsten abwehrenden Maßnahmen das intensive Training herausgestellt hat. Ein weiterer noch nicht abschließend zu beziffernder zusätzlicher Kostenblock ist *viertens* mit den erhöhten Versicherungsprämien entstanden. Sowohl die Art der Versicherungszuordnung („War Risk" oder nicht) als auch die dauerhafte und partielle Erhöhung trifft die Reedereien spürbar. Für einzelne Durchfahrten durch das Risikogebiet können größere Schiffe eine zusätzlich erhöhte Versicherungsprämie von rund $ 100.000 zahlen, der Durchschnitt soll im ersten Halbjahr 2009 aber eher bei $ 25.000 gelegen haben. Veröffentlichte Zahlen gibt es jedoch nicht, da jedes Schiff und jede Reederei hier einzeln betrachtet werden muss. Bei den konkreten Zusatzkosten zirkulieren *fünftens* daher immer wieder atemberaubend unterschiedliche Schätzungen über deren Höhe, die von $ 200 Mill. bis zu $ 20. Mrd. jährlichen Zusatzkosten, die durch Piraterie verursacht werden, reichen. Konkret berechnen lassen sich *sechstens* die Zusatzkosten, die für die Umfahrung des Horns von Afrika anfallen, wenn ein Schiff auf der Asien-Europa Route statt des Suezkanal um das Kap der Guten Hoffnung fährt. Vergleicht man die Kosten für ein mittelgroßes Containerschiff, die allein auf der Suez-Route anfallen (Gebühren Suez-Kanal, Zusatzversicherung, Heueraufschlag, erhöhte Geschwindigkeit) mit jenen, die nur auf der Kap-Route anfallen (rund 10 zusätzliche Chartertage, zusätzlicher Treibstoff), dann fallen auf der Golfroute rund $ 750.000 solcher Einzelkosten an, während diese sich auf der Kaproute auf rund $ 1,45 Mill. belaufen. Zudem kann es sein, dass bei einem umgerouteten Liniendienst ein weiteres Schiff eingephast werden müsste und *siebtens* zusätzliche Logistikkosten für die 10 weiteren Seetage anfallen. Gleichwohl hat eine solche Berechnung nur einen hochgradig hypothetischen Charakter.

Auch wenn die Auflistung solcher zusätzlich entstehenden Kosten den Eindruck erwecken könnte, dass die Piraterie die globale Wirtschaft stärker negativ beeinflusst, so täuscht dieser Eindruck. Diese Zusatzkosten verteilen sich noch immer auf so viele transportierte Güter, dass der Konsument keinen *Piratenaufschlag* fürchten muss. Ökonomisch verursachen andere Variablen wie die Treibstoffkosten erheblich höhere finanzielle Belastungen.

Bei der Abwehr und Bekämpfung der Piraterie verfolgen die Reeder zwei wesentliche Wege. Wie bereits erwähnt setzen die Reedereien die Empfehlungen „Best Management Practice" der internationalen Reederverbände und der International Maritime Organization (IMO) um, nach denen die Mannschaften intensiv den Ernst- und Abwehrfall trainieren müssen, um Schaden für Leib und Leben zu vermeiden. Zudem gilt es, Ausweichmanöver zu trainieren und sich mit der Kommunikation und den Verfahrensweisen der Marinen vor Ort vertraut zu machen. Mit allen praktisch sinnvollen und möglichen Mitteln werden die Schiffe vor einer Durchquerung der gefährdeten Gebiete sicherer gemacht. Die deutlich gesenkte *Erfolgsquote* der Piraten zeigt, dass diese Maßnahmen einen messbaren Erfolg zeitigen.

Die deutschen Reedereien lehnen hingegen die Bewaffnung der Mannschaften strikt ab. Es darf keinen Paradigmenwechsel geben, dass die friedliche Handelsschifffahrt mit Waffen die Selbstverteidigung versucht. Die Mannschaften sind für Feuergefechte nicht ausgebildet und sollen dies auch nicht werden. Der laienhafte Umgang mit Waffen würde die Mannschaften in noch erheblich größere Gefahr bringen. Ebenso steht der Verband Deutscher Reeder (VDR) bislang dem bewaffneten Geleitschutz durch private Sicherheitsdienste reserviert gegenüber. Trotz einer überwältigend großen Zahl an unaufgeforderten Angeboten, die Reedereien für bewaffneten Begleitschutz erhalten, ist im Einzelfall schwer zu beurteilen, mit welcher Art von Sicherheitsdienst man es zu tun hat. Auch ist anzunehmen, dass bei einem Feuergefecht die nicht militärisch ausgebildeten Mannschaften in Gefahr geraten könnten. Stark befürwortet wird dagegen der bewaffnete Schutz der Handelsmarine durch hoheitliche Sicherheitskräfte – sei es von der Bundespolizei oder der Marine. Der VDR hatte daher Ende 2008 die Bundesregierung gebeten, an der internationalen Mission zum Schutz der Nahrungsmitteltransporte und der Handelsschifffahrt am Horn von Afrika teilzunehmen. Entscheidend dabei ist für den VDR, dass es sich um einen internationalen Schutz aller Handelsschiffe handelt. Ausdrücklich ist die Deutsche Marine nicht zum Schutz der Partikularinteressen der deutschen Reeder vor Ort. Alle Marinen müssen alle Handelsschiffe schützen, und als eine der größten Exportnationen der Welt hat Deutschland auch ein großes Interesse daran, dass einer der wichtigsten Handelswege der Welt, den in normalen Zeiten jährlich rund 20.000 Schiffe passieren, frei nutzbar bleibt.

Mit größter Vorsicht betrachtet der VDR die gewaltsame Befreiung von Schiffen, wenn die Mannschaften bereits als Geiseln gehalten werden. Das Beispiel der gewaltsamen Befreiung der *Maersk Alabama* ist trotz des in diesem Fall guten Ausgangs für die Crew nicht erstrebenswert. So unerfreulich die Zahlung von Lösegeldern ist, so hat diese zumindest dafür gesorgt, dass alle betroffenen Seeleute lebend befreit werden konnten. Dies hat für die Reedereien deutliche Priorität vor anderen grundsätzlichen Erwägungen. Die glückliche Befreiung der Hamburger *Taipan* oder der *Beluga Fortune* durch internationale Marinekräfte liefert leider keine Blaupause für künftiges Vorgehen. Sie zeigt aber, dass die Kombination aus Marinepräsenz und eingeübtem Vorgehen an Bord – in diesem Fall mit einer Zitadelle – zu praktischen Erfolgen führen kann.

Sorgen bereitet seit Jahresbeginn 2009 die erhebliche Ausweitung jenes Gebietes, in dem Piratenüberfälle stattfinden. Offensichtlich erkennen die Piraten an, dass der Sicherheitskorridor, den die internationalen Marinen nördlich von Somalia eingerichtet haben, wirkungsvoll ist. Zunehmend wird durch den Einsatz von Mutterschiffen der Aktionsradius seitdem vor die Ostküste Afrikas verlegt. Hier besteht bislang kein entsprechender Korridor. Vor allem Nord-Süd-Verkehre sind damit weiterhin weitgehend ungeschützt. Der VDR begrüßt daher die geografische Ausweitung des Atalanta-Mandates ab Ende 2010.

Der VDR wünscht sich von der internationalen Staatengemeinschaft, dass die an Land liegenden Ursachen der Piraterie auch dort konsequent beseitigt werden. Dazu gehört, dass die Menschen in Somalia wieder in einem zuverlässigen Staat leben können und die Möglichkeit haben, sich vor Ort zu ernähren. Solange dies nicht möglich ist, wünschen sich die Reeder, dass in Einzelfällen von der Marine auch bewaffnete Begleitungen an Bord der Handelsschiffe gestellt werden können. Es gibt besonders gefährdete Schiffe, deren gesonderte Bewachung durch solche *Boarding Teams* gerechtfertigt wäre. Ebenfalls sinnvoll und hilfreich wäre die Einrichtung von einem Sicherheitskorridor in Nord-Süd-Richtung vor der Ostküste Somalias, wo zuletzt eine große Zahl der Kaperungen stattfand.

Mehr als 50 Schiffe, davon sieben deutsche, sind von 2008 bis Ende 2009 gekapert worden und erst nach Zahlung von Lösegeld wieder freigekommen. Die Zahlung von Lösegeld hat einen Rest von Rationalität im kriminellen Verlauf der Dinge gewahrt. Piraten sind in der Regel anders als Terroristen nur auf die Erpressung von Lösegeld aus. Seeleute freizukaufen hat eine lange Tradition und dient einem Ziel: Kein Seemann wird auf See im Stich gelassen. Alles andere ist zunächst sekundär. Die Zahlung des Lösegeldes hat in der Politik hingegen Unmut ausgelöst. Ohne Kenntnis der konkreten Lage wurde mehrfach suggeriert, es gäbe Alternativen. Insbesondere heißt es häufig, statt Lösegeld zu zahlen, solle man sich um eine Verbesserung der Lage an Land kümmern. In den Entführungsfällen geht es jedoch um die konkrete Notlage der Besatzungen, die keinesfalls jahrelang warten können.

Obwohl es schwer erträglich ist, Erpressungen nachzugeben, fehlt stets eine Antwort auf die Frage nach der konkreten Alternative. Soll dem erpressten Reeder – an dieser Stelle ist es wichtig festzuhalten, dass nicht der Staat erpresst wird – untersagt werden, Lösegeld zu zahlen? Das ist schon rechtlich sehr fragwürdig. Oder sollen Spezialeinheiten wie GSG 9 oder KSK die Seeleute aus der Hand der Piraten befreien? Das ist eine theoretisch mögliche, aber auf See in den meisten Fällen unpraktikable Option, weil die Gefahr für die Besatzung dabei inakzeptabel hoch wäre. Die Alternative zur Zahlung von Lösegeld an Piraten besteht derzeit daher allein darin, den internationalen Schutzschirm durch die Marinen auszuweiten. In diesem Zusammenhang wären die Reedereien nach anfänglichem Zögern auch bereit, bewaffnete Kräfte an Bord zu nehmen, um Übergriffe abzuwehren. Dies müssten aber zwingend staatliche Kräfte sein. Allerdings fehlt für diesen Fall noch eine klare Regelung, wie dies bei der grundsätzlichen polizeilichen Zuständigkeit praktisch ausgeführt werden könnte. Für einen dauerhaften Erfolg im Kampf gegen die Piraterie bleibt es aber zugleich unabdingbar, endlich auch deren Grundprobleme an Land anzupacken.

# DAS PROBLEM DER PIRATERIE AKTUELL UND WELTWEIT AUS MILITÄRISCHER PERSPEKTIVE

LUTZ FELDT

Wird das Problem der Piraterie weltweit aus militärischer Perspektive untersucht, so fällt auf, dass seit einigen Jahren vier geographisch voneinander getrennte Gebiete besonders stark betroffen sind: die Straße von Malakka und Singapur zusammen mit dem Südchinesischen Meer, der Golf von Aden mit dem südlichen Teil des Roten Meeres und dem Westindischen Ozean, der Golf von Guinea sowie schließlich die Karibik. Ihnen gemeinsam ist zum einen die Tatsache, dass sie schon seit Jahren unter der Piraterie leiden, aber erst jetzt im Fokus der Öffentlichkeit stehen, und zum anderen, dass der Bedrohung auch, aber nicht nur, mit militärischen Mitteln begegnet wird. Bevor es um die Unterschiede in den genannten Gebieten geht, sollen einige wichtige Kriterien genannt werden, die unabhängig von der jeweiligen Region für die militärische Perspektive auf die gegenwärtige Piraterie eine grundsätzliche Bedeutung haben.

## I. Allgemeine Ausgangssituation

Für eine Beurteilung von militärischen Einsätzen gegen Piraten ist es zunächst grundlegend zu wissen, dass nach dem Seerechtsübereinkommen der Vereinten Nationen von 1982, das 1994 in Kraft getreten ist, die Territorialgewässer einen eigenen rechtlichen Bereich mit klar definierter Trennungslinie ausmachen. Was innerhalb dieser international geltenden Zwölf-Seemeilenzone geschieht, unterliegt ausschließlich der Verantwortung und der Gerichtsbarkeit des jeweiligen Küstenstaates. Per Definition handelt es sich hierbei nicht um Piraterie, sondern um kriminelles Handeln, während jenseits dieser zwölf Seemeilen bei gleichen Vorgängen von Piraterie gesprochen wird. Die Artikel 100 bis 107 des Seerechtsübereinkommens legen dazu die Rechte und Pflichten der Staaten fest. Es ist aber hervorzuheben, dass die Souveränitätsrechte der Staaten, und damit ihre nationale Verantwortung, die Grundlage aller Artikel dieses internationalen Abkommens sind.

Weiterhin ist zu beachten, dass einzelne Nationen die Bekämpfung der Piraterie weltweit sehr unterschiedlich geregelt haben. Dieses gilt, wie oben schon erwähnt, besonders für die Verantwortung innerhalb der Territorialgewässer, in denen die Piraterie als kriminelles Handeln bezeichnet wird. So kann ein Pirat mit dem Überschreiten der *Seegrenze* seinen Status wechseln und damit die Art und Weise beeinflussen, wie juristisch mit ihm umzugehen ist. Dies ist meines Erachtens von zentraler Bedeutung, denn die Strafverfolgung liegt wie oben erwähnt innerhalb der Hoheitsgewässer beim Küstenstaat, außerhalb liegt die Verantwortung bei allen Nationen. Diese haben in eigener Zuständigkeit eine rechtliche Lösung durch eine entsprechende Gesetzgebung zu schaffen, was von vielen Staaten, wie sich nun zeigt, weitestgehend versäumt wurde.

Zudem sind weltweit sowohl national als auch international Organisationen aktiv, die ihrerseits unterschiedliche Zuständigkeiten in der Bekämpfung der Piraterie haben oder diese für sich reklamieren, was in besonderem Maße die internationale Koordination der Maßnahmen gegen die Piraterie erschwert. Zieht man als Vergleich die Ordnung im internationalen Luftraum heran, wenngleich diese nur sehr eingeschränkt mit der Situation auf See zu vergleichen ist, so kann doch festgestellt werden, dass im Luftraum durch gemeinsame Sicherheitsinteressen weitreichende Abmachungen erreicht wurden, von denen die internationale Schifffahrt bisher weit entfernt ist.

Die Piraterie stellt in ihren unterschiedlichen Ausprägungsgraden eine asymmetrische Bedrohung dar. Das Vorgehen gegen die Piraten oder, wie sie zu Recht zunehmend bezeichnet werden, die *Kriminellen auf See*, ist kein Kampf gegen Soldaten oder Kombattanten mit einem entsprechenden völkerrechtlichen Status. Vielmehr handelt es sich um einen Einsatz gegen mutmaßliche Mörder, Menschen-, Drogen- und Waffenhändler sowie Terroristen. Die Entscheidung darüber, gegen wen man in einer unklaren Lage gerade vorgeht, also ungefährliche oder aber gewaltbereite Zivilisten, lässt sich äußerst schwierig treffen. Sie verlangt nicht nur zum eigenen Schutz in kürzester Zeit und häufig leider nur dem Augenschein folgend weitreichende Entscheidungen, wobei zugleich die asymmetrische Bedrohungslage zu berücksichtigen ist, die sich auf See noch schwieriger darstellt, als sie es an Land ohnehin schon ist. Hier ist der Hinweis auf die fehlende rechtliche Grundlage noch einmal wichtig, denn sie macht sich gerade dann negativ bemerkbar, wenn ein Einsatz erfolgreich war und Piraten festgesetzt werden konnten.

Aus militärischer Sicht lässt sich weiterhin feststellen, dass der Ausrüstungsgrad der Piraten in der Regel sehr gut, ihre Ausbildung häufig professionell ist. Auch scheinen die erkennbaren Führungs- und Kommandostrukturen meist auf militärischen Erfahrungen beziehungsweise Erkenntnissen zu beruhen. Aufgrund der überwiegenden Gewaltbereitschaft spielen Leben und Gesundheit der Besatzungen nur insofern eine Rolle, als durch sie der Druck zur Zahlung von Lösegeld erhöht wird. Der Vorteil der Piraten beruht zugleich darauf, dass sie Ort und Zeit ihrer Angriffe selbst bestimmen und schon allein durch einfaches Überbordwerfen ihrer Waffen ihren Status zu ihren Gunsten verändern können. Damit ist ihr persönliches Risiko kalkulierbar.

Handelt es sich um Terroristen, Drogen- und/oder Waffenhändler, spielt das Leben von Besatzung und Passagieren zumeist keine zentrale Rolle. Für die Frage der angemessenen Reaktion ist daher von großer Bedeutung, ob es um die Erpressung von Lösegeldern, wie zurzeit vor Ostafrika, oder ob es um andere Ziele geht. Wird *nur* Lösegeld verlangt, muss vor allen anderen Erwägungen das Leben und die Unversehrtheit der Besatzungen Vorrang haben, insbesondere vor volkswirtschaftlichen und versicherungswirtschaftlichen Interessen. Dies gilt noch stärker für Pläne der gewaltsamen Rückeroberung eines einmal gekaperten Schiffes, denn Piraten wollen Lösegeld erpressen. Sie schonen das Leben der Besatzungen nicht aus moralischen oder ethischen Gründen, sondern meist nur deshalb, weil sie ein möglichst hohes Lösegeld zu erzielen versuchen. Sie quälen und foltern Menschen, lassen Interviews zu und erlauben den Kapitänen, Briefe an Politiker zu schreiben – eine Strategie, die unabhängig von der Region ihre Wirkung erzielt.

## II. Geographische und politische Unterschiede

Was sind aber die Unterschiede, die den Einsatzrahmen von Marinen, Küstenwachen, Zollbehörden, Fischereiaufsichten, Hafensicherheitsbehörden und der Umweltschützer zur See voneinander unterscheiden?

Zuerst gilt es zu betonen, dass es vor allem um staatliche Autorität geht, also darum, ob ein Staat oder eine Regierung in der Lage und Willens ist, die notwendige und international vereinbarte Sicherheit der Schifffahrt zu gewährleisten. Fehlt es zu diesem Zweck nur an den Mitteln – also an Schiffen, Booten und Flugzeugen –, so ist internationale Hilfe relativ einfach bereitzustellen. Die „International Maritime Organisation" (IMO) als zuständige Organisation der Vereinten Nationen agiert in diesem Bereich erfolgreich. Aber auch bi– oder multinationale Vereinbarungen haben bewiesen, dass eine erfolgreiche Zusammenarbeit effektiv möglich und erreichbar ist. Hierfür ist die Lage in der für den internationalen Schiffsverkehr so wichtigen Verbindung durch die Straße von Malakka und Singapur ein gutes Beispiel.

Die erfolgreichen Überfälle auf die nationale, regionale und internationale Schifffahrt in diesem navigatorisch schwierigen Seegebiet nahmen in den Jahren zwischen 1999 und 2004 ein äußerst großes Ausmaß an, dem die Schiffsversicherer in wirtschaftlicher Hinsicht nicht mehr nur mit ständig steigenden Prämien begegnen konnten. Die Reedereien wählten zwar längere, zugleich aber sicherere Ausweichrouten, was dann dazu führte, dass die Umschlagkapazitäten der Häfen in Singapur, Malaysia und Indonesien stark einbrachen. Zusammen mit den Auswirkungen des Tsunami im Jahre 2004 führte dies in der Region zu einer umfangreichen internationalen Zusammenarbeit der direkt betroffenen Länder Indonesien, Malaysia und Singapur bei politischen, militärischen und zivilen Projekten – eine Zusammenarbeit, aufgrund derer die Anzahl der Angriffe in relativ kurzer Zeit deutlich verringert werden konnte.

Wenngleich dieser Prozess hier nicht im Einzelnen beschrieben werden kann, so ist dennoch festzuhalten, dass in Südost-Asien die Bedeutung der Sicherheit der Seewege als eine strategische Aufgabe schon seit der letzten Dekade erkannt und in politisches Handeln umgesetzt worden ist. Das Engagement Japans, Chinas, Südkoreas und natürlich auch der USA, Australiens sowie der regionalen Staaten zeigt einen Weitblick im Sinne der eigenen und gemeinsamen Interessen, der uns in Deutschland bisher weitestgehend fehlt. Es ist jedoch erfreulich, dass sich die Europäische Union nach längerem Zögern dieser Aufgabe nun stellen will. Der militärische Einsatz wurde bisher nicht, oder nicht ausreichend, durch politische, wirtschaftliche und vor allem diplomatische Initiativen begleitet. Dies hat die EU nun durch Pläne zur Ausbildungshilfe und zur regionalen Seeraumüberwachung geändert. Davon unabhängig haben auch einige Mitgliedsstaaten der EU, aus nationaler Verantwortung heraus, Projekte begonnen, die sowohl der Region als auch insbesondere Somalia helfen sollen. Hier sind Frankreich, Großbritannien und Italien zu nennen.

Insofern bedeutet meines Erachtens jede Initiative zur Stabilisierung der Region, wohl ausbalanciert zwischen zivilen Programmen und militärischer Ergänzung, eine notwendige Investition in eigene nationale und europäische Interessen. Solche komplexen Maßnahmen haben die Sicherheit der internationalen Schifffahrt deutlich verbessert, die seeseitige Kriminalität in den jeweiligen Territorialgewässern allerdings noch nicht entscheidend eingeschränkt. Es bleibt also bei allem Erfolg die Frage nach der Verantwortung in den eigenen Hoheitsgewässern.

Dass alle Staaten auf ihre Souveränität besonderen Wert legen, wird auf den Konferenzen, die von der IMO zur Lösung der Seesicherheitsfragen durchgeführt werden, offensichtlich, denn dort ist die Wahrung der staatlichen Souveränität das eindeutig noch vor der Sicherheit einzuordnende Kriterium. Da aber ein Teil der betroffenen Staaten gar nicht in der Lage und oft auch nicht Willens ist, Lösungen durchzusetzen, bleiben immer noch viele Fragen offen, auf die es auch in absehbarer Zeit keine befriedigenden Antworten wird geben können.

Betrachtet man zum Beispiel die gefährliche Lage im Golf von Guinea, so stellt sich die Situation wie folgt dar: Die Überfälle zielen auf Tank- und Gasschiffe, die auf Reede liegen, aber auch auf Ölplattformen, die sich in großer Zahl in den Territorialgewässern Nigerias befinden. Die Sicherheit liegt in der ausschließlichen Verantwortung Nigerias, seiner Küstenwache und seiner Marine. Die politischen Machtverhältnisse sind aber gerade wegen des Öl- und Gasreichtums innenpolitisch umkämpft. Hierdurch bestehen die gewissermaßen besten Voraussetzungen für die Kaperung von Schiffen und Plattformen, für Geiselnahmen von Seeleuten sowie Facharbeitern aus allen Ländern und die Erpressung von internationalen Firmen, die im Auftrag der Machthaber Öl und Gas fördern. Wie auch immer man zu diesen Firmen stehen mag, ohne sie wäre nicht nur die Förderung der für unsere Energieversorgung so wichtigen Ressourcen nicht möglich, auch das Ziel, die Energiequellen zu diversifizieren, wäre weiter gefährdet. Aber in erster Linie würden dem Land und seiner Bevölkerung die durch diesen Reichtum möglichen wirtschaftlichen und sozialen Entwicklungen genommen.

Anders ist die gegenwärtige Situation in der Karibik einzuschätzen. Dort geht die Gefährdung der Sicherheit in erster Linie vom Drogenhandel aus, und die Macht und Gewaltbereitschaft dieser Täter ist mit der von Terroristen vergleichbar. Der Transport der Drogen erfolgte von Beginn an über den Seeweg mit Hilfe von Fischerbooten, Segel- und Motoryachten. Die Summen, um die es hier geht, bewegen sich oft im dreistelligen Millionenbereich. Möglich war und ist diese Form der Kriminalität nur, wenn auch an Land die entsprechende Infrastruktur zur Verfügung steht, und wie schwer deren Bekämpfung ist, können wir zum Teil in der Presse verfolgen. Die seit über zehn Jahren stattfindenden Operationen der US-Coast Guard, die von der US-Marine unterstützt werden, haben Erfolg. In Zusammenarbeit mit europäischen und südamerikanischen Marinen konnten so die Drogenrouten und auch die Piraterie in der Karibik stark eingeschränkt werden. Allerdings hat sich durch Macht und Geld der Drogenkartelle nunmehr eine neue Route über den Atlantik nach Westafrika herausgebildet, die in erster Linie von kleineren Flugzeugen bedient wird. Diese Verdrängung, mit dem Ziel, über den west- und nordafrikanischen Luftweg den Drogenbedarf in Europa zu bedienen, hat sich zu einer neuen Gefahr herausgebildet. Die EU, genau wie die UN, haben in diesem Zusammenhang Agenturen gegründet, die die Gefahr bekämpfen sollen. Aber auch in diesem Fall ist überdeutlich, dass die Ursache des Übels an Land liegt und eine durch staatliche Institutionen geduldete Kriminalität die Lösung des Problems fast unmöglich erscheinen lässt.

Auf die regionale Lage am Horn von Afrika bezogen, sieht die Lage folgendermaßen aus: Es sind 20 Staaten,[1] die sich selbst von der Piraterie betroffen und bedroht fühlen und deren Vertreter seit 2005 an einer Serie von Konferenzen unter Leitung der IMO in Dar es Salem, Nairobi, Sanaa und Djibouti teilgenommen haben. Einige der afrikanischen Staaten, vor allem aber die arabischen Staaten der Region fühlen sich zudem noch auf andere Weise bedroht, nämlich von den Flüchtlingsströmen über See, vom Handel mit kleinkalibrigen Waffen und vom Menschen- und Drogenhandel. Insbesondere der Jemen leidet als schwacher Staat unter den jährlichen Flüchtlingsströmen, von denen die größte Zahl aus Somalia stammt, und ist nicht in der Lage, dies wirtschaftlich zu kompensieren. Die Zentralregierung in Sanaa kontrolliert nur Teile des Landes. Der Jemen steht meiner Meinung nach daher kurz vor einer Entwicklung, die vor einigen Jahren Somalia zerstörte. Das Land verfügt zwar über eigene Marinekräfte, deren Rolle als Ordnungsfaktor jedoch sehr kritisch zu betrachten ist. Die Tatsache, dass die Marine vor der Vereinigung des Jemen im Jahr 1990 eine Stütze des kommunistischen Regimes im Südjemen war und nach vorsichtiger Einschätzung bis heute ein Teil des Problems darstellt, macht die ohnehin komplizierte Lage noch schwieriger. Für eine Stabilisierung der Region spielt der Jemen allerdings eine wichtige Rolle, denn die Unterstützung der jemenitischen Regierung ist wegen des oben beschriebenen Sachverhalts im Interesse der Sicherheit dortiger Seeverbindungswege. Für eine Lösung dieses Problems wäre in der Region meines Erachtens in erster Linie das Königreich Saudi-Arabien gefordert.

Anders sieht die Lage in Djibouti aus. Djibouti gilt zu Recht in der Region als ein stabiler Staat, jedoch wäre es ein grobes Missverständnis, den westeuropäischen Maßstab anzulegen. Die Regierung, gestützt auf die Präsenz Frankreichs, insbesondere die seit der Unabhängigkeit 1974 vertraglich vereinbarte militärische Präsenz, hat die strategische Position des kleinen Landes geschickt und erfolgreich genutzt. Wenn davon bisher auch nur Teile der Bevölkerung profitieren konnten, so hat sich die Lage im Land seit 2001 deutlich und erkennbar verbessert. Daran hat die EU einen guten Anteil, aber auch die USA haben sich mit zivilen Projekten engagiert. Seit Dezember 2008 verfügt Djibouti über einen eigenen modernen Containerhafen, darüber hinaus bildet der Hafen den lebenswichtigen

---

1 Es handelt sich dabei um folgende Staaten: Ägypten, Sudan, Äthiopien, Eritrea, Djibouti, Somalia, Kenia, Tansania, Mozambique, Südafrika, Madagaskar, Komoren, Seychellen, Frankreich mit dem Territorium Reunion, Mauritius, Malediven, Jemen, Oman, Saudi-Arabien und Jordanien. Hinzu kommen noch zwölf Staaten mit einem Beobachterstatus.

Zugang Äthiopiens für die seeseitige Versorgung, der dem Land durch die Abspaltung Eritreas 1993 verloren ging. Eben dieses Eritrea stellt zugleich für die Region und besonders für Djibouti ein Sicherheitsproblem dar, wobei es einerseits um einen Grenzstreit, andererseits um den Besitz einer Insel in der Straße von Bab el Mandeb geht. Die Bedeutung des Containerhafens in Djibouti für die Region wird aus dieser komplexen Gemengelage ersichtlich.

Aus den bis hierher dargestellten Entwicklungen lässt sich unschwer ableiten, dass sich Formen von Kriminalität auf See und Terrorismus gerade dort entfalten können, wo entweder eine staatliche Autorität ganz fehlt, diese zu schwach ist oder sie in Teilen mit den Kriminellen und Terroristen kooperiert. Wird die Region als eine Einheit begriffen, eine Einheit, die nur als Ganzes die Sicherheitslage verbessern kann, so wird deutlich, wie entscheidend es ist, parallel zu den notwendigen Operationen der Marinen auf See auch politische, diplomatische und wirtschaftliche Initiativen an Land zu ergreifen. Gerade anhand der Entwicklung der Piraterie am Horn von Afrika kann nachvollzogen werden, wie sich eine lokale Bedrohung zu einer internationalen Gefahr entwickelt, wenn ihr nicht schon in einer frühen Phase entgegengetreten wird. Hierauf ist nun näher einzugehen.

## III. Piraterie am Horn von Afrika

Historisch betrachtet gab es Formen der Piraterie, des Schmuggels und des halblegalen Handels in dieser Region schon immer; sie wurden als ein Teil der jeweiligen Wirtschaft geduldet. Seit dem Zusammenbruch des Staates Somalia, den Kriegen, die zur Unabhängigkeit Eritreas geführt haben, und der äußerst instabilen Lage des Jemen ist die Region in einer prekären Sicherheitslage. Die gefährdete innere Sicherheit der regionalen Staaten führt zu Bedrohungen, die sich in zunehmender Weise an und über die Außengrenzen hinaus entwickeln. Hier sind vor allem die Seegebiete vom Roten Meer über den Golf von Aden bis in den Westindischen Ozean zu betrachten.

In dieser Situation, in der sich die Lebensbedingungen der Somalis seit den nicht enden wollenden internen Machtkämpfen der Clans kontinuierlich verschlechtert haben, entstand ein Vakuum, in dem sich Kriminalität und Terrorismus über Jahre hin relativ unbeachtet und vor allem unbekämpft entwickeln konnte. Bezeichnend für diese Situation sind zum einen die Flüchtlingsströme, die Somalia über See verlassen und den Weg über den Jemen, durch Saudi-Arabien, Nordafrika oder den Irak und die Türkei nach Europa nehmen. Zum anderen verkaufen lokale Machthaber seit dem Zerfall der zentralen Regierung in Mogadischu Lizenzen zum Fischen und den notwendigen bewaffneten Schutz der ausländischen Fischereifahrzeuge gleich dazu. Hierfür stehen somalische Fischer, ehemalige Angehörige der kleinen Küstenwache und Marine zur Verfügung. Die Folgen waren beispielsweise bewaffnete Auseinandersetzungen der Clans auf See. Es ist aufgrund dieser Entwicklung davon auszugehen, dass sich auch die Piraterie als eine Fortsetzung der illegalen Abkommen entwickelte. Zudem betreiben Terroristen im Norden des Landes Ausbildungscamps und nutzen den Seeweg über den Golf von Aden bis nach Pakistan als relativ sicheren Transportweg für Waffen, Ausrüstung und vor allem für Menschen. Dieser Weg funktioniert in beide Richtungen: Die Armut der Bevölkerung wird vor allem durch die Flüchtlingsströme, die durch das Land führen, verstärkt, da es wirtschaftlich nicht in der Lage ist, sie zu versorgen. Daneben wird der Menschen- und Waffenhandel sowie die Piraterie als Bedrohung ernst genommen. Gerade also die Armut der Bevölkerung hat sich neben der Piraterie, den Flüchtlingsströmen und dem Menschen- und Waffenhandel in der Region in einem Maße verstärkt, dass eine Destabilisierung der Nachbarländer in der gesamten Region die Folge ist.

## IV. Nationale und internationale Maßnahmen gegen Terrorismus und Piraterie

Mit der internationalen Marine-Operation „Enduring Freedom", die von der amerikanischen Marine seit den Anschlägen vom September 2001 im gesamten Seegebiet vom Persischen Golf bis zu den Seychellen im westlichen Indischen Ozean bis heute durchgeführt wird, hat eine militärische Operation gegen den Terrorismus begonnen. Diese war und ist meines Erachtens erfolgreich, denn die amerikanische Präsenz in Djibouti und die internationale Beteiligung an dieser Operation, einschließlich der Deutschen Marine, bewirken eine erkennbare Stabilisierung. Des Weiteren wurden die Gefahr von Terroranschlägen und die ungehinderte Nutzung Somalias als Ausbildungs- und Rückzugsgebiet für Terroristen, vor allem im Norden Somalias, stark gemindert.

Beispiele dafür, welche Auswirkungen Terroranschläge auf die Staaten der Region haben, sind die Terroranschläge auf den französischen Tanker „Limburg" am 6. Oktober 2002 vor der Küste des Jemen sowie auf das amerikanische Kriegsschiff USS Cole vom 12. Oktober 2000 im Hafen von Aden. Beide haben eine Wirkung entfaltet, die sich eindeutig gegen den Jemen richtete, denn die Anschläge haben dem Land bis heute wirtschaftlich geschadet und die Regierung destabilisiert. Die Präsenz des Marineverbandes hat jedoch weitere Anschläge und vor allem die risikolose Nutzung der See für die Logistik und als Fluchtweg unterbunden.

Es gilt jedoch festzuhalten, dass das Mandat der Operation „Enduring Freedom" die Einheiten des Verbandes auf die Bekämpfung des Terrorismus begrenzt, was dazu führt, dass sich alle anderen Formen der kriminellen Aktivitäten nahezu ungehindert und quasi unter den Augen der internationalen Staatengemeinschaft weiterentwickeln konnten. Gegen Piraten, die in den ersten Jahren der Operation durchaus verunsichert und relativ zurückhaltend waren, durften und dürfen die Marineeinheiten nur dann vorgehen, wenn sie Zeuge eines Angriffs auf ein Handelsschiff wurden und akute Gefahr für das Leben der Besatzung bestand. Wird ein Angriff beobachtet oder ist sogar erfolgreich, dürfen die Einheiten außerdem erst dann weiter tätig werden, wenn ihr nationales Recht dies zuläßt. Hier gelten im Verband sehr unterschiedliche, nationale Rechtslagen, die es schwer machen, der jeweiligen Situation gerecht zu werden. Für die Schiffe der Deutschen Marine

gilt unser nationales deutsches Recht, das nur Hilfe bei einem gerade stattfindenden Angriff zulässt, um der Gefahr für das Leben der Besatzungen zu begegnen
(Nothilfe). Ist der Angriff beendet, erfolgreich oder nicht, gibt es bis heute nur
eine rechtliche Grundlage für ein weitergehendes Eingreifen der Marine, wenn
das Mandat auf Artikel 24 unseres Grundgesetzes, basiert. So beschränkt es sich
auf die Abwehr von terroristischen Aktivitäten. Ein Mandat auf der Basis des Ar-
tikels 24 hätte allerdings eine Diskussion um die politischen Ziele und Absichten
zur Konsequenz gehabt, und es wäre so eine Beschränkung auf die Bekämpfung
des Terrorismus verhindert worden. Eine Einordnung in ein System kollektiver
Sicherheit, UN, Nato oder EU, hätte zudem ein Ergebnis sein können, parallel
wären auch frühzeitig international abgestimmte Maßnahmen zum Umgang mit
Terroristen, Kriminellen und Piraten möglich geworden. Das ist aber nicht der
Fall, und eine tiefer gehende Befassung mit der Sicherheitslage ist nicht erfolgt.
Deutschland hat schon früh jede Beteiligung der NATO in den entsprechenden
Gremien abgelehnt, aber auch keine Initiative der UN oder der EU erwogen. Damit gab und gibt es keine politische und diplomatische Begleitung des militärischen Einsatzes von deutscher Seite. Alle Hinweise auf etwaige, die Piraterie be-
günstigende Zustände hatten weder das Verteidigungsministerium noch das Parlament dazu bewogen, eine andere Lösung zu suchen und eine Entscheidung zu
treffen, als das Problem noch überschaubar war. Die Soldatinnen und Soldaten
waren daher gezwungen, solchem Unrecht nahezu tatenlos zuzusehen, was in der
Region zunächst zu einem Vertrauensverlust gegenüber der Deutschen Marine
führte.

An dieser Stelle sind einige erklärende Worte zum Mandat aus militärischer
Perspektive notwendig. Jedes Mandat, das dem Bundestag zur Abstimmung vorgelegt wird, wurde im Ministerium der Verteidigung erarbeitet. Es durchläuft einen Abstimmungsprozess, in dem andere Ministerien Einfluss nehmen. Dabei
spielen oft Gesichtspunkte, die mit dem eigentlichen Ziel der Operation wenig
oder gar nichts zu tun haben, eine wichtige Rolle. Eine direkte Verantwortung,
wie sie der Verteidigungsminister als Inhaber der Befehls- und Kommandogewalt
hat, tragen diese Ministerien jedoch nicht. Weiterhin bleibt hervorzuheben, dass
die jeweilige Verlängerung eines Mandats oft nicht seine inhaltliche Überprüfung
bedeutet. Die wichtige Frage, ob die Lage, die einst Ausgangspunkt für das ur-
sprüngliche Mandat war, überhaupt noch gegeben ist, wird leider kaum erörtert.
Dieses Verfahren ist jedoch nicht nur der Regierung anzulasten, sondern auch
dem begrenzten Interesse des Parlaments. So findet eine ausführliche Diskussion
über den Inhalt von Mandaten in der Regel nicht statt, und die Soldatinnen und
Soldaten werden mit unzureichenden rechtlichen Rahmenbedingungen im Einsatz
belassen.

Alle Einsätze der Deutschen Marine sind Einsätze im internationalen Verband
und finden im Rahmen kollektiver Sicherheitsorganisationen wie der NATO, der
EU oder, wie im Fall vor dem Libanon, der UN statt. Der Inhalt des Mandats ist
damit immer sowohl international als auch national bestimmt. Nationales Recht
greift damit in die Art der Operationsführung ein und führt oft zu Beschränkungen
des internationalen Mandats und seiner operativen Ausführung. Daraus ergibt sich

logischerweise, dass sich in solchen Verbänden auf See Schiffe und Flugzeuge mit zum Teil sehr unterschiedlichen Kompetenzen befinden. Für die ebenfalls internationale Führung eines solchen Verbandes auf See ist das eine sehr schwierige Aufgabe. Es sollte eigentlich der Inhalt eines jeden Mandates sein, die Zahl der nationalen Vorbehalte so klein wie möglich zu halten. Das zu erreichen, ist im Falle der Deutschen Marine Aufgabe der militärischen und politischen Führung der Bundeswehr.

Die oben skizzierte Diskrepanz wurde besonders beim Mandat für die europäische Operation „Atalanta" am Horn von Afrika und im Westindischen Ozean deutlich. So formulierten die Vereinten Nationen und die Europäische Union ein weitgefasstes, robustes Mandat, welches die möglichen Kompetenzen und den zur Aufgabenerfüllung notwendigen Handlungsspielraum bis hin zur Anwendung von Gewalt nach dem Grundsatz der Verhältnismäßigkeit beinhaltete. Das Mandat allerdings, das dem Bundestag vorgelegt wurde, wählte eine Schwerpunktfestlegung, die so nicht zwingend war. Die erste Resolution des Sicherheitsrates der Vereinten Nationen betrifft den Schutz der Schiffe, die das World Food Programme (WFP) zur Versorgung der somalischen Bevölkerung gechartert hat. Dies betont den humanitären Charakter der Mission. Das war mit der Resolution UNSCR 1814 des UNO-Sicherheitsrates auch so gewollt, doch haben die nachfolgenden Resolutionen des Sicherheitsrates, UNSCR 1816, 1838 und 1851, das Mandat erweitert, und mit der letzten Resolution 1851 wären sogar „Additional measures on Somali territory" möglich. Das deutsche Mandat aber ist reaktiv und auf den Einsatz der Marine begrenzt. Dies ist eine politische Entscheidung, und auch wenn sie zu Beginn der Operation sinnvoll war, wären wegen der Entwicklung der Bedrohung der Besatzungen eine Überarbeitung und ein Mandat zur Prävention längst überfällig.

Ebenso ist die schwierige Frage der Strafverfolgung der festgesetzten Piraten zu Beginn der deutschen Beteiligung ungeklärt. Bis heute gibt es in dieser für den Erfolg der Operation so wichtigen Frage keine politische Initiative, eine nationale Lösung zu finden. Das Abkommen der EU mit Kenia und auch den Seychellen stellt keine für unser Land akzeptable dauerhafte Lösung dar und wird uns meiner Meinung nach als politisch ungelöste Aufgabe weiterhin begleiten und zukünftig Probleme aufwerfen. Hier ist eine nationale Lösung gefordert, die schon wegen der Anzahl der festgesetzten Piraten erforderlich ist, denn die Länder der Region können das Problem nicht alleine lösen.

Warum das deutsche Außenministerium nicht wie andere EU-Mitgliedstaaten Abkommen mit Ländern in der Region getroffen und Initiativen ergriffen hat, die über das militärische Engagement hinausgehen, ist nur schwer verständlich. Die Tatsache, dass mutmaßliche Gewalttäter nicht festgesetzt oder wieder freigelassen werden, nachdem sie sich selbst entwaffnet haben oder entwaffnet wurden, gefährdet den Erfolg der Operation erheblich – von der Frage der Glaubwürdigkeit der Soldatinnen und Soldaten einmal ganz abgesehen. Folgerichtig hat sich eine stärkere Gewaltbereitschaft der Piraten entwickelt, was der zunehmende Beschuss von Schiffen, die mit einfachen seemännischen Manövern und Schutzmaßnahmen die Kaperung erschweren können, deutlich macht. Auch die Entscheidung einiger

Regierungen und Reedereien, private bewaffnete Schutzkräfte an Bord einzusetzen, wird die Eskalation der Gewalt nur fördern, ohne den Schutz der Besatzungen und Schiffe zu verbessern. Denn es ist davon auszugehen, dass die Piraten zum überwiegenden Teil unter dem Einfluss der Droge Kat, einer Droge, die gekaut einen länger anhaltenden Rauschzustand herbeiführt, stehen und damit ihr Verhalten, auch gerade hinsichtlich ihres eigenen Risikos, schwer zu kalkulieren ist. Der Einsatz bewaffneter privater Sicherheitsdienste an Bord der Handelsschiffe schafft somit nur eine kurzfristige Sicherheit, mittel- und langfristig führt er meines Erachtens zu einer Eskalation der Gewalt.

Die Lage wäre eine andere, wenn es belastbare Informationen gäbe, die eine Verbindung der Piraterie zum Terrorismus belegten. Dann würde es nicht mehr um Lösegeld gehen, sondern das Ziel der Terroristen wäre vermutlich der Tod der Besatzungen sowie die Zerstörung und Versenkung der Schiffe. Hier führt ein reaktives Mandat zu einer erhöhten Gefahr der eigenen Soldatinnen und Soldaten, was im Grunde keine Regierung verantworten kann. Zudem verstärken sich die Hinweise darauf, dass erpresste Lösegelder auch zur Finanzierung von terroristischen Aktivitäten in Somalia genutzt werden.

Eine absolute Sicherheit gibt es nicht, und ebenso müssen wir damit rechnen, dass der Einsatz auch Risiken für das Leben der Soldatinnen und Soldaten birgt. Allerdings muss auch verstanden werden, dass der Befehl zum Einsatz von Waffen in dieser oft unübersichtlichen Lage für den Kommandanten ein Risiko darstellt, das er auch zum Schutz seiner Besatzung und der Besatzungen der Handelsschiffe einzugehen hat. Dabei muss er denjenigen vertrauen, die ihn in den Einsatz entsenden. Wenn er aus seiner Lagebeurteilung den Befehl zum Waffeneinsatz gibt, dann sollte es weder Beifall noch Kritik sein, die ihn schon Minuten später durch die Medien aus der Heimat erreichen, vielmehr sollte auch für ihn das gelten, was man die *Unschuldsvermutung* nennt. Letztlich aber muss es darum gehen, klar und eindeutig zu entscheiden, wie die Soldatinnen und Soldaten mit dieser asymmetrischen Bedrohung auch aus rechtlicher Sicht umzugehen haben. An einer exakten Antwort auf diese Frage mangelt es in allen deutschen Mandaten, was schließlich auch dazu führt, dass der große Aufwand nicht die Ergebnisse erzielen kann, die notwendig sind, um die Sicherheit der Seegebiete zu gewährleisten.

Der Erfolg nationaler und internationaler Maßnahmen gegen Piraterie am Horn von Afrika hängt zudem von zwei weiteren Faktoren ab, die nicht direkt beeinflusst werden können: dem Wetter und der Dimension des Gebietes. Beide Faktoren begünstigen die Piraten. Die Größe des Gebietes reicht in nordsüdlicher Ausdehnung vom Golf von Oman bis zu den Seychellen, eine Entfernung, die der vom Nordkap in Norwegen bis zur Südspitze Siziliens im Süden Italiens vergleichbar ist. Ungefähr die Hälfte dieser Entfernung macht dazu die westöstliche Ausdehnung des betroffenen Gebietes aus. Schon einmal wurde das Operationsgebiet nach Süden erweitert, weil die Piraten ihr Verhalten sehr flexibel der Anwesenheit der großen Zahl von Kriegschiffen anpassten und sowohl nach Süden, als auch nach Osten in die Weiten des Indischen Ozeans auswichen. Daher lassen die Größe des gefährdeten Seegebietes, die Anzahl der dort operierenden Schiffe und Aufklärungsflugzeuge sowie das Ausweichen der Piraten in immer größere

Entfernungen von der Küste nur einen begrenzten Schutz zu. Auch der Monsun sowie der warme Somalistrom sind bestimmende Faktoren für die Aktivitäten der Piraten.[2]

Die Entwicklung von Angriffen, die direkt von der somalischen Küste ausgehen, hin zu Angriffen bis zu Hunderten von Seemeilen fernab der Küste ist mit großer Sorge zu beobachten. Jedoch zeigt dieses *Ausweichen* zugleich auch den Erfolg des Schutzes, der durch die Kriegsschiffe erzielt wird, und beweist, dass die Festlegung eines Korridors und seines koordinierten Schutzes richtig und erfolgreich ist. Allerdings geht es auch um das risikobewusste Handeln der Schiffskapitäne und der internen Vorbereitung eines Eigenschutzes durch zivile Maßnahmen der Besatzungen. Dies für ihre Schiffe durchzusetzen, ist Sache der Reeder, Schiffseigner und Charterer. Auch in diesem Bereich ist schon manches erreicht, aber eine noch bessere Kommunikation, die einfach und problemlos möglich ist, und ein unbewaffneter interner Eigenschutz führen zusammen mit dem militärischen Schutz zu einer deutlichen Minderung des Risikos. Es geht aber nicht nur um eine verbesserte Kommunikation, sondern um unterschiedliche Bereiche der Sicherheit, die ich im Folgenden noch etwas genauer erläutern möchte.

Der Schutz der Handelsschiffe fordert zwei unterschiedliche Bereiche der Sicherheit heraus: einerseits die äußere Sicherheit (Security) und andererseits die betriebliche Sicherheit (Safety). Die Aufmerksamkeit der Öffentlichkeit ist aus verständlichen Gründen auf die spektakulären Angriffe auf die internationale Schifffahrt sowie auf die Diskussion um die äußere Sicherheit gerichtet. Allerdings hat die betriebliche Sicherheit ebenfalls eine herausragende Bedeutung für die Sicherheit der Schiffe, der Besatzungen und der maritimen Infrastruktur.

Unter dem Begriff *Best Management Practice* sind alle Maßnahmen zu verstehen, die ein Reeder und/oder Schiffseigner veranlasst, um die Kaperung des Schiffes zu erschweren oder zu verhindern. Diese Maßnahmen reichen von der Ausbildung zur besseren Ausgucktätigkeit bis zur Ausbringung von Stacheldraht an der Reling und zur Einrichtung eines Sicherheitsraumes. Die mit diesen Maßnahmen verbundenen Verhaltensweisen müssen eingeübt werden, ebenso wie die spezifische Manövrierkompetenz, um einen Angriff abzuwehren oder zumindest zu verzögern. Hierin liegt also eine zunehmende Verantwortung der Reeder und Schiffseigner, die mittelfristig auch zu Änderungen im Schiffbau führen muss.

In diesem Zusammenhang hat die Diskussion über die Einschiffung und den Einsatz von privaten Sicherheitsdiensten an Bedeutung und Intensität gewonnen. Sie wird so lange geführt werden, bis die Staaten die ihnen übertragene Verantwortung zur äußeren Sicherheit der Schiffe unter ihrer Flagge auch wahrnehmen.

---

2 Der Wintermonsun weht nach Westen auf die afrikanische Küste zu, der Sommermonsun nach Osten von ihr weg – beide haben direkten Einfluss auf die Sicherheit und den Bewegungsradius der Skiffs, mit denen die Piraten ihre Angriffe ausführen. Der vom Monsun beeinflusste Somalistrom ist ein Randstrom an der Küste Ostafrikas. Er ist eine der stärksten ozeanischen Strömungen und beeinflusst den Aktionsradius der Piraten erheblich. Mit der seit 2010 zunehmenden Nutzung von gekaperten *Mutterschiffen*, meist Fischereifahrzeugen und kleineren Handelsschiffen, haben sich die Piraten von Wind und Strömung unabhängiger gemacht.

In Deutschland ist dieses im Grundgesetz in Artikel 27 besonders erwähnt, denn hier wird auf die Bedeutung einer einheitlichen Handelsflotte hingewiesen. Dieser Artikel stellt daher eine bewusste Herausstellung der Bedeutung einer Handelsflotte für unser Land dar, so dass sich daraus der staatliche Schutz als Konsequenz ableiten ließe. Dass dies bisher nicht durch weiterregelnde Gesetze untermauert wurde, stellt sich als ein Versäumnis heraus.

Die Einschiffung von Marinesoldaten, von Marines, von Soldaten/Polizisten der Küstenwache als „Ship Protection Teams" ist die eine berechtigte Forderung der internationalen und nationalen Reeder. Aber auch die ungeklärte Situation der sogenannten *ausgeflaggten* Schiffe ist aus dem eigenen Interesse zu klären. Nur so lässt sich die Einschiffung von privaten Sicherheitsdiensten vermeiden. Ihr rechtlicher Status an Bord ist ungeklärt und ihr Handeln erfolgt in einer Grauzone. Da nun aber ein Sicherheitsvakuum entstanden ist, bedarf es des zügigen Handelns der Regierungen. Geschieht das nicht, werden Sicherheitsdienste ihre Angestellten in uniformähnlicher Ausstattung den Reedern anbieten und damit auch noch den Eindruck von staatlicher Autorität zu vermitteln versuchen. Ich halte dieses für eine gefährliche Entwicklung, zumal auch das internationale Seerecht in seinem Sicherheitscode Handelsschiffen das Einlaufen in Häfen verbietet, wenn bewaffnete Zivilpersonen an Bord sind. Es sollte bei der Bewertung auch in Betracht gezogen werden, dass zumindest im Indischen Ozean viele Anrainer solche Dienste kategorisch ablehnen und dadurch neue Probleme für die Reeder entstehen können.

## V. Internationale Zusammenarbeit

Um einen Eindruck vom internationalen militärischen und zivilen Engagement zu bekommen, gilt es, sich vor Augen zu führen, wer in welcher Weise beteiligt ist. Die Operation „Atalanta" der Europäischen Union ist seit Dezember 2008 im Einsatz und stellt so ein sichtbares Zeichen des europäischen Engagements auch im eigenen Interesse der Sicherheit der Seewege dar. Es ist aus politischer Sicht unter anderem bemerkenswert, dass sich Norwegen als nicht EU-, aber NATO-Mitgliedstaat an dieser Operation beteiligt; Luxemburg hat ein ziviles Aufklärungsflugzeug gechartert, das von den Seychellen aus eingesetzt wird und dem Verband angehört. Des Weiteren ist unter der Operation „Ocean Shield" der Nato die Überführung zweier zeitlich befristeter Einsätze von Marine-Einsatzverbänden der Nato in einen Verband, der nun vorerst permanent im Gebiet eingesetzt wird, zu verstehen. Die Operation „Enduring Freedom" ist seit 2002 im Einsatz und dient der Bekämpfung des Terrorismus. Eine Erweiterung um andere Aufgaben scheiterte an einigen teilnehmenden Nationen. Zu diesem Schiffsverband gehören auch Schiffe aus Pakistan.

Eine weitere organisierte Einsatzgruppe ist die „Task Force 151" unter Führung der US-Marine als eine ebenfalls gegen die Piraterie gerichtete Operation. In ihren Verband gehören auch Schiffe aus der Türkei und Süd-Korea. Zu diesen gut organisierten Schiffsverbänden kommen noch Einheiten anderer Nationen hinzu, die unter nationaler Führung stehen. Diese Nationen sind nicht permanent im Gebiet, jedoch scheinen einige eine solche Präsenz anzustreben. Vertreten sind seit einem Jahr Schiffe aus Russland, China, Japan, Iran, Indien, Saudi-Arabien und Indonesien. China stellt mit vier Einheiten eine beachtliche nationale Einsatzgruppe, Japan und die US-Marine unter nationalem Kommando auch Aufklärungsflugzeuge. Japan, USA und Großbritannien haben zudem die Versorgung der in See stehenden Einheiten übernommen.

Der Einsatz der oben genannten Schiffe bedeutet eine vollkommen neue Lage für die Europäische Union, die Nato, aber auch für die beteiligten Nationen. Vor allem die chinesische Regierung, deren maritimes Engagement nicht überraschend ist, da es in ihre Strategie gegenüber Afrika und den arabischen Staaten passt, tritt sehr fordernd auf. Sie strebt eine bessere Koordinierung mit der Operation „Atalanta" an. Hieraus ergibt sich die Möglichkeit einer in Zukunft weiterhin positiven Entwicklung, die über eine bloße Koordinierung hinausgeht und von den Mitgliedsstaaten der Europäischen Union genutzt werden sollte, was bereits von einigen Staaten erkannt worden ist. Aber auch die Zusammenarbeit mit der russischen Marine bietet in diesem Kontext mehr Chancen als Risiken, wobei die Fokussierung mancher Mitgliedsstaaten der EU und der NATO auf den Einsatz in Afghanistan befürchten lässt, dass diese Möglichkeiten nicht konsequent genutzt und damit für die Zukunft der maritimen Zusammenarbeit Chancen vergeben werden. Dies bezieht sich auf eine Zusammenarbeit mit allen Marinen, die Einheiten in das Gebiet entsenden. Eine allgemeine Ansprechstelle, die zur Klärung von Einsatzfragen dient und auch so genutzt wird, ist ein praktisches Beispiel für erste Schritte.

## VI. Abschließende Bemerkungen

Für die Führung der internationalen und nationalen Operationen gibt es also eine ganze Reihe von Besonderheiten, die den Einsatz schwierig und gefährlich machen, und auf die ich an dieser Stelle noch einmal eingehen möchte.

*Erstens* lassen die Raum- und Zeitfaktoren den Piraten zusammen mit den Wetterbedingungen immer den Vorteil der Überraschung und damit der Initiative. *Des Weiteren* ist die Gewaltbereitschaft ohne jede Einschränkung seit Jahren vorhanden. Wenn Besatzungen der gekaperten Schiffe nicht ermordet werden, dann nur deshalb nicht, weil damit den Verhandlungen über Lösegeldforderungen Nachdruck verliehen werden soll. Bei fast jedem Angriff kommt es zum Beschuss der Handelsschiffe. Die Piraten nur als Opfer der Umstände des zerfallenden Staates Somalia darzustellen, entspricht nicht der Wirklichkeit. Ebenso die immer wieder geäußerte Einschätzung der verarmten Fischer, die nun sozusagen zwangsläufig Piraten werden, greift zu kurz. Auch vor 1990, also vor dem Beginn des Zerfalls Somalias, hat der Fischfang nur eine sehr kleine Rolle für die Wirtschaft des Landes gespielt. Lediglich in manchen Abschnitten der Küste war die Fischerei eine Ergänzung der sonst auf Ziegenfleisch und Getreide ausgerichteten Ernährung der Bevölkerung. Allerdings stellen die Somalia nun entgehenden Gelder für

Fischereikonzessionen ein Problem dar, weshalb es sehr erfreulich ist, dass mittlerweile erste verbindliche Regeln bestehen, welche die Anlandung illegaler Fischfänge verbieten. Das legt in diesem Zusammenhang zugleich die Frage nahe, warum die Europäische Union und die Mitgliedsstaaten die Überwachung der Fischerei nicht mit in das Mandat einbeziehen.

*Drittens* stellt die asymmetrische Art der Bedrohung einen wichtigen Aspekt dar. Die Menschen, die in kleinen Booten – Skiffs – unterwegs sind, können Fischer, Flüchtlinge, Händler, Piraten oder Terroristen sein. Dies festzustellen, ist in einer Situation, in der sich ein kleines Boot schnell annähert, fast unmöglich. Die Frage des Waffeneinsatzes stellt sich auch zum Schutz des eigenen Schiffes und der eigenen Besatzung. Vor allem wenn *zivile*, waffenlose Schutzmaßnahmen das Entern erschweren, setzen die Piraten erfahrungsgemäß ihre Waffen ein.

Ein anderer Problembereich ist *viertens* die Aufklärung aus der Luft. Die Nationen, die Seefernaufklärer zur Seeraumüberwachung zum Einsatz bringen, tragen ganz erheblich zur Minderung des Risikos bei. Jedoch bedingen die Faktoren Raum und Zeit die erforderliche Zahl der Flugzeuge ganz erheblich. Auch die Einbeziehung von Satellitenaufklärung ist ein immer wieder diskutierter Gesichtspunkt. Zu dieser Diskussion sei angemerkt, dass es keine kontinuierliche Abdeckung des Gebiets durch Satelliten gibt, die Gefahren entdecken und auch ohne Zeitverzug weitermelden können, wie es zum Schutz eines direkt bevorstehenden Angriffs notwendig wäre. Die Zahl der militärischen Satelliten ist ohnehin viel geringer als weithin vermutet wird, und ihre Aufklärungsziele liegen in anderen Regionen, in denen das Bedrohungspotential weitaus größer ist. Aber kommerzielle Satelliten liefern für die mittel- und langfristige Einschätzung gute Bilder, deren Preis jedoch zurzeit noch sehr hoch ist. Aufgrund der Analyse solcher Bilder lassen sich etwa auch Veränderungen an der Küste und an Land feststellen, zum Beispiel der Bau von Funkmasten oder neuen Häusern, von Lagerhäusern und von Straßen. *Piratennester*, wie sie durch Bücher, Filme oder historische Vergangenheit in mancher moderner Vorstellung vorhanden sein mögen, sind hierdurch aber nicht aufzuspüren, denn die Piraten operieren bezeichnenderweise auch von Stränden aus, die keinen Hafen haben, und wenn sie aus den Häfen heraus agieren, sind sie zumindest für uns als solche nicht zu erkennen und verfügen oder erzwingen den Schutz der Bevölkerung. Daher ist die durch ein UN-Sicherheitsratsmandat, die schon genannte Resolution UNSCR 1861, mögliche Bekämpfung an Land für uns genauso problematisch wie in Afghanistan oder bei anderen asymmetrischen Bedrohungen.

Die wichtige Frage nach den Drahtziehern wird *fünftens* öffentlich nur wenig diskutiert und ist aus guten Gründen eine Aufgabe der nationalen und internationalen Nachrichtendienste. Soviel kann allerdings festgehalten werden: Die Piraten verfügen über moderne Kommunikationsmittel, sind im Umgang mit Waffen geschult und mit der See und den ihr eigenen Möglichkeiten und Gefahren gut vertraut. Sie haben ihre Heimat weitestgehend in Nordsomalia, in Somaliland, aber wohl zum größeren Teil in Puntland und werden von Familien, von Clans, angeworben oder gehören zu ihnen. Die Clan-Chefs verfügen über die örtliche Macht und üben diese auch aus. Ob Angehörige dieser Clans auch im Ausland leben und

Teil der mafiaähnlichen kriminellen Struktur sind, ist sehr wahrscheinlich. Aber es ist auch wichtig zu berücksichtigen, dass in den zwei Dekaden des Krieges und des Verfalls viele Somalis emigriert sind und erfolgreich in ihrer neuen Heimat Fuß gefasst haben. Welchen Anteil der Jemen oder die Nachbarn an der Piraterie in Ostafrika beziehungsweise an den dortigen Piraten haben, ist bisher kaum thematisiert worden, wird aber an Bedeutung gewinnen, wenn die Bekämpfung keine durchgreifenden Erfolge zeigt, die ihrerseits abschreckend wirken. Zu solcher Abschreckung gehören ganz entscheidend die Strafverfolgung und Verurteilung.

Die Steuerung von Land aus hat *sechstens* ebenso zur Bedrohung weitab der Küste geführt. Die zeitweilige Kaperung von Fischerfahrzeugen oder anderer kleinerer Handelsschiffe und ihre Verwendung als Mutterschiffe, also als schwimmende Basis, hat die Bedrohung schon dadurch vergrößert, dass nun die Weite des Ozeans noch besser zum eigenen Vorteil genutzt werden kann. Auch in diesem Zusammenhang ist die Forderung nach deren *Versenkung* nur eine scheinbare Lösung, die, wie geschehen, eben auch das Leben gefangener Besatzungen gefährdet. Eine Lösung dieser Aufgabe ist eher in der Beschattung dieser Mutterschiffe zu sehen, um Angriffe von dort aus abzuwenden. Das aber bindet Schiffe, manchmal über Tage, die so für andere Aufgaben nicht zur Verfügung stehen.

Eng damit verbunden ist *siebtens* die Möglichkeit der Bewaffnung von Handelsschiffen zum Selbstschutz. Auch der Schutz privater Sicherheitsdienste an Bord oder mit eigenen Einheiten wird nicht nur diskutiert, sondern von einigen Reedern bereits praktiziert. In der Abwägung darf man die eskalierende Wirkung solcher Maßnahmen nicht unterschätzen. Eine Bewaffnung der Besatzungen ist meiner Meinung nach auszuschließen, da die Waffenausbildung aufwendig ist und zudem schwer lösbare rechtliche Fragen aufwirft. Denn private Sicherheitsdienste unterliegen, zumindest nach Deutschem Recht, sehr starken Einschränkungen. Letztlich besteht die Gefahr, dass das Leben der Besatzungen stärker gefährdet wird als dies bereits jetzt schon der Fall ist. Dagegen ist die zeitweilige Einschiffung von Soldaten, je nach Entscheidung des Kapitäns bewaffnet oder unbewaffnet, eine sinnvolle Schutzmaßnahme. Soldaten handeln in staatlichem Auftrag und damit unter Autorität und Kontrolle. Daher sollte meiner Meinung nach ein Staat seine Schutzaufgabe gegenüber einer solchen Bedrohung nicht an Dritte vergeben.

Ich möchte *achtens* eine weitere Besonderheit kurz aufzeigen. Wie bereits ausgeführt, operieren ganz unterschiedliche internationale und nationale Schiffsverbände und Einheiten im Seegebiet. Daher stellen sich hier die Fragen nach der Koordination und der Zusammenarbeit: Weshalb werden diese, im Durchschnitt 45 Einheiten, nicht von einer Stelle aus geführt? Oder: Warum arbeiten NATO und EU nicht in einem Verband zusammen? Eine vollständige Beantwortung dieser Fragen wäre hier zu umfangreich, jedoch lassen sich einige wichtige Aspekte hervorheben. Alle Verbände und Einheiten haben in erster Linie den Mandaten ihrer Nationen zu folgen. Die nationalen Regierungen entscheiden, auch in Europa, darüber, in welchen Verband die eigenen Schiffe und Flugzeuge integriert werden. Das ist ein komplizierter und komplexer Entscheidungsprozess, der sich bedauerlicherweise nur selten an dem zu erreichenden Ziel, sondern vielmehr an nationalen Befindlichkeiten orientiert. So nimmt zum Beispiel Norwegen wie oben erwähnt als Nato-, aber als Nicht-EU-Mitglied an der EU- Operation „Atalanta" teil, während Länder aus der Region die Teilnahme unter amerikanischer Führung vorziehen. Mit Russland und China zum Beispiel gibt es ein Koordinationsgremium, das regelmäßig zusammentrifft und gute Arbeit leistet. Es sind die souveränen Staaten, die aus ihrem eigenen Interesse heraus entscheiden, so dass letztlich EU und NATO nur das leisten können, was ihre Mitgliedsstaaten auch zulassen.

Abschließend gilt es, noch einmal auf die Fragen einzugehen, die meines Erachtens von zentraler Bedeutung sind: Wie löse ich die schwierige und gefährliche Aufgabe der Pirateriebekämpfung? Wie dringend ist dies, habe ich dazu viel Zeit oder verschlechtert sich über einen längeren Zeitraum die Sicherheitslage der Anrainerstaaten, der Handelsschiffe und deren Besatzungen zusehends?

Wir stellen Teilerfolge fest im Einsatz zum Schutz der Besatzungen und der Schiffe, aber wir sind immer noch weit davon entfernt, die Piraterie zu bekämpfen. Wir schützen, so gut wir es können, aber wir lassen die Piraten im Vorfeld gewähren, sehen ihrem Tun zu und greifen erst ein, wenn sie ihren Angriff begonnen haben. Dies hat nun erkennbar zu einer Eskalation geführt, da die ohnehin geringen Risiken der Piraten noch berechenbarer geworden sind. Europa und die aufstrebenden Staaten Asiens, allen voran China, Japan, Südkorea und Indien, sind, genau wie Nord- und zunehmend auch Südamerika von der Sicherheit auf See abhängig. Unser Handel, unsere Energie- und Rohstoffversorgung sowie der Transport unserer Produkte beruhen auf sicheren Seewegen. Als *Exportweltmeister* und stark importabhängiges Land sind sie für uns lebenswichtig. Es handelt sich daher bei der Sicherheit auf See sowohl um eine nationale als auch eine internationale Aufgabe, die im eigenen Interesse liegt – in diesem Zusammenhang ist auch an die Kontrolle der „Erweiterten Wirtschaftszone" bis zu 200 Seemeilen von der eigenen Küste ins Meer reichend zu denken. Für die eigenen Territorialgewässer bis zu zwölf Seemeilen, mit Einschränkungen auch bis zu zwanzig Seemeilen, ist jeder Staat selbst verantwortlich. Staatsschiffe anderer Staaten dürfen hier nur mit Einverständnis handeln und nach festgelegten Regeln einlaufen oder passieren. Kann ein Staat die Kontrollen nicht durchführen, entstehen die bekannten Probleme und Bedrohungen. Der Hauptgrund für Piraterie und Kriminalität auf See ist daher gerade im Fehlen staatlicher Autorität zu sehen. Dies bedeutet, dass dort und nur dort die Lösung liegen kann, was wiederum voraussetzt, dass jede Operation der Marinen von umfassenden politischen, diplomatischen und wirtschaftlichen Initiativen begleitet werden muss. Das Mandat, vor allem ein nationales, wird deshalb nicht nur die Soldatinnen und Soldaten in die Pflicht nehmen, sondern über die Grenzen des Verteidigungsministeriums zumindest auch das Außenministerium, das Innenministerium, das Wirtschaftsministerium und das Entwicklungsministerium. Dieser interministerielle Handlungsansatz ist die Voraussetzung für ein Gelingen und muss dringend eingeübt werden. Die Europäische Union geht diesen Weg bei der Lösung des Piraterieproblems, manche Mitgliedsstaaten folgen mit erfreulichen Aktivitäten – wir sollten uns daran ein

Beispiel nehmen. Was die Frage nach der Bilanz der Schutzoperationen nahelegt, worauf ich an dieser Stelle abschließend kurz eingehen möchte.

Es ist ebenso eine Tatsache, dass die Zahl der Angriffe kontinuierlich zugenommen hat, wie es eine Tatsache ist, dass die Zahl der erfolgreichen Angriffe zuletzt deutlich abnahm, zugleich aber nunmehr auch der gesamte Indische Ozean als gefährdetes Gebiet gilt. Letzteres ist unter anderem darauf zurückzuführen, dass immer häufiger kleinere entführte Schiffe als sogenannte *Mutterschiffe* oder logistische Basen genutzt werden, um so den Angriffsradius erheblich auszudehnen. Damit wird das Engagement von Indien und auch Pakistan als nun direkt betroffene Staaten in Zukunft weiter zunehmen und wahrscheinlich eine regionale Lösung möglich machen, zumal schon seit längerem zu beobachten ist, dass Indien eine eigene, starke Marine aufbaut, um seine maritimen Interessen wahrzunehmen. Jedoch macht die gegenwärtige Entwicklung auch deutlich, dass gerade der Bedrohung durch die Piraterie auch eine strategische Dimension zu attestieren ist, denn sie gefährdet einen Teil des Welthandels.

Bei allen Diskussionen und Bilanzierungen der Piraterie aus militärischer Perspektive bleiben meines Erachtens die Fragen bislang ungelöst, wie dieser Bedrohung zu begegnen und wie der Aufwand mit den bisher erzielten Ergebnissen in einem vertretbaren Verhältnis zu bringen ist. Ob dann weiterhin die bestehenden Handlungsanweisungen für die Soldatinnen und Soldaten ausreichen, um die Sicherheit der Besatzungen der Handelsschiffe zu gewährleisten, ist ebenfalls fraglich. Es geht in erster Linie darum, die zurzeit (Dezember 2010) ungefähr 600 Seeleute, die gefangen genommen und entführt worden sind, zu befreien und weitere Geiselnahmen zu verhindern. Damit wird allerdings ein anderes Mandat notwendig, das auch präventive Maßnahmen zulässt sowie ein Gesetz, das den Umgang mit diesen Verbrechen und seinen Besonderheiten angemessen regelt. Die Aufgabe der Bundesregierung besteht somit darin, die sich aus den Internationalen Seerechtübereinkommen erwachsenen Verpflichtungen endlich in nationales Recht umzusetzen.

# ÖKONOMISCHE ASPEKTE DER PIRATERIEBEKÄMPFUNG

STEFAN BAYER

Piraterie auf den Weltmeeren ist derzeit in aller Munde. Sie behindert den Güterverkehr, der in einer globalisierten Welt von erheblicher Bedeutung ist. Auch der Transport von Produktionsmitteln und Rohstoffen wird durch Piratenübergriffe gefährdet, so dass Produktionsausfälle und Versorgungsengpässe die Folge sein können. Der Anstieg von Piraterie-Aktivitäten in jüngster Vergangenheit – v.a. im Bereich des Hornes von Afrika – hat dieses Problem auch in der Bundesrepublik deutlich mehr ins Bewusstsein von Bevölkerung und Politik gebracht, als es zu Beginn dieses Jahrtausends noch der Fall war. Dies verwundert den Analysten, denn die absoluten Zahlen von Pirateriefällen waren vor zehn Jahren höher als heute. Allerdings konzentrierte sich das Problem zu Beginn dieses Jahrtausends räumlich im Wesentlichen auf den Bereich der Schnittstelle von Pazifischem und Indischem Ozean, hauptsächlich die Straße von Malakka war damals sehr stark betroffen. Offensichtlich werden die beiden geschilderten Fälle piratischer Übergriffe aus der politischen Perspektive sehr unterschiedlich bewertet: Auf der einen Seite beteiligt sich am Horn von Afrika die Bundesrepublik im Rahmen der EU-Operation Atalanta an der Bekämpfung der Piraterie mit deutschen Marineeinheiten. Dies gilt darüber hinaus auch für nicht-europäische Länder wie die Volksrepublik China, die USA oder auch Russland. Freier Güterverkehr liegt für die genannten Länder im jeweiligen nationalen Interesse, weshalb dieser Verbund auch „Coalition of the Benefiting" genannt werden kann: Alle am – hauptsächlich militärischen – Antipirateneinsatz am Horn von Afrika Beteiligten sind zugleich die gemessen am jeweiligen Bruttoinlandsprodukt wirtschaftlich erfolgreichsten Länder. Auf der anderen Seite hat sich die Bundesrepublik oder die Europäische Union an der Bekämpfung der Piraterie an der Straße von Malakka nicht in gleichem Umfang militärisch beteiligt – obgleich die Begründung, nämlich ein nationales wirtschaftliches Interesse, identisch zum heutigen Antipirateneinsatz gewesen wäre.

Es sollen in diesem Beitrag einige volkswirtschaftliche Überlegungen dargelegt und insbesondere gefragt werden, ob Antipirateneinsätze aus einer Effizienzsicht Gegenstand staatlicher Politikmaßnahmen sein sollten. Die beiden zentralen ökonomischen Erfordernisse für ein staatliches Eingreifen, nämlich die Existenz öffentlicher Güter sowie das Vorhandensein externer Effekte, werden auf die Pirateriebekämpfung übertragen. Zunächst wird der Anti-Piraten-Einsatz im Licht der Theorie Öffentlicher Güter (zur Definition siehe Kapitel I) analysiert. Dabei steht im Mittelpunkt, inwieweit der Staat verkehrsinfrastrukturelle Maßnahmen für private Unternehmen bereitstellen soll, damit diese auf den weltweiten Märkten erfolgreich agieren können. Konkret steht hier also in Frage, ob die Weltmeere eine solche Infrastrukturleistung hervorbringen, die ein Staat den Unternehmen zur Verfügung stellen sollte. Das zweite zentrale Staatseingriffserfordernis liegt aus ökonomischer Sicht vor, wenn sogenannte externe Effekte (für eine Definition siehe Kapitel II) auftreten. In diesem Fall werden Dritte von einer Maßnahme in ihrem eigenen Handeln tangiert, ohne dass sie sich davor schützen können. Es liegt ein Eingriff in das Selbstbestimmungsrecht eines von externen Effekten Betroffenen vor, was ökonomisch ineffizient, aber auch ungerecht ist. Ein Staat ist dann angehalten, eine sogenannte Internalisierung der externen Effekte beim Verursacher vorzunehmen. Im zweiten Kapitel wird danach gefragt, ob bei der Piraterie ein solches Externalitätenproblem existiert und wie dieses ggf. mit Hilfe staatlicher Maßnahmen beseitigt werden kann.

## I. Die Theorie öffentlicher Güter und Piraterie

Die Existenz sogenannter reiner öffentlicher Güter stellt in der klassischen Finanzwissenschaft die zentrale Begründung für staatliches Handeln dar.[1] Kennzeichnend für öffentliche Güter ist, dass zum einen das marktwirtschaftliche Ausschlussprinzip nicht anwendbar ist und zum zweiten keine Konsumrivalität vorliegt. Der Nutzer eines öffentlichen Gutes muss keinen Preis bezahlen oder eine andere Form von Tauschleistung für die Nutzung erbringen. Ein Ausschluss ist entweder technisch nicht möglich, oder die Kosten für den Ausschluss sind unverhältnismäßig hoch. Fehlende Konsumrivalität bedeutet, dass die Nutzung des Gutes durch eine Person die Nutzung durch andere Personen nicht einschränkt, das Gut somit unabhängig von der Nutzerzahl jedem zusätzlichen Nutzer den gleichen Nutzen stiftet.[2] Klassische Beispiele solcher öffentlicher Güter sind etwa die Landesverteidigung oder die innere Sicherheit; auch die Verkehrsinfrastruktur stellt innerhalb bestimmter Kapazitätsgrenzen ein öffentliches Gut dar.

Eine zentrale ökonomische Erkenntnis besteht darin, dass Märkte für reine öffentliche Güter nicht zustande kommen können. Immer dann, wenn eine private Person die finanziellen Mittel hätte, um ein solches öffentliches Gut bereitzustellen, würden viele andere Personen davon automatisch profitieren, die jedoch keinerlei Aufwendungen für dieses Gut vornehmen müssten. Diese Personen würden als sogenannte Trittbrettfahrer von den Anstrengungen anderer profitieren. Der ökonomische Anreiz bestünde dann darin, auf einen Anbieter eines Öffentlichen Gutes zu warten und selbst nichts für dessen Bereitstellung zu unternehmen. Dieses Kalkül stellen alle Individuen an, so dass eine freiwillige Bereitstellung öffentlicher Güter wegen des latenten Freifahreranreizes nicht besteht. Wenn diese Güter aber einen Nutzen für die Bevölkerung stiften, sollten sie vom Staat bereitge-

---

1 Vgl. dazu die klassischen finanzwissenschaftlichen Lehrbücher, etwa Dieter Cansier/Stefan Bayer: *Einführung in die Finanzwissenschaft. Grundfunktionen des Fiskus*, München/Wien 2003, S. 109-134.
2 Das Pendant zu öffentlichen Gütern sind private Güter, bei denen ein Marktausschluss über die Zahlung eines Preises gelingt und die Güternutzung rival ist: Durch die Zahlung eines Preises etwa für ein Brötchen erwirbt ein Käufer den alleinigen Eigentumsanspruch für ein Gut und muss den Konsum nicht mit anderen Käufern teilen. Ein anderer Käufer, der dieses Gut nicht erwerben konnte, kann auch keinen Nutzen aus dessen Konsum generieren.

stellt werden. In der Ökonomie spricht man von einem Effizienzerfordernis. Regierung und Gesetzgeber müssen die Initiative für ein Güterangebot ergreifen und die Finanzierung über Steuern regeln.³ Bereits Adam Smith hat in seinem viel zitierten Werk „An Inquiry into the Nature and Causes of the Wealth of Nations" von 1776 die Bedeutung der öffentlichen Infrastruktur für die Entwicklung ökonomischen Wohlstandes betont:⁴

> „Öffentliche Einrichtungen und Anlagen, die für ein großes Gemeinwesen höchst nützlich sind, die ihrer Natur nach aber niemals einen Ertrag abwerfen, der hoch genug für eine oder mehrere Privatpersonen sein könnte, um die anfallenden Kosten zu decken, weshalb von ihnen nicht erwartet werden kann, dass sie diese Aufgaben übernehmen. Das sind insbesondere öffentliche Anlagen, die den Handel erleichtern (Straßen, Brücken, schiffbare Kanäle, Häfen) und öffentliche Einrichtungen, die die Ausbildung der Bevölkerung fördern."⁵

Mit Blick auf die Piraterie muss geklärt werden: Stellt die internationale Hohe See ein funktionales Äquivalent zu Bundesfernstraßen, Kanälen, Flüssen, Eisenbahnstrecken oder gar Luftinfrastruktur dar? Worin könnte ein Aspekt Öffentlicher Güter bei der Bekämpfung der Piraterie mit staatlichen Mitteln (Streitkräfte) liegen? Die Piraterie am Horn von Afrika behindert die Beförderung von Gütern über die Weltmeere. Das zur Bereitstellung anstehende öffentliche Gut könnte dann als *friktionsfrei befahrbare Weltmeere* bezeichnet werden. Die freie Nutzung der Meere zum weltweiten Warenaustausch wären Infrastrukturleistungen für die internationale Arbeitsteilung, die beide Charakteristika öffentlicher Güter aufweisen: Zum einen kann niemand dazu verpflichtet werden, für die Nutzung der Weltmeere einen Preis zu bezahlen, um das ausschließliche Nutzungsrecht an diesem Infrastrukturgut zu erhalten. Zum anderen ist es aufgrund der schieren Größe der Weltmeere in der Regel so, dass die bisherige Nutzungsmöglichkeit nicht dadurch beeinträchtigt wird, dass etwa ein zusätzliches Schiff auf den Weltmeeren

---

3   Vertiefend dazu vgl. Cansier/Bayer: Einführung (Anm. 1) S. 109-134.
4   Vgl. Adam Smith: *Der Wohlstand der Nationen: Eine Untersuchung seiner Natur und seiner Ursachen*, aus dem Englischen übertragen und mit einer umfassenden Würdigung des Gesamtwerkes hrsg. von Horst Claus Recktenwald, München ¹²2009 (Englisches Original von 1776: An Inquiry into the Nature and Causes of the Wealth of Nations, London), zitiert nach Cansier/Bayer: Einführung (Anm. 1), S. 86.
5   In der praktischen Bereitstellung der genannten „staatlichen" Infrastrukturleistungen (Öffentlicher Güter) bestehen in der Bundesrepublik bereits sehr heterogene Vorgehensweisen: Einzelne Autobahnabschnitte werden derzeit von privaten Investoren geplant, um nach deren Fertigstellung die Baukosten über eine Benutzungsgebühr zu finanzieren (und auch einen Gewinn zu erzielen). Andere Abschnitte werden weiterhin öffentlich bereit gestellt, ohne dass eine direkte Gebühr für deren Nutzung anfällt. In den europäischen Nachbarländern (etwa in Frankreich oder Italien) ist es bereits „Tradition", für die Autobahnbenutzung Gebühren zu verlangen. Ein einheitliches Vorgehen bei der Bereitstellung von Verkehrsinfrastruktur im jeweiligen nationalen Kontext ist nicht erkennbar: Insofern besteht bei der Bereitstellung öffentlicher Infrastrukturgüter erheblicher politischer Gestaltungsspielraum.

fährt.⁶ Ein Markt kann sich somit für das Gut *Infrastrukturleistungen* auf Weltmeeren wegen des oben beschriebenen Freifahreranreizes nicht einstellen. Die Ökonomie plädiert in diesen Situationen für ein staatliches Angebot, das die freie Nutzung der internationalen Gewässer aus Effizienzsicht garantieren sollte.

Es bleibt jedoch die Frage, welche supra- oder gar internationale Institution in dieser Situation die Aufgabe des Staates im Rahmen der Bereitstellung einer möglichst freien Infrastruktur auf den Weltmeeren übernehmen sollte. Der Steuerungsbereich über die Weltmeere übersteigt derzeit die Regelungsmöglichkeiten jedes einzelnen Nationalstaats. Das Bereitstellen möglichst ungehinderten internationalen Schiffverkehrs wäre somit eine Aufgabe, die nach geltendem Recht nur im Rahmen eines Staatenverbundes gelöst werden kann.⁷ Insofern reicht die abstrakte Antwort *Staat* als Antwort für das politische Eingreifen am Horn von Afrika noch nicht aus – weil zum einen sich nicht alle Staaten am Militäreinsatz dort beteiligen und zum anderen nicht jedes Land weltweit das gleichgerichtete Interesse an der Aufrechterhaltung des internationalen Welthandels hat.⁸

Die praktische Politik scheint sich dieser ökonomischen Logik bereits angeschlossen zu haben: Der Antipirateneinsatz am Horn von Afrika ist ein multinationaler Einsatz, an dem sich neben der EU als Institution (EU-Operation Atalanta) auch die USA als NATO-Verbündete, aber auch China und Russland beteiligen. Der Einsatz basiert rechtlich auf vier UN-Resolutionen aus dem Jahr 2008, in denen als prioritäres Ziel jedoch nicht die Sicherstellung eines freien internationalen Schiffsverkehrs festgelegt, sondern die Unterstützung des World Food Programmes zugunsten Somalias geregelt wurde.⁹ Die UN-Resolutionen sehen allerdings vor, dass Pirateriebekämpfung von der internationalen Flotte im Rahmen freier Kapazitäten durchgeführt werden kann. Damit können wir erstens festhalten, dass das öffentliche Gut *friktionsfrei befahrbare Weltmeere* nicht das zentrale politische Ziel ist, das etwa durch die EU-Operation „Atalanta" angestrebt wird. Zweitens bleibt unklar, mit welchem Instrumenteneinsatz und in welcher Intensität das Ziel der Bereitstellung *friktionsfrei befahrbarer Weltmeere* am Horn von Afrika tatsächlich erreicht werden soll; diese Frage war und ist nicht Gegenstand der UN-Resolutionen und damit des internationalen Konsenses. Insofern fehlt zur Regelung des freien, weltweiten Schiffsverkehrs die Grundlage für die Bereitstellung

---

6 Hier soll bewusst grundsätzlich argumentiert werden. Selbstverständlich können sich etwa bei Engpässen Nutzungsrivalitäten einstellen. Es soll für unsere Analyse jedoch davon abstrahiert werden, ohne dass dies die grundsätzlichen Aussagen des Papiers unzulässig verzerrt.

7 Die Argumentation zeigt hier die offensichtliche Parallele zur internationalen Klimapolitik, vgl. dazu etwa Stefan Bayer: *Ökonomische Aspekte des Klimaschutzes*, in: SICHERHEIT UND FRIEDEN (Security and Peace) 27 (2009), S. 160-166.

8 Insbesondere diejenigen Länder, die von der weltweiten Arbeitsteilung, die den internationalen Waren- und Produktionsmitteltransport voraussetzt, können nicht in einem für sie akzeptablen Ausmaß profitieren.

9 Vgl. die UN-Resolutionen 1814 (15. Mai 2008), 1816 (2. Juni 2008), 1838 (7. Oktober 2008) und 1846 (2. Dezember 2008). Allerdings ist darauf hinzuweisen, dass die Argumentation im Laufe des Jahres 2008 zunehmend schärfer wurde, vgl. dazu Volker Stümke: *Überlegungen zur Legitimität der Operation Atalanta*, in: ZEITSCHRIFT FÜR EVANGELISCHE ETHIK 54 (2010), S. 47-57, 54.

dieses internationalen Öffentlichen Gutes. Darüber hinaus gibt es derzeit wenig politische Bestrebungen, das Ziel *friktionsfrei befahrbare Weltmeere* im internationalen Rahmen anzustreben und dafür von einzelnen Staaten zur Verfügung zu stellende Mittel einzusetzen, die wiederum international koordiniert werden müssten.

Neben dieser ersten Kritik ist auch unklar, inwieweit die bislang ergriffenen Maßnahmen aus ökonomischer Perspektive effizient sind, den internationalen Schiffsverkehr wieder sicherer gegenüber Piratenangriffen zu machen. Zwar zeigt sich ein Erfolg der Operation Atalanta in der Form, dass die Zahl der abgewehrten Piratenangriffe im 1. Halbjahr 2009 deutlich zunahm und damit die Quote der erfolgreichen Piratenübergriffe im Verhältnis zu allen erfassten Piratenangriffen von 0,4 im Jahr 2008 auf 0,21 im ersten Halbjahr 2009 gesenkt werden konnte. Allerdings stieg im ersten Halbjahr 2009 die absolute Anzahl von Piratenangriffen drastisch an (von 111 im gesamten Jahr 2008 auf 144 im ersten Halbjahr 2009) und auch die Art der Angriffe wird deutlich gewalttätiger, wie die Verdopplung des Einsatzes von Schusswaffen bei Piratenangriffen deutlich zeigt.[10] Effektive Abschreckung oder gar ursachenadäquate Verhinderung von Piraterie würde sicherlich andere Zahlen generieren; derzeit scheint das Ziel, das öffentliche Gut *friktionsfrei befahrbare Weltmeere* effizient anzubieten, (noch) nicht erfolgreich umgesetzt zu sein. Mehr noch: Die aktuelle politische Vorgehensweise stellt offensichtlich derartige Überlegungen überhaupt nicht an, so dass die Effizienzfrage politisch wenig Beachtung findet.

Die Bereitstellung des öffentlichen Gutes *friktionsfrei befahrbare Weltmeere* richtet sich zudem ökonomisch nach der Summe der nationalen (marginalen) Einzelnutzen aller Staaten aus. Diese werden ins Verhältnis zu den (marginalen) Kosten gesetzt. Der sich theoretisch einstellende Schnittpunkt beschreibt den Gleichgewichtszustand des effizienten Angebots an öffentlichen Gütern. Problematisch an der theoretischen Lösung ist allerdings der Umstand, dass für öffentliche Güter keine Marktpreise vorhanden sind. Insofern besteht für jede Nation ein Anreiz, sich die Nutzen der Bereitstellung des öffentlichen Gutes zu eigen zu machen, ohne sich aber an den Kosten zu beteiligen. Dies wird in der Literatur mit der Situation des *Gefangenendilemmas* beschrieben, in der sich spieltheoretisch die wechselseitig dominante Strategie offenbart, sich jeweils als sogenannte Trittbrettfahrer zu verhalten. Dies bedeutet, dass alle Nationen im Vertrauen darauf, die anderen Länder werden die Seewege irgendwie *frei halten*, sich eigene Ausgaben für diesen Zweck sparen werden, um ausschließlich in den Genuss der freien Seewege zu kommen, ohne sich aber an den Kosten ihrer Bereitstellung zu beteiligen. Dieses Kalkül wird von allen Ländern angestellt, so dass kein Land Kosten auf sich nimmt – durch die mangelnde Bereitstellung kann sich allerdings auch kein Nutzen einstellen. Eine derartige Situation kann bei der Bereitstellung des öffentlichen Gutes *friktionsfrei befahrbare Weltmeere* nur durch Kooperation aller von Freihandel profitierenden Länder verhindert werden – eine *Coalition of*

---

10 Vgl. zu den Zahlenangaben Jan Jansen: *Monetäre Bewertung einzelner Leistungen der Bundeswehr: Welche spezifischen Werte schafft die Bundeswehr für Deutschland*, Lehrgangsarbeit im LGAN 2008, Hamburg 2009, S. 10-12.

*the Benefiting* wie am Horn von Afrika ist sicherlich ein guter Beginn für eine weltweite Kooperationslösung – aus Effizienzsicht aber noch nicht hinreichend für deren dauerhafte Bereitstellung in allen Bereichen der Weltmeere.[11]

Insofern muss ernüchternd zusammen gefasst werden, dass die bisherige Piratenbekämpfung am Horn von Afrika aus Sicht der *Theorie der öffentlichen Güter* nicht hinreichend begründet werden kann. Dazu wären deutlich mehr institutionelle Vorkehrungen durchzuführen, die dann jedoch wieder das *übliche* Problem des Zustandekommens eines weltweiten politischen Regimes aufwiesen, für das nationale Regierungen Hoheitsrechte abtreten müssten. Die Sicherstellung des internationalen Schiffsverkehrs als notwendige Bedingung für die weltweite Arbeitsteilung liegt dann im Interesse derjenigen Länder, die von diesem Prozess profitieren. Die dauerhafte Aufrechterhaltung der *Piratenfreiheit* internationaler Gewässer ist kein sich zufällig einstellender Zustand (genauso wenig, wie gute Straßen vom Himmel fallen), sondern erfordert infrastrukturelle Investitionen, über deren Finanzierung in Zukunft sicherlich kontrovers gestritten werden wird. Zur Umsetzung solch internationaler Öffentliches-Gut-Fragen muss zudem über eine supranationale Institution kreativ reflektiert werden, um die dargestellten nationalen Vorbehalte – und damit aus ökonomischer Perspektive das Einnehmen einer Trittbrettfahrerposition – dauerhaft zu vermeiden.

## II. Die Theorie externer Effekte und Piraterie

Für das öffentliche Gut *friktionsfrei befahrbare Weltmeere* gibt es also keine Märkte. Der Staat (oder in unserem Falle mindestens ein Staatenverbund) muss die Marktwirtschaft durch ein eigenes Angebot ergänzen. Bei externen Effekten ändert sich diese Betrachtungsweise: Märkte existieren bereits, d.h. deren essentielle Voraussetzungen – exklusive Nutzung, private Eigentumsrechte, Vertragsfreiheit und Haftung für Vertragsverletzung – sind realisiert. Zum guten Funktionieren von Märkten gehört selbstverständlich, dass die beteiligten Anbieter und Nachfrager, Unternehmen und Haushalte, vollständig die Kosten ihrer Transaktionen tragen. Zudem sollen ausschließlich die angesprochenen Akteure in den Genuss der Erträge kommen. Auf diese Weise ist sichergestellt, dass die Beteiligten in ihren Entscheidungen alle Kosten- und Nutzeneffekte von Gütern vollständig berücksichtigen und sie unter Abwägung dieser Gesichtspunkte die besten Entscheidungen über Art und Menge treffen können.[12] Der Steuerungsmechanismus des Marktes ist bei Vorliegen externer Kosten unvollkommen. Güter, die mit externen Kosten verbunden sind, werden vom Markt überbewertet. Das Marktangebot fällt ineffizient zu hoch aus. Wenn Unternehmen Kosten externalisieren kön-

---

11 Bewusst abstrahiert werden soll hier von potentiellen politischen und diplomatischen Friktionen – etwa die Frage, inwieweit US-Marineeinheiten im südchinesischen Meer den Freihandel sichern sollen.
12 Vgl. Cansier/Bayer: Einführung (Anm. 1), S. 135-165, und Jonathan A. Lesser/Daniel E. Dodds/Richard O. Zerbe: *Environmental Economics and Policy*, Massachusetts 1997, S. 107-144.

nen, verbessern sie damit ohne eigene Leistung ihre Gewinnsituation zu Lasten unbeteiligter Dritter. Außerdem entstehen Wettbewerbsverzerrungen, wenn für verschiedene Unternehmenszweige bzw. Güterbereiche, die in Konkurrenz zueinander stehen, unterschiedliche Möglichkeiten der Externalisierung von Kosten bestehen.[13]

Die Ökonomie schlägt bei Vorliegen von Externalitäten vor, zur Internalisierung der externen Kosten eine Pigou-Steuer einzuführen.[14] Graphisch lässt sich der Sachverhalt wie in Abbildung 1 darstellen.

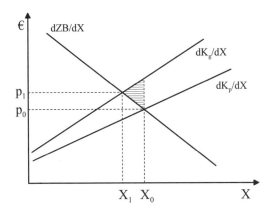

*Abb. 1: Pigou-Steuer und Internalisierung externer Effekte.*

Auf der Abszisse werden die produzierten Gütereinheiten X abgetragen, die zu einem Europreis, der auf der Ordinate abgetragen wird, angeboten und nachgefragt werden. Die marginale Zahlungsbereitschaft nach dem Gut X wird in der Funktion dZB/dX angegeben und drückt aus, dass mit zunehmender Menge des Gutes X die Nachfrage nach diesem Gut zurückgeht (Normalannahme). Die marginalen Kosten der Bereitstellung sind differenzierter zu betrachten: die privaten Grenzkosten umfassen nur die direkten und monetär beim Produzenten anfallenden Kosten der Güterproduktion (Roh-, Hilfs- und Betriebsstoffe, Faktorkosten, Normalgewinn). Der Produzent berücksichtigt in aller Regel nicht die externen Kosten der Produktion, etwa die Umweltverschmutzung, die mit der Produktion von X einhergeht. Die vertikale Differenz zwischen den privaten marginalen Kos-

---

13 Der Begriff der externen Effekte weist enge Verbindungen zur Theorie der öffentlichen Güter auf. Wir können (reine) öffentliche Güter auch definieren als Güter, die ausschließlich mit externen Nutzenwirkungen verbunden sind. Kein einziger Nutzeneffekt lässt sich über Preise einfangen. Wir können auch sagen, diese Güter haben nur eine öffentliche und keine private Komponente. Das Konzept der Externalitäten schließt also die Kriterien des (reinen) öffentlichen Gutes (bzw. von *public bads* bei externen Kosten) ein, reicht aber weiter, denn es erfasst auch Güter mit sowohl internen als auch externen Effekten.

14 Vgl. zur Argumentation in der Ökonomie Stefan Bayer: *Wirtschaft, Umwelt, Ressourcen und Sicherheit*, in: Stephan Böckenförde/Sven Bernhard Gareis (Hg.): Deutsche Sicherheitspolitik in einer Welt im Wandel. Herausforderungen, Akteure und Strategien, Leverkusen 2008, S. 173-208.

ten (dK$_p$/dX) und den gesellschaftlichen marginalen Kosten (dK$_g$/dX) der Produktion entspricht den marginalen externen Kosten der Produktion je Produktionsmenge X. Mit zunehmender Produktionsmenge steigen diese in unserem angenommen Fall in Abbildung 1 überproportional an, d.h. die Differenz zwischen privaten und gesellschaftlichen marginalen Kosten nimmt mit steigender Produktionsmenge immer weiter zu.

Man erkennt: Die bei der Produktion anfallenden externen Kosten werden nicht vom „Kostenverursacher" getragen und damit der Allgemeinheit angelastet. Der Marktmechanismus kann nicht funktionieren, weil Kostenbestandteile, die in der realen Welt anfallen, nicht im Marktprozess berücksichtigt werden. Die zu hohe ($X_0$) und zu billige ($p_0$) Produktion im Vergleich zur ökonomisch effizienten Produktionsmenge ($X_1$, $p_1$) reflektiert nicht die tatsächlichen Knappheiten in der Volkswirtschaft, da die Kostenanlastung bei Dritten sich nicht in dem resultierenden Marktpreis widerspiegelt. Zur Produktion des in Frage stehenden Gutes werden zu viele Ressourcen eingesetzt, die gesamtwirtschaftlich besser hätten verwendet werden können. Zudem werden Kosten Dritten angelastet, die dafür nicht kompensiert werden. Deren individuelle Freiheit wird durch eine Entscheidung eines (unbekannten) Produzenten in Mitleidenschaft gezogen, ohne dass sie sich dagegen wehren können. Aus beiden Gründen ist der Staat angehalten, das vorliegende Marktversagen zu korrigieren und eine Internalisierung der existierenden externen Effekte beim Verursacher herbeizuführen.

Die Idee der Internalisierungsabgabe (oder Pigou-Steuer) ist denkbar einfach: Jeder, der externe Kosten verursacht, soll diese durch die Pigou-Steuer angelastet bekommen. Der Steuersatz soll gleich den marginalen externen Kosten bei der effizienten Produktionsmenge eines Marktes sein. Das entspricht in Abb. 1 einem Steuersatz t, der die gesamten externen Kosten bei der effizienten Produktionsmenge $X_1$ abdeckt (also die vertikale Differenz zwischen dK$_p$/dX und dK$_g$/dX). Allerdings muss auch kritisch bemerkt werden, dass die Pigou-Steuer voraussetzt, dass man die externen Kosten monetarisieren, den einzelnen Verursachern zurechnen und die effiziente Reduktion der externen Effekte genau bestimmen kann. Diese Bedingungen sind in der Praxis nur schwer erfüllbar – sind jedoch Gegenstand aktueller Forschung und sollen uns hier nicht weiter interessieren.

Welche Aspekte der Theorie der externen Effekte lassen sich auf die Piraterie übertragen? Verbinden sich mit der Piraterie klassische Externalitätenprobleme, die staatliches Handeln erfordern? Diesen Fragen soll aus zwei unterschiedlichen Perspektiven nachgegangen werden: Zunächst wird die Theorie externer Kosten aus Sicht einzelner Transporteure analysiert, daran anschließend soll die Sicht der Endverbraucher einbezogen werden.

Externalitäten und Transporteure

Insbesondere deutsche Reedereien sind derzeit große Befürworter staatlichen Schutzes der internationalen Transportwege und unterstützen die Beteiligung der Bundesrepublik an der Operation Atalanta – gelegentlich hört man auch Rufe nach deren Ausweitung und/oder Intensivierung.[15] Lässt sich dieser Ruf mit dem Konzept der Externalitäten rechtfertigen? Liegen beim internationalen Transport externe Effekte vor, die die Nationalstaaten internalisieren sollten? Aus Sicht eines Transporteurs ist das zu produzierende Gut der termingerechte Transport von Gütern. Dies wäre unser X in Abbildung 1. Die Transportleistungen verursachen bestimmte Produktionskosten in Höhe der privaten Grenzkosten der Transporteure ($dK_p/dX$; etwa Brennstoffe, Lohnkosten etc.). In aller Regel nicht berücksichtigt werden jedoch Kosten, die mit der internationalen Sicherheitslage in Verbindung stehen. Dies gilt insbesondere für solche Zeiten, in denen ein Sicherheitsproblem nicht wahrgenommen oder sogar bewusst ignoriert wird.[16] Neben dem internationalen Wettbewerb um Frachtkapazitäten kann sich auch aufgrund der Erfahrungen des Rückgangs der Piraterie zwischen 2002 und 2007 der Effekt eingestellt haben, dass die Kalkulation von Frachtraten aus unternehmensstrategischen Gründen die Sicherheitskosten nicht umfassen. Dadurch entstünde eine Situation, die der theoretischen Externalitätendebatte sehr ähnlich ist – allerdings mit anderen Implikationen. Die Nicht-Berücksichtigung der externen, sicherheitsrelevanten Kosten ermöglicht den Transporteuren zu niedrigeren privaten Kosten zu produzieren. Dadurch steigt die Transportmenge X über die gesellschaftlich optimale Menge unter Berücksichtigung der externen Kosten an. Wir befinden uns in unserer Abbildung 1 etwa im Punkt $X_0$, bei dem zum Preis $p_0$ Transport produziert wird. Der Markt berücksichtigt nicht alle Kostenbestandteile. Wenn jetzt – wie im Falle des Horns von Afrika – Piraterie die externen Kosten des Transports den Transporteuren offen vor Augen führt (in Form höherer Versicherungsprämien, evtl. eigener Sicherungsmaßnahmen oder Umwegfahrten), wird die Transportleistung reduziert und der Preis für die Transporte steigt an: Theoretisch nähern wir uns dem Punkt ($X_1$, $p_1$) in Abbildung 1 an. Die Piraterie selbst führt die Marktteilnehmer jetzt dazu, alle Kosten tatsächlich zu berücksichtigen. Dies hätte auch der Staat von Anfang an machen können, indem er eine Pigou-Steuer in Höhe der Differenz der privaten und gesellschaftlichen Grenzkosten bei der gesellschaftlich optimalen Produktionsmenge $X_1$ erhoben und so eine zu starke Ausweitung der Transporttätigkeiten verhindert hätte. Damit wäre eine gesellschaftliche, ökonomisch als *überoptimal* zu bezeichnende Produktionsmenge $X>X_1$, vermieden worden. Zudem hätte das dann generierte Steueraufkommen leicht verwendet werden können, um staatliche Schutzmaßnahmen – etwa Marinebegleitung etc. – finanzieren zu können, um nicht vom gesellschaftlich optimalen Transportvolumen abzuweichen.

Zusammengefasst kann festgehalten werden, dass es aus Sicht der Transporteure keinen Anspruch gibt, das gesellschaftlich überoptimale Niveau an Transportleistungen über staatliche Maßnahmen dauerhaft sichern zu lassen. Ein Exter-

---

15 Vgl. Dirk Max Johns und aus militärischer Perspektive Lutz Feldt in diesem Sammelband.
16 In einer Situation, in der Piraterie in größerem Umfang existiert, sind diese Kosten allerdings direkt relevant – sei es in Form höherer Versicherungsprämien oder in Form höherer Treibstoff- und Heuerkosten aufgrund der weiträumigen Umfahrung von Gebieten, in denen Piraterie betrieben wird. Höhere Kosten können auch angesichts längerer Transportzeiten etwa aufgrund beschützter Konvois und damit verbundener Wartezeiten entstehen.

nalitätenproblem liegt in diesem Fall nicht vor. Vielmehr ist das Gegenteil der Fall: Die Nichtberücksichtigung potentieller Kosten verschafft den Seetransporteuren einen Vorteil – zu Seetransportmöglichkeiten in Konkurrenz stehende Zugverbindungen oder Frachtflüge werden wegen der Nichtberücksichtigung aller Kosten des Seetransportweges im Wettbewerb um Transportleistungen benachteiligt.

Darüber hinaus steht aus gesellschaftlicher Perspektive die Sinnhaftigkeit der Nichtanlastung aller Kosten der Transporteure v.a. auf dem Seewege in Frage: Dadurch, dass die internationalen Transporte im Vergleich zur Vollkostenrechnung zu billig durchgeführt werden können, wird verhältnismäßig mehr transportiert als im theoretischen Idealzustand, in unserer Abbildung 1 durch die Menge $X_1$ charakterisiert. Dies kann sehr schnell zu Substitutionseffekten im Inland führen, indem für die heimische Wirtschaft Konkurrenzsituationen entstehen, die bei einer Kalkulation auf Grundlage aller Kosten (private und externe Kosten) nicht existieren würden. Möglicherweise induziert der zu günstige Seetransport eine Wirtschaftsstruktur in Deutschland oder Europa, die zu stark international orientiert ist und nationale Aspekte zu wenig berücksichtigt. Ein Beispiel wäre die Produktion von Gütern im Inland mit der Schaffung oder Beibehaltung von Arbeitsplätzen statt einer transportkosteninduzierten Importabhängigkeit.[17]

Welche zusätzlichen Anreize werden gesetzt, wenn der Staat durch militärischen Schutz in diesen Markt eingreift? Die im Transportgewerbe bestehenden Risiken werden dann (weiterhin) nicht von den Reedern getragen, sondern (auch) vom Staat. Dieser Umstand kann dazu führen, dass die Transporteure ihre eigene Sicherheitsvorsorge reduzieren (moralisches Risiko[18]). Damit verzerrt der Staat zusätzlich den Wettbewerb zugunsten der Transporteure auf den Weltmeeren und verstärkt die vorliegenden Marktunvollkommenheiten. Transporte zur See würden noch billiger und die sich dann aus unternehmerischer Sicht einstellende Transportmenge noch größer im Vergleich zum Zustand, in dem die Transporteure alle Kosten selbst tragen müssten. Auch alternative Transportmöglichkeiten wie Eisenbahn und Lufttransportwege müssten dadurch relativ teurer und weniger attraktiv werden, was zu weiteren Verzerrungen führen würde, die aus Effizienzsicht aber strikt vermieden werden müssen.

Externalitäten und Endverbraucher

Wenn bei den Transporteuren auf den Weltmeeren ein Staatseingriff zur Internalisierung externer Effekte negiert werden muss, wie sieht es aus, wenn der Blick auf die Konsumenten etwa in der Bundesrepublik gerichtet wird? Orientieren wir unsere Kaufentscheidung immer an allen Kosten der Produktion? Oder schaffen es die Konsumenten durch ihre (unbewussten oder bewussten) Kaufentscheidun-

---

17 Analog lässt sich bei einer transportkosteninduzierten Exportstruktur argumentieren, dass wegen der günstigen Transportkosten zu viel exportiert und zu wenig für den inländischen Markt produziert wird.
18 Vgl. Cansier/Bayer: Einführung (Anm. 1), S. 179-192.

gen, dass sich weltweit arbeitsteilige wirtschaftliche Strukturen etablieren, die nur wegen der Inkaufnahme von Externalitäten möglicherweise erhebliche Probleme nach sich ziehen?

Die Entstehung und Intensivierung der Piraterie vor Somalia hat sicherlich vielschichtige Ursachen.[19] Eine davon liegt möglicherweise in der Schwierigkeit für somalische Fischer, in einem intensiv geernteten Bereich der Weltmeere ihrer bisherigen Tätigkeit mindestens der Subsistenzsicherung nachkommen zu können. Die damit einhergehende Perspektivlosigkeit ist ein starkes Argument, sich alternativen Möglichkeiten zur Einkommenserzielung zuzuwenden. Die Fischerei internationaler Fischfangflotten vor Somalia wird in aller Regel hochtechnisiert und aus betriebswirtschaftlicher Sicht höchst kosteneffizient durchgeführt. Dies induziert einen Verkaufspreis von Fischprodukten, der die Implikationen auf der Sicherheitsseite – die Entstehung und Ausbreitung von Piraterie wegen der Probleme etwa in Somalia, die Subsistenzsicherung über Fischfang betreiben zu können – in aller Regel nicht berücksichtigt. Damit befinden wir uns wieder im Externalitätenmodell (vgl. Abbildung 1). Bei den Produktionskosten werden systematisch die mit dem Fischfang verbundenen Sicherheitskosten in Form von Piraterie (externe Kosten) außer Acht gelassen. Die Nachfrager – v.a. in den industrialisierten Ländern – nehmen diesen Umstand gerne für sich in Kauf, indem sie vermehrt den relativ billigen Fisch konsumieren. Der Staat wäre angehalten, den Produzenten die externen Sicherheitskosten über die Erhebung einer *Piratensteuer* (die der Pigou-Steuer entspräche) anzulasten. Dies reduziert die Nachfrage im Idealfall auf die volkswirtschaftlich effiziente Menge, in unserem Fall die Menge $X_1$ (vgl. Abbildung 1). Das damit verbundene Steueraufkommen könnte zur Finanzierung von Wiederaufbaumaßnahmen in Somalia verwendet werden, um dort friedliche Alternativen zur Piraterie anzubieten.

Auch hier ist allerdings – wie bei den öffentlichen Gütern – in internationalen Kategorien zu denken: Nationale Alleingänge würden wirkungslos verpuffen, weil nur allenfalls vereinzelt eine Internalisierung der externen Kosten der Lebensmittelproduktion vorgenommen würde und dies auf dem Weltmarkt wenn überhaupt nur sehr geringe Effekte generierte. In diesem Punkt bestünden also gute Möglichkeiten, die Piraterieabekämpfung vor Somalia tatsächlich anzugehen – die (Piraten-)Steuer und der damit einhergehende notwendige Verzicht auf (zu) billigen Fisch wären insofern Investitionen in eine sicherere Zukunft, die dann auch den Transporteuren eine dauerhafte Geschäftsgrundlage zur Verfügung stellen wird – allerdings auf vergleichsweise niedrigerem Niveau als im unregulierten heutigen Zustand.

## III. Zusammenfassung und ausblickende Bemerkungen

Aus den beiden in diesem Aufsatz thematisierten Staatseingriffserfordernissen heraus lässt sich ein staatliches Eingreifen gerade am Horn von Afrika nicht über-

---

19   Vgl. Belachew Gebrewold in diesem Sammelband.

zeugend begründen. Die tatsächliche Ausgestaltung und die Art der Durchführung des militärischen Eingreifens legen eher den Verdacht nahe, dass hier politischer Aktionismus betrieben wird, der sich in erster Linie zugunsten der deutschen Reeder auswirkt. In einem planvollen und ökonomisch effizienten Vorgehen würde stärker versucht werden, die derzeit virulente praktische Herausforderung zur Bekämpfung der Piraterie am Horn von Afrika mit der Theorie externer Effekte und der Theorie der Bereitstellung öffentlicher Güter in Beziehung zu setzen. Dabei würde schnell deutlich werden, dass es sich um ein Problem von internationaler Tragweite handelt, das ausschließlich auf der internationalen Steuerungsebene gelöst werden kann. Ebenfalls zu kurz kommt in der aktuellen politischen Diskussion die Ursachenadäquanz des militärischen Vorgehens gegen die Piraterie am Horn von Afrika. Die momentane Verlagerung piratischer Aktivitäten weit vor die Küste Somalias – und damit weg vom Haupteinsatzort des internationalen Flottenverbandes – zeigt, dass derzeit allenfalls eine Verlagerung des Problems stattgefunden hat, keinesfalls jedoch eine Lösung.

Aus der Perspektive der politischen Machbarkeit muss auch darauf hingewiesen werden, dass die Piraterie politisch bislang als *Handelspiraterie* interpretiert wird. Analog könnten *Dienstleistungspiraten* definiert werden, die etwa deutsche Urlauber in bestimmten Ländern bedrohen. Auch bei der Dienstleistungspiraterie sollten dann – nach der derzeit gültigen politischen Logik – Urlauber in diesen Ländern durch staatliche Sicherheitskräfte beschützt werden. Als mögliche Begründung könnte auch hier die Bedeutung der Tourismusbranche für die jeweilige nationale Volkswirtschaft angeführt werden. Dieser Strang der Diskussion wird bislang auf politischer Ebene nahezu ausgeblendet, wohl auch, weil die Analogie deutlich macht, dass staatliches Eingreifen in einer Vielzahl von Fällen aus simplen Kapazitätsgründen nicht gewährleistet werden kann. Insofern bleibt bei Sicherheitsfragen immer ein Bereich, für den individuell Vorsorge betrieben werden muss und der Staat sich – aus Verteilungs- und Effizienzsicht – besser heraushalten sollte.

Alles in allem identifiziert die vorgelegte Analyse erhebliche Veränderungsbedarfe der etablierten politischen Steuerungsansätze, die Antworten auf die bislang nicht diskutierten Risiken der Internationalisierung bereithalten müssten. Eine ursachenadäquate und kosteneffiziente Politik setzt genau an dieser Frage an – und nicht an der Bekämpfung der Symptome. Zudem zeigt sich eine gewisse politische Willkür: Gleich geartete politische Entscheidungen (die Entsendung von Streitkräften) werden nach politischem Gusto und ohne eingehende Analyse der ökonomischen Rationalität getroffen. Dies kann sich ein Staat, der effizient mit den knappen Haushaltsmitteln wirtschaften sollte, sicherlich nicht allzu häufig leisten.

# PIRATERIE IN LITERATUR, OPER UND FILM

JOHANNES MARBACH

*Piraterie in Literatur, Oper und Film* ist ein umfangreiches Thema, betrachtet man die Fülle und Vielfältigkeit, in der die Piraterie in diesen Medien behandelt wurde und noch heute behandelt wird. Eine umfassende Darstellung ist im Rahmen dieses Aufsatzes nicht zu leisten und ebenso kann hier auch keine systematische Zusammenschau des Sachverhaltes erfolgen. Vielmehr sollen im Folgenden für die einzelnen Epochen zentrale Werke und interessante *Fundstücke* in den Fokus gerückt werden. Mit einer schlaglichtartigen Demonstration der medialen Vielfältigkeit von Piraterie, ihrer gesellschafts- und generationenübergreifenden Beliebtheit sowie ihrer jeweiligen Aktualität wird Bekanntes neben eher Unbekanntem oder besser Ungeläufigem zu diesem Thema Erwähnung finden.[1] Es liegt daher nahe, die folgenden Ausführungen epochal zu gliedern und zunächst die *literarischen* Piraten zu behandeln. Anschließend kommen die Medien Oper und Film in den Blick, zumal die Figur *Pirat* gerade im Film mit Hilfe von historisch belegten Charakteristika häufig eine mythische Überhöhung erfährt und sich filmographisch sogar eine hollywoodinspirierte Mythenproduktion erkennen lässt. Die vorliegenden Ausführungen mögen sodann aufzeigen, dass *Pirat* und *Piraterie* in den unterschiedlichen Medien über die Jahrhunderte hinweg mitunter mannigfache Ausgestaltungen erfahren haben, die sowohl den jeweiligen Charakteristika der Medien als auch den zeithistorischen Erfahrungen geschuldet sind, sich insgesamt aber auch deutliche Kontinuitäten des Themas *Piraten in den Medien* erkennen lassen.

## I. Antike

Bereits in der griechisch-römischen Antike bestand ein breites Spektrum an Literatur, die sich mit Seeräuberwesen und Piraterie befasst. Vom Alter des Geschehens her haben die epischen Erzählungen Homers im späten 8. Jahrhundert v.Chr. hierzu die frühesten Schilderungen geliefert. Homer steht zugleich am Anfang der antiken griechischen und damit auch der europäischen Literaturgeschichte überhaupt. Vor allem in seiner „Odyssee" ist in zahlreichen Zusammenhängen von Piraterie die Rede. Im Land der Kyklopen angekommen, fragt zum Beispiel einer der einäugigen Bewohner die bei ihm auftauchenden Männer um Odysseus, wer sie denn seien und ob sie in Geschäften kämen oder als Seeräuber, die da umherschweiften und ihr Leben wagten, um anderen Böses zu bringen (Odyssee IX 252-254). An anderen Stellen wird über seeräuberisches Tun zum Beispiel der Helden

---

[1] Mit dem Begriff *Literatur* wird in diesem Beitrag jegliche Form eines schriftlichen Zeugnisses – wenngleich mit Schwerpunkt im belletristischen Bereich – bezeichnet.

Nestor (Odyssee III 105f.) oder Menelaos (Odyssee IV 89f.) berichtet. Und auch Odysseus selbst gibt vor, auf seinem Heimweg nach Ithaka auch als Seeräuber tätig gewesen zu sein: In Ismaros „zerstörte ich die Stadt und vertilgte die Männer" (Odyssee IX 39f.). Diese Lügengeschichte, die er seinem Sauhirten Eumaios erzählt, strotzt vor Seeräuberei (Odyssee XIV 199-315). Und diejenige Geschichte wiederum, mit der dieser ihm antwortet, berichtet freilich ebenso über die den Griechen in nichts nachstehende seeräuberische Konkurrenz der Phönizier, dem Seefahrervolk aus dem Bereich der Levanteküste, das in der Zeit des frühen Griechenlandes nahezu im gesamten Mittelmeerraum als Händlervolk aktiv war. Die homerischen Epen behandeln die Welt des östlichen Mittelraumes, insbesondere die der Ägäis, und verbinden in ihrer dichterischen Gestaltung als Heldenepos Zeitgenössisches mit Vergangenem, so dass auch die darin angeführten Seeräubergeschichten keineswegs nur für einen kurzen Zeitabschnitt stehen, sondern vielmehr als Hinweis darauf gelten können, dass Piraterie bereits in der früheren Zeit in der geschilderten Form an der Tagesordnung war.[2]

In der Literaturgeschichte des frühen Griechenlands stehen die homerischen Epen einzigartig dar. Umfangreiche literarische Werke sind dann erst wieder für das 5. Jahrhundert v.Chr. überliefert. Auch diese berichten von der Seeräuberei. Allerdings sind es nunmehr Geschichtswerke, die das Problem der Piraterie als historisches Phänomen schildern und damit weniger literarische Topoi bedienen als vielmehr zeitgenössische Fakten schildern. Sowohl Herodot als auch Thukydides[3] beschreiben das Seewesen der ihnen vorangehenden Zeit als geprägt durch Seeraub und Piraterie. Aus historischer Perspektive ist die Grenze zwischen Seeraub und Seekrieg dabei nicht immer klar zu ziehen.[4] Dies wird auch in der folgenden Zeit bis zum späten Hellenismus deutlich, in der die Piraterie ein weit ver-

---

2   Wenngleich für das in den homerischen Epen Berichtete jeweils grundsätzlich die Frage gestellt werden muss, ob es sich um historische Fakten oder literarische Ausschmückung handelt, wird der angeführte Seeraub und die Piraterie in der Forschung als historisches Phänomen dieser Zeit gesehen. Vgl. dazu Philip de Souza: *Piracy in the Graeco-Roman World*, Cambridge 1999, S. 15-22.
3   Nach Cicero ist Herodot (490/480 v.Chr.-ca. 424 v.Chr.) der Vater der Geschichtsschreibung. Er verfasste mit seinen Historien die große Auseinandersetzung zwischen Griechen und Persern, wobei auch das gesamte Seewesen sehr ausführlich von ihm berücksichtigt wird und das Seeräuberwesen hierbei einen nicht unbeträchtlichen Teil ausmacht. Thukydides (um 455-396 v.Chr.) beschreibt in seinem Geschichtswerk ausführlich die Auseinandersetzung zwischen Athen und Sparta in der zweiten Hälfte des 5. Jahrhundert v.Chr., den sogenannten Peloponnesischen Krieg, an der Thukydides zugleich als Flottenkommandant teilnahm.
4   Vgl. hierzu etwa die Aussage von Thukydides (I 5,1): „Die ältesten Hellenen und auch die Barbaren an den Küsten des Festlands und die auf den Inseln wohnen, hatten kaum begonnen, mit Schiffen häufiger zueinander hinüberzufahren, als sie sich auch schon auf den Seeraub verlegten. Dabei waren es gerade die tüchtigsten Männer, die sie anführten, zu eigenem Gewinn und um Lebensunterhalt für die Schwachen. Sie überfielen die unbefestigten Städte und offenen Dorfsiedlungen und lebten so fast ganz vom Raub. Dies Handwerk brachte damals noch keine Schande, eher sogar Ruhm; das zeigen [...] auch die alten Dichter (siehe oben bei Homer), bei denen die Frage an Landende immer gleich lautet, ob sie Seeräuber seien, ohne dass die Befragten beleidigt wären oder, wer sich so erkundigt, in diesem Tun etwas Böses sähe [...]."

breitetes Thema blieb, das jedoch eben gerade von den Historikern dieser Zeit angeführt wurde und somit auf die aktuellen Zustände auf den Seewegen im Mittelmeergebiet Bezug nimmt.[5] Insbesondere die Piratenhochburgen in Kilikien und auf Kreta haben in dieser Hinsicht das politische Geschehen im östlichen Mittelmeerraum stark beeinflusst.[6] Wenngleich manche dieser historischen Schilderungen zu Seeraub und Piraterie heutzutage für den Laien mitunter romanhaft erscheinen mögen, so sind sie doch Berichte über nahezu tagtäglich stattfindende Gewaltausübung auf See, die die betroffenen Städte und Staaten versuchten einzudämmen.

Erst den Römern ist es im Laufe des 1. Jahrhundert v.Chr. durch mehrere Aktionen gelungen, die Piraterie im Mittelmeer erheblich einzuschränken. Am besten bekannt ist hierbei wohl das „Imperium" des Pompeius gegen die Piraten im Jahre 67 v.Chr., das ein konzentriertes und konzertiertes Vorgehen gegen ein überhandnehmendes Problem im gesamten Mittelmeerraum umfasste. Da sich Pompeius' Befehlsgewalt gegen die Piraten nicht nur auf die Küsten, sondern auch auf ein klar definiertes Gebiet im Landesinneren erstreckte, ist sein Vorgehen – wohl nicht zuletzt auch aufgrund seines Feldherrengenies und des ihm in der antiken Literatur zugeschriebenen Erfolges – beinahe *das* klassische Beispiel der erfolgreichen Piratenbekämpfung überhaupt geworden. Dies allerdings sieht die moderne Forschung heutzutage nicht mehr ganz so unumstritten.[7]

Mit dem Beginn der Kaiserzeit unter Augustus und einem römischen Reich, das das gesamte Mittelmeer umschloss, gehörte die Piraterie für die nächsten Jahrhunderte weitestgehend der Vergangenheit an. Es ist bezeichnend, dass die romanhaften Schilderungen von Piraterie in der antiken Literatur dann auch in die Zeit fallen, in der die umfangreiche Piratengefahr weitgehend eingedämmt war. So lässt Chariton von Aphrodisias seine bekannte Liebesgeschichte von „Chaireas und Kallirhoe" zwar im 4. Jahrhundert v.Chr. spielen, in einer Zeit also, in der Seeraub noch weit verbreitet war, während der Autor selbst aber der Zeit der späten Republik beziehungsweise frühen Kaiserzeit angehörte.[8] Viele klassische Be-

---

5   Für die hellenistische Zeit sind wir insbesondere durch Polybios' Werk *Historien* über Piraterie und Seeraub informiert. Vgl. hierzu die Beiträge von Burkhard Meißner und Philip de Souza in dem vorliegenden Band.

6   Vgl. zu Kilikien etwa die Angaben von Strabon, *Geographica* XIV 664, der die geschäftsmäßige Methode der dort tätigen Seeräuber anführt. Die Piraten hätten in den Häfen die seefahrenden Kaufleute ausgehorcht und bei lohnender Ladung sich zusammengetan, die Abgesegelten überfallen und ausgeplündert.

7   Vgl. dazu den Beitrag von Philip de Souza in diesem Band. Pompeius' Piratenbekämpfung wurde von den Römern durch die *Lex Gabinia de piratis persequendis* von 67 v.Chr. ermöglicht (vgl. dazu Sallust, *Historiae* 5,13; Cicero, *De imperio Cn. Pompei* 32-35). Es soll eine gewaltige Flotte von 500 Schiffen mit 120.000 Fußsoldaten und 5.000 Reitern sowie ein Budget von 36 Millionen Denaren umfasst haben. In weniger als drei Monaten sei Pompeius der umfassende Erfolg gegen die Piraten gelungen. Als Grund dieser Maßnahme wurde vor allem die Gefährdung der Getreideversorgung Roms angeführt.

8   Es handelt sich bei *Chaireas und Kallirhoe* um einen vollständig erhaltenen antiken Roman und zugleich einen der frühesten erhaltenen historischen Romane überhaupt. Der Verfasser Chariton ist nicht sicher zu datieren. Während er in der älteren Forschung der römischen Kaiserzeit zugeschrieben wurde, wird er nunmehr auch in das erste Jahrhundert v.Chr. datiert.

standteile einer Liebesgeschichte kommen vor, vermeintliche Untreue, scheinbarer Tod, echte Konkurrenten, Eifersucht und schließlich auch Menschenraub durch Piraten, um den Wechsel von Schauplätzen und handelnden Personen zu ermöglichen sowie Ausnahmesituationen herzustellen. Mit Hilfe der Piraten konnte neben der Liebesgeschichte ein weiterer Spannungsbogen aufgebaut werden.

Ebenso findet das Thema Piraterie in der weitestgehend piratenfreien Kaiserzeit eine literarische Bearbeitung in der „Aethiopika" des Heliodor,[9] der Geschichte der äthiopischen Königstochter Chariklea und des Griechen Theagenes. Im fünften Buch dieses Romans berichtet er etwa detailliert über einen typischen Überfall professioneller Seeräuber, dem Chariklea sowie Vater und Bruder zum Opfer fallen. Aber die Seeräuber, des Umgangs mit dem geraubten großen Segelschiff unkundig, scheitern und stranden in Ägypten, wo sich alsbald ägyptische Strandräuber des Mädchens bemächtigen.

In einem Bereich zwischen historischer Schilderung und romanhafter Ausschmückung ist die Episode von Caesars Gefangennahme durch Piraten angesiedelt, die zwar der späten Republik zugehört, aber von den beiden kaiserzeitlichen Biographen Plutarch und Sueton angeführt wird und damit ebenfalls in einer Zeit verfasst wurde, in der Piratengeschichten in der Literatur *en vogue* waren, wohl aber nicht mehr zum alltäglichen Erfahrungsschatz der Seefahrenden gehörten.[10] Caesar, auf einem Schiff in der Nähe von Milet unterwegs, sei von Piraten gefangen genommen worden. Diese verlangten 20 Talente Lösegeld, Caesar aber hielt sich für unterbewertet, versprach 50 Talente zu zahlen und schickte sogleich Begleiter auf das Festland, um das Geld zu besorgen. Erst nach 38 Tagen – Caesar war über den Zeitverlust sehr verärgert – traf das Lösegeld ein, und er wurde auf freien Fuß gesetzt. Wenige Stunden später in Milet eingetroffen, rüstete er auf eigene Kosten unverzüglich Schiffe aus, überfiel die verdutzten Piraten, raubte ihnen ihre Schätze und verbrachte sie ins Gefängnis nach Pergamon. Dort ließ er sie nach kurzem Prozess ans Kreuz schlagen, so wie er es ihnen während seiner Gefangenschaft prophezeit hatte. Als kaiserzeitliche Biographen fügen Plutarch und Sueton in ihre Lebensbeschreibungen von römischen Kaisern und berühmten historischen Persönlichkeiten regelmäßig Episoden ein, die den Leser nicht nur bilden, sondern ihn auch unterhalten sollten. Im Falle von Iulius Caesar wird hierfür unter anderem die Piratenepisode verwendet, die toposartig Menschenraub und Erpressung als gängige Methode der Seeräuber und deren allgegenwärtiges Auftreten in der Zeit der späten Republik anführt, zugleich aber auch Caesars Intelli-

---

Vgl. etwa Karl Kerényi: *Der antike Roman*, Darmstadt 1971; Albin Lesky: *Geschichte der griechischen Literatur*, Bern ³1971.

9    Heliodors Lebenszeit ist wie die des Chariton nicht exakt zu bestimmen. Er schrieb wohl im 3. oder in der ersten Hälfte des 4. Jahrhunderts n.Chr.

10   Plutarch (um 45-um 120 n.Chr.) führt Caesars Piratenepisode in den „Vitae parallelae" an, den Parallelbiographien, in denen je ein großer Römer einem großen Griechen gegenübergestellt wird. Iulius Caesar wird von Plutarch Alexander dem Großen gegenübergestellt. Sueton (um 70-130/140 n.Chr.) überliefert die Episode in „de vita Caesarum", einer Sammlung von zwölf Biographien römischer Caesaren (also gemeinhin Kaisern), die mit Caesar beginnt und bis Domitian (81-96 n.Chr.) reicht.

genz und souveränes Handeln als Feldherr und Machtpolitiker kennzeichnet, der aufgrund gerade solcher taktischen Manöver seinen Gegnern überlegen war.

## II. Mittelalter und Frühe Neuzeit

Wiewohl seeräuberische Aktivitäten in der Spätantike wieder erheblich zunahmen und in der Folge auch nicht weniger geworden sein dürften - man denke an die Völkerwanderung, die Wikinger, den sich ausbreitenden Islam, die Kreuzzüge und die Hanse[11] - so scheint die direkte literarische Verarbeitung nicht sehr intensiv gewesen zu sein. In den historischen Quellen wie Urkunden und Viten finden sich dennoch Hinweise.

Eine uns zu der anstehenden Thematik vielleicht weniger naheliegende Quelle erzählt die Geschichte einer Piratin. Im 7. Buch der im späten 12. Jahrhundert verfassten „Gesta Danorum" berichtet ihr Verfasser, Saxo Grammaticus, von einer norwegischen Gothenprinzessin des 9. Jahrhunderts, Alfhild, die zur Piratin wurde, weil alle Männer, die sich um sie bewarben, nicht nach ihren Vorstellungen waren. Diese Geschichte erschien später in der „Historia de Gentibus Septentrionalibus" des exilierten schwedischen Bischofs Olaus Magnus (oder Olaf der Große, 1490-1558) 1555 in Rom erstmals im Druck. Es war nach seinem Erscheinen ein verbreitetes Werk, das in viele Sprachen übersetzt und wiederholt aufgelegt wurde. Einen besonderen Reiz machten sicherlich die zahlreichen beigegebenen Holzschnitte aus.[12]

Hinzuweisen ist an dieser Stelle zudem auf die eher weniger bekannten Bearbeitungen des Piratenstoffes vor dem Beginn des sogenannten *Klassischen Piratenromans* im 18. Jahrhundert, der weiter unten behandelt wird. Quellen dazu finden sich beispielsweise in der italienischen Literatur des 16. und beginnenden 17. Jahrhunderts, die uns durch den „Motif-Index of the Italian Novella in Prose"[13] recht gut erschlossen sind. Wie schon in den antiken Romanen sind es auch hier vor allem Entführungen durch Piraten, die die jeweiligen Handlungen beeinflussen. Während in Boccaccios (1313-1375) „Decamerone" (Decamerone, II Nr. 10) Mädchen das gewaltsame Schicksal ereilt, so trifft es bei Francesco Sansovino (1521-1583) in den „Cento novelle scelte da piv nobili scrittori della lingva" (Venedig, 1597) Männer, denen das Schicksal abhold ist.[14] Und Ascanio de'Mori (1533-1591) berichtet in seiner "Prima parte delle novelle" (Mantua: Franc. Osanna, 1585) von der Entführung eines Liebespaares, ebenso Francesco Sansovino in den „Cento novelle". Hintergrund für alle diese Entführungen dürfte sein,

---

11  Vgl. hierzu die Beiträge von Detlef Ellmers und Stephan Selzer in diesem Band.
12  Heute ist die englische Übersetzung der ersten Ausgabe Rom 1555 in den Veröffentlichungen der Hakluyt Society, Second Series, Nr. 182 am leichtesten zugänglich, sie enthält auch die Illustrationen.
13  Dominic Peter Rotunda. Nachdruck der Ausgabe 1942 New York, Haskell House, 1973.
14  Ebenso ergeht es ihnen in „La piacevol notte, et lieto giorno: Opera morale" von Nicolò Granucci (1522-1603, erschienen Venedig: Vidali, 1574) und vom selben Autor in „L' Eremita, la Carcere, e'l Diporto" (Lucca, 1569).

durch besondere Schauplätze und besondere Umstände der Trennung Situationen der Bewährung zu schaffen und zu beschreiben. Dass diese Begebenheiten durch Piraterie erzeugt wurden, lässt auf eine nach wie vor bei den Zeitgenossen bestehende Popularität der *Piraten-Figur* schließen. Besonders charakteristisch ist hierbei die Gleichförmigkeit der Handlungsmuster, die in ihrer Rezeption ebenso wie in der antiken Literatur dazu beigetragen haben dürften, ein gewissermaßen homogenes Bild des *Piraten* zu erzeugen.

Die Entdeckung Amerikas und in ihrer Folge die Eroberung und Kolonisierung durch Spanien und Portugal bewirkten bezeichnenderweise einen erneuten Höhepunkt in der historischen Piraterie, denn die geopolitische Konkurrenz Englands, Frankreichs und Hollands mit Spanien und Portugal führte zumindest zur See zu mehr oder weniger offiziellen Kriegs-, Kaper- und Piratenhandlungen. Hier waren vor allem die Karibik und Südamerika die bevorzugten Schauplätze. Wie bedeutsam diese Geschehnisse empfunden wurden, zeigt sich darin, dass nunmehr in der Literatur erste angebliche *Tatsachenberichte* erschienen, die den Beginn des sogenannten *Goldenen Zeitalters* der Piraterie[15] anzeigten und noch bis heute Grundlage für den *Klassischen Piratenroman* sind.

Bereits 1617 verfasste Henry Mainwaring (1587?-1653) das Manuskript „Of the Beginnings, Practices, and Suppression of Pirates",[16] was als eigentlicher Beginn der Berichte über die Piraterie in den amerikanischen Gewässern bezeichnet werden kann. Gemeinhin wird jedoch das Werk von Alexandre Olivier Exquemelin (um 1645-um 1707) „De Americaensche Zee-Roovers" (Amsterdam: Jan ten Hoorn, 1678) als solches gewertet. Exquemelin war zunächst für die französische Westindien-Kompanie in Tortuga tätig, wandte sich jedoch alsbald der (einträglicheren) Seeräuberei zu, begleitete den bekannten Piraten Henry Morgan und war mit ihm auch bei der Eroberung der Stadt Panama (1671) dabei. Sein Buch galt nach seinem Erscheinen bis heute als eine der bedeutendsten Quellen zum Piratenwesen des 17. Jahrhunderts und wurde schon zu seiner Zeit zu einem sehr verbreiteten Werk. 1679 erschien bereits eine deutschsprachige Ausgabe bei Christoph Riegels in Nürnberg unter dem Titel „Die Americanische See-Räuber", der 1681 eine spanische, 1684 eine englische und 1686 eine französische Ausgabe folgten.

Diese Erfolgswelle nutzend erschienen weitere Werke, die später in das Buch von Exquemelin integriert wurden, so Philip Ayres (1638-1712) „The voyages and adventures of Capt. Barth. Sharp and others, in the South Sea" (London, 1684) und von Jacques Raveneau de Lussan das im Original französisch erschienene „Journal du voyage, fait à la Mer de Sud, avec les Flibustries de l'Amérique en 1684 et années suivantes" (Paris, 1690), das 1698 angefügt wurde.

An den Raubzügen des schon erwähnten, allerdings als glücklos bekannten Kapitän Sharp war auch William Dampier (1652-1715) beteiligt, bevor er sich in das südchinesische Meer aufmachte und an den Küsten Australiens entlang segel-

---

15 Vgl. hierzu den Beitrag von Michael Kempe in diesem Band.
16 Im Druck erschienen als „The life and works of Sir Henry Mainwaring", herausgegeben von George Ernest Mainwaring, London, 1920/1922, in: PUBLICATIONS OF THE NAVY RECORDS SOCIETY, Nr. 54, 56.

te, um schließlich auf einer der Inseln des heutigen Dampier-Archipels an Land zu gehen. Nach Zerwürfnissen mit seinen Mitpiraten, die ihn auf einer der Inseln der Nicobaren aussetzten, begab er sich auf abenteuerlichen Wegen nach England zurück. Seine zweifelsohne dabei bewiesenen außerordentlichen seemännischen Fähigkeiten verschafften ihm einen Pardon der englischen Admiralität für seine seeräuberischen Taten. Er wurde sogar mit Schiffen ausgestattet, mit denen er seine als Pirat gewonnenen Erkenntnisse auf nunmehr legaler Entdeckungsfahrt fortsetzen sollte. Davon legt der von ihm verfasste Bericht „A New Voyage Round The World" (London, 1697) beredtes Zeugnis ab. Er war möglicherweise von weitreichendem Einfluss auf die Unternehmungen von Charles Darwin, Alexander von Humboldt, Kapitän Cook, Admiral Nelson und Kapitän Bligh mit der Bounty.

Das zweite Buch, das maßgeblich die Piratenliteratur mit ihrem verklärten oder überzeichneten Bild der Piraten bis heute beeinflusst, stammt von einem gewissen Captain Charles Johnson „A General History Of The Robberies and Murders Of the most notorious Pyrates. And also Their Policies, Discipline and Government: From their first Settlement in the Island of Providence, in 1717, to the present Year 1724" (London, 1724). In diesem Buch wird vermutlich erstmals der Begriff des *Goldenen Zeitalters* für diese Phase der Piraterie verwendet. Als Autor gilt verschiedentlich Daniel Defoe (1661?-1731), der bereits 1720 den ersten Roman über die Piraten der Karibik „Life, Adventures and Pyracies, of the famous Captain Singleton" in London veröffentlichte. Allerdings wird in der neueren Forschungsliteratur die Autorschaft Defoes in Frage gestellt.[17] Das Werk von Captain Johnson/Defoe beschreibt unter anderem auf der Grundlage von Akten der Admiralität in vierzehn Kapiteln Leben und (Un)taten der bekanntesten Piraten der Zeit, so beispielsweise Blackbeards (1680?-1718, mit bürgerlichem Namen Edward Teach oder Thatch), Calico Jack Rackhams (1682-1720) sowie Henry Everys (1653-1696, auch John Avery). Als offensichtliche Besonderheit wird ebenfalls über die Piratinnen Mary Read (1685-1721) und Anne Bonny (1690-unbekannt) berichtet, die bei Calico Jack Rackham unerkannt als Teil der Besatzung lebten. Über John Avery war schon 1709 in London eine Biographie mit dem Titel „The Life and Adventures of Capt. John Avery […] now in possession of Madagascar […] Written by a person who made his escape from thence, and faithfully extracted from his journal" unter dem Pseudonym Adrian van Broeck erschienen, die Captain Johnson/Defoe möglicherweise für sein Buch verwendet hat.

Die Beschreibungen in den beiden Werken sind teilweise sehr detailliert, sie enthalten Gesetze und Regeln der Piraten für den Umgang miteinander, für die Pflege und Handhabung der Waffen, für Entschädigungszahlungen bei Gliederverlusten oder -beschädigungen, für die Aufteilung der Beute sowie geographische und seemännische Details. Diesen beiden grundlegenden Beschreibungen folgten viele weitere, die jedoch, häufig mit zusätzlichen Ausschmückungen versehen, lediglich schon weitgehend Bekanntes wiederholen. Dem schon oben er-

---

17 Vgl. Michael Kempe: *Fluch der Weltmeere. Piraterie, Völkerrecht und internationale Beziehungen*, Frankfurt/M/New York 2010, S. 237; Robert Bohn: *Die Piraten*, München 2003, S. 8.

wähnten Piraten-Roman Defoes über Captain Singleton folgten ebenso weitere, so zum Beispiel über den Piraten John Gow. Abenteuerromane, deren bekanntester und einflussreichster die Geschichte von Robinson Crusoe erzählt, fügten sich bestens ein in das durch die Tatsachenberichte erzeugte Interesse an diesem Stoff.

Eine vergleichbare literarische Gattung stellt der Räuberroman dar, der in Deutschland mit „Rinaldo Rinaldini" (1799) von Christian August Vulpius (1762-1827) seine einflussreichste Ausprägung erfuhr. Räuberromane entwickelten sich zu einem beliebten und populären Lesestoff,[18] und so blieb es nicht aus, dass sich Autoren auch der Spezialgattung Seeräuberroman annahmen. Hier wird vor allem die romantische Vorstellung des Seeräuberlebens entwickelt. Einer ihrer Hauptvertreter war Johann Ernst Daniel Bornschein (1774-1838), der, wohl vor allem wegen der zweifelhaften literarischen Qualität seiner Werke, auch unter den Pseudonymen Johann Friedrich Kessler und Christian Friedrich Möller publizierte. Bornschein hatte studiert, war als erfolgreicher Unterhaltungsschriftsteller tätig und ging einer Beschäftigung als Buchhändler in Leipzig nach. Er wusste also wohl ganz gut, was *en vogue* war. So erschienen denn auch in kurzer Folge entsprechende Werke: Seinem „William Lanzelot. Korsar von England" (Arnstadt, 1801) ließ er alsbald „Antonia della Roccini, die Seeräuberkönigin: eine romantische Geschichte des 17. Jahrhunderts" (Braunschweig, 1802) folgen, die 1803 bereits – wohl wegen des überragenden Erfolges – einen Anhang bekam.[19] Dass diese Literatur durchaus auf ein interessiertes Publikum stieß, lässt sich meines Erachtens daran erkennen, dass noch im selben Jahr „Der Seeräuberkönig: ein historisch-romantisches Schauspiel in 5 Akten" (Regensburg, 1803) erschien.

Jedoch nicht nur in Deutschland fand diese Art Literatur offenbar Gefallen. Im England der Gothic Novel war es unter anderem Walter Scott (1771-1832) mit seinem in drei Bänden erschienenen „The Pirate" (Edinburgh und London, 1822), der sich dem Piratenthema annahm. In dem Buch wird die Geschichte des auf Orkney beheimateten und in der zweiten Hälfte des 17. Jahrhunderts aktiven Piraten John Gow beschrieben. Dabei verarbeitet Scott teilweise den Bericht über Gow in dem schon oben erwähnten Werk von Captain Johnson „A General History" und eigene Nachforschungen, die er auf den Orkney und Shetland Inseln und dem weiteren Tätigkeitsbereich Gows anstellte. Es handelt sich also vermutlich um tatsächliche Ereignisse, dargestellt in fiktionaler Form und angereichert durch verschiedene Liebesbeziehungen sowie daraus resultierende Probleme.

Literarisch zweifelsohne höher stehend ist Voltairs (1694-1778) „Candide ou l'Optimisme" (1759). Denn auf seiner Suche nach der geliebten Kunigunde verschlägt es eben diesen Candide in die verschiedensten Länder, wo er mit zahllosen Widrigkeiten der Welt konfrontiert wird, zu denen natürlich auch ein Piratenüberfall gehört.

---

18  Vgl. *Digitale Bibliothek Band 9: Killy Literaturlexikon*, S. 25499: Killy weist diese Literatur der am Ende des 18. Jahrhunderts entstehenden Gattung der Trivialliteratur zu, deren Merkmale ein größeres Lesepublikum ansprach.

19  „Das Schloss in Kalabrien oder: Caecilie Karegin; Anh. zur Seeräuberkönigin Antonia della Roccini", ebendort.

Die romantisierende Darstellung seeräuberischer Ereignisse lässt sich weiterverfolgen, denn eines der populärsten Beispiele ist „Die Schatzinsel" von Robert Louis Stevenson, die zunächst in Fortsetzungen in der Zeitschrift „Young Folks" (1881-1882) und erst 1883 in London als Buchausgabe erschien. Hierbei wird deutlich, wie stark die sogenannten Tatsachenberichte mit der romanhaften Aufarbeitung ineinander wirken, so dass sie einen wesentlichen Beitrag für die Generierung eines Piratenbildes schufen, was sich weitestgehend bis in unsere Zeit fortsetzt: Das Bild einer gefährlichen, gesetzlosen, freiheitsliebenden, unhierarchischen und profitgierigen Gemeinschaft auf Zeit, die von starken, innovativen und mutigen Männern geführt wird. Die Piraten entsprechen gerade aufgrund des unhierarchischen Moments einem Gegenentwurf zur frühneuzeitlichen Gesellschaft, die ein Leben in Ständen und mit engen Gesetzen forderte. Möglicherweise liegt - zumindest in der literarischen Ausformung – gerade hierin ein wesentliches Kriterium für ihre Beliebtheit, bietet die Lektüre doch einen Fluchtpunkt aus dieser Enge. Auf der anderen Seite beinhalten die Berichte über die Piraterie jedoch gerade so viel Grausamkeiten und Unwägbarkeiten, dass man sich in der Regel nicht auf die Seeräuberei einlassen will, was dann doch wieder gesellschaftsbestätigend gewirkt haben könnte.[20]

## III. Piraten und Piraterie in der Oper

Opern liegen notwendigerweise Texte zugrunde, die sich außerliterarischen Strukturen, nämlich der Musik, unterzuordnen haben. Ohne jedoch auf die umstrittene Frage eingehen zu wollen, ob deshalb Opernlibretti überhaupt als literarische Gattung angesehen werden können,[21] kann man sagen, dass sich Operntexte in der Regel an literarischen Stoffen orientieren, die bereits in anderweitiger Form, als Drama oder Prosatext, vorhanden waren. Sie wurden dann von Librettisten, meist zusammen mit dem Komponisten, für das jeweilige Werk umgearbeitet.[22] Die wohl bekannteste Oper, bei der Piraten eine Rolle spielen, ist Mozarts „Die Entführung aus dem Serail", die am 16. Juli 1782 im Burgtheater in Wien uraufgeführt wurde. Aber bereits früher kamen zahlreiche Werke auf die Bühne, bei denen die *Barbaresken*[23] zumeist eine Liebesgeschichte beeinflussten. In Christoph Willibald Glucks 1764 in Wien uraufgeführter Oper „Die Pilger von Mekka" sind Prinz Ali und sein Diener Osmin auf der Suche nach Rezia, der Geliebten von

---

20 Es würde hier zu weit führen, die in den folgenden Jahren und insbesondere ab dem 19. Jahrhundert nahezu unübersehbar werdende Masse an Piratenliteratur darzustellen. Eine Recherche im WorldCat (www.worldcat.org/?&lang=de), dem Gesamtkatalog von über 10.000 Bibliotheken, ergibt für die Suchwörter „pirat", „seeräuber" und „piracy" insgesamt 35.673 Nachweise, bei eingegrenzter Suche auf Bücher und den Zeitraum von 1800 bis 2010. Eine Suche über alle Medienarten ergibt die beeindruckende Zahl von 83.025 Medien.
21 So Killy Literaturlexikon (Anm. 18), S. 24005.
22 Ein gutes Beispiel ist die Bearbeitung der Komödie von Beaumarchais „La Folle Journée ou le Mariage de Figaro" durch Lorenzo da Ponte für Mozarts Oper „Le nozze di Figaro".
23 Vgl. hierzu den Beitrag von Robert Bohn in diesem Band.

Prinz Ali. Diese wurde von Piraten entführt und an den Sultan Achmed als Favoritin verkauft. Während einer Pilgerreise nach Mekka treffen Ali und Osmin zufällig auf Rezia und ihre Dienerinnen. Man beschließt nach einigem Zögern die gemeinsame Flucht, diese scheitert allerdings, und Sultan Achmed verurteilt alle zum Tode. Zum (guten) Schluss werden sie jedoch begnadigt. Es ist ein ähnliches Muster, wie wir es bezeichnenderweise in der übrigen Literatur dieser Zeit schon vorgefunden haben: Liebe, gewaltsame Trennung (durch Piraten), Wiederfinden, Flucht, erneute Gefangennahme mit Todesurteil, glückliches Ende, so dass sich auch hier ein Ineinandergehen von sogenannten Tatsachenberichten und romanhafter Aufarbeitung erkennen lässt. Hierzu möchte ich im Folgenden einige Beispiele nennen, die nach dem Datum ihrer Uraufführung angeordnet sind.

Das Libretto zu Joseph Haydns Oper „L'isola disabitata" (uraufgeführt 1779 im Schloss von Eszterháza) stammt vom damals prominentesten Librettisten Pietro Metastasio und ist stark beeinflusst vom Robinson-Stoff. Zwei Liebespaare werden durch Schiffbruch getrennt, die Frauen verschlägt es auf eine einsame Insel, die Männer werden von Piraten versklavt. Natürlich gibt es nach zahlreichen weiteren Komplikationen – die Männer können sich befreien und finden die einsame Insel mit den beiden Frauen – ein glückliches Ende. Der Stoff muss seinerzeit sehr beliebt gewesen sein, und Vertonungen gab es in der Folge auch von Ignaz Holzbauer, Niccolò Jommelli, Johann Gottlieb Naumann, Luigi Bologna und anderen. Den bei weitem größten Erfolg hatte jedoch wie oben erwähnt Mozarts „Die Entführung aus dem Serail", die einzige dieser Opern, die sich noch heute ungebrochener Beliebtheit erfreut und zum Standardrepertoire der meisten Opernhäuser gehört.[24] Der spanische Edelmann Belmonte liebt Konstanze, die zusammen mit ihrer Zofe Blondchen und dem Diener Pedrillo von Piraten entführt und an den osmanischen Bassa Selim verkauft wurde. Bassa Selim will Konstanze für sich gewinnen, was ihm jedoch nicht gelingt. Belmonte plant die Entführung aller drei, die allerdings scheitert: Sie werden gefangen genommen und sollen getötet werden. Edelmütig schenkt Bassa Selim schließlich allen das Leben und lässt sie in ihre Heimat abreisen. Auf einer wahren Begebenheit soll dagegen Gioachino Rossinis (1792-1868) Oper „L'Italiana in Algeri" (uraufgeführt am 22. Mai in 1813, Venedig) beruhen. Die Mailänderin Antonietta Frapolli wurde von Korsaren zwischen Sardinien und Sizilien gefangen genommen und an den Hof des Bey von Algier verschleppt. Unter welchen Umständen sie nach einiger Zeit wieder in ihre Heimatstadt zurückgelangte, ist unklar. Die mehrfache Liebesgeschichte um Mustafa, den Beys von Algier in Rossinis Oper, ist komplexer. Mustafa will seine Frau Elvira loswerden und stattdessen eine feurige Italienerin gewinnen. Elvira soll mit dem italienischen Sklaven Lindoro verheiratet werden, der allerdings Isabella liebt. Isabella ist auf der Suche nach ihrem versklavten Lindoro, strandet mit ihrem Schiff an der Küste Algiers und gerät so an den Hof von Mustafa, der sofort von ihr hingerissen ist. Nach verschiedenen Intrigen gelingt schließlich Isabella, Lindoro und allen anderen gefangenen Italienern

---

24 Die große Popularität dieser Oper resultiert nicht zuletzt daraus, dass sie von vornherein als deutsche Oper konzipiert und damit auch textlich einem breiteren Publikum im deutschsprachigen Bereich zugänglich war.

die Flucht. Im Gegensatz zu den bisher geschilderten Opern mit glücklichem Ausgang zeigt sich Vincenzo Bellinis „Il Pirata" (uraufgeführt am 27. Oktober 1827 im Teatro alla Scala, Mailand) als Melodrama mehr von einer weniger heiteren Seite als die bisherigen Interpretationen. Das Libretto von Felice Romani basiert auf dem Drama „Bertram" von Charles Robert Maturin, das der düsteren Gothic Novel zuzurechnen ist. Der Pirat Gualtiero ist ursprünglich nicht der gewalttätige, teuflische Dämon, sondern als Graf von Montaldo durch erlittenes Unrecht vom rechten Weg abgebracht und als Pirat eher der Reihe der edlen Räuber zuzurechnen. Sein Feind, der Herzog von Caldora, hat Imogene, die vormals Gualtiero in Liebe verbunden war, zu seiner Frau gemacht. Gualtiero strandet mit seinen Piraten an der Küste Caldoras und trifft seine ehemalige Geliebte wieder. Bei einem Duell tötet Gualtiero den Herzog von Caldora. Er stellt sich freiwillig dem Gericht, das ihn zum Tode verurteilt, während Imogene dem Wahnsinn verfällt. Eine seinerzeit viel gespielte, heute fast unbekannte Oper ist „Zampa" (uraufgeführt 3. Mai 1831) von Louis Hérold. Zampa ist ein Pirat, der vor langen Jahren ein Mädchen namens Alice Manfredi ruiniert und verlassen hat. Ihrer hatte sich der reiche Kaufmann Lugano angenommen und nach ihrem frühen Tod zum Gedächtnis ein Marmorstandbild errichten lassen. Luganos Tochter Camilla will ihren Wunschpartner Alfonso de Monza heiraten. Da kommt Zampa dazwischen und fordert seinerseits ihre Hand. Nach langem Zögern willigt Camilla, deren Vater sich in Zampas Hand befindet, ein. Während der Hochzeitsfeierlichkeiten stört jedoch die in Marmor verewigte Alice Zampas Pläne: Er wird in die Unterwelt verbannt, und Camilla kann nun Monza heiraten. In Giuseppe Verdis „Il Corsaro" (uraufgeführt am 25. Oktober 1848 in Triest) unterstützt der Piratenhauptmann Corrado, ein Mann edler Herkunft, die griechische Widerstandsbewegung gegen die türkische Besetzung. Medora, seine Geliebte, wird von Vorahnungen geplagt und versucht, ihn vom geplanten Angriff auf die türkische Flotte abzubringen. Gulnara, die Lieblingssklavin des Pascha Seid, verabscheut ihn jedoch. Im Zuge der Vernichtung der türkischen Flotte wird Corrado gefangen genommen und von Seid zum Tode verurteilt. Gulnara, die sich längst in Corrado verliebt hat, gelingt es, Corrado zur Flucht mit ihr zu bewegen. Medora glaubt Corrado tot und nimmt Gift. Inzwischen ist jedoch das Schiff mit Corrado und Gulnara angelangt. Medora gesteht, dass sie sterben wird, sie dankt Gulnara für die Rettung Corrados, bevor sie in seinen Armen stirbt. Corrado stürzt sich daraufhin ins Meer und Gulnara bricht zusammen. Eine anhaltende Erfolgsgeschichte haben „The Pirates of Penzance" von Arthur Sullivan, Libretto von W. S. Gilbert (uraufgeführt am 30. Dezember 1879 in Paignton). Bei einer Gruppe weichherziger Piraten, die grundsätzlich alle Waisen verschonen – da dies bekannt ist, sind inzwischen alle gekaperten Schiffe angeblich nur noch mit verwaisten Seeleuten bemannt –, befindet sich Frederic zur Ausbildung. Auf Grund eines Hörfehlers seines Kindermädchens wird er *pirate* und nicht wie geplant *pilot*. Am Ende seiner Ausbildung geht er in die Zivilisation zurück, dort verliebt er sich in die Tochter eines Generals, Mabel. Verschiedene Komplikationen, resultierend aus Täuschung, Lüge, Pflichtbewusstsein, Treue und Versehen, schaffen eine humorvoll-ernste Situation, die natürlich am Ende mit der Heirat von Mabel und Frederic endet. Und die Piraten werden zu loyalen und liebenden Untertanen ihrer Herrscherin.

Gerade im Bereich der Oper lassen sich noch viele Beispiele anführen, die Ähnlichkeiten in den Handlungsmustern aufweisen und so vermutlich zu einer starken Vereinheitlichung des Piratenbildes beigetragen haben. Auffällig ist in diesem Zusammenhang auch die Verknüpfung von sogenannten Tatsachenberichten mit der literarischen beziehungsweise musikalischen Verarbeitung. So könnten einzelne Piratenschicksale aufgrund des öffentlichen Interesses die Grundlage für ein Opernlibretto geliefert haben. Bemerkenswert ist in diesem Zusammenhang die Bekämpfung der Barbaresken im späten 18. und frühen 19. Jahrhundert durch die Obrigkeiten, aber auch durch engagierte Bürger. Handels- und Schifffahrtskreise beschäftigten sich sehr intensiv mit der Mittelmeerfahrt und deren Störung durch Piraten der sogenannten Barbareskenstaaten, die im Seeraub ihre Haupteinnahmequelle hatten. Als sie sich nicht einmal scheuten, im Jahre 1817 an der Nordseeküste aufzutauchen, nahmen beispielsweise Hamburger Kaufleute dies 1818 zum Anlass, einen „Antipiratischen Verein" zu errichten, der sich zum Ziel setzte, sowohl durch politisch-diplomatische Aktivitäten, aber auch durch Zahlung von Lösegeldern Gefangene freizukaufen.[25] Möglicherweise hat also das politisch brisante und öffentlichkeitswirksame Thema deswegen immer wieder Eingang in die Oper gefunden, um der Öffentlichkeit auf der Bühne als fiktive Erzählung das zu zeigen, was Handel und Krieg nach wie vor miteinander verband: die Piraterie.

In jüngerer Zeit ist vor allem „Mar i Cel" von Albert Guinovart zu nennen, was sich musikalisch jedoch eher als Musical charakterisieren lässt (uraufgeführt 1988, Barcelona). Das tragische Geschehen ist im 17. Jahrhundert angesiedelt und handelt von der Liebe zwischen einer Christin, Blanca, und einem maurischen Piratenkapitän, Saïd, die sich trotz Kämpfen, Hass und Intrigen der jeweiligen Familien und der politischen Ereignisse entwickelt hat. Spannungen ergeben sich aus dem Kontakt zwischen Christentum und Islam und könnten damit auch als ein Abbild der aktuellen Situation unserer Zeit gesehen werden. Die Liebe der beiden führt schließlich zu ihrem tragischen Tod. Eine in jeder Beziehung moderne Oper hat Stefan Hakenberg zusammen mit Jugendlichen geschrieben: „Kinderkreuzzug" (uraufgeführt 1992, Oper der Stadt Köln, Bürgerzentrum Ehemalige Schokoladenfabrik Stollwerk). Thema ist der angeblich 1212 durchgeführte Kinderkreuzzug nach Jerusalem. Es werden Motive und Beweggründe der Kinder zu und bei diesem Unternehmen geschildert sowie die unterschiedlichsten Erlebnisse auf ihrer Reise, so auch ihre Entführungen durch Piraten. Thematisiert wird ebenso die Einstellung Papst Innozenz III., der den Kinderkreuzzug für geeignet hält, die Stärke des christlichen Glaubens zu dokumentieren. Ein arabischer Gelehrter sieht hingegen in ihm die Gefahr der Irrgläubigkeit aufgezeigt. Die Kinder geraten am

---

25 Karl Kreyssing: *Ueber den zu Hamburg errichteten antipiratischen Verein*, Hamburg, 1819.

Ende unter die Obhut muslimischer Familien und erhalten damit die rechte Fürsorge.[26]

Erkennbar ist insgesamt, dass die Oper mit dem *Piraten* einen ihrer Hauptakteure im 20. Jahrhundert zunehmend verliert. Das bedeutet jedoch nicht, dass die Popularität der Piraten sinkt, ganz im Gegenteil, denn das *neue* Medium Film entdeckt sie für sich und versteht es sehr gut, sie überaus publikumswirksam einzusetzen.

## IV. Piraterie im Film

Auch im Medium Film lässt sich der Pirat dem allgemeinen Abenteuerwesen zuordnen, wobei das zusätzliche Gestaltungsmittel des Bildes vergleichsweise eindrucksvolle Möglichkeiten bietet.[27] Die Figur des Piraten wurde vom Film bereits sehr früh entdeckt, so dass der Piratenfilm mit zu den ältesten Genres gehört. Bereits 1912 erscheint eine erste Verfilmung des Romans von Robert L. Stevenson „Treasure Island",[28] dann 1916 „Colonel Heeza Liar and the Pirates"[29] und „Daphne and the Pirate",[30] 1922 „Captain Kidd",[31] 1924 „Captain Blood"[32] und 1925 „Clothes Make the Pirate"[33] in den Kinos. Der erste erfolgreiche Piratenfilm

---

26 Eine der aktuellsten Musiktheaterschöpfungen dürfte diejenige von Markus Götz „Piraten, Piraten!" (uraufgeführt Mai 1998, Schopfheim) sein, die zwar sehr gelobt wird, allerdings mit bislang ungefähr 4.000 Besuchern nur begrenzte Verbreitung gefunden hat.

27 Quellen für die folgenden Ausführungen sind die folgenden gängigen Filmdatenbanken: http://www.zweitausendeins.de/filmlexikon; http://www.tvspielfilm.de/kino/filmarchiv; http://www.filmdb.de; http://www.thepirateking.com/movies; http://www.allrovi.com/movies. Es werden in der Regel die deutschen Filmtitel verwendet, sofern eine deutsche Synchronfassung besteht.

28 Sowohl diese Fassung als auch eine noch frühere von 1908 sind als Film nicht mehr vorhanden. Bis 2007 sollten jedoch noch mindestens 23 weitere Fassungen dieser literarischen Vorlage entstehen.

29 Dieser sehr frühe, auf einem beliebten Cartoon beruhende Zeichentrickfilm ist zudem als politische Satire auf Theodore Roosevelt bekannt.

30 Hierbei handelt es sich in erster Linie um eine Liebesgeschichte, in der Piraten in ähnlicher Weise nur eine Hilfsrolle spielen, wie es oben bei den Opernlibretti beschrieben wurde.

31 Als Teil einer Reihe kürzerer Filmsequenzen, hier eines Kampfes zwischen zwei Schiffen, darunter dem des Piraten Captain Kidd.

32 Die erste Verfilmung des gleichnamigen Romans von Rafael Sabatini. Nach dem Scheitern eines Aufstandes gegen König James wird Blood mit Freunden als Sklave nach Barbados verkauft. Als Spanier die Insel angreifen, erobert Blood mit weiteren Sklaven deren Schiff und betätigt sich fortan als Seeräuber, nicht jedoch gegen englische Schiffe. Er und seine Leute retten einen englischen Lord und Bloods große Liebe aus Seenot. Er vergleicht sich mit dem neuen englischen König William III., kämpft gegen die französische Flotte und befreit Port Royal. Als Dank und Anerkennung wird er schließlich zum Gouverneur von Jamaica ernannt.

33 Wie der Titel schon fast vermuten lässt, handelt es sich hierbei um eine frühe Parodie. Der Möchtegern-Pirat Tidd schneidert sich ein Piratenkostüm und wird von einer Bande rauer Seeleute fälschlicherweise für den berüchtigten Piraten Dixie Bull gehalten. Mit diesen kann er nun seine Vorstellungen ausleben. Seine Frau und Nichte geraten auf der Suche nach ihm

war der Stummfilm „The Black Pirate"[34] mit Douglas Fairbanks von 1926, der sogar schon in Zweifarben-Technicolor gedreht wurde.

Eine statistische Auswertung einschlägiger Datenbanken[35] ergibt ein Ansteigen der Produktion von Piratenfilmen bis in die 1960er Jahre mit Höhepunkten in den 1940er und 1950er Jahren. Danach scheint das Interesse an dieser Thematik stark zurückgegangen zu sein, um erst in jüngster Zeit mit „Fluch der Karibik" (2003-2011) wieder hohe Beachtung zu finden. Betrachtet man das Genre Piratenfilm also von diesen ersten Beispielen bis heute, sind die jeweiligen Handlungen und Motive sowie die Rollen der Akteure in diesen Filmen durchaus unterschiedlich. Je nachdem, von wem die Initialaktivitäten ausgehen, sind bestimmte Konstellationen festzustellen: böse Piraten, Pirat gegen Pirat, Pirat und Liebe, edler Pirat aus politischen Gründen (Kolonialkriege), Edler gegen Pirat, edler, auch unfreiwilliger Pirat aus Vergeltung oder Liebe, teilweise mit historischen oder literarischen Vorlagen, Dokumentationen, Parodien und Persiflagen. Es sollen daher im Folgenden einige Filmbeispiele aufgeführt werden, um die festgestellten unterschiedlichen Handlungs- und Motivmuster zu veranschaulichen, wobei darauf verwiesen sei, dass sich eine klare Trennlinie mitunter kaum ziehen lässt, sondern unterschiedliche Handlungsmuster und Motivationen auch komplementär ineinanderfließen können.

*Der böse Pirat.* Schon das Bühnenstück „Peter Pan" (1904) von J. M. Barrie mit dem unheilbringenden Piratenkapitän Hook wurde mehrmals erfolgreich verfilmt, als Realverfilmung bereits 1924 von Herbert Brenon, 1953 als Zeichentrickfilm von Walt Disney und zuletzt 1991 von Steven Spielberg unter dem Titel „Hook". Ein weiterer früher, jedoch noch heute bekannter Film von Alfred Hitchcock ist „Riff Piraten" von 1939.[36] Hinterhältige und brutale Strandpiraten locken durch falsche Leuchtfeuer Schiffe auf die felsige Küste Cornwalls, um sie auszuplündern und die Mannschaften umzubringen. Sie werden dabei vom ansässigen Friedensrichter gedeckt. Ein junges Liebespaar, darunter ein verdeckter Regierungsagent, bringt die Bande schließlich zur Strecke. Dagegen sind es in „Die Teufelspiraten" von 1963 grausame spanische Piraten, die nach der Niederlage der Armada englische Küstenbewohner drangsalieren, die sich jedoch erfolgreich zu wehren wissen. Der edle Held spielt in diesem Genre quantitativ eine bedeutendere Rolle als der wirklich böse Pirat. Natürlich sind auch hier die Piraten diejenigen, die Unrecht tun, dies jedoch im Film nur, damit der siegreiche Held umso strahlender dasteht, indem er nicht nur begangenes Unrecht rächt, sondern auch noch die geliebte Frau gewinnt. Frühestes Beispiel hierfür ist der schon oben er-

---

auf ein Piratenschiff, das dem wahren Dixie Bull gehört. Beide Schiffe geraten aneinander, Tidd behält die Oberhand und überwindet Dixie Bull. Das Piratenleben genügend erfahren, ist er anschließend froh, wieder sein normales Leben aufnehmen zu können.

34  Ein junger Edelmann schließt sich Piraten an, um den Tod seines Vaters zu rächen. Ein 1954 unter dem gleichen Titel erschienener Film hat eine gänzlich andere Handlung: Piraten zwingen eine mexikanische Dorfbevölkerung, nach einem in der Nähe ihres Dorfes angeblich verborgenen Schatz zu graben.

35  Vgl. Anm. 27.

36  Der Film basiert auf einem Roman von Daphne Du Maurier.

wähnte Film „The Black Pirate" von 1926. Das von Piraten zugefügte Unrecht kann entweder gegen den Held selbst[37] erfolgt sein, meist jedoch gegen die Familie oder einzelne Familienmitglieder.[38] Aber auch das an Fremden begangene, häufig gegen eine Frau gerichtete Unrecht, in die der Held verliebt ist oder zu der er im Rahmen der Racheaktionen in Liebe entbrennt, motiviert den Helden.[39] Dieses Wechselspiel aus Bekämpfung von Piraten und Kampf um eine Frau findet sich in den unterschiedlichsten Kombinationen und Konstellationen wieder, wobei der Held häufig ein Offizier ist. In „Der Pirat des Königs" (1967) soll ein englischer Offizier Piraten bei Madagaskar bekämpfen, der Kampf um das Herz der schönen Jessica gestaltet sich jedoch schwieriger. In „Gegen alle Flaggen" (1952) geht es um die gleiche Geschichte, jedoch verliebt sich der Offizier in die dort herrschende Anführerin der Piraten. Und in „Der Korsar des Königs" (1953) entlarvt und tötet ein aufrechter Offizier einen Piratenkapitän, der sich des spanischen Kronschatzes bemächtigen will. Der Sohn des Dogen bekämpft als „Der Löwe von San Marco" (1962) Piraten, die den Handelsinteressen Venedigs in die Quere kommen. Ein englischer Adeliger will den berüchtigten Piraten Blackbeard, also den bereits oben erwähnten Edward Teach, in „Kampf um den Piratenschatz" (1952) zur Strecke bringen, da er seine hübsche Adoptivtochter geraubt hat. In „Rebellion auf der Teufelsinsel" (1963) soll ein großes Werk getan werden, indem der strahlende Held nicht nur spanische Schönheiten aus der Sklaverei befreit, sondern die Seeräubertyrannei in der Karibik gänzlich beendet.

*Der historische Pirat.* Gerne nutzte man offenbar aus der Piratenliteratur bekannte historische Piraten, wohl um eine größere Authentizität der eigenen Geschichte zu erzielen. So spielen in zwei früheren Filmen historische Persönlichkeiten eine Rolle, ohne dass jedoch – wie meist – die Handlungen ebenso historisch sind. Beispielsweise schleicht sich in „Unter schwarzer Flagge" (1945) ein junger Lord in die Seeräubermannschaft von William Kidd ein, um ihn zu Fall zu bringen. Im zweiten Film „Der Seeräuber" von 1943 bekämpfen sich in einem sehr komplexen Geschehen drei der bekannten Seeräuber der Karibik, Jamie Waring, Captain Henry Morgan und Billy Leech,[40] teilweise auch in der Funktion als legi-

---

37  So etwa in „Liebe unter schwarzen Segeln" (1951): Aus Empörung über ihm zugefügtes Unrecht, nämlich den Verkauf in die Sklaverei nach der gescheiterten *Glorious Revolution*, wird der irische Wundarzt Peter Blood zum Piraten gegen die spanischen Unterdrücker in der Karibik, wobei er in Liebe zur Tochter des spanischen Gouverneurs fällt. Es ist eine Verfilmung des Romans „Captain Blood" von Rafael Sabatini.
38  Als Sarazenenpirat verkleidet verfolgt Edelmann Paolo in „Der Korsar vom roten Halbmond" (1957) im Italien des 16. Jahrhunderts den Mörder seiner Familie. Dabei fällt ihm eine schöne Geisel in die Hände, in die er sich verliebt. In „Die Vergeltung des roten Korsaren" (1958) will der aus altem italienischen Adel stammende Enrico den Mord an seinem Vater rächen. Dabei spielen allerdings eine ihm bis dahin unbekannte Halbschwester, die von seinem Feind gefangen gehalten wird, und eine Carmen, in die er sich verliebt, eine gewichtige Rolle.
„Der Sohn des roten Piraten" (1959) ist ein geläuterter Pirat, der den durch andere Piraten verursachten Tod seines Vaters rächen will und dabei die Liebe seines Lebens findet.
39  Ein edler Maskierter rettet in „Allein gegen die Freibeuter" (1965) die Tochter/Nichte des spanischen Königs und ihren Anhang aus Piratenhand.
40  Bei Waring und Leech handelt es sich um fiktive Figuren.

timierte Freibeuter. Dabei spielen auch intrigante Liebesbeziehungen eine gewichtige Rolle. In „König der Seeräuber" von 1961 entflieht ein in die Sklaverei verkaufter Engländer im 17. Jahrhundert dem spanischen Gouverneur von Panama und macht in der Karibik als Pirat unter dem Namen Henry Morgan Karriere. Aus Liebe zu der schönen Gouverneurstochter Donna Inez und aus Rache am Gouverneur erobert er Panama und gewinnt die Geliebte. Historisch ist an diesem Film in der Tat die Eroberung Panamas am 28. Januar 1671 durch Henry Morgan belegbar, vermutlich jedoch unter anderen Beweggründen. Ein weiteres Beispiel für die Verwendung historischer Vorbilder ist der Film „Der schwarze Brigant" (1961). Hier wird die Geschichte eines berüchtigten spanischen Piratenkapitäns erzählt, der im Auftrag der englischen Krone dem rivalisierenden Piraten Calico Jack ein wichtiges Papier abjagen soll. Im selben Jahr erschien der Film „Unter der Flagge der Freibeuter", bei dem es um turbulente Konkurrenzkämpfe unter Piraten sowie um spanische Schiffe mit wertvollen Goldladungen geht. Der 1952 erschienene Film „Die Geliebte des Korsaren" beschreibt die Geschichte des Piratenkapitäns Barclay, der sich am Sklavenhändler McAllister rächt, weil dieser ihm sein Ansehen und seine Familie raubte. Im Gegenzug und als Racheaktion entführt er den zufällig in seine Hände geratenen Neffen seines Erzfeindes. Mehr oder weniger gelungene Adaptionen literarischer Vorlagen sind noch vergleichsweise häufiger als die Versuche, historische Personen und Ereignisse korrekt wiederzugeben. Einzelne Episoden haben jedoch durchaus historischen Wert. So hat der „Freibeuter von Louisiana" (1938), Jean Laffite, tatsächlich 1815 die Amerikaner bei der Belagerung von New Orleans durch die Engländer unterstützt. Auch der 1962 erschienene Film „Giulio Cesare contro i pirati" gibt treffend die bei Sueton und Plutarch[41] geschilderten Ereignisse wieder, jedoch unter der schon fast obligatorisch ergänzenden Ausschmückung mit einer Liebesgeschichte. Der 2006 gezeigte dreiteilige Film „Störtebeker" wird zwar mit dem vernichtenden Urteil „Aus dem Dunkel der Historie herbeifantasiert"[42] abqualifiziert, dagegen findet aber „Blackbeard – Der wahre Fluch der Karibik" (2005), es ist die Geschichte des Edward Teach, die durchaus wohlwollende Beurteilung: „Das Dokudrama zeichnet die tatsächlichen Ereignisse in einer gut historisch recherchierten Inszenierung etwas steif und akademisch, aber detailgetreu nach. Dabei wird jeder Anflug von Piraten-Romantik vermieden und das Psychogramm des gemeingefährlichen Freibeuters entwickelt".[43]

*Der liebende Pirat.* Frauen und Liebe spielen neben den obligatorischen Kämpfen und Konflikten untereinander auch in fast allen Piratenfilmen eine wich-

---

41 Siehe oben Anm. 10.
42 http://www.tvspielfilm.de/kino/filmarchiv/film/stoertebeker-1,1330416,ApplicationMovie.html (aufgerufen am 10.10.2011).
43 http://www.zweitausendeins.de/filmlexikon/?sucheNach=titel&wert=527440 (aufgerufen am 19.10.2011).
Der 2006 in den USA erschienene Film „Blackbeard – Piraten der Karibik" wird von der Internet Movie Database in mehrfacher Hinsicht unzutreffend mit „for the first time comes the true story of pirate Edward Teach" (http://www.imdb.com/title/tt0472242/plotsummary – aufgerufen am 10.10.2011) beschrieben.

tige Rolle, sei es als *Piratin* oder als *Beute*, in die sich ein Pirat verliebt. „Der Herr der sieben Meere" (1940) ist ein englischer Seeräuber, der für die englische Krone spanische Schiffe kapert. Dabei verliebt er sich in eine spanische Edeldame. Im umgekehrten Fall schützt in „Der Pirat und die Dame" (1944) eine in einen französischen Korsaren verliebte englische Aristokratin diesen vor ihrem Mann, der ihn als englischer Regierungsvertreter zur Strecke bringen soll. 1951 kämpft der weibliche Schrecken der Karibik – Anne Bonny (1690 bis nach dem 28. November 1720) – in „Die Piratenkönigin"[44] sowohl gegen ihren ehemaligen Piraten-Ziehvater Blackbeard,[45] als auch um ihren Geliebten, der sie jedoch, da französischer Spion, schmählich verrät. Eine weitere Piratenkönigin war die zu gleicher Zeit und teilweise auf demselben Schiff mit Anne Bonny tätige Mary Read (1685-1721), deren (hier unhistorische) kriminelle Geschichte in dem Film „Piratenkapitän Mary" geschildert wird. Sie verliebt sich in einen ebenso kriminellen englischen Adligen, der jedoch im Folgenden zu ihrem unerbittlichen Gegner wird.[46]

*Der politische Pirat.* Die meisten seeräuberischen Aktivitäten, sei es in der Karibik, bei Madagaskar oder im Fernen Osten waren in der Regel gleichzeitig auch Auseinandersetzungen im Rahmen der kolonialen Unternehmungen der europäischen Staaten und erfolgten häufig mit ihrer mehr oder weniger verdeckten Unterstützung. So sind in einigen Filmen neben anderen Motiven doch auch deutlich patriotische Ambitionen von Piraten zu beobachten. Bereits 1938 in „Der Freibeuter von Louisiana" kämpft der berüchtigte französische Seeräuber Jean Laffite (1780-1826)[47] auf Seiten der Amerikaner, als die Engländer 1815 New Orleans angreifen. Nach dem Roman „The Master of Ballantrae" von Stevenson wurde 1953 der Film „Der Freibeuter" gedreht. Nach dem Scheitern des letzten Aufstandes der Schotten gegen die Engländer 1746 (Schlacht bei Culloden) fliehen daran beteiligte schottische Adlige und betätigen sich fortan als Piraten in der Neuen Welt. Weniger patriotische Beweggründe, sondern die Liebe, veranlassen in „König der Freibeuter" (1958) den Piratenkapitän, die Amerikaner bei ihrem Unabhängigkeitskampf gegen England zu unterstützen. „Die schwarzen Piraten von Malaysia"[48] (1964) retten den dortigen Sultan und dessen Tochter aus den kolonialen Klauen der Engländer. Und in „Der größte aller Freibeuter" (1970) befreit der Korsar Jeffry Brooks, der oftmals von den Franzosen gefangen genommen wurde, in der zweiten Hälfte des 18. Jahrhunderts eine Antilleninsel von den französischen Kolonialherren. Die entscheidende Schlacht findet statt, als Brook mit seinen Leuten auf der Insel San Lucou landet und mit den dortigen Rebellen gegen die französische Fremdherrschaft gemeinsame Sache macht.

44  Die Handlung entspricht keinerlei historischen Begebenheiten. Auch hier liegt der Schluss nahe, dass bekannte Namen dem Film förderlich sein sollten.
45  Das ist Edward Teach (1680-22. November 1718), der jedoch vermutlich nie in einer Beziehung zu Anne Bonny stand.
46  Auch diese Geschichte entbehrt bis auf die Person Mary Read jeglicher historischer Begebenheiten.
47  Diese Begebenheit beruht auf historischen Tatsachen.
48  Damit ist der Rebell Sandokan gemeint, eine Romanfigur von Emilio Salgari, dessen historisches Vorbild um 1845 im Norden Borneos lebte und gegen die englischen Kolonialherren kämpfte.

*Der unfreiwillige edle Pirat.* Ein besonderes Phänomen ist der Pirat, der aus edler Motivation heraus unfreiwillig zum Gesetzesbrecher wird. So gerät der Kapitän eines Auswanderungsschiffes in Seenot und wird versklavt. Er kann jedoch fliehen und rächt als „Der Seeteufel von Cartagena" (1945) das ihm zugefügte Unrecht. Im Film „Tiger der Meere" von 1962 wird die Tochter eines Piratenkapitäns, dessen Schiff sie nach seiner Ermordung übernimmt, zur Piratin, um seinen Tod zu rächen. Und in „Die Kurtisane der Piraten" (1960) wird eine attraktive Kapitänstochter, die mit ihrem Vater unter die Seeräuber geht, zur Piratin, um der Tyrannei eines Herzogs im mittelalterlichen Italien handgreiflicher begegnen zu können – ein Motiv, böser Herzog gegen edler Pirat, das sich häufig wiederholt.[49] Zahlreich sind zudem die Fälle, in denen zugefügtes Unrecht ehrliche Seeleute in die Rolle von Piraten schlüpfen lässt, um offenbar nicht ausreichende offizielle Gerechtigkeit selbst in die Hand zu nehmen.[50] Aber auch ansonsten ehrenwerte Männer betätigen sich als Piraten, um in den Besitz der geliebten Frau zu kommen. So segelt ein verarmter Adeliger in „Der Abenteurer von Tortuga" (1965) als Piratenkapitän über die Weltmeere und raubt verschiedenen Jungfrauen die Aussteuer. Als er sich ernsthaft in eine indianische Prinzessin verliebt, muss er sich dieser Liebe im Kampf gegen einen machtlüsternen Gouverneur erst würdig erweisen. Piraten konnten auf diese Weise als Sympathieträger figuriert werden, so spielte selbst der eher als Marshall oder Treckführer bekannte Held John Wayne 1942 in dem Film „Piraten im karibischen Meer" einen Kapitän, der im Kampf um eine Frau das Schiff eines Konkurrenten versenkt.[51] Aber auch piratische Helden wie Errol Flynn mit Olivia de Havilland 1935 in „Unter Piratenflagge" oder in seiner Rolle als Geoffrey Thorpe in Anlehnung an die historische Figur Francis Drake in „Der Herr der Sieben Meere" (1940) kennzeichnen den filmographischen Umgang mit der Figur Pirat als edlen Helden. So ist einer der erfolgreichsten Piratenfilme „Der Rote Korsar" von 1952 mit Burt Lancaster in der Hauptrolle als Kapitän Vallo. Handelt Vallo zunächst ganz profit- und machtorientiert, verändert er sich unter dem Einfluss seiner Liebe zur Tochter des Freiheitskämpfers und lässt den Zuschauer ehrenhafte, liebenswerte und gerechte Charakterzüge erkennen. Im Disney-Film „Blackbeard's Ghost" von 1968 übernahm Sir Peter Ustinov den Typus des sympathischen Antihelden, der schließlich ein Heim mit alten Damen rettet.

*Der parodierte Pirat.* Schon vergleichsweise früh tauchen die ersten Parodien auf die bisher eher Gewalt und Verbrechen signalisierenden Filme auf.[52] In „Die Prinzessin und der Pirat" (1944) widersetzt sich eine Prinzessin den Heiratsplänen ihres Vaters und flieht mit ihrer großen Liebe. Auf hoher See wird sie zusammen mit anderen von Piraten gefangen genommen. Dabei ist auch ein etwas schräger

---

49 „Der wilde Korsar der Karibik" (1970).
50 „Die Piraten von Tripolis" (1954), „Küste der Piraten" (1960), „Die Abenteuer der Totenkopfpiraten" (1961), „Der Schatz des Piraten" (1973), „Der schwarze Korsar" (1975), „Insel der Piraten" (1983).
51 Vgl. dazu auch Andreas Kammler: *Piraten! Ein Handbuch der unbekannten Fakten und schönsten Anekdoten*, Frankfurt/M. 2008, S. 219.
52 Die früheste ist der schon oben erwähnte Film „Clothes make the Pirate" von 1925.

Schauspieler mit Namen Sylvester der Große, der in den Besitz einer Schatzkarte geraten ist. Beide können den Piraten entfliehen, werden jedoch auf einer Insel wiederum gekidnappt. Weitere Verwicklungen und Verwechslungen sorgen so für einen die zeitgenössischen amerikanischen Piratenfilme persiflierenden Ulk. Eine weitere „turbulente Piratenfilm-Parodie"[53] findet sich in „Abbott und Costello als Piraten wider Willen" (1952). Zwei harmlose Burschen finden eine Schatzkarte, die ihnen ein Piratenkapitän abjagen will. Wegen Steuerhinterziehung wird Piratenkapitän „Dotterbart" (1983) zu 140 Jahren Gefängnis verurteilt. Er bricht jedoch aus, um einen von ihm auf einer einsamen Insel vergrabenen Schatz zu bergen, wobei er jedoch von der Royal Navy verfolgt wird. Zahlreiche skurrile Personen und Begebenheiten sorgen letztlich für das Urteil „sarkastisch-makabre, teils zotenhafte Piratenfilm-Parodie".[54] Roman Polanskis „Piraten" (1986) hat seine Bedeutung eigentlich überwiegend durch die schauspielerische Leistung Walter Matthaus als Piratenkapitän, der sich wegen eines goldenen Aztekenthrons in einem Kampf von absurder Komik mit den Spaniern befindet. Ebenfalls in den Bereich des *parodierten Piraten* gehört der inzwischen in vier Teilen erschienene „Fluch der Karibik" (2003, 2006, 2007, 2011) mit Johnny Depp als Captain Jack Sparrow, der zugleich eine sehr erfolgreiche[55] Wiederbelebung des Piratenfilmgenres darstellt. Die komplexen Handlungsstränge stellen eine Mischung aus Komödie mit augenzwinkernder Ironie und Abenteuer mit Mystery-Elementen in Form von Untoten dar, die dadurch insgesamt eine humorvoll-fantastische Atmosphäre schaffen. Es werden dabei alle Klischees bisheriger Piratenfilme bedient, was in der Kritik allerdings auch zu Urteilen wie „schwachsinnig"[56] und „gänzlich aus Oberfläche gebildet und mit Luft gefüllt"[57] führte. Für sparsame und genügsame Gemüter mag auch zutreffen „Lustiger als jede Karibik-Kreuzfahrt".[58]

Flynn, Lancaster, Fairbanks und Depp gestalten mit ihren Piratencharakteren noch heute das Sonntagnachmittagsprogramm und tradieren das filmographische Piratenbild jedes Mal aufs Neue: Sie sind heldenhaft, mutig, stark, voller Ideen und frei. Der böse Schurke „Hook" beispielsweise steht den gerechten und schönen piratischen Helden gegenüber, ohne aber das rezeptive Piratenbild überzustrapazieren. Im Gegenteil, die mediale Überhöhung der Figur Pirat ermöglicht es dem Rezipienten, beide Figuren in ein Piratenbild zu integrieren: der böse Schurke und der gute Held bedingen einander, der eine könnte ohne den anderen das Schurkische bzw. Heldenhafte nicht herausspielen. Hierfür sind gerade die jüngsten Verfilmungen ein gutes Beispiel: So hat Kapitän Jack Sparrow mit William Turner

---

53  http://www.zweitausendeins.de/filmlexikon/?sucheNach=titel&wert=4773
54  http://www.zweitausendeins.de/filmlexikon/?sucheNach=titel&wert=23364
55  Die ersten drei Teile des Films spielten weltweit bisher etwa 2,2 Milliarden Dollar ein.
56  Roger Ebert: *Pirates of the Caribbean: The Curse of the Black Pearl*, Chicago Sun-Times, 9. Juli 2003.
57  Mick LaSalle: *Treasure chest of effects can't save 'Pirates' ' two-bit story*, San Francisco Chronicle, 9. Juli 2003.
58  http://www.tvspielfilm.de/kino/filmarchiv/film/fluch-der-karibik,1315054,ApplicationMovie.html

und Elizabeth Swann in den ersten Teilen an seiner Seite auch piratische Gegenspieler: Barbarossa und Davy Jones. Sparrow ist hier Held und Antiheld zugleich, aber aufgrund seines zuweilen antipiratischen Habitus Sympathieträger des Films. Ausgestattet mit den gängigen Irateninsignien wie Augenklappe, Bewaffnung, Hut und (nicht immer) einem Schiff, stellt er im Grunde einen neuen Piratentypus dar, der dem Piraten nach *traditionellem* Zuschnitt die Stirn bietet. Aus einem eher lächerlich überzeichneten piratischen Antihelden kann so der *beste Pirat aller Zeiten* werden.[59]

Sind die Handlungsmuster und Motivationen filmographisch zwar vielfältig und keiner spezifischen Zeit zuzuordnen, bleiben die äußerlichen Attribute der Figur Pirat homogen. Was bezeichnenderweise eine Kontinuitätslinie zur literarischen und musikalischen Verarbeitung des Genres darstellen würde – der Pirat kann gut oder böse, verliebt oder unbeteiligt sein, er ist auch im Medium Film an seinem Erscheinungsbild und Auftreten vom Rezipienten leicht zu erkennen.

## V. Schlussbetrachtungen

Wie hier beschrieben wurde, hat der Piratenstoff zu allen Zeiten und in den unterschiedlichsten Darstellungsformen seine Bedeutung gehabt und wird voraussichtlich auch vor zukünftigen Medienformen nicht Halt machen. Die Bandbreite der Darstellung reicht von der wohl anfangs noch mündlichen Überlieferung der Homerischen Epen bis zu multimedialen Computerspielen unserer Tage. Piraterie steht aufgrund der literarischen, musikalischen und filmischen Umsetzung echter und vermeintlicher Tatsachenberichte heute als Synonym für Abenteuer, Freiheit, Anarchie und zunehmend für verharmlosenden Spaß.

Dominiert in der Tatsachen- und erzählenden Literatur anfangs noch die Schilderung echter, durchaus realer Gefahren, denen man als Reisender begegnen konnte, so setzte mit der sogenannten Tatsachenbeschreibung im 17. Jahrhundert, vor allem der Piraterie in der Karibik, eine gewisse Objektivierung ein, die der bisher vorherrschenden Vorstellung von Willkür und Anarchie so etwas wie geordnete, ja nahezu demokratische Verhältnisse unter den Piraten, entgegensetzte. Auf die verbreitet notleidende Masse der Bevölkerung mussten eine freie Wahl des Kapitäns, „Gliedertaxe" und „Witwenversorgung" die Phantasie mächtig anregende Begriffe sein, Träume, in die man sich gerne entführen ließ, auch wenn die Realität meist brutaler aussah. Sie wurde vielfach durch die schwankenden macht-, handels- und wirtschaftspolitischen Interessen der jeweils Herrschenden bestimmt.[60] Trotz aller dramatischen Kämpfe, Romantik und Liebe, ins-besondere

---

59 Lieutenant Gilette zu Commodore Norrington: „Das ist der beste Pirat, den ich je gesehen habe." In: „Fluch der Karibik", Teil 1.
60 Sehr eindrucksvoll belegt dies die Ausstellung „Pirates: The Captain Kidd Story" im Museum of London Docklands (bisher kein Katalog erhältlich). Neben einer sehr kurzen Einführung in die Piraterie allgemein wird versucht, William Kidd weitgehend zu rehabilitieren, ist er doch in der Literatur und im Film regelmäßig als gnadenloser Pirat dargestellt. Kidd war meist als vom englischen König mit (dort ausgestellten) Kaperbriefen versehener Freibeuter nicht nur

in den filmischen Darstellungen, scheint dieser Aspekt dort durchaus häufiger auf. Edle Motive führen durch Zwang und Gewalt von Außen zum Ausbruch aus den scheinbar *geordneten Verhältnissen* in die *freiheitliche Gesetzlosigkeit* der Piraterie. Diese Flucht ins Abenteuer, auch wenn sie nur literarisch war, erlaubte den Lesern gleichwohl auch eine Flucht aus einem durch einengende äußere Bedingungen beschränkten Leben. Da sich dies jedoch lediglich im Kopf abspielte, wurde zwar die notwendige und gewünschte Spannung erzeugt, nicht jedoch die damit möglicherweise verbundene Gefahr einer Piratenrealität. Der sich heutzutage daraus entwickelte *Fun-Charakter* dieses Genres spiegelt sich in teilweise recht kuriosen Verhaltensweisen wider.[61]

Anders als in der Literatur spielt in den Operntexten die Piraterie kaum eine selbständige Rolle. Sie bestimmt den Handlungsverlauf nur insofern, als sonst unerklärliche Konstellationen in den Beziehungen und Geschehnissen zwischen den Akteuren nicht erklärbar wären. Durch ihre exotischen und anarchisch-abenteuerlichen Aspekte trägt sie allerdings darüber hinaus zu einer gewünschten Spannungserhöhung bei.

Das Bild des Piraten im Film wird weitgehend geprägt von bereits bestehenden literarischen Vorlagen aller Zeiten. Insbesondere die „Schatzinsel" hat erheblich zu den heute existierenden Klischees wie Holzbein, Augenklappe, Hakenhand, über die Planke gehen, Papagei und vor allem der legendäre Piratenschatz mit dazu gehörender Schatzkarte, beigetragen. In der Persönlichkeit des Piraten finden wir die unterschiedlichsten Charaktere, vom brutalen, blutrünstigen Menschenschinder und Mörder bis zum edlen Menschen, der unfreiwillig in diese Situation geraten ist, oder bewusst aus Rache für an ihm und/oder seiner Familie begangenes Unrecht keine legale Möglichkeit mehr sieht, sich seine vermeintliche Gerechtigkeit zu verschaffen. Ein Element tritt jedoch zunehmend regelmäßig hinzu, ohne dass nun kein Film mehr auszukommen scheint, in der Realität freilich eher seltener eine Rolle gespielt haben dürfte, nämlich eine Liebesgeschichte: eine Frau als Motivation für unternommene Piratenakte (Hilfe, Befreiung, Rache für zugefügtes Unrecht) oder als unbedingt zu erlangende *Beute*. Der zunehmenden Entwicklung unserer Gesellschaft zur *Spaßgesellschaft* entspricht letztlich auch die jüngste Ausprägung dieses Genres vor allem im Film „Fluch der Karibik" und dessen vielschichtige Vermarktung. Die Vereinnahmung des *Jolly Ro-*

---

in der Karibik unterwegs, um französische Schiffe aufzubringen. Die Tötung eines Mannschaftsmitgliedes lieferte schließlich vor allem der East India Company und den hinter ihr stehenden politischen Kräften einen willkommenen Anlass, William Kidd, der deren handelspolitischen Interessen in die Quere kam, den Prozess zu machen. Er wurde wegen der Tötung seines Geschützmeisters verurteilt und im Jahre 1701 exekutiert.

61 So wird der 19. September jeden Jahres als "International Talk Like A Pirate Day" unter dem Motto: "Let your inner pirate help you" (http://www.talklikeapirate.com) begangen, wozu auch entsprechende Feiern veranstaltet werden, etwa in Hamburg: "SoulKitchen Halle, Industriestraße 10, is throwing a Monkey Island Revival Party on Sept. 17, starting at 20:00. Expect shiploads of pirate specials (grog!) and pirate competitions including plank fights, insult competitions and of course a Buccaneer Beauty Contest" (http://www.monkey islandparty.com).

*gers* suggeriert einen zumindest zeitlich begrenzten Austritt aus der gesellschaftlichen Ordnung, eine Grenzüberschreitung oder auch ein radikales Umdenken und kann so noch heute für Aufmerksamkeit sorgen. Ein Kind, das mit Säbel und Augenklappe aus dem Kinderzimmer kommt, ein Jugendlicher mit *Jolly Roger* auf dem Pullover, ein Erwachsener mit Piratenhut auf dem Kopf ernten stets das Interesse der Anderen, die die Botschaft durchaus ernst nehmen: Anarchie, wenn auch eine zeitlich begrenzte und im Spaß gemeinte. Vielleicht ist diese Entwicklung eine Reaktion auf die ebenfalls zunehmende reale Piraterie in den verschiedenen Gegenden der heutigen Welt. Die Wirklichkeit ist weit weniger unterhaltsam als die multimediale Aufbereitung oder als die performative Rezeption – das lässt sich aus der epochenübergreifenden literarischen Sicht auf Piraterie deutlich erkennen.

# STAATLICHKEIT UND INTERNATIONALITÄT ALS CHARAKTERISTIKA DER PIRATERIE VON DER ANTIKE BIS ZUR GEGENWART

VOLKER GRIEB

Aus historischer Perspektive bietet die Piraterie von der frühen griechischen Antike bis in die heutige Zeit unterschiedlichste Facetten, aber zugleich auch deutliche Kontinuitäten. Einzelne Charakteristika, die sich bereits für die griechische und römische Zeit aufzeigen lassen, kennzeichnen in ganz ähnlicher Form ebenso in späteren Epochen die Piraterie, wenngleich sich im jeweiligen Einzelfall historische Zusammenhänge und geographische Voraussetzungen unterscheiden. In einer der frühesten historiographischen Beurteilungen zur Piraterie vermag der antike Historiker Thukydides in der 2. Hälfte des 5. Jahrhunderts v.Chr. bereits grundlegende Charakteristika einer frühen Zeit aufzuzeigen, die offenbar auch in den nachfolgenden Epochen die Piraterie kennzeichnen:

> „Nachdem die frühen Hellenen und diejenigen Barbaren, die an den Küsten des Festlandes oder auf den Inseln wohnten, damit begonnen hatten, häufiger zu Schiff miteinander Kontakt aufzunehmen, wandten sie sich auch schon der Piraterie zu, und dabei wurden sie von ihren tüchtigsten Männern angeführt, die die Sache um des Gewinnes willen und für den Lebensunterhalt ärmerer Schichten betrieben; [...] dieser Beruf war noch nicht stigmatisiert, sondern verschaffte im Gegenteil nicht geringes Ansehen."[1]

Seeraub war in der von Thukydides betrachteten Zeit des archaischen Griechenlands (8.-6. Jahrhundert v.Chr.) eine durchaus gewöhnliche Erwerbsquelle, die dem Einzelnen Ansehen und Reichtum bringen konnte, den Lebensunterhalt ärmerer Schichten sicherstellte und zugleich auch von den Tüchtigen einer Gemeinschaft betrieben wurde. So gesehen war die Piraterie nicht stigmatisiert, sondern etwas Alltägliches. Betrachtet man die von Thukydides angeführten Eigenheiten dieser frühen Zeit, so lassen sich bezeichnenderweise deutliche Parallelen zu anderen Epochen aufzeigen. Denn werden die vom griechischen Historiker genannten ‚Hellenen und benachbarten Barbaren' beispielsweise durch *Wikinger* ersetzt, trifft seine Aussage ohne größere Einschränkungen auch für die weit über ein Jahrtausend späteren Raubzüge der Nordeuropäer zu. Auch hier war die Piraterie eine Erwerbsquelle, die innerhalb der eigenen Gesellschaft keineswegs stigmatisiert war, im Erfolgsfall Ruhm, Ansehen und Reichtum brachte und nicht zuletzt auch den Lebensunterhalt der ärmeren Bevölkerung sichern konnte.[2] Ebenfalls bietet die Zeit der Hanse jenseits aller Likedeeler- und Störtebeker-Romantik das Bild einer weit verbreiteten Piraterie, die Reichtum und Ansehen ermöglichte und

---

1 Thukydides, Der Peloponnesische Krieg I 5,1. Vgl. zur Piraterie in der griechischen Antike den Beitrag von Burkhard Meißner in diesem Band (mit weiterer Literatur).
2 Zu den Wikingern siehe den Beitrag von Detlef Ellmers in diesem Band (mit weiterer Literatur).

Anführer auch aus gesellschaftlichen Oberschichten hervorbrachte.[3] Eine Stigmatisierung des piratischen Vorgehens bestand innerhalb der eigenen Gemeinschaft zumeist nicht, sie erfolgte beziehungsweise erfolgt vielmehr von außen. Betrachtet man in dieser Hinsicht die Piraterie vor der Küste des heutigen Somalia, so kommt man nicht umhin festzustellen, dass die dortige Piraterie aufgrund der erbeuteten Gelder und nun wieder regenerierten Fischbestände vor der somalischen Küste[4] für zahlreiche Einheimische ebenfalls eine Lebensgrundlage sicherzustellen vermag, wenngleich die Übergrifffe von den Betroffenen als – mitunter sogar *barbarische* – Akte der Piraterie bezeichnet werden.[5] Mit seiner knappen Beschreibung der frühen griechischen Zustände vermochte es Thukydides also bereits aus antiker Perspektive, epochenübergreifende Kontinuitäten auszudrücken, die bis in die heutige Zeit für das historische Phänomen Piraterie zuzutreffen scheinen. In dem angeführten Beispiel kontrastierte er – und dies wird aus dem größeren Zusammenhang seiner Ausführungen deutlich – seine eigene Zeit des staatlich weit entwickelten und zur See mächtigen Stadtstaates Athen mit der Situation der früheren griechischen Zeit, in der Stadtstaaten geringer entwickelte staatliche Strukturen aufwiesen und die gleichzeitige Konkurrenz der Gemeinwesen untereinander den Seeraub nicht nur förderte, sondern offenbar auch legitimierte. Athens staatliche Dominanz und maritime Macht vermochte hingegen die Piraterie in ihrem Einflussbereich im 5. Jahrhundert v.Chr. signifikant einzudämmen. In dieser Hinsicht lässt sich durch das Beispiel zugleich ein wesentlicher Zusammenhang anführen, der für die Ausprägung und Bekämpfung von Seeraub auch epochenübergreifend von zentraler Bedeutung bleiben sollte, nämlich derjenigen von Staat, Staatlichkeit und Piraterie.

Im Folgenden werden weitere Charakteristika dieses Zusammenhangs sowie der damit einhergehenden Internationalität vor dem Hintergrund der in dem vorliegenden Band behandelten Themen übergreifend betrachtet. Staatlichkeit unterliegt in einer epochenübergreifenden Sicht freilich keiner linearen Entwicklung, sondern ist vielmehr durch verschiedene Ausformungen gekennzeichnet, die auch der Piraterie jeweils neue Bedingungen und Möglichkeiten boten. Als Beispiel für eine fehlende Kontinuität von Staatlichkeit sei das Imperium Romanum angeführt, dessen hoher staatlicher Differenzierungsgrad der Kaiserzeit mit den Nachfolgestaaten der Völkerwanderungszeit und dem beginnenden Mittelalter nach und nach verlorenging. Während Rom die Piraterie in seinem Herrschaftsbereich über Jahrhunderte weitestgehend beseitigt hatte, flammte sie in der Folgezeit rasch wieder auf – zunächst an den Rändern des geschwächten Imperiums, dann auch im zentralen Bereich, dem Mittelmeer. Neben solchen Diskontinuitäten lässt sich

---

3   Zur Piraterie in der Hansezeit siehe den Beitrag von Stephan Selzer in diesem Band (mit weiterer Literatur).
4   Siehe dazu Mahamudu Bawumia/Ussif Rashid Sumaila: *Fisheries, Ecosystem and Piracy. A Case Study of Somalia*, Vancouver 2010.
5   Vgl. dazu Martin N. Murphy: *Somalia. The new barbary? Piracy and Islam in the Horn of Africa*, London 2011. Die Charakterisierung sogar als "barbarische Akte" wird in der gegenwärtigen (internationalen) Presse häufig als Metapher für einzelne Piratenübergriffe vor der Küste von Somalia und im Golf von Aden gebraucht.

Staatlichkeit epochenübergreifend zudem weder eng und noch allgemeingültig definieren. Ist moderne Staatlichkeit geprägt durch ein souveränes Staatsgebiet, das im Inneren eine höchste Gewalt sowie eine Unabhängigkeit nach außen umfasst, konnten frühere Zeiten ganz unterschiedliche Formen von Staatlichkeit im Sinne von politischen Strukturen, Verwaltung, Institutionalisierung oder Machtakkumulation aufweisen. Bei aller Problematik, die eine epochenübergreifende Verwendung dieses Begriffes mit sich bringt, vermag er trotz seiner Relativität jedoch für die jeweilige Zeit als Bezugspunkt treffend das auszudrücken, was mit dem historischen Phänomen Piraterie und seiner Entwicklung eng verknüpft ist. So wird hinsichtlich der modernen Piraterie vor der Küste von Somalia, einem sogenannten *failed state*,[6] beispielsweise zu deren Lösung neben den Maßnahmen zur See insbesondere der Aufbau einer funktionierenden Staatlichkeit an Land gefordert, mittels derer schließlich auch die Gewaltakte zur See unterbunden werden könnten.[7]

Zahlreiche historische Beispiele zeigen, dass eine etablierte beziehungsweise sich etablierende Staatlichkeit in einem bestimmten Gebiet zur Eindämmung von Piraterie führen kann. Neben dem oben bereits angeführten Stadtstaat Athen im 5. Jahrhundert v.Chr. ist für die Antike zuvorderst das kaiserzeitliche Rom zu nennen, dass die im Mittelmeer weit verbreitete Piraterie gleich über mehrere Jahrhunderte hinweg weitestgehend beseitigen konnte und dadurch nicht zuletzt seine eigene Wirtschaftskraft begünstigte.[8] Im frühen Mittelalter führte eine Stärkung der Königsherrschaft und die damit einhergehende Staatlichkeit dazu, dass die zahlreichen Raubzüge der Wikinger gegen die eigene Küste eingeschränkt und solche Aktivitäten stattdessen im Einsatz für den König gebündelt wurden, so dass eine zuvor noch weit verbreitete Piraterie im Sinne des oben angeführten thukydideischen Beispiels mit einer sich ausprägenden Staatlichkeit eine deutliche Einschränkung erfuhr. Ein nachdrückliches Bestreben, die Piraterie in ihrem Einflussbereich und Wirtschaftsraum einzudämmen, wird man in dieser Hinsicht – um ein weiteres Beispiel zu nennen – ebenso einer Handelsstadt wie dem spätmittelalterlichen und frühneuzeitlichen Hamburg zusprechen können. Wenngleich die im 17. Jahrhundert vom Rat etablierte Konvoyfahrt wegen zu hoher Kosten später eingestellt wurde und die Stadt insgesamt nicht in der Lage war, ihr Gewaltmonopol hinsichtlich ihrer wirtschaftlichen Interessen ausreichend weit durchzusetzen, so ist ein aktives Vorgehen der Hansestadt gegen die Piraterie dennoch offensicht-

---

6   Siehe dazu den Beitrag von Belachew Gebrewold in diesem Band. Zu den *failed states* vgl. Ulf-Manuel Schubert: *Staatszerfall als Problem des internationalen Systems*, Marburg 2005; Annette Büttner: *Staatszerfall als neues Phänomen der internationalen Politik. Theoretische Kategorisierung und empirische Überprüfung*, Marburg 2004; Robin Geiß: *„Failed States". Die normative Erfassung gescheiterter Staaten*, Berlin 2005.
7   Vgl. dazu oben den Beitrag von Belachew Gebrewold sowie weiterhin Jay Bahadur: *The pirates of Somalia. Inside their hidden world*, New York 2011; Brian J. Hesse (Hg.): *Somalia. State collapse, terrorism and piracy*, London 2011. Vgl. weiterhin zum Problem der lokalen Wirtschaft für die Küstenregion von Somalia Bawumia/Sumaila: Ecosystem and Piracy (Anm. 4).
8   Vgl. dazu Philip De Souza: *Piracy in the Graeco-Roman World*, Cambridge ²2002, S. 149-224.

lich und brachte zumindest im regionalen Bereich Erfolge mit sich. Das Resultat eines antipiratischen staatlichen Bestrebens stand also immer auch in einem direkten Zusammenhang mit den finanziellen und politischen Möglichkeiten des Staates und war nicht zuletzt vom geographischen Aktionsraum der Seeräuber abhängig. Die Grenze zwischen einem nachdrücklichen und erfolgreichen staatlichen Vorgehen gegen Piraterie, wie es etwa im Falle Frankreichs gegen die Barbaresken[9] oder im Falle Roms gegen die Mittelmeerpiraterie deutlich wird, und einem antipiratischen Vorgehen durch kleinere Staaten mit ihren geringeren Möglichkeiten ist sicherlich fließend und der Erfolg daher verschiedenartig – die Zielrichtung hingegen war dieselbe.

Für eine genauere Betrachtung des Zusammenhanges von Staatlichkeit und Piraterie ist dann allem voran die *Internationalität* mit zwei wesentlichen Aspekten zu berücksichtigen: die Förderung sowie die Bekämpfung von Piraterie. Es lassen sich epochenübergreifend zahlreiche Beispiele dafür anführen, dass Seeräuber von Staaten und Mächten instrumentalisiert wurden und Seeraub so – etwa im außenpolitischen Konfliktfall – gewissermaßen eine obrigkeitliche Sanktionierung erhielt. Im vorliegenden Sammelband ist dieses Phänomen beispielsweise für die Zeit des Hellenismus ebenso betont worden, wie für die Hansezeit des späten Mittelalters. In beiden Fällen konnten sich einzelne Staaten respektive Mächte in kriegerischen Auseinandersetzungen der Seeräuber als Unterstützung ihrer Vorhaben und ihres Vorgehens bedienen, was deren Dasein quasi *legitimierte*. Auch die mit einem Kaperbrief ausgestatteten Piraten sind im gleichen Kontext zu verstehen.[10] Indem es nach Beendigung von Konfliktfällen für diese kurzfristig legalisierten Gewaltdienstleister auf See zumeist keine Verwendung mehr gab und sie nunmehr wieder ihrer vorherigen Tätigkeit nachgingen, verstärkte eine temporäre staatliche Einbindung auf längere Sicht in der Regel das Problem der Piraterie.

Eine solche Vereinnahmung konnte mitunter zu einer dauerhaften Kooperation führen und Seeräuber gänzlich im außenpolitischen Vorgehen aufgehen lassen. Im Falle der Wikinger beispielsweise hatte die gefestigte Königsherrschaft zur Folge, dass Raubzüge gebündelt und sodann für das eigene Land und den König eingesetzt wurden. Überaus offensichtlich tritt bei den nordafrikanischen Barbaresken-Staaten in dieser Hinsicht hervor, inwieweit eine staatlich instrumentalisierte und legalisierte Piraterie sowohl als erfolgreiches außenpolitisches Mittel als auch zur ökonomischen Bereicherung eingesetzt werden konnte.[11] In ver-

---

9   Siehe dazu den Beitrag von Robert Bohn in diesem Band.
10  Vgl. dazu Michael Kempe: *Fluch der Weltmeere. Piraterie, Völkerrecht und internationale Beziehungen (1500-1900)*, Frankfurt/M. 2010.
11  Vgl. zu den Barbaresken in Nordafrika den Beitrag von Robert Bohn in diesem Band. Zeitweise sollen bis zu 25% der Einnahmen von Algier durch die Kaperei erwirtschaftet worden sein; dazu Salvatore Bono: *Piraten und Korsaren im Mittelmeer. Seekrieg, Handel und Sklaverei vom 16. bis 19. Jahrhundert*, Stuttgart 2009, S. 235-238. Siehe zu diesem Aspekt weiterhin Janice E. Thomson: *Mercenaries, pirates, and sovereigns. State-building and extraterritorial violence in early modern Europe*, Princeton 1994. Vgl. zudem etwa Michel Fontenay: *La Méditerranée entre la Croix et le Croissant. Navigation, commerce, course et piraterie (XVI$^e$-XIX$^e$ siècle)*, Paris 2010; Molly Greene: *Catholic pirates and Greek merchants. A maritime history of the Mediterranean*, Princeton/Oxford 2010, besonders S. 78-109.

gleichbarer Weise wäre das Vorgehen der Vandalen zu nennen, die aus ihrem Herrschaftsgebiet heraus über See erfolgreiche Plünderungszüge gegen die römischen Küsten von Sizilien und die italische Halbinsel sowie gegen Rom selbst unternahmen.[12] Und im weiteren Verlauf der Geschichte des Mittelmeerraumes bis hin zur Zeit der Barbareskenstaaten führte der religiöse Gegensatz zwischen Christen und Muslimen zu einer nahezu permanenten Piratengefahr auf diesem Meer, die mit einer erheblichen Professionalisierung dieses Gewerbes einherging und bei denen die Angreifer ihr Vorgehen meist nicht mehr als Raub, sondern als reguläre Kriegshandlungen, mitunter sogar als Heiligen Krieg – sei es im Sinne eines Kreuzzuges oder eines Gihad[13] – begründeten und so eine staatliche Sanktionierung respektive Instrumentalisierung erlangen konnten. Die Grenze zwischen Piraterie und kriegerischer Handlung ist in dieser Hinsicht häufig fließend und deren enge Verknüpfung mit zwischenstaatlichen Auseinandersetzungen evident. Für die Akteure zur See bot sich aufgrund der Konkurrenzsituation einzelner Seemächte untereinander immer wieder die Möglichkeit, einen rechtlichen und staatlichen Freiraum für sich zu nutzen. Darüber hinaus führt etwa die frühneuzeitliche *Piratenrunde* vor Augen, dass das Piraterie-Gewerbe nicht nur durch temporäre staatliche Legitimierung gefördert wurde, sondern sich mitunter auch aufgrund einer mehr oder weniger stillschweigenden staatlichen Tolerierung etablieren konnte.[14] Aktivitäten der *Piratenrunde* wurden nicht zuletzt deshalb von den europäischen Mächten akzeptiert, weil sie die Wirtschaftsräume zwischen dem Indischen und Atlantischen Ozean enger vernetzten. Sie vermochte dabei mit ihren Schiffverbindungen den Handel mit Sklaven oder auch Luxusgütern zwischen beiden geographischen Räumen zu intensivieren, was für einzelne beteiligte Staaten durchaus dienlich war. Diese Beispiele machen deutlich, dass die Piraterie einem Gemeinwesen, Staat oder Herrscher durchaus erhebliche Vorteile verschaffen konnte, sei es durch stillschweigende Akzeptanz, sei es in legalisierter Form als Gewaltdienstleister zur See. Ihre Akteure waren für Staaten und Herrscher der Hansezeit in dieser Hinsicht ebenso opportun, wie sie es bereits in der hellenistischen Zeit oder für frühmittelalterliche skandinavische Könige waren und heutzutage noch für Clanoberhäupter in Somalia sind. Eine staatliche Instrumentalisierung respektive fördernde Tolerierung stellt demnach nicht zuletzt ein wesentliches Charakteristikum der Piraterie von der Antike bis in die Gegenwart dar.

Im Kontext der Internationalität ist neben der Förderung von Piraterie als zweiter zentraler Aspekt freilich die Bekämpfung von Piraterie hervorzuheben. Betrachtet man in dieser Hinsicht nochmals das Beispiel der *Piratenrunde*, so konnte der Seeraub aufgrund einer eher nachlässigen staatlichen Verfolgung zu-

---

12 Siehe dazu den Beitrag des Autors in diesem Band (mit weiterer Literatur).
13 Vgl. zur Piraterie im Mittelmeerraum des frühen Mittelalters und den damit einhergehenden konfessionellen Gegensätzen Ekkehard Eickhoff: *Seekrieg und Seepolitik zwischen Islam und Abendland. Das Mittelmeer unter byzantinischer und arabischer Hegemonie (650-1040)*, Berlin 1966 sowie für die Situation im Mittelmeer der Frühen Neuzeit Bono: Piraten und Korsaren (Anm. 10) und Fontenay: La Méditerranée (Anm. 11).
14 Siehe zur *Piratenrunde* und der globalisierten Piraterie der Frühen Neuzeit oben den Beitrag von Michael Kempe (mit weiterer Literatur).

nächst florieren und wurde erst dann staatlich (konsequent) verfolgt, als das Mogulreich auf dem indischen Subkontinent den außenpolitischen Druck auf die europäischen Staaten erhöhte und Handelsmonopole infrage stellte. Um den global agierenden Piraten der *Runde* Einhalt zu gebieten, bedurfte es in dieser Situation nicht nur ausgesandter Piratenjäger und Marineeinheiten, sondern zugleich auch der Durchsetzung von Staatlichkeit an Land, indem etwa korrupten, mit Piraten kooperierenden Gouverneuren das Handwerk gelegt wurde.[15] Zwischenstaatliche Verträge, Diplomatie und eine zunehmende Vernetzung über See konnten den Raum für Piraten und Piraterie daher erheblich einengen.[16] In dieser Hinsicht schränkte beispielsweise bereits Philipp von Makedonien, Vater von Alexander dem Großen, den seeräuberischen Handlungsspielraum im östlichen Mittelmeer dadurch ein, dass der von ihm gegründete Korinthische Bund unter anderem die Bekämpfung der Piraterie durch die Mitgliedstaaten zum Gegenstand hatte. Das gemeinschaftliche Vorgehen wurde in der entsprechenden Bundesakte festgeschrieben.[17] Und als modernes Beispiel eines erfolgreichen internationalen Vorgehens gegen Seeraub ließe sich die Piraterie in der Straße von Malakka in Südostasien anführen, einem etwa 800 Kilometer langen, durch unzählige Buchten und Inseln zerklüfteten und zugleich überaus wichtigen internationalen Seeweg.[18] In diesem für die globale Handelsschifffahrt zentralen Bereich zwischen dem Indischen und Pazifischen Ozean bestand bis vor wenigen Jahren ein ausgeprägtes Piraterieproblem, das erst durch eine umfangreiche Zusammenarbeit der Anrainerstaaten Indonesien, Malaysia und Singapur sowie internationaler Unterstützung weitgehend gelöst werden konnte.[19] Ebenso wurden die ersten Fortschritte, die gegenwärtige Piraterie vor der Küste von Somalia und im Golf von Aden einzudämmen, durch eine internationale Zusammenarbeit erzielt, indem multinationale Vereinbarungen getroffen wurden und sich zahlreiche Nationen, deren Handelsflotte und Wirtschaft von diesem Problem betroffen sind, am militärischen Vorgehen beteiligten.[20]

Aus historischer Perspektive zeigt gerade das internationale Vorgehen, dass eine wirksame und häufig auch längerfristige Bekämpfung der Piraterie möglich

---

15 Dazu Michael Kempe in diesem Band S. 175f.
16 Vgl. Kempe: Fluch der Weltmeere (Anm. 10); James Kraska: *Contemporary maritime piracy. International law, strategy, and diplomacy at sea*, Santa Barbara 2011.
17 Siehe dazu die Ausführungen von Burkhard Meißner in diesem Band.
18 Anja Bodenmüller/Howard Loewen: *Die Straße von Malakka*, in: Stefan Mair (Hg.): Piraterie und maritime Sicherheit. Fallstudien zu Afrika, Südostasien und Lateinamerika sowie Beiträge zu politischen, militärischen, rechtlichen und ökonomischen Aspekten, Berlin 2010, S. 46-53.
19 Zum Problem der Piraterie in der Straße von Malakka vgl. Peter Chalk: *Grey-area phenomena in Southeast Asia. Piracy, drug trafficking and political terrorism*, Canberra 1997; Michael Stehr: *Piraterie und Terror auf See. Nicht-Staatliche Gewalt auf den Weltmeeren 1990 bis 2004*, Berlin 2004; Graham G. Ong-Webb (Hg.): Piracy, maritime terrorism and securing the Malacca Straits, Singapur 2006; Adam J. Young: *Contemporary maritime piracy in Southeast Asia. History, causes and remedies*, Singapur 2007; Georg Mischuk: *Piraterie in Südostasien. Eine Analyse der beteiligten politischen Akteure sowie der Bedrohung für die kommerzielle Schifffahrt*, Euskirchen 2009.
20 Siehe dazu die Resolution n. 1838 des UN-Sicherheitsrates.

ist. Zwischenstaatliche Rivalitäten und kriegerische Auseinandersetzungen boten hingegen immer wieder die Möglichkeit, auf Piraten als eine Mobilisierungsreserve zurückzugreifen, und ließen wie oben angeführt zugleich sehr häufig günstige Entfaltungsmöglichkeiten für den Seeraub entstehen. Die Ursache von Piraterie ist dabei zumeist nicht eine fehlende oder nur gering ausgeprägte Staatlichkeit eines sogenannten *failed state*. Es ist allem voran der Anreiz und die Aussicht auf eine schnell zu erzielende, nicht unerhebliche Beute verbunden mit der Möglichkeit des sicheren Rückzuges, um vom Geschädigten nicht oder nur schwer erreicht werden zu können – sei es in unbekannte oder nur schwer zu überschauende Gewässer, sei es innerhalb der Grenzen eines die Piraterie tolerierenden Staates. Dies gilt freilich für Übergriffe auf See ebenso wie für Übergriffe von See gegen einzelne Küstenabschnitte. Das Moment der Überraschung verschafft in beiden Fällen die Möglichkeit, gegen mitunter stärkere, im unorganisierten Zustand aber zumeist doch unterlegene *Gegner* vorzugehen. Eine fehlende oder nur bedingt ausgeprägte Staatlichkeit bietet für derartige Bestrebungen eine sehr gute, jedoch zugleich nicht die einzige oder sogar notwendige Voraussetzung.

Das bereits von Thukydides angeführte Gewinnstreben zieht sich demnach als *roter Faden* durch die epochenübergreifende Piraterie. So waren Homers Piraten an leichtem und schnellem Gewinn ebenso interessiert, wie es die Piraten in der hellenistischen Zeit waren. Das Bestreben der wikingischen Seeräuber sowohl im Kreise einer kleinen lokalen Gesellschaft als auch später im Kontext einer gestärkten Königsherrschaft zielte gleichmaßen auf einen solchen Gewinn ab, wie es die Piraten der Hansezeit zu ihrem Vorgehen motivierte. Und sowohl die Piraterie der Barbareskenstaaten als auch diejenige des *Goldenen Zeitalters* trieb trotz der jeweils unterschiedlichen Rahmenbedingungen und historischen Konstellationen offenbar der Anreiz auf Gewinn ursächlich an. Moderne Piraten in der Straße von Malakka, vor Somalia oder wie nunmehr auch verstärkt im Golf von Guinea vor Westafrika setzen diese Reihe fort.[21] Sie bemächtigen sich der an ihnen vorbeiziehenden Güter eines globalisierten Handels und nutzen dabei den rechts- beziehungsweise kontrollfreien Raum in ihrer Umgebung. Nach eigenem Gewinn suchend, stören sie den seinerseits nach Gewinn strebenden, jedoch unter staatlicher Fürsorge stehenden Handel. Zwischenstaatliche Auseinandersetzungen, wie oben ausgeführt, vermochten dabei die Grenzen zwischen Recht und Unrecht zu verschieben und die Seeräuberei mitunter sogar erheblich zu befördern – „Krieg, Handel, Piraterie" wie im eingangs angeführten Faustschen Sinne.

Die aus historischer Perspektive anscheinend erfolgreichste Absicherung gegen piratische Übergriffe resultierte, so mag man insgesamt urteilen, aus diplomatischen Aktivitäten und zwischenstaatlichen Vereinbarungen mit dem Ziel, Handlungsspielräume und Möglichkeiten der Seeräuber langfristig und weiträumig einzuschränken. Im vorliegenden Band ist dies etwa für die *Piratenrunde*, die Barbaresken oder das klassische Altertum angeführt worden. Im Fall der Piraterie

---

21 Vgl. dazu Marin N. Murphy: *Small boats, weak states, dirty money. Piracy and maritime terrorism in the modern world*, London 2009; Mair: Piraterie und maritime Sicherheit (Anm. 18).

in der Straße von Malakka oder vor der Küste von Somalia kann diese Form der zwischenstaatlichen Pirateriebekämpfung mit den rechtlichen, ökonomischen oder auch militärischen Implikationen sowie der einhergehenden Internationalität des Problems anhand jüngster, zeitgenössischer Beispiele detailliert nachvollzogen werden.[22]

Heutzutage dominieren moderne rechtsstaatliche Vorstellungen die Diskussion über den Umgang mit und die Sichtweise von Piraterie. Bereits das kaiserzeitliche Rom stellte in dieser Hinsicht klare rechtliche Kategorien auf und stigmatisierte den Seeraub und die ihn Ausübenden als illegal.[23] Dennoch prosperierte dieses Gewerbe in den folgenden Jahrhunderten wieder ganz erheblich, und Roms Sichtweise und Kategorisierung sowie die zahlreichen Piraterieerfahrungen in der vorangehenden Antike fielen zunächst überwiegend der Vergessenheit anheim. Eine sich global immer stärker ausprägende Staatlichkeit, die freilich die Pirateriproblematik in den einzelnen Regionen zeitweise durchaus noch erheblich verstärkte, und eine zusammenwachsende Staatengemeinschaft mit Rechtssystemen, die über viele Jahre in einzelnen Staaten etabliert, modifiziert und vor allem allgemein akzeptiert wurden, konnten – so wird man epochenübergreifend urteilen dürfen – der Piraterie mit zunehmendem Erfolg entgegenwirken. Globale Vernetzung und die weltweite Etablierung von staatlichen Strukturen lassen für Piraterie heutzutage nur noch wenige Seegebiete übrig, in denen sie sich entfalten kann,[24] wenngleich der Güter- und Schiffsverkehr auf den Weltmeeren heutzutage größer ist als jemals zuvor.[25] Im Mittelmeer und im nördlichen Atlantik spielt sie im Vergleich zu früheren Jahrhunderten beispielsweise seit längerer Zeit keine Rolle mehr. *Failed states* wie Somalia oder eine nur sehr nachlässige Berücksichtigung staatlicher Hoheitsaufgaben wie im Bereich der Straße von Malakka bieten der Piraterie dennoch weltweit immer wieder Ausbreitungsbedingungen, die in frühe-

---

22 Vgl. hierzu die Beiträge von Andreas von Arnauld, Stefan Bayer, Lutz Feldt und Dirk Max Johns im vorliegenden Band. Siehe weiterhin Mair: Piraterie und maritime Sicherheit (Anm. 18); Derek Johnson/Mark Valencia (Hg.): *Piracy in Southeast Asia. Status, issues, and responses*, Singapur 2005; Michael Stehr: *Piraterie am Horn von Afrika. Bedrohung der zivilen Seeschifffahrt vor Somalia 2005-2010*, Berlin 2010; James A. Wombwell: *The long war against piracy: historical trends*, Fort Leavenworth 2010; Kraska: Contemporary maritime piracy (Anm. 16); Robin Geiß/Anna Petrig: *Piracy and armed robbery at sea. The legal framework for counterpiracy operations in Somalia and the Gulf of Aden*, Oxford 2011; Hella Engerer/Max Gössler: *Piraterie und maritimer Terrorismus aus der Sicht deutscher Reeder. Ergebnisse einer Befragung* (Arbeitspapiere zur Maritimen Sicherheit 11), Hamburg 2011.
23 Siehe dazu die Ausführungen von Philip De Souza in diesem Band (mit weiteren Verweisen).
24 Zu den weltweit registrierten Piraterieübergriffen vgl. etwa die Kartierung aktueller Piraterie auf den Weltmeeren durch das International Maritime Bureau (IMB) der Internationalen Handelskammer (International Chamber Of Commerce) unter www.icc-ccs.org/piracy-reporting-centre/imb-live-piracy-map.
25 Aus historischer Perspektive sind seit jüngster Zeit als neue Zielgruppe für Piraten auch solche Personen hinzugekommen, die in ihrer Freizeit zur See fahren, wie Touristen auf Kreuzfahrtschiffen, Sport- oder Yachtsegler – ein Aspekt, der zuletzt auch bei der Piraterie vor Somalia eine immer größere Bedeutung bekommen hat. Da Piraterie in einem nicht unerheblichen Maße zum Zwecke der Lösegeldforderung eingesetzt wurde und wird, stellen solche Personen zukünftig eine nicht unerhebliche Zielgruppe dar.

ren Epochen weitaus vielfältiger anzutreffen waren, und zeigen zugleich, dass auch zukünftig notwendige Freiräume und Ausbreitungsbedingungen für Piraterie bestehen werden, wenn eine internationale Gemeinschaft nicht die notwendigen Anstrengungen zu deren Eindämmung und Bekämpfung unternimmt. Der Anreiz und die Aussicht auf eine schnell zu erzielende, zumeist nicht unerhebliche Beute – als notwendige Voraussetzungen für Piraterie – dürften jedenfalls bestehen bleiben, betrachtet man die auch in Zukunft auf See zu transportierenden Handelsgüter und deren Bedeutung für eine immer weiter *globalisierte* Welt.

## ANLAGE

*Patent, betreffend die Kaperfahrt, für die Herzogthümer Schleswig und Holstein. Patent angaae de Kaperfarten for Hertugdømmerne Slesvig og Holstein. Friederichsberg Schloß, den 27sten August 1813. Kopenhagen 1813, in: Landesarchiv Schleswig-Holstein, Abt. 127.3, Nr. 796 III, 617-620.*

# Patent,
### betreffend
# die Kaperfahrt,
### für die Herzogthümer Schleswig und Holstein.

# Patent
### angaaende
# Kaperfarten,
### for Hertugdømmerne Slesvig og Holstein.

Friederichsberg Schloß, den 27sten August 1813.

## Kopenhagen.
### Gedruckt bei dem Director Johann Friderich Schultz,
### Sr. Königl. Majestät und der Universität Buchdrucker.

**Wir Frederik der Sechste,** von Gottes Gnaden König zu Dännemark, Norwegen, der Wenden und Gothen, Herzog zu Schleswig, Holstein, Stormarn und der Dithmarschen, wie auch zu Oldenburg rc. rc. Thun kund hiemit: Da Wir den Umständen nach zu beschließen Uns bewogen gefunden haben, daß die Kaperfahrt wieder in Wirksamkeit treten solle; so wollen Wir allergnädigst, daß Unser Reglement für die Kaperfahrt und Prisenbehandlung vom 28sten März 1810, nebst dem Anhange vom 27sten August 1810, so wie auch die übrigen später erlassenen Anordnungen, welche diesen Gegenstand betreffen, völlige Gültigkeit haben sollen, jedoch unter folgenden näheren Bestimmungen:

**1.**

Die in Unserm vorerwähnten Reglement und insbesondere in den §§. 3, 6, 8, 11 und 34 desselben festgesetzten Bestimmungen, in Ansehung großbrittannischer Schiffe und Häfen rc., sollen auf alle feindliche Schiffe und Häfen Anwendung finden.

**Vi Frederik den Siette,** af Guds Naade Konge til Danmark og Norge, de Venders og Gothers, Hertug til Slesvig, Holsten, Stormarn, Ditmarsken og Oldenborg rc. rc. Giøre vitterligt: Da Vi, efter Omstændighederne have besluttet, at Kaperfarten igien skal sættes i Virksomhed, saa ville Vi allernaadigst, at Vort Reglement for Kaperfarten og Prisernes Behandling, dateret 28de Marts 1810, og Tillægget til samme, dateret 27de August 1810, tilligemed Vore øvrige, angaaende denne Gienstand, senere udgivne allerhøieste Anordninger, fremdeles skulle være fuldkommen gieldende, dog under følgende nærmere Bestemmelser:

**1.**

De, i bemeldte Vort Reglement og i Særdeleshed under §§. 3, 6, 8, 11 og 34 givne Bestemmelser, angaaende storbrittanniske Skibe og Havne, m. v, skulle være anvendelige paa alle fiendtlige Skibe og Havne m. v.

2.

Die von Unserm Statthalter in Norwegen, in Folge der demselben von Uns ertheilten allerhöchsten Authorisation, ausgestellten Kaperbriefe sollen dieselbe Gültigkeit haben, wie diejenigen, welche von Unserm Admiralitäts- und Commissariats-Collegio ausgestellt werden.

2.

De af Vor Statholder i Norge, i Følge Vor allerhøieste Bemyndigelse, udstædte Kaperbreve, skulle være saa gyldige, som de der udstædes igiennem Vort Admiralitets- og Commissariats-Collegium.

3.

Die in dem §. 4 Unsers mehrerwähnten Reglements vom 28sten März 1810 vorgeschriebene Caution wird hiedurch auf eine Summe von 500 Rbthlr. in Silber bis 8000 Rbthlr. in Silber festgesetzt. Bei Bestimmung der Cautionssumme werden für jeden Mann der Besatzung, statt der bisher bestimmten Summe von 100 Rthlr. Schleswig-Holst. Courant, gegenwärtig 50 Rbthlr. in Silber zu berechnen seyn.

3. -

Den i §. 4 af Vores forbemeldte Reglement af 28 Marts 1810 foreskrevne Caution bliver herved fastsat til en Summa fra 500 Rbdr. i Sølv til 8000 Rbdr. i Sølv. Ved Bestemmelsen af Cautionssummen bliver der nu for hver Mand af Besætningen at beregne 50 Rbdr. i Sølv istedet for den hidtil bestemte Summa af 100 Rdlr. Schl. Holst. Courant.

4.

Die im §. 7 des Reglements enthaltenen Bestimmungen, wodurch es verboten ist, Kaperei im Oeresund an

4.

Hvad der i Reglementets §. 7 er bestemt i Henseende til at Kaperie et maae an der Schwedischen Küste zu treiben, werden hiedurch aufgehoben.

maae drives under de svenske Kyster ved Øresund, ophæves herved.

5.

Gegen Schiffe, welche rechtmäßig unter dänischer Flagge fahren, und welche beweislich dänisches Eigenthum sind, kann keine Aufbringungssache anhängig gemacht werden. Aber wenn ein Kaperführer, unter besondern Umständen, sich für befugt halten sollte, ein solches dänisches Schiff oder Fahrzeug wegen gesetzwidrigen Handels und Benehmens anzuhalten; so soll in dieser Hinsicht nur bei dem Gerichte, welches an dem Orte, wo das angehaltene Schiff eingebracht worden, in See- und Schiffahrtssachen competent ist, Klage erhoben werden können, in welchem Falle dann der Kaperführer als Denunciant zu betrachten ist. Eben so wenig soll eine Prisensache gegen ein solches Schiff oder Fahrzeug anhängig gemacht werden können, welches, mit gehörigen Zollclarirungen versehen, von einem Orte in Unsern Reichen und Landen nach dem andern fährt.

5.

Mod Skib, som rettelig farer under dansk Flag, og beviisligen er dansk Eiendom, kan ingen Prisesag reises; men naar en Kaperfører under særdeles Omstændigheder maatte finde sig beføiet til at anholde et saadant dansk Skib eller Fartøi for ulovlig Handel og Omgang, da skal Sag mod samme alene kunne reises ved den Domstol, som paa det Sted, hvortil det anholdte Skib opbringes, er competent til at paakiende Søe- og Skibsfarts-Sager; og bliver i saa Fald Kaperføreren at betragte som Angiver. Ligesaalidet maae nogen Prisesag reises mod Skib eller Fartøi, som forsynet med tilbørlig Toldclarering farer fra et mellemrigsk eller indenrigsk Sted i Vore Riger og Lande til et andet.

#### 6.

Es wird hieburch ausdrücklich eingeschärft und wiederholt, daß die Instructionen und Befehle, welche Wir durch Unser Admiralitäts- und Commissariats-Collegium den Kaperführern mittheilen lassen, in Folge des §. 2 des Reglements vom 28sten März 1810, immer als ein besonderes Gesetz für die Kaperfahrt anzusehen sind, dessen alleruntertänigste Befolgung und Nachachtung sowohl den Kaperführern als auch den Kaperrhedern in Rücksicht alles dessen obliegt, was nicht nur die Anhaltung, sondern auch die Freigabe der Schiffe, sowohl im Allgemeinen, als auch in den besondern Fällen, betrifft, in welchen Wir durch besondere allerhöchste Resolutionen die Entscheidung zu fällen Uns allergnädigst bewogen finden sollten.

Wornach alle, die es angeht, sich alleruntertänigst zu achten haben.

#### 6.

Det indskiærpes og gientages herved udtrykkeligen, at de Instructioner og Befalinger, som Vi, igiennem Vort Admiralitets- og Commissariats-Collegium lade Kaperførerne meddele, blive, i Følge Reglementets § 2 i alle Tilfælde at ansee, som særdeles Anordninger for Kaperfarten, hvis allerunderdanigste Efterlevelse og Iagttagelse paaligger saavel Kaperførerne, som Kaperrhederne, i alt hvad der angaaer, ikke allene Skibes Anholdelse, men og deres Frigivelse, saavel i Almindelighed, som i de enkelte Tilfælde, hvor Vi maatte finde for godt allernaadigst at afgiøre Sagen ved allerhøieste Resolution.

Hvorefter de Vedkommende sig allerunderdanigst have at rett-

| Urkundlich unter Unserm Königlichen Handzeichen und vorgedruckten Insiegel. | Under Vor Kongelige Haand og Segl. |
| --- | --- |
| Gegeben auf Unserm Schlosse Friederichsberg, den 27sten Aug. 1813. | Givet paa Vort Slot Frederiksberg, den 27de August 1813. |

## FREDERIK R.

Mösting.

Jensen.    Rothe.

## AUTORENVERZEICHNIS

*Andreas von Arnauld*, Professor Dr., studierte Rechtswissenschaften in Hamburg und Bonn und war Wissenschaftlicher Mitarbeiter und Assistent am Fachbereich Rechtswissenschaften der Universität Hamburg sowie der Freien Universität Berlin, seit 2007 ist er Professor für Öffentliches Recht, insbesondere Völker- und Europarecht an der Helmut-Schmidt-Universität/Universität der Bundeswehr in Hamburg. Seine Forschungsschwerpunkte sind u.a.: Deutsches und Europäisches Verfassungsrecht, Internationaler Menschenrechtsschutz, Friedenssicherung und friedliche Streitbeilegung, Europäische Rechtsvergleichung, Recht und Literatur sowie Judicial Governance. Veröffentlichungen in Auswahl: Die Freiheitsrechte und ihre Schranken, Baden-Baden 1999; Völkerrecht. Klausurfälle und Lösungen, Tübingen 2005; Rechtssicherheit. Perspektivische Annäherungen an eine *idée directrice* des Rechts, Tübingen 2006; Völkerrecht. Lehrbuch, Heidelberg 2011.

*Stefan Bayer*, Privatdozent Dr., studierte Volkswirtschaftslehre in Tübingen und war Wissenschaftlicher Assistent am Lehrstuhl für Finanzwissenschaft und Umweltpolitik, seit 2004 ist er Dozent für Ökonomie/Ökologie im Fachbereich Sozialwissenschaften an der Führungsakademie der Bundeswehr in Hamburg. Seine Forschungsschwerpunkte sind u.a. Umweltökonomie, Finanzwissenschaft und Anwendung theoretischer Erkenntnisse und Methoden auf die Bundeswehr. Veröffentlichungen in Auswahl: Intergenerationelle Diskontierung am Beispiel des Klimaschutzes, Marburg 2000; Einführung in die Finanzwissenschaft. Grundfunktionen des Fiskus, München/Wien 2003; Die Ordnung von Reformen und die Reform von Ordnungen: Facetten politischer Ökonomie, Marburg 2008.

*Robert Bohn*, Professor Dr., studierte Mittlere und Neuere Geschichte, Osteuropäische Geschichte, Kunstgeschichte, Nordistik und Philosophie in Kiel, Brno, Uppsala und Stockholm, er ist seit 1980 Wissenschaftlicher Mitarbeiter beziehungsweise Oberassistent am Historischen Seminar der Universität Kiel, seit 2001 ist er Direktor des Instituts für Schleswig-Holsteinische Zeit- und Regionalgeschichte sowie Professor für Mittlere und Neuere Geschichte an der Universität Flensburg. Seine Forschungsschwerpunkte sind u.a.: Geschichte Schleswig-Holsteins, Nordeuropas und des Ostseeraums, Nordeuropa im Zeitalter der Weltkriege und Seefahrtgeschichte. Veröffentlichungen in Auswahl: Reichskommissariat Norwegen. Nationalsozialistische Neuordnung und Kriegswirtschaft, München 2000; Dänische Geschichte, München 2001; Die Piraten, München 2003; Geschichte Schleswig-Holsteins, München 2006.

*Detlef Ellmers*, Dr., studierte Germanistik, Vor- und Frühgeschichte sowie Kunstgeschichte in Tübingen, München und Kiel, war Mitbegründer des Deutschen Schifffahrtsmuseums in Bremerhaven, das er 31 Jahre bis 2002 als Geschäftsführender Direktor leitete. Seine Forschungsschwerpunkte sind u.a.: Schifffahrtsarchäologie, Schiffsbautechniken und Wikinger. Veröffentlichungen in Auswahl: Frühmittelalterliche Handelsschiffahrt in Mittel- und Nordeuropa, 2. Aufl., Neumünster 1984; Maritimes Silber im Industriezeitalter: Glanzlichter im Alltag der Schiffahrt, Hamburg 1989; Mit Seekiste und Bettzeug an Bord: das Reisegepäck der Seefahrenden vom Mittelalter bis zum frühen 20. Jahrhundert, in: Hansische Geschichtsblätter 127 (2009), S. 1-52.

*Lutz Feldt*, Vizeadmiral a. D. der Marine, kam 1965 zur Bundesmarine und schlug die Offizierslaufbahn ein. Er studierte an der Führungsakademie der Bundeswehr in Hamburg und wurde Erster Offizier auf der Fregatte Braunschweig, später Kommandant des Zerstörers Hessen. Nach der Wiedervereinigung war er als Referatsleiter im Bundesverteidigungsministerium zuständig für die Soldaten der Nationalen Volksarmee. 2000 wurde er als Vizeadmiral zum Befehlshaber der Flotte ernannt und einige Jahre später zum Generalinspekteur der Marine. Seit 2007 leitet er das Deutsche Marine Institut und ist gegenwärtig Berater der Europäischen Union in Fragen der Sicherheit der Verkehrswege. Veröffentlichungen u.a.: Seesicherheit ist ein politisches kein juristisches Thema, in: globalsecurity (2.2008), S. 52-53; Wirtschaftliche Prosperität und maritime Sicherheit, in: Schifffahrt und Häfen (5.2009), S. 18-19; Maritime Surveillance in Support of CSDP. The Wise Pen Team Final Report, 2010.

*Belachew Gebrewold*, Privatdozent Dr., studierte Philosophie, Katholische Theologie und Politikwissenschaft in Addis Abeba, Innsbruck und Hamburg, seit 2002 ist er Dozent beziehungsweise Gastprofessor für Internationale Beziehungen an den Universitäten Innsbruck, München, Salzburg, Frankfurt/M., New Orleans, Notre Dame und Hamburg sowie seit 2008 Dozent an der Helmut-Schmidt-Universität/Universität der Bundeswehr Hamburg am Lehrstuhl für Auswärtige und Internationale Politik Osteuropäischer Staaten. Seine Forschungsschwerpunkte sind u.a.: Politik, Konflikte und Gewalt in Afrika, Europäisch-Afrikanische Beziehungen, Afrika im Internationalen Sicherheitssystem. Veröffentlichungen in Auswahl: The Impact of the Socio-Cultural Structures of the Kambata/Ethiopia on their Economic Development, Wien 2002; Anatomy of Violence: Understanding the systems of conflict and violence in Africa, Aldershot 2010; Defining Genocide as Epistemological Violence, in: Journal of Peace Review 20 (2008), S. 92-99.

*Volker Grieb*, Dr., studierte Geophysik, Geschichte und Klassische Archäologie in Köln, Nikosia/Zypern und Hamburg, wo er 2006 mit einer Arbeit zu demokratischen Verfassungen von Stadtstaaten in hellenistischer Zeit promoviert wurde, seit 2007 ist er Wissenschaftlicher Mitarbeiter an der Professur für Alte Geschichte an der Helmut-Schmidt-Universität/Universität der Bundeswehr Hamburg. Seine Forschungsschwerpunkte sind Antike Verfassungsgeschichte, Römisches Städtewesen sowie Seefahrts- und Seekriegsgeschichte der Antike. Veröffentlichungen in Auswahl: Hellenistische Demokratie. Politische Organisation und Struktur in freien griechischen Poleis nach Alexander dem Großen, Stuttgart 2008.

*Dirk Max Johns* studierte Archäologie und Kunstgeschichte in Montpellier, arbeitete zunächst als freier Journalist in Johannesburg/Südafrika. In Leuven absolvierte er seinen MBA und baute beim ZDF seit 1996 den Online-Bereich auf, den er als Hauptredakteur leitete. Zudem war er Gründer und Geschäftsführer der ZDF-Tochter newmedia. 2002 wechselte er zur European Broadcasting Union nach Genf, seit 2005 ist er Leiter Kommunikation des Verbandes Deutscher Reeder.

*Michael Kempe*, Privatdozent Dr., studierte Geschichte und Philosophie in Konstanz und am Trinity College, von 1996 bis 2001 war er Wissenschaftlicher Mitarbeiter im Sonderforschungsbereich „Literatur und Anthropologie" in Konstanz, danach am Max-Planck-Institut für Europäische Geschichte in Frankfurt/M. beziehungsweise Assistent am Lehrstuhl für Allgemeine Geschichte in St. Gallen, ab 2009 Wissenschaftlicher Koordinator des Exzellenzclusters „Zeitkulturen"; seit 2011 ist er Leiter der Leibniz-Forschungsstelle in Hannover. Seine Forschungsschwerpunkte sind u.a.: Geschichte der Internationalen Beziehungen und des Völkerrechts in der Frühen Neuzeit, Geschichte der Piraterie, Wissenschaftsgeschichte, Zeit- und Zufallstheorien. Veröffentlichungen in Auswahl: Wissenschaft, Theologie und Aufklärung. Johann Jakob Scheuchzer (1672-1733) und die Sintfluttheorie, Epfendorf 2003; Fluch der Weltmeere. Piraterie, Völkerrecht und Internationale Beziehungen. 1500-1900, Frankfurt/M./New York 2010; Der Anfang eines Mythos. Zum grotianischen Natur- und Völkerrecht in der europäischen Aufklärung, in: Norbert Konegen/Peter Nitschke (Hg.): Staat bei Hugo Grotius, Baden-Baden 2005, S. 139-157.

*Johannes Marbach*, Dr., studierte Rechtswissenschaft in Göttingen und arbeitete während seines Studiums in der Herzog-August-Bibliothek Wolfenbüttel, danach als Wissenschaftliche Hilfskraft beziehungsweise Assistent in der Abteilung für Deutsche Rechtsgeschichte des Juristischen Seminars der Universität Göttingen. In Konstanz erwarb er ab 1977 die praktische Ausbildung für den Höheren Bibliotheksdienst sowie in Köln die theoretische. Seit 1979 ist er Mitarbeiter der Universitätsbibliothek der Helmut-Schmidt-Universität/Universität der Bundeswehr, zunächst als Fachreferent u.a. für Geschichte, von 1993 bis 2010 als Bibliotheksdirektor. Seine Forschungsschwerpunkte sind u.a.: Die Bibliothek im Wandel, mit modernen serviceorientierten Leistungen, das alte Buch und Piraterie. Veröffentlichungen in Auswahl: Strafrechtspflege in den hessischen Städten an der Werra am Ausgang des Mittelalters, München 1980; Bibliothekare in Israel: Eindrücke von einer Studienreise, Hamburg 1985; Helmut-Schmidt-Bibliographie als Herausgeber.

*Burkhard Meißner*, Professor Dr., studierte Geschichte, Philosophie, Slavistik, Gräzistik und Klassische Archäologie in Kiel, Tübingen, Oxford und Heidelberg, seit 1989 war er Wissenschaftlicher Mitarbeiter beziehungsweise Assistent an den Universitäten in Darmstadt, Erlangen und Halle-Wittenberg am Lehrstuhl für Alte Geschichte sowie Leiter der Papyrus- und Münzsammlung. Seit 2004 ist er Professor für Alte Geschichte an der Helmut-Schmidt-Universität/Universität der

Bundeswehr Hamburg. Veröffentlichungen in Auswahl: Historiker zwischen Polis und Königshof. Studien zur Stellung der Geschichtsschreiber in der griechischen Gesellschaft in spätklassischer und frühhellenistischer Zeit, Göttingen 1992; Die technische Fachliteratur der Antike: Struktur, Überlieferung und Wirkung technischen Wissens in der Antike (ca. 400 v. Chr.-ca. 500 n. Chr.), Berlin 1999; Hellenismus, Darmstadt 2007.

*Sünje Prühlen*, Dr., studierte Geschichtswissenschaft und Politische Wissenschaften an der Universität Hamburg sowie Gesundheits- und Sozialeinrichtungenmanagement an der TU Kaiserslautern und der Universität Witten Herdecke. Von 2004 bis 2009 war sie Wissenschaftliche Mitarbeiterin am Lehrstuhl für mittelalterliche Geschichte der Helmut-Schmidt-Universität/Universität der Bundeswehr und baute in Zusammenarbeit mit dem Institut für Geschichte der Medizin der Robert Bosch Stiftung die Geschichte der Krankenpflege in Deutschland auf. Seit 2009 ist sie Dozentin an der Albertinen-Schule Hamburg und der Hochschule für Angewandte Wissenschaften Hamburg. Ihre Forschungsschwerpunkte sind u.a.: Geschichte der Kindheit und der Säugammen, Risikomanagement in der Pflege. Veröffentlichungen in Auswahl: „alse sunst hir gebruchlich is": eine Annäherung an das spätmittelalterliche und frühneuzeitliche Alltags- und Familienleben anhand der Selbstzeugnisse der Familien Brandis in Hildesheim und Moller in Hamburg, Bochum 2005; Heinrich Moller: ein unbescholtener Hamburger Bürger oder ein verdächtiger Theologieprofessor, Leiden 2007.

*Stephan Selzer*, Professor Dr., studierte Mittlere und Neuere Geschichte, Ur- und Frühgeschichte, Archäologie, Volkskunde und Politologie in Kiel. Seit 1992 war er zunächst Wissenschaftliche Hilfskraft im DFG-Forschungsprojekt „Hanse und Flandern", später am Historischen Institut der Universität Greifswald, seit 2000 war er Wissenschaftlicher Assistent an der Professur für Mittelalterliche Geschichte der Universität Halle-Wittenberg. Seit 2008 ist er Professor für Mittelalterliche Geschichte an der Helmut-Schmidt-Universität/Universität der Bundeswehr in Hamburg. Seine Forschungsschwerpunkte sind u.a.: Krieg und Gesellschaft im mittelalterlichen Europa, Städtisches und adeliges Wirtschaften sowie Zeichen, Symbole und Farben. Veröffentlichungen in Auswahl: Artushöfe im Ostseeraum. Ritterlich-Höfische Kultur in den Städten des Preußenlandes im 14. und 15. Jahrhundert, Frankfurt/M. 1996; Deutsche Söldner im Italien des Trecento, Tübingen 2001; Die mittelalterliche Hanse, Darmstadt 2010; Blau: Ökonomie einer Farbe im spätmittelalterlichen Reich, Stuttgart 2010.

*Philip de Souza*, Dr., studierte Alte und Mittelalterliche Geschichte am Royal Holloway College, University of London, und schloss dort als PhD mit einer Arbeit über die Piraterie in der Antike 1992 ab. Seit 1989 war er Research Scholar in Ancient History der Universität in Leicester, dann Lecturer und Senior Lecturer im St. Mary's College/Strawberry Hill. Seit 2002 ist er Lecturer in der School of Classics in Dublin, University College. Seine Forschungsschwerpunkte sind u.a.: Krieg, Kriegführung und Gesellschaft in der Antike, Maritime Kriegführung und

Seefahrt in der Antike. Veröffentlichungen in Auswahl: Piracy in the Graeco-Roman World, Cambridge 1999; Seefahrt und Zivilisation, Hamburg 2003; The Peloponnesian War 431-404 BC., Oxford 2002; The Greek and Persian Wars 499-386 BC., Oxford 2003; Die Beherrschung der Meere. Wie die Seefahrt die Menschheitsgeschichte prägte, München 2006.

*Volker Stümke*, Professor Dr., studierte Evangelische Theologie und Philosophie in Hamburg, Tübingen und München, war als Lehrbeauftragter für Systematische Theologie an der Universität Hamburg tätig und ist seit 1998 Dozent für evangelische Sozialethik an der Führungsakademie der Bundeswehr in Hamburg. Seine Forschungsschwerpunkte sind u.a.: Die politische Ethik Martin Luthers, Eschatologie und Ethik sowie anthropologische Prämissen der Ethik. Veröffentlichungen in Auswahl: Die positive Christologie Christian Hermann Weißes. Eine Untersuchung zur Hinwendung der Christologie zur Frage nach dem historischen Jesus als Antwort auf das „Leben Jesu" von David Friedrich Strauß, Frankfurt/M. 1992; Der Kosovokrieg als Anwendungsfall einer Politischen Ethik für das 21. Jahrhundert, Bremen 2000; Das Friedensverständnis Martin Luthers. Grundlagen und Anwendungsbereiche seiner politischen Ethik, Stuttgart 2007; Überlegungen zur gegenwärtigen Folterdebatte, Hamburg 2007.

*Sabine Todt*, Dr., studierte Sozial- und Wirtschaftsgeschichte, Rechtswissenschaft, Kirchengeschichte und Politische Wissenschaft in Passau und Hamburg, war seit 2001 Wissenschaftliche Mitarbeiterin, später Lehrbeauftragte am Institut für Sozial- und Wirtschaftsgeschichte der Universität Hamburg und ist seit 2007 Wissenschaftliche Hilfskraft bzw. Mitarbeiterin am Lehrstuhl Frühe Neuzeit an der Helmut-Schmidt-Universität/Universität der Bundewehr Hamburg. Ihre Forschungsschwerpunkte sind u.a.: Geschichtstheorie, Körpergeschichte, Transatlantische Handelsgeschichte, Bankengeschichte. Veröffentlichungen in Auswahl: Kleruskritik, Frömmigkeit und Reformation in Worms im Mittelalter und in der Reformation, Stuttgart 2005; Linguistic turn, in: Geschichte. Ein Grundkurs, hrsg.v. H.-J. Goertz, 3. Aufl., Reinbek 2007, S. 178-198; Onanisten, Lymphgefäßmann und Anatomische Venus. Körperkonstruktionen im 18. und frühen 19. Jahrhundert, in: HMRG 21 (2008), S. 130-152.

**HISTORISCHE MITTEILUNGEN — BEIHEFTE**

Im Auftrage der Ranke-Gesellschaft, Vereinigung für Geschichte im öffentlichen Leben e. V. herausgegeben von Jürgen Elvert.
Wissenschaftlicher Beirat: Winfried Baumgart, Eckart Conze, Heinz Duchhardt, Beatrice Heuser, Jan Kusber, Bea Lundt, Wolfram Pyta, Wolfgang Schmale.

Franz Steiner Verlag    ISSN 0939-5385

33. Karl J. Mayer
**Zwischen Krise und Krieg**
Frankreich in der Außenwirtschaftspolitik der USA zwischen Weltwirtschaftskrise und Zweitem Weltkrieg
1999. XVI, 274 S., kt.
ISBN 978-3-515-07373-8

34. Brigit Aschmann
**„Treue Freunde"?**
Westdeutschland und Spanien 1945–1963
1999. 502 S. mit 3 Tab., geb.
ISBN 978-3-515-07579-4

35. Jürgen Elvert
**Mitteleuropa!**
Deutsche Pläne zur europäischen Neuordnung (1918–1945)
1999. 448 S., geb.
ISBN 978-3-515-07641-8

36. Michael Salewski (Hg.)
**Was wäre wenn**
Alternativ- und Parallelgeschichte: Brücken zwischen Phantasie und Wirklichkeit
1999. 171 S. mit 1 Kte., kt.
ISBN 978-3-515-07588-6

37. Michael F. Scholz
**Skandinavische Erfahrungen erwünscht?**
Nachexil und Remigration
2000. 416 S., geb.
ISBN 978-3-515-07651-7

38. Gunda Stöber
**Pressepolitik als Notwendigkeit**
Zum Verhältnis von Staat und Öffentlichkeit im Wilhelminischen Deutschland 1890–1914
2000. 304 S., kt.
ISBN 978-3-515-07521-3

39. Andreas Kloevekorn
**Die irische Verfassung von 1937**
2000. 199 S., kt.
ISBN 978-3-515-07708-8

40. Birgit Aschmann / Michael Salewski (Hg.)
**Das Bild „des Anderen"**
Politische Wahrnehmung im 19. und 20. Jahrhundert
2000. 234 S., kt.
ISBN 978-3-515-07715-6

41. Winfried Mönch
**Entscheidungsschlacht „Invasion" 1944?**
Prognosen und Diagnosen
2001. 276 S., kt.
ISBN 978-3-515-07884-9

42. Hans-Heinrich Nolte (Hg.)
**Innere Peripherien in Ost und West**
2001. 188 S., kt.
ISBN 978-3-515-07972-3

43. Peter Winzen
**Das Kaiserreich am Abgrund**
Die Daily-Telegraph-Affäre und das Hale-Interview von 1908. Darstellung und Dokumentation
2002. 369 S., geb.
ISBN 978-3-515-08024-8

44. Fritz Kieffer
**Judenverfolgung in Deutschland – eine innere Angelegenheit?**
Internationale Reaktionen auf die Flüchtlingsproblematik 1933–1939
2002. 520 S., geb.
ISBN 978-3-515-08025-5

45. Michael Salewski
**Die Deutschen und die See II**
Studien zur deutschen Marinegeschichte des 19. und 20. Jahrhunderts
2002. 252 S. mit 4 Abb., geb.
ISBN 978-3-515-08087-3

46. Jürgen Elvert / Susanne Krauß (Hg.)
**Historische Debatten und Kontroversen im 19. und 20. Jahrhundert**
Jubiläumstagung der Ranke-Gesellschaft in Essen 2001
2003. 287 S., geb.
ISBN 978-3-515-08253-2

47. Thomas Stamm-Kuhlmann / Jürgen Elvert / Birgit Aschmann / Jens Hohensee (Hg.)
**Geschichtsbilder**

Festschrift für Michael Salewski
2003. 664 S., geb.
ISBN 978-3-515-08252-5

48. Dietmar Herz / Christian Jetzlsperger / Kai Ahlborn (Hg.)
**Der israelisch-palästinensische Konflikt**
Hintergründe, Dimensionen und Perspektiven
2003. 246 S., geb.
ISBN 978-3-515-08259-4

49. Jürgen Elvert / Friederike Krüger (Hg.)
**Deutschland 1949–1989**
Von der Zweistaatlichkeit zur Einheit
2003. 238 S., kt.
ISBN 978-3-515-08298-3

50. Alexa Geisthövel
**Eigentümlichkeit und Macht**
Deutscher Nationalismus 1830–1851.
Der Fall Schleswig-Holstein
2003. 256 S., kt.
ISBN 978-3-515-08090-3

51. Alexander Sedlmaier
**Deutschlandbilder und Deutschlandpolitik**
Studien zur Wilson-Administration (1913–1921)
2003. 386 S. mit 5 Abb., kt.
ISBN 978-3-515-08124-5

52. Stefan Manz
**Migranten und Internierte**
Deutsche in Glasgow, 1864–1918
2003. VI, 317 S., kt.
ISBN 978-3-515-08427-7

53. Kai F. Hünemörder
**Die Frühgeschichte der globalen Umweltkrise und die Formierung der deutschen Umweltpolitik (1950–1973)**
2004. 387 S., kt.
ISBN 978-3-515-08188-7

54. Christian Wipperfürth
**Von der Souveränität zur Angst**
Britische Außenpolitik und Sozialökonomie im Zeitalter des Imperialismus
2004. 473 S., kt.
ISBN 978-3-515-08517-5

55. Tammo Luther
**Volkstumspolitik des Deutschen Reiches 1933–1938**
Die Auslanddeutschen im Spannungsfeld zwischen Traditionalisten und Nationalsozialisten
2004. 217 S. mit 5 Abb., kt.
ISBN 978-3-515-08535-9

56. Thomas Stamm-Kuhlmann / Reinhard Wolf (Hg.)
**Raketenrüstung und internationale Sicherheit von 1942 bis heute**
2004. 222 S. mit 3 Abb., kt.
ISBN 978-3-515-08282-2

57. Frank Uekötter / Jens Hohensee (Hg.)
**Wird Kassandra heiser?**
Die Geschichte falscher Öko-Alarme
2004. 168 S. mit 6 Abb., kt.
ISBN 978-3-515-08484-0

58. Rainer F. Schmidt (Hg.)
**Deutschland und Europa**
Außenpolitische Grundlinien zwischen Reichsgründung und Erstem Weltkrieg.
Festgabe für Harm-Hinrich Brandt zum siebzigsten Geburtstag
2004. 159 S., kt.
ISBN 978-3-515-08262-4

59. Karl-Georg Mix
**Deutsche Flüchtlinge in Dänemark 1945–1949**
2005. 230 S. und 35 Abb. auf 29 Taf., kt.
ISBN 978-3-515-08690-5

60. Karl-Theodor Schleicher / Heinrich Walle (Hg.)
**Aus Feldpostbriefen junger Christen 1939–1945**
Ein Beitrag zur Geschichte der Katholischen Jugend im Felde
2005. 413 S. mit 55 Abb., geb.
ISBN 978-3-515-08759-9

61. Jessica von Seggern
**Alte und neue Demokraten in Schleswig-Holstein**
Demokratisierung und Neubildung einer politischen Elite auf Kreis- und Landesebene 1945 bis 1950
2005. 243 S., kt.
ISBN 978-3-515-08801-5

62. Birgit Aschmann (Hg.)
**Gefühl und Kalkül**
Der Einfluss von Emotionen auf die Politik des 19. und 20. Jahrhunderts
2005. 239 S., kt.
ISBN 978-3-515-08804-6

63. Gerald Mund
**Ostasien im Spiegel der deutschen Diplomatie**
Die privatdienstliche Korrespondenz des Diplomaten Herbert v. Dirksen von 1933 bis 1938
2006. 343 S. mit 21 Abb., kt.
ISBN 978-3-515-08732-2

64. Ralph Dietl

**Emanzipation und Kontrolle**
Europa in der westlichen Sicherheitspolitik 1948–1963. Eine Innenansicht des westlichen Bündnisses. Teil 1: Der Ordnungsfaktor Europa 1948–1958
2006. 541 S., kt.
ISBN 978-3-515-08915-9

65. Niklas Günther / Sönke Zankel (Hg.)
**Abrahams Enkel**
Juden, Christen, Muslime und die Schoa
2006. 145 S., kt.
ISBN 978-3-515-08979-1

66. Jens Ruppenthal
**Kolonialismus als „Wissenschaft und Technik"**
Das Hamburgische Kolonialinstitut 1908 bis 1919
2007. 273 S., kt.
ISBN 978-3-515-09004-9

67. Ralph Dietl
**Emanzipation und Kontrolle**
Europa in der westlichen Sicherheitspolitik 1948–1963. Eine Innenansicht des westlichen Bündnisses. Teil 2: Europa 1958–1963: Ordnungsfaktor oder Akteur?
2007. 430 S., kt.
ISBN 978-3-515-09034-6

68. Herbert Elzer
**Die Schmeisser-Affäre**
Herbert Blankenhorn, der „Spiegel" und die Umtriebe des französischen Geheimdienstes im Nachkriegsdeutschland (1946–1958)
2008. 373 S. mit 10 Abb., kt.
ISBN 978-3-515-09117-6

69. Günter Vogler (Hg.)
**Bauernkrieg zwischen Harz und Thüringer Wald**
2008. 526 S. mit 14 Abb., kt.
ISBN 978-3-515-09175-6

70. Rüdiger Wenzel
**Die große Verschiebung?**
Das Ringen um den Lastenausgleich im Nachkriegsdeutschland von den ersten Vorarbeiten bis zur Verabschiedung des Gesetzes 1952
2008. 262 S., kt.
ISBN 978-3-515-09218-0

71. Tvrtko P. Sojčić
**Die ‚Lösung' der kroatischen Frage zwischen 1939 und 1945**
Kalküle und Illusionen
2009. 477 S., kt.
ISBN 978-3-515-09261-6

72. Jürgen Elvert / Jürgen Nielsen-Sikora (Hg.)
**Kulturwissenschaften und Nationalsozialismus**
2009. 922 S., geb.
ISBN 978-3-515-09282-1

73. Alexander König
**Wie mächtig war der Kaiser?**
Kaiser Wilhelm II. zwischen Königsmechanismus und Polykratie von 1908 bis 1914
2009. 317 S., kt.
ISBN 978-3-515-09297-5

74. Jürgen Elvert / Jürgen Nielsen-Sikora (Hg.)
**Leitbild Europa?**
Europabilder und ihre Wirkungen in der Neuzeit
2009. 308 S. mit 8 Abb., kt.
ISBN 978-3-515-09333-0

75. Michael Salewski
**Revolution der Frauen**
Konstrukt, Sex, Wirklichkeit
2009. 508 S. mit 34 Abb., geb.
ISBN 978-3-515-09202-9

76. Stephan Hobe (Hg.)
**Globalisation – the State and International Law**
2009. 144 S., kt.
ISBN 978-3-515-09375-0

77. Markus Büchele
**Autorität und Ohnmacht**
Der Nordirlandkonflikt und die katholische Kirche
2009. 511 S., kt.
ISBN 978-3-515-09421-4

78. Günter Wollstein
**Ein deutsches Jahrhundert 1848–1945. Hoffnung und Hybris**
Aufsätze und Vorträge
2010. 437 S. mit 2 Abb., geb.
ISBN 978-3-515-09622-5

79. James Stone
**The War Scare of 1875**
Bismarck and Europe in the Mid-1870s.
With a Foreword by Winfried Baumgart
2010. 385 S., kt.
ISBN 978-3-515-09634-8

80. Werner Tschacher
**Königtum als lokale Praxis**
Aachen als Feld der kulturellen Realisierung von Herrschaft. Eine Verfassungsgeschichte (ca. 800–1918)
2010. 580 S., kt.
ISBN 978-3-515-09672-0